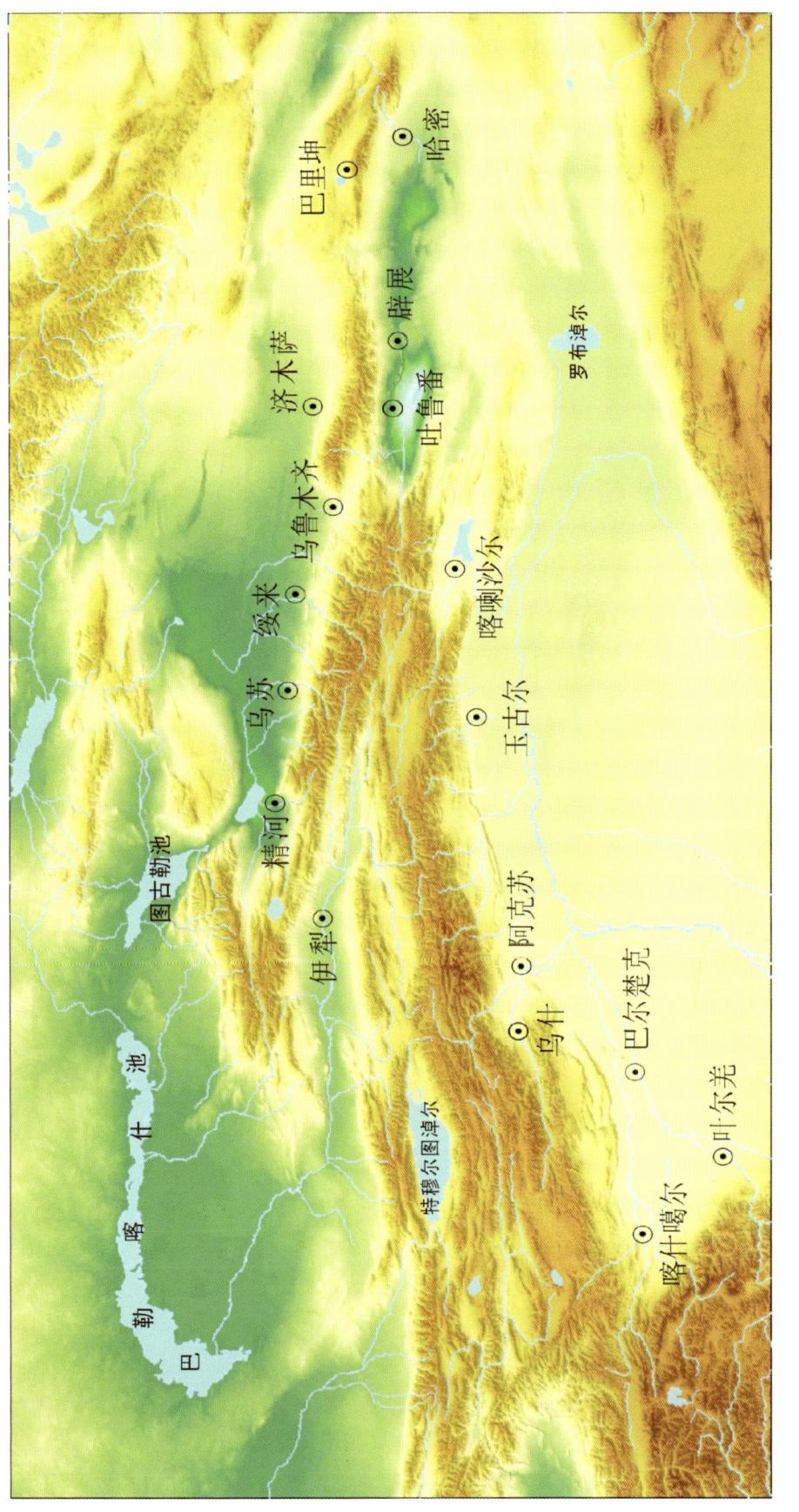

彩图1 天山地势图

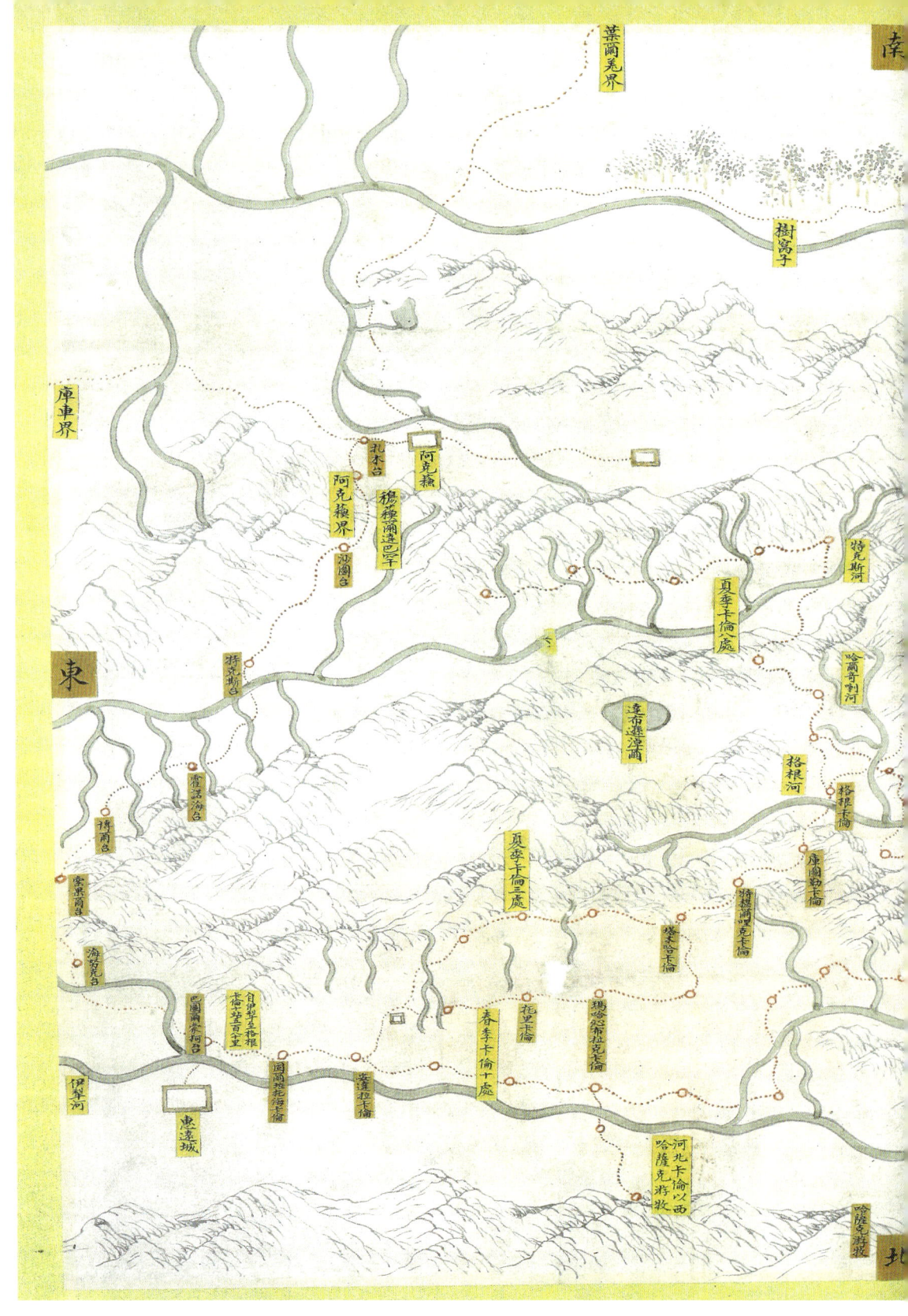

彩图 2　进呈伊犁由那林河草地至喀什噶尔图说
（《失落的疆域：清季西北边界变迁条约舆图特展》）

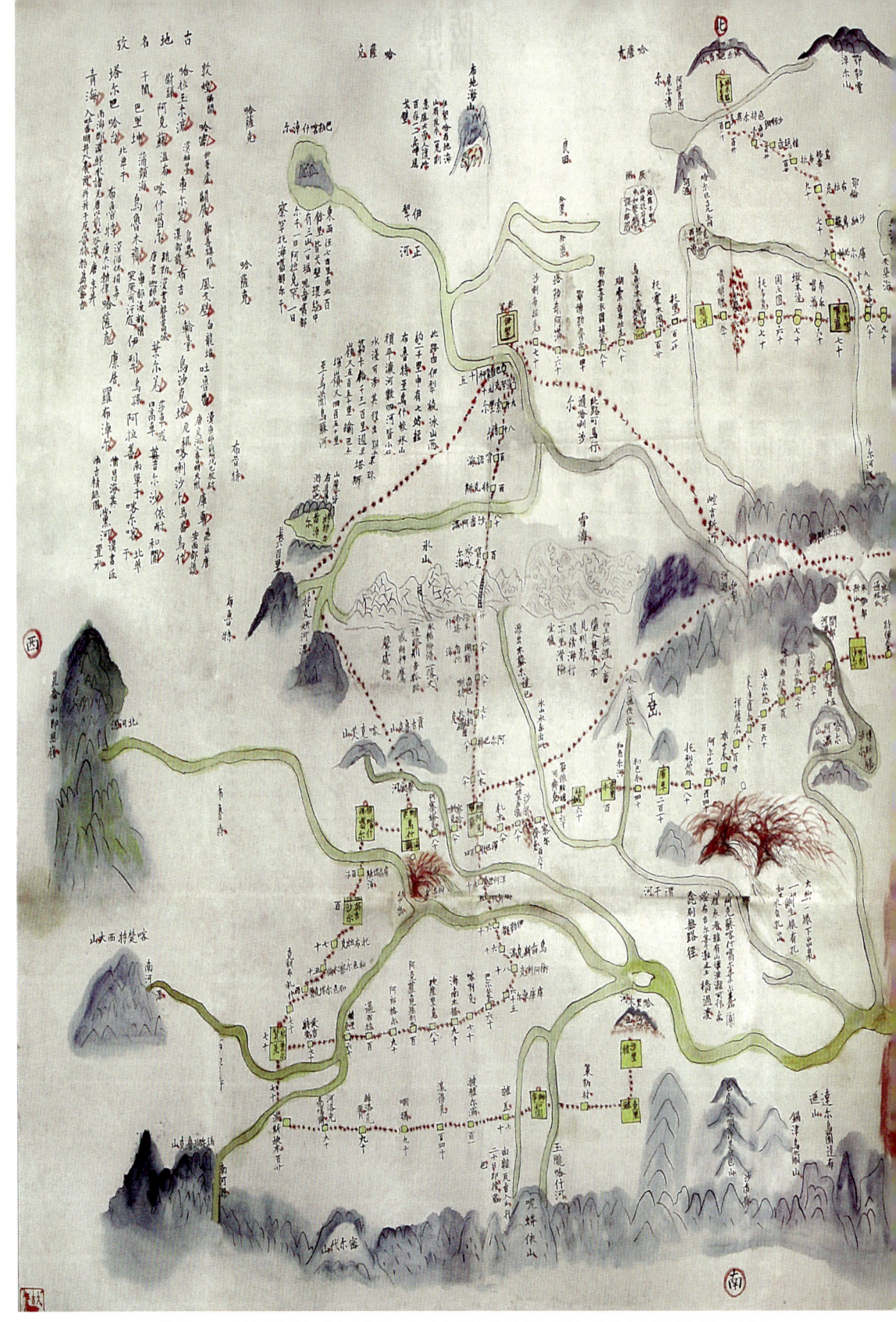

彩图3　新疆总图(《舆图指要:中国科学院图书馆藏中国古地图叙录》)

彩图 4　冰岭详图(《南疆勘界日记图说》)

彩图 5　南山口

彩图 6　焕彩沟石亭

彩图 7　天山庙

彩图 8　巴里坤满城墙

彩图 9　瞭墩遗址

彩图 10　小南路遗址

彩图 11　色皮口碉堡遗址

彩图 12　他即沟路

彩图 13　后沟路

彩图 14　峡口古城

彩图 15　格登山碑亭

彩图 16　冰岭道

陕西师范大学"一带一路"智库集成

丝绸之路通鉴

主编＝甘晖
副主编＝游旭群 周伟洲

天山廊道：清代天山道路交通与驿传研究

王启明 著

陕西师范大学出版总社

图书代号　SK16N1156

图书在版编目(CIP)数据

天山廊道:清代天山道路交通与驿传研究／王启明著. — 西安:陕西师范大学出版总社有限公司,2016.9
(丝绸之路通鉴／甘晖主编)
ISBN 978-7-5613-8635-4

Ⅰ.①天… Ⅱ.①王… Ⅲ.①天山—交通运输史—研究—中国—清代 ②天山—驿站—研究—中国—清代 Ⅳ.①F512.9

中国版本图书馆 CIP 数据核字(2016)第 224797 号

天山廊道:清代天山道路交通与驿传研究
TIANSHAN LANGDAO:QINGDAI TIANSHAN DAOLU JIAOTONG YU YICHUAN YANJIU
王启明　著

出版统筹	刘东风
责任编辑	刘　定
责任校对	陈君明
封面设计	杨　柯
封面插图	崔　彬　李文炯
出版发行	陕西师范大学出版总社
	(西安市长安南路199号　邮编710062)
网　　址	http://www.snupg.com
印　　刷	中煤地西安地图制印有限公司
开　　本	720mm×1020mm　1/16
印　　张	25.5
插　　页	8
字　　数	337千
版　　次	2016年9月第1版
印　　次	2016年9月第1次印刷
书　　号	ISBN 978-7-5613-8635-4
定　　价	56.00元

读者购书、书店添货或发现印刷装订问题,请与本社营销部联系、调换。
电话:(029)85307864　85251046(传真)

《丝绸之路通鉴》序一

中国古代有一条历时久远的经由中亚通往南亚、西亚以及欧洲、北非的陆上贸易通道,通过此道,产自中国的丝、丝织品、陶瓷等物品运送到了以上地区,由于其运送的货物以丝绸制品影响最大,故称"丝绸之路"。1877年,德国地理学家李希霍芬在其出版的《中国》一书中,把"从公元前114年至公元127年间,连接中国和河间地区(指中亚阿姆河与锡尔河之间地带)、中国与印度以丝绸贸易为媒介的这条西域交通道路"命名为"丝绸之路",简称"丝路"。这一称谓被学术界和民间所接受,并广为沿用。其后,德国历史学家赫尔曼在20世纪初出版的《中国与叙利亚之间的古代丝绸之路》一书中,依据新发现的考古资料,把丝绸之路延伸至地中海西岸和小亚细亚,确定了"丝绸之路"的基本内涵,即中国古代经过中亚通往南亚、西亚以及欧洲、北非的陆上贸易通道。

虽然人们在对商代帝王武丁配偶坟茔的考古中,已发现了产自新疆的软玉,证明至少在公元前13世纪,中原已开始和西域乃至更远的地区有商贸往来,但是严格意义上的丝绸之路奠定于两汉时期。西汉张骞出使西域时开辟的以长安(今陕西西安)为起点,经由甘肃、新疆,到中亚、西亚,并连接地中海沿岸各国的陆上通道已经形成,这条通道被称为"西北丝绸之路"。公元前119年,张骞第二次出使西域,经4年时间先后到达乌孙、大宛、康居、大月氏、大夏、安息、身毒等国,扩大了与西域各国的交往。张骞出使西域,最初主要是出于制御匈奴的考虑,后来则演变为"广地万里,重九译,致殊俗,威德遍于四海",即旨在保护疆域和发展经济。汉武帝曾招募大量商人,到西域各国经商,由此吸引了更多人从事丝路贸易活动,极大地推动了中原与西域之间的物质文化交流。之后,汉宣帝于神爵二年(前60),设立了直接管辖西域的机构——西域都护府,屯田于乌垒城(今新疆轮台东),以保障西域商路的通畅。随着汉朝在西域设立官员,丝绸之路日渐繁荣,大量丝帛锦绣源源不断西运,同时西域各国的珍奇异物也输入中原。到魏晋时,东西方商业往来仍然不断,位于丝路咽喉要地的敦煌,就是当时胡商的重要聚集地之一。到公元5—6世纪时,中国南北朝分立,但东西方沿丝路的交往却一直没有中断。北魏建国后不久就派使者前往西域,以后中亚各国的贡使、商人常聚集于平城(今山西大同东北),从事商业贸易。北魏迁都洛阳后,洛阳又成为各国商人的荟萃之地。至隋时,隋炀帝还曾派黄门侍郎裴矩到张掖招徕西域商人,说明当时丝路依然兴旺。

到7世纪后,唐代社会的繁荣使西北丝绸之路再度兴旺。唐王朝借着击破突厥的时机,一举控制了西域各国,并在伊州、西州、庭州三地设立同于内地的州县,在龟兹、于阗、疏勒、碎叶设立安西四镇,作为唐朝政府控制西域的机构,驻兵设防,并新修了玉门关,再度开放沿途各关隘。唐不仅打通了天山北路的丝路分线,还将西线延伸至中亚,使丝绸之路更为通畅。当时的长安、洛阳有大量商胡出入,已呈现出国际大都会的风貌。丝绸之路不仅是东西方商业贸易之路,也是中国和亚欧各国政治、文化交流的通道。西方的音乐、舞蹈、绘画、雕塑、建筑以及天文、历算、医药等,也通过此路先后传入中国。源于西亚、中亚的祆教、摩尼教、景教、伊斯兰教等宗教以及源于印度的佛教,也通过丝路传入中国,产生了深远影响。而中国的纺织、造纸、印刷、火药、指南针、制瓷、绘画以及儒家、道教等,也通过此路传向西方,产生了较大的影响。

从9世纪末到11世纪,中国政治、经济、文化中心向东南沿海转移,加之阿拉伯世界的兴起,东西方海上往来逐渐频繁起来;又由于中国西北地区各民族政权的分裂、对立,丝路安全难以保障,西北这条陆上通道的重要性逐渐降低,而相对稳定的南方对外贸易则明显增加,遂带动了南方丝绸之路和海上丝绸之路的兴起和繁荣,成都和泉州也因此成为南方的经贸大城。中国人此时开始将他们发明的指南针和其他先进科技运用于航海,海上丝绸之路迅速发展起来。

如果从发展的视角和广泛的意义上说,丝绸之路主要有三条:西北丝绸之路、南方丝绸之路和海上丝绸之路。海上丝绸之路是陆上丝绸之路的延伸,形成于宋元时期。海上丝绸之路不仅运送丝绸,还运送瓷器、糖、五金以及香料、药材、宝石等货物。由于运输货物品种的不同,海上丝路也出现了一些别称,如"陶瓷之路""香料之路"等。海上丝绸之路早已存在,《汉书·地理志》所载海上交通路线,实为早期的海上丝绸之路。当时海船载运的"杂缯",即各种丝绸。海上丝绸之路的起航线可分为东海和南海两支。东海起航线从中国的东南沿海经由朝鲜至日本;南海起航线则从雷州半岛起,途经今越南、泰国、马来西亚、缅甸等国,远航至新加坡、印度等地。到宋代时,泉州、广州和明州成为海上丝绸之路最大的海港,通常将泉州作为海上丝绸之路的起点。南方丝绸之路,起点为四川成都,经"灵关道""朱提道""夜郎道"三路,进入云南,在楚雄汇合后并入"博南古道",跨过澜沧江,再经"永昌道""腾冲道",在德宏进入缅甸、印度等地。丝绸之路的多途打通,让中国通往西方的商路更得以扩展。这就将中原、西域与阿拉伯、波斯湾等地紧密联系在一起,向西延伸到了地中海地区,以至可到达法国、荷兰、意大利、埃及,向东到达韩国、日本。不过,这已不同于原来意义上的丝绸之路了,可视其为广义的丝绸之路。

2000多年前兴起的丝绸之路被誉为全球重要的商贸大动脉,有力地促进了东西方的经济文化交流,所以在一定意义上说,它是经济全球化的早期版本。同时,作为东西方商品交易和文化交流的通道,在交往的过程中也加深了沿线各国人民之间的友谊,所以它也是东西方友好往来的历史记录和象征。

历史翻开了新的一页。当世界步入21世纪,贸易和投资在古丝绸之路上再度活跃。2013年9月7日,习近平主席访问哈萨克斯坦的时候,提出用创新的合作模式,共同建设"丝绸之路经济带",以点带面,从线到片,逐步形成区域的大合作。这是中国领导人在国际场合公开提出共同建设丝绸之路的重大战略构想。到2016年10月,这个重大的战略构想越来越丰富,越来越受到许多国家的欢迎。习近平总书记在2016年9月3日杭州G20峰会的开幕式上有这样一段话,他说:"一带一路倡议旨在同沿线国家分享中国的发展机遇,实现共同繁荣。中国对外开放不是要一家唱独角戏,而是要欢迎各方共同参加……不是要营造自己的后花园,而是要建设各国共享的百花园。"

此外,2014年中国国家主席习近平在阐述中国特色外交理念的时候提出打造人类命运的共同体。2015年9月28日,在纽约第七十届联合国大会的一般性辩论阶段,他对这个理念做了系统的阐述,他说:"在联合国迎来又一个十年之际,让我们更加紧密地团结起来,携手构建合作共赢新伙伴,同心打造人类命运共同体。"2015年10月16日,在世界减贫与发展高层论坛上,习近平主席发表主旨演讲,阐述消除贫困是人类共同的使命。

综上所述,可以看出,习近平主席关于推进"一带一路"建设的思想和论述,是在新的历史条件下,关于实现世界和平、发展、繁荣、公平、正义的完整理论。我们需要深入学习、研究。

陕西师范大学地处丝绸之路的起点西安,具有独特的地缘优势,该校学者积极响应国家建设"丝绸之路经济带"的战略构想,充分发挥学校的学科优势和学者各自的专业特长,撰写了"丝绸之路通鉴"丛书,洋洋数万言,从不同角度阐发了"一带一路"所涉及的许多重大理论和实践问题,这是一件有重大意义的事。正如甘晖书记在《总序》中所说,该丛书之所以取名"通鉴","意在借鉴历史,透析现状,着眼未来,贯穿千年时域,探求发展趋势;意在立足中国,深入沿线,胸怀全局,经略万里空间,厘清错综关系;意在研究战略,丰富内涵,解决问题,横跨宏观、中观与微观,打通理论与实践;意在聚焦经贸,关注人文,促进合作,智慧应对世界形势变换,为'一带一路'国家战略的推进提供全领域、全视角、体系化的智力支撑"。我认为,如果这些想法得以贯彻,"通鉴"一定能够对"一带一路"战略在理论上有较大推进,且为"一带一路"的实施提供有价值的智力支持。

专注于研究"一带一路"的"丝绸之路通鉴"丛书的撰写,需要多种学科的通力合作。"通鉴"正是从丝路的历史、政治、经济、文化、社会、生态等多个领域来进行研究,带有鲜明的系统性特点。作者聚焦"一带一路"一些重大理论和现实问题,尤其是"一带一路"建设中的一些突出的矛盾和问题,提出了各自的看法、观点,可供参考。该丛书第一批出版的著作,就很有分量,既有学术性,又有实践性。其中《英雄在线:丝绸之路的开辟者和捍卫者》《丝绸之路与文明交往》《丝绸之路最早的东方起点:西汉长安城》《天山廊道:清代天山道路交通与驿传研究》等,从不同角度探讨了丝绸之路的历史;《西北丝绸之路上的汉字流传史》则属于丝绸之路的专门史研究;还有一些是专门研究丝绸之路经济战略的著作,如《打造丝绸之路经济带上的战略高地——陕西经济发展研究》《丝绸之路经济带产业集群价值网络的演化与重构》《丝绸之路经济带上生物多样性的经济价值识别、展示与捕获研究》;而《文化集聚·文化街区·文化地域:重塑丝绸之路的新起点》《丝绸之路上的遗址美术》《汉唐丝绸之路漆艺文化研究》《丝绸之路上的体育交流与发展》《丝绸之路经济带沿线国家体育文化交流问题研究》,则是关于丝绸之路文化交流、文化交流史的专门性著作。

相信该丛书的出版,一定能对"一带一路"的理论深化有所推进,一定能对助力"一带一路"国家战略的实施发挥积极而重要的作用。

《丝绸之路通鉴》序二

2000多年前,丝绸之路从长安发端,或从秦岭脚下穿越荒漠、草原,横贯欧亚大陆,或扬帆太平洋、印度洋沿岸众多港口和岛屿并蜿蜒至欧洲,跨越不同文化区域,推动华夏文明、印度文明、伊斯兰文明、欧洲文明的汇通,实现中西方物质特产和精神智慧的大融合。其波澜壮阔与坚韧竞合的画卷,展现了历史的宏伟与多彩。

千百年来,丝路精神薪火相传,成为促进沿线各国繁荣发展的重要纽带,推进了人类文明进步。进入21世纪,世界步入全新阶段,丝绸之路被赋予新的内涵和期望,焕发出新的生机与活力。在这一重要时点,国家提出"一带一路"战略构想,并迅速从规划落地为行动,成为重塑中国未来发展路径与发展空间的战略支点。

经世致用,服务国家,"丝绸之路通鉴"丛书应运而生。

一、古丝绸之路是人类历史最珍贵的遗产之一

1868年,德国地理与地质学家李希霍芬对中国地貌和地理进行了规模宏大的考察,发现在古代中国的北方曾经有过一条横贯亚洲大陆的交通大动脉。1910年,德国历史学家赫尔曼《中国和叙利亚之间的古代丝绸之路》一书,完成了对丝绸之路的学术认证,丝绸之路为世人所熟知。1927年,中瑞西北科学考察团到中国西部地区进行综合考察,第一次实现了对丝绸之路沿线珍贵文物的发掘、搜集、整理与保管,古丝绸之路的面貌得以较全面地复原。

丝绸之路因运输西方视同珍宝的中国丝绸而得名。考古资料证明,

丝绸之路早已存在,商周至战国时期,中国的丝绸就经西北各民族之手少量地辗转贩运到中亚和印度。

建元二年(前139),奉汉武帝之命,由匈奴人甘父做向导,张骞率领一百多人出使西域,打通了汉朝通往西域的南北道路,即丝绸之路。神爵二年(前60),汉置西域都护,屯田于乌垒城,以保西域通道通畅。魏晋时期,东西商业往来不断,位于丝绸之路咽喉重地的敦煌成为往来客商的聚集地之一。5—6世纪时,南北朝分立,但沿丝路的东西交往却进一步繁荣。隋炀帝时曾派黄门侍郎裴矩到张掖招徕西域商人。唐时则在伊州、西州、庭州设州,在龟兹、于阗、疏勒、碎叶等安西四镇驻兵,保证丝绸之路畅通。

9世纪末到11世纪,随着中国政治、经济、文化中心向东南沿海转移,及阿拉伯世界的兴起,东西方的海上往来逐渐增多。同时,中国西北地区政权分立,丝绸之路安全难以保障,陆上通道的重要性大大降低。蒙元时期,蒙古西征和对中亚、西亚广大地区的直接统治,使东西驿路再度通畅,丝绸之路又繁荣一时。明清采取闭关政策,虽出嘉峪关经哈密去中亚的道路未断,但陆上丝绸之路已远不如海上丝绸之路重要了。

虽有诸多争论,但大体来看,古丝绸之路主要包括四条路线。第一条是沙漠绿洲丝绸之路。从中国洛阳或长安出发,经甘肃河西走廊,至敦煌,沿昆仑山北麓和天山南北麓分三道,越葱岭通往中亚、欧洲和非洲,兴盛于汉唐时期。该路核心段因位于干旱缺水的亚洲内陆沙漠绿洲之间,故被中外学者称为"沙漠绿洲丝绸之路"。第二条是海上丝绸之路,分东海丝绸之路和南海丝绸之路。历史上有三大航线:东海航线由中国沿海海港至朝鲜、日本;南海航线由中国沿海海港至东南亚诸国;西洋航线由中国沿海海港至南亚、阿拉伯和东非。海上丝绸之路始于周,兴盛于宋元时期。中国通过海上丝绸之路往外输出的商品主要是丝绸、瓷器、茶叶等,运回国内的主要是香料、花草等,因此,亦称"瓷器之路"

"香丝之路"。第三条是西南丝绸之路。从中国四川成都,向西南到印度,再通往南亚、中亚、欧洲国家。因沿途山道崎岖,又称"高山峡谷之路"。第四条是草原丝绸之路。由中原地区向北越过古阴山(今大青山)、燕山一带的长城,西北穿越蒙古高原、南俄草原、中西亚北部,直达地中海北部的欧洲地区。因途径之地主要为游牧地区,故称"草原丝绸之路",又因往来贸易的主要商品是毛皮、金银和茶叶,又称"金银之路""皮毛之路"。

丝绸之路各线尽管起始时间不同,贸易货品不一,却将不同文明由隔绝孤立推向开放交融,成为东西友好交往的象征。它是人类文明竞合融汇的"搅拌器",是世界多样性发展的"分离机"。西方的音乐、舞蹈、绘画、雕塑、建筑等艺术,天文、历算、医药等科技知识,佛教、祆教、摩尼教、景教、伊斯兰教等宗教,通过此路先后传来中国,并在中国产生了很大影响。中国的纺织、造纸、印刷、火药、指南针、制瓷等工艺,绘画等艺术,儒家、道教等传统思想,也通过此路传向西方,产生了持久影响。

丝绸之路给中国和其他沿线国家留下了丰厚的文化遗产。在中国多年引领和推动下,包含中、哈、吉3国33处遗迹的丝绸之路跨国联合申遗在2014年取得成功,成为世界上第一个以联合申报的形式成功列入世界遗产名录的丝绸之路项目,也是联合国教科文组织确定的丝绸之路54个廊道中第一个成功申遗的项目。国家文物局局长刘玉珠2016年9月20日在甘肃敦煌首届丝绸之路国际文化博览会"丝绸之路文化遗产国际论坛"上介绍,在此前陆上丝绸之路申遗成功的基础上,中国正推动海上丝绸之路申遗。

二、新丝绸之路在21世纪焕发出新的生机

作为经济全球化的早期版本,2000多年前兴起的丝绸之路被誉为全球重要的商贸大动脉。岁月变迁,20世纪末21世纪初,贸易和投资在古丝绸之路上再度活跃。如今,旨在强化东亚和中亚联系的"新丝绸之路"(New Silk Road)概念已经成型,并引起了中、美、印、俄等国的重视。

1990年9月12日,中国北疆铁路与苏联土西铁路胜利接轨。这是继苏联西伯利亚大陆桥之后,第二条连接亚欧大陆的通道,沿途连接40余国,是一条名副其实的国际大通道。新亚欧大陆桥的贯通,成为丝绸之路焕发生机的标志性事件,使传播过古老文明和象征传统友谊的丝绸之路再一次焕发光彩。

2013年9月7日,习近平主席在哈萨克斯坦纳扎尔巴耶夫大学发表重要演讲,首次提出了加强政策沟通、道路联通、贸易畅通、货币流通、民心相通,共同建设"丝绸之路经济带"的战略倡议。2013年10月3日,习近平主席在印度尼西亚国会发表重要演讲,明确提出,中国致力于加强同东盟国家的互联互通建设,愿同东盟国家发展好海洋合作伙伴关系,共建"21世纪海上丝绸之路"。"一带一路"战略赋予了丝绸之路崭新的含义,新丝绸之路概念一经提出,便引起全球高度关注和沿线国家的积极响应,亚太主要地区国家也纷纷提出了各自的新丝绸之路构想。

美国的新丝绸之路战略是对2014年后阿富汗和中亚地区的主要战略规划,继承和沿袭了美国历届政府的中亚战略,背后隐藏着美国在中亚地区巨大的地缘政治目标和利益,即在中亚地区排除俄罗斯、中国和伊朗的影响,将中亚国家引向南亚。2011年7月,时任美国国务卿的希拉里在美国学者弗雷德里克·斯塔尔新丝绸之路构想的基础上,提出了新丝绸之路战略,力图在美国主导下形成以阿富汗为中心的"中亚—阿富汗—南亚"交通经贸合作网络,实现这一区域的商品北上和能源南下。这一战略是美国"亚太再平衡"战略的补充。新丝绸之路战略提出后,美国即着手实施该战略并取得一定进展,但由于阿富汗安全形势不佳以及融资、地区国家间的竞争、美国地区战略本身的矛盾性以及气源等问题,美国新丝绸之路战略仍然充满了不确定性。2014 年,美国常务副国务卿威廉·伯恩斯在一份政策报告中称,美国新丝绸之路战略的一大核心是为中亚建立一个区域能源市场,重点推进"土库曼斯坦—阿富汗—巴基斯坦—印度"天然气管道建设,打造"中亚—阿富汗—南亚"电力网络,打通中亚通往南亚的能源通道。

印度迄今为止还没有清晰的新丝绸之路战略,并在一定程度上有追随美国的意思。印度是美国中亚战略的重要支持者,作为阿富汗重建的第五大援助国,过去 10 年的花费超过 20 亿美元。从印度自身来讲,其新丝绸之路规划相对单纯,主要着眼于能源保障和贸易通道。2012 年,印度经历了人类历史上最大的断电事件,6 亿多人受到影响,却无法利用近在咫尺的中亚能源。印度总理莫迪自 2014 年上任以来,与存在历史恩怨的国家开始了前所未有的合作。印度是亚投行的创始成员之一。2015 年 5 月,印度与孟加拉国签署了已搁置 40 余年的《陆地边界协议》。印度参与新丝绸之路建设的实质动作也越来越多。

2002 年,俄罗斯与印度、伊朗联合推出"南北走廊计划",打算建设起始于印度,途径伊朗、高加索、俄罗斯,最后直达欧洲的铁路、公路和海运等。2010 年 1 月 1 日,俄罗斯、白俄罗斯、哈萨克斯坦三国共同启动建立推动欧亚经济一体化的"俄白哈关税同盟",拟建立统一的关税制度。该同盟对"欧亚联盟"起到了重要的推动作用,一方面有利于欧亚地区经济基础设施的建设,另一方面有利于各地区安全合作框架的构建。2011 年 10 月,俄罗斯总统普京正式提出"欧亚联盟战略",要同独联体国家一同建立关税联盟和欧亚经济共同体,从而推动更高层次的、更广泛内容的一体化组织。这一战略被看作俄罗斯版的新丝绸之路战略。

另外日本、韩国也基于亚欧经济合作提出了丝绸之路构想。主要亚太国家纷纷推进新丝绸之路战略,一方面预示中国的"一带一路"战略将面临全新的博弈与竞争,另一方面也表明新丝绸之路具有巨大的潜力和活力。

三、"一带一路"将重新定义中国未来发展空间

2015年3月,国家发展改革委、外交部、商务部经国务院授权发布《推动共建丝绸之路经济带和21世纪海上丝绸之路的愿景与行动》(以下简称《愿景与行动》),阐述了"一带一路"建设的时代背景、共建原则、框架思路、合作重点、合作机制等,为"一带一路"建设指明了方向。仅仅2年多时间,"丝绸之路经济带"和"21世纪海上丝绸之路"就已经从倡议变成实践,从国家战略落地为国家行动,进入务实合作阶段。从筹建亚投行到成立丝路基金,再到国家开发银行的近千个项目,"一带一路"建设取得明显进展,获得多方积极响应,不仅为各方在投资、贸易、金融、文化和旅游等领域的深化合作奠定了坚实基础,也给沿线各国民众带来了实实在在的好处。

从战略上看,"一带一路"将重新拓展和定义中国未来的发展空间。众多学者对此多有著述,可概括为以下几个方面:

首先,"一带一路"将加速亚洲和亚太经济一体化进程,中国将成为推动世界持续发展的新重心。"一带一路"战略将成为亚洲经济一体化的"两翼",有效连接中亚、西亚、东南亚、南亚、东北亚等地区,显著改善区域内的整体基础设施互联互通状况和营商环境。作为世界经济增长的重要引擎,亚洲已日渐成为经济全球化的中坚力量。"一带一路"战略涵盖亚洲26个国家和地区,拥有44亿人口和20多万亿美元的经济规模。在后国际金融危机时代,作为世界经济增长火车头的中国,将发挥自身的产能优势、技术与资金优势、经验与模式优势、市场与合作优势,通过"一带一路"建设促进亚洲国家分享中国改革发展红利,夯实亚

洲经济一体化的基础,成为推动世界持续发展的新重心。

其次,"一带一路"将打破亚欧大陆长期封闭的状态,中国在推动世界均衡发展的同时将获得新的战略发展空间。亚欧大陆是世界上最大的陆地,面积近5000万平方千米,占全球陆地面积的1/3,东西跨度超过1万公里,是世界上最具潜力的经济带。"一带一路"将通过打破亚欧大陆长期封闭的状态,带动内陆国家加快开发开放,实现均衡发展,改变历史上中亚等丝绸之路沿途地带只是作为东西方贸易、文化交流的过道而成为发展洼地的状况,将超越欧美主导全球化造成的贫富差距、地区发展不平衡,形成推动全球均衡发展的新格局。

再次,"一带一路"将打造利益共享的全球价值链,中国将在共同打造全球价值链的过程中获益。当前,世界经济仍处于深度调整期,低增长、低通胀、低需求同高失业、高债务、高泡沫等风险交织,气候变化、能源安全、粮食安全等全球性挑战不断增多,不仅发展中国家需要实现可持续性的经济转型,发达国家也需要促进经济转型。"一带一路"沿海国家多数精于制造业,而内陆国家资源丰富,能源供给充足,庞大的"中国市场"将为沿线国家经济持续增长提供新动力。随着"一带一路"的发展,沿线会形成发达的经济中心、文化中心,通过全方位的国际合作解决自身的问题,更有效地融入全球经济。

最后,"一带一路"将促进人类建设命运共同体,中国将成为推动世界和平发展的重要力量。"一带一路"继承了古丝绸之路开放兼容的历史传统,同时也吸纳了亚洲国家"开放的区域主义"精神,体现了世界各国谋求发展的现实需求。无论从历史还是现实来看,"一带一路"都为人类命运共同体建设提供了重要的路径和战略支撑。"一带一路"不是单一国家的战略,不是把一国利益凌驾于他国利益之上甚至全球利益之上的战略。"一带一路"坚持共商共建、共创共享原则,不搞封闭机制,有意愿的国家和经济体都可参与,成为"一带一路"的支持者、建设者和受益者。"一带一路"将加速人类命运共同体建设,构建各方融合发展的新格局,为各方带来更大发展机遇,共同建造和平、增长、改革、文明的未来世界。

"一带一路"战略是我党十一届三中全会以来,中国对外开放由点到线、由线到面、由面到系统的和平发展战略方针,它将不仅促进经济要素在全球的有序流动和市场的深度融合,而且推进沿线各国的经济政策协调,实现更为和谐的区域经济合作。更为重要的是,"一带一路"战略打开了中国的经贸合作圈、文化合作圈,将大大拓展中国21世纪的发展空间。

四、"一带一路"机遇与挑战并存

"一带一路"战略勾画出了中国走向综合性全球大国的路线图,在带给中国和沿线国家重大福利和机遇的同时,在实施过程中也面临诸多挑战,同时也充满了政治风险、经济风险、安全风险、企业经营风险、文化冲突风险。

政治风险。首先,政治体制差异大,一些国家政局不稳。"一带一路"战略涉及60多个对象国、40多亿人口,参与国既有社会主义国家,也有资本主义国家,还有君主制的阿拉伯国家,意识形态上的相互理解不一定成为根本性的障碍,但从历史看确实会成为影响国家间关系的重要因素。其次,沿线的东南亚、南亚、中亚、西亚地区政治形势复杂,政局不稳,对政策的连续性有很大影响。此外,一些国家的政治势力出于自身政治目的,有意煽动"中国威胁论",以阻止或延宕中国战略的实施。再次,大国博弈风险。在"一带一路"的战略布局当中,不同国家基于不同诉求都有其各自的国家战略,这其中甚至还涉及"一带一路"以外的一些国家的战略利益问题。美国、印度、俄罗斯、日本、韩国等与"一带一路"都有一定的竞争关系和利益冲突,如何处理好这些关系事关重大。同时,"一带一路"沿线一些国家其国内始终存在着反华势力,如印度尼西亚、越南等国。随着社交媒体的广泛运用,这些国家的政治越来越受底层民众民粹意识的裹挟,其中一些领导人可能会以中国因素来解释经济失败,以排华的方式来谋求个人政治利益。如果地区安全得不到保证,欧亚地区国家相互之间不能理解,"一带一路"建设就可能付之东流。

经济风险。实施"一带一路"战略存在着众多经济风险或潜在经济风险。首先,经济发展水平不平衡,对接耦合难度大。沿线国家中,一些国家法律较为健全,市场经济程度较高;一些国家较为封闭,主要为传统经济;还有一些国家处于两者之间,这在一定程度上加大了合作的难度和力度。其次,债务违约风险。"一带一路"沿线国的投资环境整体上不如中国与欧美发达国家,部分参与"一带一路"计划的国家存在着巨额的经常项目赤字、较差的经济基本面,这使其成为高风险债务人。第三,项目泡沫化风险。据有关研究,2015年中国各省"两会"政府工作报告中关于"一带一路"基建投资项目总规模已超过1万亿元人民币,涉及项目近1000个。如此庞大的投资能否落地,众多项目投资资金从何而来,通过何种方式去融资,如何保证海外投资的安全等,值得警惕。

安全风险。"一带一路"战略面临着巨大的传统安全风险与非传统安全风险。传统安全风险方面,如大国地缘政治的博弈,领土、岛屿争端,区域内个别国家政局动荡,等。非传统安全风险方面,如经济安全、金融安全、恐怖主义威胁、跨国有组织犯罪等。中国"一带一路"战略与美国的全球战略相比,其根本区别在于中国更侧重于经济、文化的交流,而非谋求军事霸权。这也意味着"走出去"的中国企业与公民很多时候缺乏国家直接的强力保护。

企业经营风险。当前,中国在"一带一路"沿线国家的资本输出,基本上是以企业投资海外基础工程建设为主要途径。与高技术含量、高回报率的经济领域相比较,基础建设存在着投入大、周期长、不确定因素较多等问题。在一些比较落后的区域,铁路、港口等基础建设实际上很难在短时期内见到效益,甚至将在很长一段时期内面临亏损运营的局面。另外,由于不熟悉国外商业习惯和法律环境,一些中资企业往往要承担商业风险。大批"走出去"的中小型民营企业既缺乏信贷、保险方面的制度安排,也往往难以得到有关管理部门的政策指引、信息服务,其在"走出去"过程中面临的信息问题、安全问题都十分严峻。

文化冲突风险。"一带一路"沿线文化繁杂多样,民族宗教问题复杂多变。丝路沿线是世界主要宗教基督教、佛教、伊斯兰教、印度教共生共存的地区,历史上的宗教争斗延续至今,使中东、中亚、东南亚等地区的国际恐怖主义、宗教极端主义、民族分裂主义势力和跨国有组织犯罪活动猖獗,地区局势长期动荡不安。同时,宗教问题时常与民族问题交织叠加,既恶化了当地环境,又增加了沿线各国相互合作的难度。

面对"一带一路"的种种风险,我们应树立防范意识,未雨绸缪,做好预案,采取有效措施,积极应对挑战。

五、"丝绸之路通鉴"宗旨与使命

自古以来,我国知识分子就有"为天地立心,为生民立命,为往圣继绝学,为万世开太平"的志向和传统。历史经验告诉我们,知识分子对民族和国家的使命担当,是中华民族实现伟大复兴的希望所在。

2016年5月17日,习近平主席在哲学社会科学工作座谈会上的讲话中指出,当代中国正经历着我国历史上最为广泛而深刻的社会变革,也正在进行着人类历史上最为宏大而独特的实践创新,我们不能辜负了这个时代。习近平主席指出,构建开放型经济新体制,实施总体国家安全观,建设人类命运共同体,推进"一带一路"建设,是党和国家根据新的实践提出的具有原创性、时代性的概念和理论。我国哲学社会科学应该以我们正在做的事情为中心，提炼出有学理性的新理论，概括出有规律性的新实践。

习近平主席的讲话深刻解答了事关我国哲学社会科学长远发展的一系列根本性问题，是指导哲学社会科学工作的纲领性文献，也是发展繁荣哲学社会科学的基本原则和行动指南。围绕国家重大需求，重视应用研究，推进智库建设，着力提升解决重大问题的能力和原创能力，既是陕西师范大学繁荣发展哲学社会科学行动计划（2013—2020年）的核心部分，也是陕西师范大学"十三五"发展规划的重点内容。

近10年来，陕西师范大学在围绕丝绸之路的哲学社会科学研究方面发展迅速，成绩斐然，主要体现在以下几个方面。一是以丝绸之路上的重大理论和现实问题为重点，在不同学科交叉协同的基础上，先后获批并建设了陕西省协同创新研究中心"国际长安学研究院"、陕西省哲学社会科学重点研究基地"一带一路与中亚区域协同创新研究中心"、教育部人文社会科学重点研究基地"西北历史环境变迁和经济社会发展研究院"、陕西省哲学社会科学重点研究基地"中国西部边疆研究院"等一批省部级学术创新平台，已经成为国内外在研究丝绸沿线历史发展与环境变迁、西部国家安全、西部边疆、西北民族与宗教、西夏学、语言学、基础教育发展等重大历史与现实问题的重镇。二是在丝绸之路研究的方面取得了丰硕的成果。早在2006年，陕西师范大学就编纂出版了《丝绸之路大辞典》，收录词目11607条，总字数达230多万，是迄今出版的同类书籍中体系最完整、词目最全面、内容最丰富的一部有关丝绸之路的百科全书，也是一部集学术性、知识性、资料性、实用性为一体的大型工具书。其后，陆续出版了《西北丝绸之路的历史文化研究》《中国丝绸之路经济带生态文明建设评价与路径研究》《丝绸之路经济带建设中的国家形象传播研究》等近百部学术著作，承担国家级、省市级有关丝绸之路的课题30余项，获得资助经费1000余万元。其中《丝绸之路戏剧文化研究》获得教育部第六届高等学校科学研究优秀成果奖,《推进丝绸之路经济带战略实施和区域合作共赢空间发展战略研究》的调研报告获得陕西省第十二次哲学社会科学一等奖等。三是将丝绸之路研究的成果积极服务于国家战略、经济与文化发展。陕西师范大学提交的《推进丝绸之路经济带战略实施和区域合作共赢空间发展战略研究》《关于丝绸之路经济带建设的问题与挑战》《俄美在乌兹别克斯坦的博弈及其影响》《边疆热点地区城市民族关系发展态势与对策研究》《关于喀什"南达经验"的总结报告》《新疆城市居民的社会交往空间:利益机制与民族关系》得到国家领导人及中办、国办和国家有关部委批示和采纳。四是陕西师范大学首次倡导并共同参与成立了"丝绸之路大学联盟"。积极推进阿富汗、乌兹别克斯坦两个国别研究中心的建设,研究与"新丝绸之路经济带"沿线国家的双边、多边人文交流机制,开展民间人文交流活动。其中,2013年9月,在习近平主席和阿富汗时任总统卡尔扎伊的见证下,陕西师范大学与阿富汗喀布尔大学在人民大会堂签署合作谅解备忘录,较好地服务了国家战略层面上的国际合作与交流。

新的历史时期,陕西师范大学积极响应国家建设"丝绸之路经济带"的战略构想,切实推进陕西省"服务国家发展战略,促进互利共赢"的共建思路,以教育合作与文化交流为重点,与"丝绸之路经济带"沿线国家与地区,不断创新合作、扩大开放、共同发展。

"一带一路"战略是一项长期、复杂而艰巨的系统工程,推进过程中必然面临诸多机遇和挑战,其中的许多问题需要学界、政府、企业界、民间、文化界等的高度重视和思考。古代丝绸之路的起点在西安,陕西师范大学具有独特的地缘优势,也给我们发挥智库功能,服务区域社会发展和国家建设,提供了难得的历史机遇。

有鉴于此,陕西师范大学组织一批专家编纂了"丝绸之路通鉴"丛书。本套丛书以丝绸之路为本体对象,聚焦"一带一路"这一重大现实问题和战略问题。取名"通鉴",则意在借鉴历史,透析现状,着眼未来,贯穿千年时域,探求发展趋势;意在立足中国,深入沿线,胸怀全局,经略万里空间,厘清错综关系;意在研究战略,丰富内涵,解决问题,横跨宏观、中观与微观,打通理论与实践;意在聚焦经贸,关注人文,促进合作,智慧应对世界形势变换,为"一带一路"国家战略的推进提供全领域、全视角、体系化的智力支撑。

期望"丝绸之路通鉴"丛书坚持以下标准:

第一,体现继承性、民族性。丝绸之路是人类文明交融互鉴的珍贵遗产,蕴含着取之不竭、用之不尽的物质财富和精神财富。如习近平主席所说:我们要坚持不忘本来、吸收外来、面向未来。既向内看,深入研究关系国计民生的重大课题,又向外看,积极探索关系人类前途命运的重大问题;既向前看,准确判断中国特色社会主义发展趋势,又向后看,善于继承和弘扬中华优秀传统文化精华。期望本套丛书的出版,能更好地传承丝路文明,促进全新历史条件下丝绸之路的政治与经济、民族与宗教、文化与生活、自然与文脉等等的发展。

第二,体现原创性、时代性。理论的生命力在于创新,理论思维的起点决定着理论创新的结果。本书的课题确定与编撰,均应专注"一带一路"建设的突出矛盾和问题,突出主体性、原创性、时代性,不追随他人亦步亦趋,不迷信权威人云亦云,力争形成一系列原创性成果,解决丝路建设的重大现实问题。

第三,体现系统性、专业性。希望本套书能全方位、全领域、全要素地研究丝路历史、政治、经济、文化、社会、生态等领域,打通传统学科、新兴学科、前沿学科、交叉学科等诸多学科,构建"丝绸之路学"基本蓝图、学理逻辑、主要架构与核心内容,推进具有中国特色的丝路研究学科体系、学术体系、话语体系建设,助力"一带一路"国家战略的实施。

出版本套丛书是一项巨大的系统工程。第一批陆续出版的著作涉及丝绸之路历史、丝绸之路专门史、丝绸之路经济、丝绸之路文化交流等,大致勾勒出了本套丛书的面貌,包括《英雄在线:丝绸之路的开辟者和捍卫者》(朱鸿)、《丝绸之路与文明交往》(李永平)、《丝绸之路最早的东方起点:西汉长安城》(肖爱玲)、《西北丝绸之路上的汉字流传史》(冯雪俊)、《打造丝绸之路经济带上的战略高地》(王琴梅)、《丝绸之路经济带产业集群价值网络的演化与重构》(雷宏振、贾妮莎、兰娟丽等)、《丝绸之路经济带上生物多样性的经济价值识别、展示与捕获研究》(裴辉儒、宋伟)、《文化集聚·文化街区·文化地域:重塑丝绸之路的新起点》(薛东前、马蓓蓓)、《丝绸之路上的遗址美术》(高明、王晓玲、程玉萍、朱生云、李慧国)、《汉唐丝绸之路漆艺文化研究》(胡玉康、潘天波)、《丝绸之路上的体育交流与发展》(黄聪)、《丝绸之路经济带沿线国家体育文化交流问题研究》(史兵、崔乐泉、李重申等)、《天山廊道:清代天山道路交通与驿传研究》(王启明)等。

限于编著者能力与水平,书中难免有疏漏不足之处,恳请各位方家与读者批评指正。

学术研究的意义不仅在于解释现实与反映现实,更在于改造现实与塑造未来。希望本套丛书所有编撰者筚路蓝缕、创榛辟莽,有淡泊名利、耐得住寂寞的定力,有敢立潮头、勇于创新的勇气,有忧国忧民、为民鞠躬的情怀,积极努力,为实现"两个一百年"奋斗目标与实现中华民族伟大复兴的中国梦做出新的贡献!

是为序。

2016 年 9 月 28 日

序　言

　　历史上的陆路丝绸之路通常被视为横贯古代欧亚大陆的东西向交通路线,其中段大致以天山为区隔划分为南北两部分。天山以南是以塔里木盆地为中心的环形沙漠交通线,由沙漠边缘星罗棋布的大小绿洲连缀而成,东接河西,西出葱岭;天山以北则是以准噶尔盆地为中心的环形草原交通线,由山前绿洲或山谷中大小不一的草场连缀而成,东联河西、漠北,西通中亚草原。丝绸之路中段主干道虽然在整体上来看呈东西走向,但正是各处穿越天山的南北通道将沙漠环形交通线与草原环形交通线联结起来,从而形成了一个四通八达的天山丝路交通网络系统,亦即所谓的"天山廊道的路网"。本书作为学术界第一部较为全面系统地研究清代天山廊道的专书,在国家实施"一带一路"建设战略的今天,其出版不仅具有较高的学术价值和一定的创新性,而且具有重要的现实意义,可谓恰逢其时。

　　自 1877 年德国地理学家李希霍芬(F. von Richthofen)在其巨著《中国》一书中,把联结古代中国与中亚、南亚、西亚乃至欧洲与非洲的这条以丝绸贸易为媒介的交通道路命名为"丝绸之路"(Die Seidenstraβen)以来,国内外对丝绸之路的研究不断深入,世人对其在古代人类文明交流史中地位和作用的认识也日趋全面和系统。除传统上人们所说丝路中段的三条东西交通主干道外,从青藏高原北上、经塔里木盆地环形沙漠交通线穿越天山进入准噶尔盆地,以及从蒙古高原南下、经准噶尔盆地环形草原交通线穿越天山进入塔里木盆地的交通线,分别从南北两个方向与东西主干道相连,形成了东、西、南、北四方纵横交错的交通网络。古代陆路丝绸之路的网格化布局是近些年来中外学术界对传统丝绸之路研究的新认识,而天山廊道就在其中发挥着至关重要的作用。如果说在前工业化时期的丝绸之路东西主干道曾经连接着欧亚大陆上的几大农业文明圈的话,那么南北向的天山廊道则不仅沟通了两大盆地,也将青藏高原与蒙古高原两大游牧文明圈联系起来。唐代中后期吐蕃与回鹘在高昌至北庭一线的激烈碰撞就是明证。2014年,天山山脉行经的中国、哈萨克斯坦和吉尔吉斯斯坦三国合作,将丝绸之路成功申报为世界文化遗产,其正式名称即为"丝绸之路:长安—天山廊道的路网",表明丝绸之路交通网络的格局已经得到了世界的公认。

事实上,早在张骞凿空西域前后,丝路中段的网格化交通路线格局的雏形就已经出现,匈奴正是通过天山廊道中的南北山中捷径统治着塔里木盆地的绿洲诸国,控制着丝路中段的贸易,并从中获取各种丰厚的财富和所需的给养。经魏晋南北朝到隋唐时期,这种网格化交通格局逐渐成熟和定型,从而形成了以下几条主要的天山南北通道:从东部天山进入哈密盆地的所谓"巴里坤路",从中部天山进入吐鲁番盆地的"博格达山路",从西部天山进入塔里木盆地的"裕勒都斯河谷路"和"纳林河谷路"。(参见松田寿男著、陈俊谋译:《古代天山历史地理学研究》,北京:中央民族学院出版社,1987年,第20页)由此我们也就不难理解,何以每当漠北和准噶尔盆地有强大的游牧势力勃兴,塔里木盆地分散的绿洲诸国就无一例外纷纷降服,而中原农业王朝与北方游牧政权相对抗,最终都要经营西域才能彻底解除来自北方的威胁。所以,天山廊道也是我们正确理解和认识西域历史乃至中国历史的一把钥匙。

序 言

关于早期天山廊道的研究,包括日本学者松田寿男和我国学者巫新华在内的一批国内外学者都曾做出过突出的贡献。前者主要利用传统文献记载进行历史地理探索,后者则将文献记载、出土文书、考古发现与实地考察有机结合,着重对中部天山的交通路线进行综合分析,结论更加翔实、可靠。但限于资料,前人的这些研究在具体的细节方面难免多有语焉不详之处,而本书的作者则在浩如烟海的清代有关文献记载和档案材料中缜密梳理,大至各条廊道的分布、走向、演变与兴废,小至每条廊道的里程与具体运行和管理,莫不结合大量丰富的史实与实地考察一一详加考述,不仅首次全面揭示了清代天山廊道的外貌与具体细节,而且对于学术界重新认识清代之前天山廊道的历史地位与作用无疑也具有重要的借鉴价值。

作为古代官方的交通干线,丝绸之路的运行与管理自然有一套较为系统、严格的制度,从而保证政令下达、道路畅通和边疆的稳定与安全。这套悠久的制度在古代中国被统称为驿传制度。古代丝绸之路驿传制度的实施情况在居延汉简、悬泉汉简以及佉卢文和吐蕃简牍文书中都可略见端倪,而本书则在占有各类丰富而翔实的资料的基础上,充分利用新刊布的第一手清代新疆档案材料,首次对清代天山廊道驿传制度的沿革、管理、功能与经费等方面进行了全面而系统的阐述,并对驿传的弊端与整顿、驿传与社会关系等加以科学而理性的分析,从而将丝绸之路驿传制度的研究推进到了一个新的高度。

启明乃三秦人士,关中大地醇厚的民风、积淀深厚的历史与文化土壤,塑造了他朴实、宽厚的性格与坚韧、耐劳的意志。在新疆求学期间,受各民族文化的浸染,他对这片美丽而多情的土地充满了热爱,并立志从事新疆历史与文化研究,这里事实上已成为他的第二故乡。而由著名民族史学家韩儒林先生开创的南京大学元史研究室,则为其博士研究生阶段的学习奠定了坚实的专业基础,并提供了扎实的学术研究能力的培养与训练。他在2014年博士毕业后前来陕西师范大学中国西部边疆研究院从事博士后研究工作,自觉将韩儒林先生和马长寿先生的优良学风加以继承、结合和发扬,其学术研究的潜能也得到充分的施展和发挥。他在短短两年的时间里不仅获得了国家社科基金项目和博士后科学基金项目,而且还发表了一批较高水平的学术研究成果,并在学术界崭露头角、初试锋芒。此外,他在沉浸于科研、教学工作的同时,还乐于承担各种公益事业,从不过分计较个人的得失,也为陕西师范大学民族学一流学科建设做出了自己的贡献。作为启明的博士后合作导师,我对此甚感欣慰,相信并由衷祝愿他在今后的各项工作中取得更大的成就。

是为序。

王 欣

2016年8月

目 录

绪 论 …………………………………………………………… 1

 一、研究缘起 ……………………………………………… 1

 二、研究现状 ……………………………………………… 2

 三、研究资料 ……………………………………………… 4

 四、主要创新 ……………………………………………… 6

 五、研究方法 ……………………………………………… 7

 六、几点说明 ……………………………………………… 8

上编 道路交通篇

第一章 那林卓地道 ……………………………………… 12

 一、道路概况 ……………………………………………… 12

 二、道路使用及废弃 ……………………………………… 13

 三、废弃原因及后果 ……………………………………… 18

第二章 伊犁通乌什道 ……………………………………… 24

 一、达瓦奇逃遁路线 ……………………………………… 24

 二、道路概况 ……………………………………………… 28

 三、道路使用 ……………………………………………… 32

第三章　冰岭道 …… 43

一、道路概况 …… 43

二、道路使用 …… 55

三、道路信仰与地位 …… 66

第四章　伊犁通库车及喀喇沙尔路 …… 83

一、伊犁通库车路 …… 83

二、伊犁通喀喇沙尔路 …… 86

三、道路地位 …… 88

第五章　哈密至巴里坤路 …… 92

一、道路开辟与使用 …… 92

二、交通设施与路线演变 …… 96

三、道路文化遗存 …… 102

第六章　小南路 …… 107

一、东天山中段道路网 …… 107

二、从"小南路"到"中大道" …… 113

三、小南路驿站及其里程 …… 119

第七章　他即沟路 …… 129

一、路名之由来 …… 129

二、商贸通道 …… 131

第八章　后沟路 …… 138

一、道路名称及前期建设 …… 138

二、后期重建与管辖变化 …………………………………… 143

三、道路里程与艰难路段 …………………………………… 148

下编　驿传篇

第九章　清代新疆驿传沿革 …………………………………… 158
一、清前期驿传的设置 ……………………………………… 159

二、清后期驿传的重建与改革 ……………………………… 170

三、清末电报与邮政的出现 ………………………………… 185

第十章　驿站内部组织 ………………………………………… 201
一、驿书 ……………………………………………………… 202

二、马夫 ……………………………………………………… 214

三、驿马 ……………………………………………………… 218

四、官店 ……………………………………………………… 225

第十一章　驿站经费 …………………………………………… 238
一、开支标准 ………………………………………………… 238

二、经费来源 ………………………………………………… 242

三、请领报销 ………………………………………………… 246

第十二章　驿传功能 …………………………………………… 254
一、传递文报 ………………………………………………… 255

二、接待官员 ………………………………………………… 260

三、运输官物 ………………………………………………… 267

第十三章　驿传弊端与整顿 …………………………………… 276

一、驿传弊端 …………………………………………… 277

　　二、驿传整顿 …………………………………………… 282

　　三、弊端原因 …………………………………………… 294

第十四章　驿传管理 …………………………………………… 299

　　一、中央管理机构 ……………………………………… 299

　　二、地方管理机构 ……………………………………… 302

　　三、驿站行政管辖 ……………………………………… 307

第十五章　驿传与社会关系 …………………………………… 315

　　一、驿传运输 …………………………………………… 315

　　二、柴草供应 …………………………………………… 335

结　语 …………………………………………………………… 348

附　录 …………………………………………………………… 352

参考文献 ………………………………………………………… 362

后　记 …………………………………………………………… 372

图表目录

图 1　达瓦齐逃遁路线示意图/30

图 2　冰岭道路线示意图(据《新疆乡土志稿》之《新疆全省舆地图·伊犁将军辖境图》重描)/50

图 3　可力峡关口(和约伙罗驿,《1910,莫理循中国西北行》下册)/52

图 4　巴里坤通哈密道路交通网(据《新疆乡土志稿》之《哈密厅图》重描)/102

图 5　东天山中段道路交通网(据《新疆乡土志稿》之《镇西厅图》重描)/118

图 6　七个井驿(《1910,莫理循中国西北行》上册)/121

图 7　分路碑(七个井附近,《1910,莫理循中国西北行》上册)/121

图 8　头水驿(《1910,莫理循中国西北行》上册)/122

图 9　后沟路线示意图(据《新疆乡土志稿》之《吐鲁番厅图》重描)/147

图 10　白杨河界碑(《马达汉西域考察日记》)/150

图 11　新疆驿路图(光绪十六年湖南省出版)/182

图 12　火牌/261

图 13　传牌/267

图 14　溜单/267

图15 马票/267

图16 酌定新疆整顿驿站章程/294

图17 站车(《新疆古代道路交通史》)/334

图18 委办辟展柴草局之戳记/336

表1 天山南北通道明目对照表/11

表2 冰岭道各台配备表/46

表3 冰岭道南段驿站经费表/49

表4 冰岭道台站里程表/53

表5 巴里坤通哈密营塘表/98

表6 吐鲁番至巴里坤军台道里表/111

表7 乌鲁木齐南路军台表/142

表8 天山北路军台配置表/160

表9 天山南路东段军台配置表/162

表10 天山北路营塘表/167

表11 天山北路驿站配置表/169

表12 新疆电报局表/186

表13 新疆邮政局表/190

表14 吐鲁番阳和驿驿书任职表/209

表15 吐鲁番十二站驿书夫卒马匹数目表/219

表16 晚清新疆驿传历次整顿简表/282

绪　论

一、研究缘起

2014年6月22日,中国与哈萨克斯坦、吉尔吉斯斯坦联合申报的跨境项目"丝绸之路:起始段和天山廊道的路网"成功入选世界文化遗产名录。申遗成功后,项目名称变更为"长安—天山廊道的路网"。据报道,该项目全长5000公里,把古代全长8000多公里的丝绸之路给断开了,截到中亚的七河流域,涉及三个国家一共三十三个申遗点,其中我国四个省共二十二个申遗点。(参见陈同滨:《"丝绸之路:起始段和天山廊道的路网"遗产解读》,《中国文化遗产》2014年第3期)该项目虽以三个国家丝绸之路沿线三十三处历史文化遗址申报成功,但人们直观的感受只是几十处遗址与地名而已,并未很好地呈现出项目名称中的"路网"。追溯历史,处于陕西甘肃的起始段至晚从西汉设置河西四郡起,便成为中国内地社会的有机组成部分,天山廊道的大部区域虽然在西汉设置西域都护府后也被纳入中原王朝的版图,但此后叛服靡定,直至清朝乾隆年间平定天山南北后,整个天山廊道才被全部纳入版图。而相比起始段的地势平坦与线路较为单一,天山廊道地势复杂多样,不仅存在天山南北两条丝路干道,而且彼此之间又有山中捷径相连,从而形成了天山廊道的道路交通网,这一道路交通网在清朝又得到极大的发展和完善,因此研究清代天山廊道的道路交通网便显得尤为重要。

二、研究现状

有关清以前天山廊道的研究主要有日本学者松田寿男《古代天山历史地理学研究》(陈俊谋译,北京:中央民族学院出版社,1987年)与中国学者巫新华《吐鲁番唐代交通路线的考察与研究》(青岛:青岛出版社,1999年)等论著。但松田寿男只是在其书绪论中简单介绍了连接天山南北的四条山中捷径,这些捷径虽与清代天山廊道密切相关,但并未展开讨论。巫新华对唐代东天山的道路交通做过一些比较深入的研究,相比前人取得了较大的推进,并对清代东天山廊道的研究具有一定的参考价值。此外,王炳华《"天山峡谷古道"刍议》(《唐研究》第二十卷,北京大学出版社,2014年,第11—32页)利用考古发掘及出土文书,并结合部分传世文献记载,对西天山东西走向的山间谷道进行了有益的探讨,但同样未能涉及清代的情况。

对清代天山廊道的研究,以往学者多从道路交通史的角度切入,侧重交通线路的研究,且主要集中于天山南北两条干道的研究,对连接南北两条干道的山中捷径则明显关注不足,本书上编"道路交通篇"意在详细探讨沟通清代天山南北的八条山中捷径的道路交通情况,以期呈现整个天山廊道的完整路网。而有关这方面的研究并不多见,且主要集中在国内,民国年间谢彬在其《国防与外交》(上海:中华书局,1925年)"天山南北交通间道考"一节中较早注意到以伊犁为中心的四条天山南北通道,但其一页内容并未超越清人的认识。真正从学术研究的角度考察则到了新中国成立后,如陈戈《新疆古代交通路线综述》(《新疆文物》1990年第3期)、殷晴《古代新疆的南北交通及经济文化交流》(《新疆文物》1990年第4期)、戴良佐《新疆近代交通要道——小南路》(《公路交通编史研究》1990年第5期)、潘志平《清代新疆的交通和邮传》(《中国边疆史地研究》1996年第2期)等文章,以及《新疆古代道路交通史》(北京:人民交通出版社,1992年)与刘文鹏《清代驿传及其与疆域形成关系之研究》(北京:中国人民大学出版社,2004年)等为数有限的几部论著曾对清代天山南北交通情形有不同程度的涉及,其中尤以潘志平《清代新疆的交通和邮传》(以下简称"潘文")的论述值得参考。但总体而言,以上论述均显得过于简单,其中西天山地域广阔,尚有较多研究,东天山则因靠近内地,而且山体相对单薄,较少有人关注。具体而论,对纳林草地道的研究,潘文曾利用庄吉发《故宫档案述要》一书附图"伊犁由纳林草地至喀什噶尔图说"勾勒出这条道路的基本走向和里程,但有关这条道路的路况、使用、废弃年代、废弃原因及影响等诸多问题仍语焉不详,这也是本书试图回答的内容。对伊犁通乌什道的研究,潘文亦有涉及,但有关这条道路在清朝的使用情形仍值得深入发掘,本书首先就达瓦齐的逃遁路线展开讨论,进而详细探讨了这条道路在清朝的使用情况。而关于清代冰岭道的研究,金峰《清代新疆西路台站》(《新疆大学学报》1980年第2期)早在20世纪80年代就有涉及,至90年代则有前述陈戈、殷晴和潘志平等人的文章,然而这些文章均将冰岭道纳入新疆广阔的交通体系中予以探讨,致使相关研究篇幅非常有限。进入21世纪,杨尘《夏特古道史迹纵探》(《伊犁师范学院学报》2000年第4期)首次以专文的形式从纵向历史的角度对这条道路进行了比较详细的探讨,但在涉及冰岭道的命名、台站里程、道路使用及道路通行时间等问题方面仍显得过于简略。伊犁通库车路及伊犁通喀喇沙尔路,潘文亦有涉及,但如长龄到底通过哪条路线前往南疆等相关细节尚待商榷。至于东天山南北通道的先行研究,似乎也只有戴良佐的《新疆近代交通要道——小南路》与前述潘文等文章,同样由于资料的限制,只是简单勾勒出相关道路的基本情况而已,仍待深入细致的研究。

在道路交通史的研究视角之外,从驿传的角度切入,则是另一种新的研究视角。较之道路交通史相对静态的研究,驿传的视角更侧重于动态考察,涉及驿传体系的方方面面,如驿传平台(军台、营塘、驿站、电报与邮政)的演变、驿传平台的内部组织(驿站之驿书、驿马、马夫与官店等)、驿传经费(开支、来源与报销)、驿传功能(传递文报、运输官物与接待官员)、驿传的弊端及其整顿、驿传管理及其与当地社会的关系等。但以往学术界从这一角度研究的成果非常稀少,只有前引潘文、刘文鹏《清代驿传及其与疆域形成关系之研究》与徐中煜《交通态势与晚清经略新疆研究》(哈尔滨:黑龙江教育出版社,2013年)可算这方面的研究成果,但就其研究内容来看,仍侧重于交通史。此外,樊伯钦《新疆邮政简史(1909—1952年)》(乌鲁木齐:新疆人民出版社,2003年)及新疆维吾尔自治区地方志编纂委员会所编《新疆通志·邮电志》(乌鲁木齐:新疆人民出版社,1998年)与《新疆通志·公路交通志》(乌鲁木齐:新疆人民出版社,1998年)亦有部分涉及,但关注天山廊道的篇幅同样非常有限。究其原因,主要在于以往可资利用的涉及驿传运作的资料严重不足,不过随着《清代新疆档案选辑》等档案资料的公开出版,使得以往资料不足的情况有了很大的改善,本书下编"驿传篇"即以该档案为中心,详细探讨了晚清天山一带的驿传体系及其运作情况,发现了一些以往不为人知的新认识。

三、研究资料

历史研究需要坚实的史料做基础,并在此基础上经过大量细致深入的检索、分类与研读,才能比较真实地还原历史真相。本书除前述《清代新疆档案选辑》外,还利用了部分中国第一历史档案馆所藏未经出版的"汉文录副奏折""满文录副奏折""户科题本",以及公开出版的《光

绪 论

绪朝朱批奏折》(北京:中华书局,1996年)与《光绪朝上谕档》(桂林:广西师范大学出版社,1996年)等档案资料。研究天山廊道,必然涉及地图资料,因此本书还利用了台北"故宫博物院"出版的《笔画千里——院藏古舆图特展》(冯明珠、林天人主编,台北:"故宫博物院",2008年)与《失落的疆域:清季西北边界变迁条约舆图特展》(李天鸣主编,台北:"故宫博物院",2010年)及《舆图指要:中国科学院图书馆藏中国古地图叙录》(孙靖国,北京:中国地图出版社,2012年)中所收录的部分新疆舆图,以便与文字记载相印证。

在档案资料之外,诸如《清实录》《平定准噶尔方略》《清会典》与《清会典事例》等含有大量天山廊道记载的资料,必然成为传统史料的首选;其次,如《回疆志》《西域闻见录》[1]《重修肃州新志》《西域图志》《乌鲁木齐政略》《西陲总统事略》《新疆识略》《三州辑略》《嘉庆重修一统志》《新疆乡土志稿》《新疆四道志》《新疆图志》与《新疆志稿》等公私方志中含有不少相关道路的专题资料,均为本研究的基础参考材料;再如无名氏的《使准噶尔行程记》、洪亮吉的《伊犁日记》、方士淦的《东归日记》、林则徐的《荷戈纪程》、祁韵士的《万里行程记》、倭仁的《莎车行记》、方希孟的《西征续录》、景廉的《冰岭纪程》、沙克都林扎布的《南疆勘界日记图说》、王廷襄的《叶柝纪程》、袁大化的《抚新纪程》、刘雨沛的《西戍途中日记》、日野强的《伊犁纪行》、莫理循的《一个澳大利亚人在中国》、马达汉的《新疆考察纪行》、谢苗诺夫的《天山游记》以及江标翻译的佚名作《咸同以来中俄交涉记》等中外游记考察报告材料,均对相关道路有着比较细致的记载,自然成为不可多得的珍贵材料;又如《那文毅公奏议》《左宗棠全集》《刘锦棠奏稿》《谭文勤公(钟麟)奏稿》《陶勤肃公奏议遗稿》与《饶应祺奏稿》等疆臣边吏的奏稿以及《松文清公升官录》《忠武公年谱》与《长文襄公自定年谱》等资料,同样非常重要;最后,魏源《圣武记》、魏光焘《勘定新疆记》、祁韵士《皇朝藩部要略稿本》与《新疆省财政说明书》等专门资料也提供了天山廊道的某些专题讨论。

四、主要创新

选题创新,如前所述,本书选取前人极少关注的八条天山南北向道路交通作为本书的上编研究内容,其中除冰岭道与小南路前人有过较少篇幅论述外,其他六条道路只是在极为有限的个别论著中有所提及而已,而本书正是在此背景下,第一次全面系统地对清代八条天山南北通道进行了深入细致的研究,填补了这方面研究的严重不足。

视角创新,如前所述,前人对天山廊道的探讨几乎均侧重于道路交通史的研究,极少从驿传运作的角度进行动态的考察,本书下编分别从驿传平台的演变、驿传内部组织、驿站经费、驿传功能、驿传弊端与整顿、驿传管理及其与社会的关系等七个方面详细探讨了天山廊道的驿传运作情况,其中许多研究内容,如驿站的内部组织、驿站经费、驿传弊端及其整顿、驿传与社会关系等,学术界之前极少关注。

资料创新,前人之所以未能从驿传的角度进行研究,主要原因在于传统史料的宏观性难以构建和观察驿传体系的实际运作情况,必须依靠大量有关驿传运作的细部档案资料,而《清代新疆档案选辑》的公开出版,使得本项研究有了坚实的资料基础,笔者为此先后整理了30余万字的专题档案资料汇编,相对前人研究,在资料方面取得了巨大的突破。

观点创新,正是基于以上三个方面的开拓和创新,本书在诸多领域取得了较大的学术创新和推进,诸多新的观点一一呈现。例如,第二章考证出达瓦齐的逃跑路线并非冰岭道,而是伊犁通乌什道;第四章考证出道光六年(1826)杨威将军长龄南下平定张格尔之乱所走的路线并非伊犁至库车之间的道路,而是由伊犁向东翻越那拉提到达喀喇沙尔的道路;第十章研究得出,晚清新疆驿书在实际运作过程中先后经历了一个"双驿书→单驿书→双驿书"的复杂设置过程,其与刘锦棠奏定驿站经费章程中规定的单驿书设置标准并非完全一致;凡此等等,不一而足。

五、研究方法

1. 文献分析法,以往之所以未能开展这方面的研究,主要在于资料的分散与不足,但经过笔者六年来的不断搜集,尤其是近年档案资料的公布,使得原先资料不足的问题得到极大的改善,单以《清代新疆档案选辑》的影印资料为例,笔者先后录有 80 余万字的档案资料,其中直接涉及本书的核心资料便有 30 余万字,后经笔者分类整理与编排,成为本书下编"驿传篇"的核心依据资料。在汇集整理档案资料的同时,笔者也从未放弃对传统史料的搜集与爬梳,如先后对实录、各种方略、各种方志、中外旅行游记报告调查资料与各种奏折年谱及舆图档案等资料(详见"参考文献")进行了系统的搜集,收获颇丰,并据此补充了以往不为人知的诸多天山廊道的细致情况。

2. 实地考察法,由于本书涉及边疆道路交通地理,因此必须进行实地考察,为此笔者先后做过多次户外考察,通过观察与询问当地百姓,获得了不少感性认识,使之与文献相印证,充实和完善了相关论点,避免书斋研究视野的不足。

3. 历史语言研究法,本书必然会涉及一些诸如"沙图阿满"(其中沙图 šatu 系托忒蒙古语"梯子"之意;阿满 aman 系蒙古语"口"之意,合起来即为"梯口")、"威呼"(满语 weihu 意为独木船)等名物制度的考察,这就需要通过对多种非汉语言文字资料进行历史追寻,才能明晰其确切含义与变化。

六、几点说明

1. 由于书中大量使用档案文献,在录文过程中往往面临残缺与错讹之处,笔者按照文献整理的基本原则,凡是残缺的字词,以□□代替,如残缺过多,则以"(残缺)"代替,如能通过上下文判断出残缺之字,则在□□中补出原字,如新疆。对于字迹模糊或者非常潦草无法识别之字,暂以?代替。有的错字、别字会予以更正,更正之字放于[ ]之内。此外,档案中官员往往省略自己的姓名,代之以圈号,引文中以○○表示。至于官府及上级的批文,则以◎提示。

2. 书中引用档案时,不可避免会涉及"缠民""缠童""汉民""回民"等旧式称谓,虽然"民族"一词在当下中国学术语境中的使用情况较为复杂,但以上称谓大体指代今天的维吾尔族、汉族与回族人群,因此笔者将在非引文叙述中采用今天的维吾尔族、汉族与回族称谓。

3. 书中所引不同文献往往对同一地名记载有别,如"齐克腾木"与"七克腾木"、"七个井"与"七角井"等,为保持统一,全书非引文叙述中将采用较为常见的"齐克腾木"与"七个井",书中不再一一注释说明。

注释:

[1]《西域闻见录》又名《西域记》《西域总志》等,详见吴丰培《吴丰培边事题跋集》(乌鲁木齐:新疆人民出版社,1998年)第209—210页。

上编　道路交通篇

天山山脉作为亚洲最大的山系之一,横贯新疆中部,西端伸入哈萨克斯坦与吉尔吉斯斯坦,呈东西走向,分隔准噶尔盆地和塔里木盆地,长约2500公里,宽200—300公里,一般海拔高度在3000—5000米之间。在我国境内部分长约1700公里,大体以乌鲁木齐为中心,可分为东天山与西天山,其中西天山内夹巴音布鲁克草原,又可分为南、北二支。[1]另据《新疆图志·山脉志》记载,天山"由喀什噶尔之喀喇租库山迤逦东北,绕乌什、阿克苏、库车之背,至于伊犁,乃折而东,又经迪化之南、辟展之北,直至镇西、哈密,东至于塔勒纳沁山,总名天山。一曰白山、一曰雪山、一曰灵山、一曰祁连山,其间随地异名者以百数,实居北戎之北,东西悬亘西域境内"[2]。正因天山贯穿新疆东西,在清代新疆分为天山南北两路,从哈密始,向北翻越天山过巴里坤,然后一路沿天山北麓向西行进,过乌鲁木齐等军政要地,最终抵达当时伊犁将军所在地伊犁大城,是为天山北路交通干线。天山南路干线亦从哈密出发,向西路过吐鲁番,转西南路经喀喇沙尔、阿克苏等地,最终抵达南疆重镇喀什噶尔。这两条干线作为清代最重要的交通路线被清人所记载,但即使这些东西走向的丝路干道,其部分路段也是必须穿越天山的南北通道,如哈密到巴里坤、吐鲁番到乌鲁木齐等,正是这些南北向的通道将天山南北两路之间的干线连接在一起,形成便捷的交通网络,便于南北疆之间的沟通与交流。但清代沟通两条主干线的南北通道并不仅限于以上路线,在清人的众多记载中,光绪十八年(1892)前往南疆上任的王廷襄在其《叶桥纪程》中的总结最具代表性，其总结如下：

> 谨案，新疆南北相通之道，通车者三：自北路巴里坤踰天山，三百三十里至哈密，一也（巴里坤尚有橙槽沟一路达哈密之瞭墩）；自奇台之色必口穿小南路至镇西厅属之车箍轳驿，达一碗泉，二也；自乌鲁木齐踰奇克达巴罕，五百里至吐鲁番，三也。此外仅可马行，不能通车者四：一自伊犁东南行，经那喇特达巴罕、朱勒都斯山、察罕通格山而至喀喇沙尔城，可马行。雍正年间遣使至策妄阿拉布坦游牧，乾隆二十二年将军成衮扎布、参赞大臣舒赫德带兵重入伊犁皆由此路。一自伊犁之南渡伊犁河，踰索果尔达巴罕，渡特克斯河，六百五十余里，踰木苏尔达巴罕，共一千二百余里，至阿克苏。木苏尔译言冰也，达巴罕译言岭也。岭长百里，坚冰结成，《唐书·西域传》所谓"凌山"，冬夏积雪，春秋含冻是也，今为通行之路。（又阿克苏所属巧塔尔达坂及赛里木所属阿尔通伙什卡伦均为赴伊犁捷径，道光八年奉旨封禁。）一自伊犁惠远城西南十七站，由布鲁特游牧地方直抵乌什，为行兵捷径，道光八年奉旨著伊犁将军、乌什办事大臣将伊犁西南哈布哈克卡伦、乌什迤北贡古鲁克卡伦添派官兵巡防，不许夷民取道来往，则此路久经封禁。（按，乌什之贡古鲁克山，山岚层复，岩岫险峻，其间溪涧纵横，谷中尤隘，只容单骑。有地曰南北鄂罗，北通伊犁之哈布哈克卡伦，乃布鲁特牧游。）一自伊犁西南出鄂尔果珠勒卡伦，一百三十里经善塔斯岭，又五百五十里踰巴尔珲岭，又百八十里渡纳林河，又四百五十里至乌兰乌苏河，凡二千二百余里，至喀什噶尔城，可马行，皆在布鲁特界中。今自霍尔果斯河以西划归俄人，则此路已非我有。[3]

在王廷襄看来，清朝末年新疆有七条南北通道，西天山四条，东天山三条，能通车者均位于东天山，不过笔者在这七条之外，拟再加一条吐鲁番与济木萨之间的道路，晚清当地百姓称之为"他即沟"[4]，很明显就是唐代的"他地道"。如此，上编探讨的天山南北通道便可概括为表1：

表1 天山南北通道名目对照表

西天山南北通道	东天山南北通道
伊犁⟷喀什噶尔(那林草地道)	哈密⟷巴里坤
伊犁⟷乌什	七角井⟷色皮口(小南路)
伊犁⟷阿克苏(冰岭道)	吐鲁番⟷济木萨(他即沟路)
伊犁⟷库车、喀喇沙尔	吐鲁番⟷乌鲁木齐(后沟路)

注　释：

[1]肖序常等:《中国新疆地壳结构与地质演化》,北京:地质出版社,2010年,第3—4页。

[2]王树枏等纂修:《新疆图志》中册,朱玉麒等整理,卷五十九《山脉一》,上海:上海古籍出版社,2015年,第1006页。

[3]王廷襄:《叶桥纪程》,见吴丰培整理《丝绸之路资料汇钞(清代部分)》,北京:全国图书馆文献缩微复制中心,1996年,第849—850页。圆括号内为原文小字内容,下同。

[4]中国边疆史地研究中心、新疆维吾尔自治区档案局合编:《清代新疆档案选辑》第79册,光绪十四年十月二十五(所引档案具文或奉文时间,下同),桂林:广西师范大学出版社,2012年,第49页。

第一章　那林草地道

清代新疆分为天山南北两路，清军平定新疆后，伊犁将军通过西天山南北通道实现对南路的管辖。关于这些通道的概况，刘锦棠曾总结道："伊犁通南捷径有四：一自那喇特卡伦经珠勒土斯、察罕通格两山以达喀喇沙尔；一由穆素尔达巴罕渡特克斯河踰冰岭以达阿克苏之札木台；一出伊克哈布哈克卡越贡古鲁克达巴罕以达乌什；一出鄂尔果珠勒卡伦踰善塔斯、巴尔珲两山，渡那林河以达喀什噶尔。"[1] 刘锦棠笔下的最后一条捷径正是本章所要论述的那林草地道。潘志平先生曾利用庄吉发《故宫档案述要》一书附图"伊犁由那林河草地至喀什噶尔图说"（参见彩图2）中的文字勾勒出这条道路的基本走向和里程。[2] 根据该图所载信息，可以看出这条通道主要通过高山草地以及那林河（今中亚纳伦河）流域，所以本书姑且称其为"那林草地道"。有关那林草地道在清代的道路状况、使用及废弃等细节方面仍不甚明晰，本章拟在前人研究基础上试做进一步的探讨。

一、道路概况

有关清代那林草地道的路况，文献中并不乏记载，如《西陲总统事略》和《西域水道记》等书均有记载，兹据前书记载[3]：

　　自善塔斯西行三百余里至特穆尔图淖尔（今伊塞克湖——引者注），其水周广数百里，西、北、南三面皆山，山麓皆布鲁特游牧，沿岸潮沙，土人以之熬铁，特穆尔者译言铁也，图者有也，淖尔者海子也，言此水产铁，故名，并产大鱼。由淖尔南岸越巴尔浑大山，渡塔尔垓河，溯流向东南越大山可达回疆乌什。此水西流归纳林河，入安集延。由淖尔南岸至塔尔垓河共行三百余里，西南过察奇尔图大山，经穆苏尔达巴罕西麓，由此而西仍经布鲁特游牧，又行五百余里至铁里冶克山岭下，二十余里西而转南，由南而东共行四百余里至喀什噶尔矣。[4]

如以那林桥为中心，可将那林草地道分为南、北两段。从上引材料叙述那林草地道的沿途情况来看，明显详于北段。如前文刘锦棠所言，该道从伊犁地区的额尔果珠勒卡伦出发，然后折向西南，需"由特穆尔图诺尔过巴勒珲岭，穿行布鲁特境内，计一月可至叶尔羌、喀什噶尔"[5]，而沿途经过的巴尔珲大山更是"盛夏阴雷，飞雪如掌，岭阴之雪恒十余丈，终古不消"，向南三十余里"人畜之骨，纵横于路"[6]，即便翻越这些高山峻岭，尚需架桥过河，足见这条道路之艰险。但特穆尔图淖尔北岸的海北路"不但较冰岭一路平坦易行，即比之海南一路，亦有树木可供柴薪"[7]，清人似乎更倾向于走海北路，因为古代长途旅行，人员需生火做饭，所乘马匹亦需食用草料，所以必须考虑沿途的水草、柴薪因素。但这种优越也只是相对而言，毕竟特穆尔图淖尔周围均为布鲁特游牧之地，如"自伊犁之格根卡伦至那林桥一千数百余里，经过生熟布鲁特游牧始达喀什噶尔地界，必须裹粮三月，中间并无更换歇乏接济之处，军行实多不便"[8]，反映出这条道路主要地段的给养和补充之难，再加之"特穆尔图诺尔天气甚寒，七月后即有大雪"[9]，所以，乾隆年间这条通道主要用于军事换防。

二、道路使用及废弃

清军平定准噶尔后，便将注意力转向回部，时兆惠驻军伊犁，为清军南下做部署,早年归附清朝并熟悉回部情形的额敏和卓于乾隆二十三年(1758)二月上奏:"自沙喇伯勒前往回部,由巴达勒可至喀什噶尔,由穆素尔岭可至阿克苏,两路俱险僻难行,另有间道,选派熟识数人前赴兆惠处可作向导。"[10]额敏和卓奏报中的"沙喇伯勒"和"巴达勒"分别位于今哈萨克斯坦卡普恰盖水库南、吉尔吉斯斯坦那伦州与中国克孜勒苏自治州的交界处[11],这两处地点均位于伊犁通往喀什噶尔的那林草地道沿线,这似乎是清朝官方有关这条道路的最早记载。兆惠几个月后抵达这条道路的起点,如"兆惠等奏称,四月十三日渡伊犁河,已抵格根喀尔奇喇,询明向道人等,由特穆尔图诺尔过巴勒珲岭,穿行布鲁特境内,计一月可至叶尔羌、喀什噶尔"[12]。这均说明清朝意图利用这条捷径,只是由于后来形势的变化,并没有按照这条道路前进。

清军之所以意图使用那林草地道,旨在"办理回部机宜",因为乾隆希望兆惠和雅尔哈善能够两路夹攻叶尔羌和喀什噶尔[13],待兆惠前往回疆后,清军仍希望正在塔拉斯河流域追剿余匪的富德"若能由特穆尔图诺尔直抵叶尔羌、喀什噶尔更善"[14],即使富德曾经一度遇到马匹缺乏的情况,其本人仍希望"带旧兵之有马者二千人过巴尔浑岭,径攻喀什噶尔"[15],此举虽受到乾隆皇帝的称赞,但并没有批准他的这项军事行动。不久,由于兆惠急于攻打小和卓霍集占,反被包围,即著名的"黑水营之围",为解兆惠之围,清廷谕令:

> 将军兆惠等被围,亟需策应,今拟分兵两路,一路由阿克苏、乌什,一路由特穆尔图诺尔,夹攻逆贼,特遣侍卫官长保、瑚图礼等驰驿往鄂尔坤,于达什达瓦游牧挑选兵丁一千名,或八百、五百名俱可,令总管鄂齐尔等带领,由阿济必济前往西路,会合巴禄之兵,来年从特穆尔图诺尔进剿。[16]

可见清廷为解兆惠之围,拟分兵两路夹攻围困兆惠之敌军,准备来年从特穆尔图淖尔进剿贼众。显然,这条特穆尔图淖尔之路指向的正是位于

第一章　那林草地道

叶尔羌附近兆惠被围的黑水营之地。后因乌鲁木齐、阿克苏方向的援军及时赶到,以及兆惠的坚持,黑水营之围遂解,所以两路夹攻的军事计划亦未实施。次年三月,兆惠与富德仍有"两路进兵"之议,然而清廷"虑伊等志气先馁,难于振作耳",且从特穆尔图淖尔进攻喀什噶尔"未免太远"而未被采纳。[17]此后,清军不再提及从那林草地道进军之事,只要求在特穆尔图淖尔附近之伊犁地方防范霍集占可能逃往俄罗斯或哈萨克即可。[18]再后来,由于霍集占向西逃窜,"则特穆尔图诺尔及伊犁等处俱无庸防范,着即领兵由阿尔台回喀尔喀游牧"[19]。至乾隆二十四年(1759),清朝平定天山南北,特穆尔图淖尔附近的清军也随即撤回。乾隆二十八年(1763),时任伊犁办事副都统的伊勒图在前往特穆尔图淖尔附近巡查哈萨克游牧时,也涉及了这条道路的北段。[20]虽然传统史料并无清军乾隆年间使用这条道路的直接记载,但一般认为乾隆年间清军已经在使用这条道路,[21]只是后来稍微有所变化,因为据嘉庆年间相关史料记载:

> 伊犁派往南路换防兵丁向由冰岭大道前往,嘉庆三年前任将军保宁改由阿[那]林草地委巡查布鲁特边界之领队大臣带领送至喀什噶尔,二十一年改由那林河阿克塞地方交替,二十二年改由那林桥交替,嗣因海南一路山径崎岖并无树木可供柴薪,兵丁殊多不便,改由海北行走,较之海南路程虽远至三百余里,但平坦易行,兵丁炊爨甚便,相沿至今。[22]

据上可知,从嘉庆三年(1798)起,原来通过冰岭道前往南路换防的士兵改走那林草地道,并有交替地点和路线的一些调整。但毫无疑问,此间一直都在使用那林草地道,直到嘉庆二十五年(1820)才出现重大变化,"查伊犁官兵向来赴喀什噶尔换防,俱由布鲁特那林一带行走,今布鲁特既经滋事,官兵未便仍由该处前进,应取道雪山冰岭一路"[23]。这里所说的布鲁特滋事,即卡伦外出现的布鲁特及张格尔的滋扰事件,加之清朝嘉庆年间已经衰落,西北边境的巡边路线也逐渐内移,[24]从而出现换防与巡边相伴的情况,即清人方浚师所总结的"寓巡边于换防之中"[25],实际上几乎停止了那林草地道的巡边,也弱化了清军对西北边疆的控制。

嘉庆二十五年清军换防已改走冰岭道,此后随着和卓之乱不断,换防官兵多次通过冰岭道南下,如道光五年(1825)伊犁将军庆祥为防剿逆裔张格尔上奏道:"臣即飞饬将弁挑选年力精壮技艺娴熟官兵二千名并军器马匹点验齐全,选派熟悉情形之领队大臣及协领总管等官带领分起由冰岭行走,较之向日换防所行之那林道路远近相同,应即令锡伯营领队大臣穆克登布带兵一千名由冰岭先往。"[26]至后来,由于伊犁将军手下不少将领南下平叛,而"布鲁特由那林一路至伊犁相距又复密迩"[27],庆祥只得暂时驻守防范而不便南下,因为"其西南一路系布鲁特游牧,现在汰劣克尚未就擒,未便入其巢穴,而将来攻围紧要之时,亦应从此堵御,以绝贼人之逃窜,其地水草是否足敷驻牧,似宜豫为准备"[28]。可见清军意在堵截那林草地道,而非积极利用。终于至道光七年(1827),张格尔之乱被平定,那林草地道才又重新引起清朝的关注,特发上谕:

> 谕军机大臣等,现在回疆大功告竣,官兵次第凯撤,第念善后事宜必须有备无患,伊犁将军有统辖八城之责。朕闻由伊犁至喀什噶尔,除冰岭一路外,另有由草地抄近捷路可以行走,计程几日可抵喀什噶尔境界,其间所经是何地方,着德英阿密派明干熟谙员弁,躧度该处路径及程站里数,军行有无窒碍,据实具奏。惟兵贵神速,道阻且长,若马匹中路疲乏,应于何处更换接济,并着德英阿妥议奏闻。此系朕思患豫防,可以不用,不可不备之意,该署将军当不动声色,密行查勘,断不可稍有漏泄,以致骇人听闻也,将此由五百里密谕知之。[29]

第一章 那林草地道

引文中所言"回疆大功告竣"系指平定张格尔之乱,为了善后,有必要强化伊犁将军对天山南路的控辖,而这取决于军队能否快速抵达南路,即所谓的"兵贵神速"。缘此,清廷想起了冰岭道之外的那林草地道。据此,我们可以推测那林草地道很有可能在乾隆后期至嘉庆年间废弃不用,因为清朝比较有效的巡边活动的下限即为嘉庆初年[30],如果再结合位于那林草地道海北路区域的皮斯格克(即今比什凯克)"地方窎远,我兵巡边不到已阅三十余年,久为布鲁特住牧"[31]的记载来看,似乎从侧面也印证了这种可能。只是张格尔乱后,清朝为了新疆的长治久安,道光帝有意重启这条道路,所以才有上述查勘谕令。同年十月德英阿上奏了一份"查议伊犁至喀什噶尔由草地行走道路情形"的奏折,据称"伊犁由特穆尔图海北至喀什噶尔草地不但较冰岭一路平坦易行,即比之海南一路亦有树木可供柴薪。惟海子南北全系布鲁特游牧地方,尚须详加查勘,现值大雪封山,难以行走",只得"于明岁春融后,德英阿、容安二人内,酌量一人亲往履勘,再行定议"[32]。十二月,德英阿"察勘道路情形折"中透露的信息显示:"自伊犁之格根卡伦至那林桥一千数百余里,经过生熟布鲁特游牧,始达喀什噶尔地界,必须裹粮三月,中间并无更换歇乏接济之处,军行实多不便。……冰岭路虽险峻,近年往来络绎,已与大路无殊,将来设有缓急,自应仍由冰岭一路为是。"所以,那林草地道"竟可无庸置议"[33]。

至道光十年(1830),伊犁将军玉麟"探闻那林一带布鲁特不靖情形,将南路换防官兵暂缓更换,另筹办理"[34],而扎隆阿又"将伊犁派防官兵中途撤归,及喀什噶尔接换官兵至那林不能久候,仍行折回"[35]。据此分析,由于哈萨克公阿布拉派人报告布鲁特勾结霍罕抢劫换防官兵的消息,清廷为了不损天朝声威,才将本年南路换防兵丁援照向例暂停一年,但明确表示第二年断不可再停。[36]道光十一年(1831),到了伊犁与喀什噶尔两地换防的期限,但因喀什噶尔尚有此前从伊犁调补的援剿官兵二千五百多名尚未凯旋,如果按照"向例"仍由伊犁派拨换防官兵,既添往来靡费,亦于差防无益,所以在这批援剿官兵内按照换防兵的名额如数扣留。[37]伊犁将军玉麟采取的这种替代换防方案实际上正好违背了道光十年所定的"照常行走"[38]方案。道光十二年(1832),玉麟续奏并奉上谕如下:

> 伊犁官兵留防喀什噶尔班满,请明春由冰岭更换一折。此项官兵于道光十年八月由伊犁派赴喀什噶尔应援,嗣经拣留防所,扣至明春,二年有半,较之换防班次转多半年,自应及时更换。着照所请,于惠远城、巴燕岱、锡伯、索伦四营内,各按原额,共挑精壮官兵五百名,遴派协领一员,会同该营长等管带,明春起程,由冰岭行走,到喀什噶尔交该城领队大臣验收操防,其应撤之官兵五百名,令该协领等管带回营,至此次换防官兵仍分两班,于十四年更换一半,十五年更换一半,以符旧制。[39]

据上引文,道光十二年清军已非常明确地改走冰岭道,即再一次恢复到嘉庆三年以前由冰岭道换防的"旧制"上来。从此,通过那林草地道前往喀什噶尔的换防官兵彻底改走冰岭道。

三、废弃原因及后果

探究清朝弃用那林草地道的原因,大概有以下几点:

第一,那林草地道本身的艰险与困难。如前所述,那林草地道南北有3000余里,需克服众多高山、河流与冰雪等艰难险阻,尤其是"自伊犁之格根卡伦至那林桥一千数百余里经过生熟布鲁特游牧,始达喀什噶尔地界,必须裹粮三月,中间并无更换歇乏接济之处,军行实多不便",所以才会有"此路竟可无庸置议"的谕令。

第二,那林草地道处在游牧的布鲁特藩部境内,不同于农耕之回疆,道路的维护与沿途供应比较困难。道光年间尤为突出,如"伊犁西南卡外,各站接替马匹势所难行,其现通南路之军台,向由额鲁特游牧,此时亦难将该处军台轻议改设"[40],足见道路通行补给之困难。

第三,相比同期被誉为"往来要路""南北通衢""南北之枢纽"及"通伊犁回城之大路"的冰岭道[41],那林草地道显得艰险遥远,后勤供给困难,使得清军更倾向于冰岭道行走。另外,那彦成的善后政策中,为了便于查禁走私茶叶、大黄等,将冰岭道以外的其他道路一概封禁,[42]势必影响那林草地道的使用。

第四,清朝国运的衰微与浩罕等势力的膨胀以及俄罗斯向中亚东南部的推进。清朝自18世纪下半叶开始,已经走上衰败的道路。[43]而俄国却在哈萨克草原大肆扩张,至19世纪20年代,基本上已吞并了哈萨克中小玉兹,并将势力伸向了巴尔喀什湖哈喇塔拉河流域。[44]道光年间发生张格尔之乱后,清朝被迫暂停使用那林草地道,但道光七年尚能比较积极地应对边疆问题[45],至道光十年,据报有人欲在那林抢劫官兵,道光谕令"不可示弱外夷,总须令其知感知惧,边圉永臻静谧"[46]。此即道光帝的"务在示以威重,结以真诚"的"抚驭外夷之道"。[47]然而不幸的是,道光十二年在吹河流域巡边的清朝官兵遭到抢劫,结果"驼夫短少十余名,又受伤兵丁回子十二名",天朝颜面扫尽,只得将领队人臣议处,并指示伊犁将军"惟当慎守边防,持以镇静"[48]。接着将此前的巡边路线逐渐内移,至后来将巡边与换防相结合,彻底走向消极的退缩自守政策,换防官兵也彻底改走冰岭道,那林草地道的弃而不用也就理所当然。

弃而不用的后果便是失去对这条道路及沿线区域的控制和了解,1864年,一纸《中俄堪分西北界约记》使得那林草地道及其沿线大片土地划归俄国,俄人很快便于1868年着手经营这条线路。据清人江标所译《咸同以来中俄交涉记》一书记载:

> 那两江地横绝天山要道,为自托库埋库入抓唔之山路,由此出

达于那两堡而通喀什噶尔者也。此那两堡者,一千八百六十八年(同治七年)参将来付司喀欲于天山附近之山国主持利权,遂据那两上游所建筑者也。自托库埋库通喀什噶尔之道,用意在进征喀什噶尔,一千八百七十二年(同治十一年)俄官以炮队及辎重远至那两堡,命开辟道路,兵卒艰苦从事,共长九十六买依路司。道路桥梁成仅五月,自那两堡达喀什噶尔,大凡长一百五买依路司,至今车马通行,不为难事。

且哭古莫依那库驿路三冬亦无雪阻之忧,故车辆往来通行无碍云。[49] 引文中的部分名词,据该书眉批沈刑部考证[50],"托库埋库"即托克玛克,"抓唔"即洪图之朱穆戛勒山,于旧图为哲尔格拉,即塔拉斯川发源之山也,"那两"即那林。[51] 这里的"洪图"当指洪文卿即洪钧所绘的地图。总之,在俄国人的修治下,这条道路已经成为战略坦途。

对于这条已经割让给俄国的便捷通道,1910年前后担任英国《泰晤士报》北京站的澳大利亚人莫理循(Morrison)在考察新疆时曾对这条道路的地位有过评论:"从伊犁到喀什噶尔最好走的路临近俄国边境,要绕远,但能行马车。在伊犁经维尔内到那林一线,进入俄属突厥斯坦,再穿越吐尔尕特山口,重新进入中国境内,就可到达喀什噶尔。"[52] 明显指的就是清代的那林草地道。

综上,清朝对那林草地道的弃而不用造成了非常严重的后果,在后来的中俄勘分西北边界过程中,作为俄方委员的巴布科夫在其书中对侵占整个道路所在区域的野心非常明显,[53] 其结果正如蔡锦松所指出的"由于从罕腾格里至浩罕边界是以天山正干划界,从而切断了从伊犁通往南疆之乌什、喀什噶尔的通道,而沙俄却获得从维尔内至南疆所有最平坦的通道,控制了除穆素尔达坂以外的通往南疆的绝大部分山口,给沙俄进一步侵占南疆和帕米尔地区提供了更为有利的条件。"[54] 所以,这条道路及其沿线大片领土的丧失是有其深刻的历史根源的,也严重关系到中国的国防安全。

第一章 那林草地道

注　释：

[1]刘锦棠：《刘锦棠奏稿》，杨云辉校点，光绪八年十二月十八日《请按约索还乌什之贡古鲁克地方折》，长沙：岳麓书社，2013年，第115页；魏光焘：《勘定新疆记》卷六《归地篇·分界》，哈尔滨：黑龙江教育出版社，2014年，第105—106页；王树枏等纂修：《新疆图志》上册，朱玉麒等整理，卷六《国界二》，上海：上海古籍出版社，2015年，第158页。按，此条引文最早应由齐清顺先生揭示，见《新疆史纲》（乌鲁木齐：新疆人民出版社，2008年，第341页）。

[2]潘志平：《清代新疆的交通和邮传》，《中国边疆史地研究》1996年第2期，第36页；按，潘文所引庄吉发书名为《故宫档案述略》，实为《故宫档案述要》；附图见庄吉发《故宫档案述要》（台北："故宫博物院"，1983年）图版四八。该图又收入冯明珠、林天人主编《笔画千里——院藏古舆图特展》（台北："故宫博物院"，2008年，第64—65页）。

[3]《西域水道记》与《西陲总统事略》的相关记载相似。

[4]祁韵士：《西陲总统事略》卷三《南北两路山水总叙》，北京：中国书店，2010年，第43—44页。

[5]《清高宗实录》卷五六三，乾隆二十三年五月丙午，北京：中华书局，1985年，第139页。

[6]俱见徐松：《西域水道记（外二种）》，朱玉麒整理，北京：中华书局，2005年，第282页。

[7]《清宣宗实录》卷一二七，道光七年十月戊寅，北京：中华书局，1986年，第1121页。

[8]《清宣宗实录》卷一三一，道光七年十二月辛巳，第1175页。

[9]《清高宗实录》卷五九三，乾隆二十四年七月甲子，第593页。

[10]《清高宗实录》卷五五七，乾隆二十三年二月癸未，第59页；另见傅恒等纂：《平定准噶尔方略》正编卷五十，乾隆二十三年春二月癸未，《景印文渊阁四库全书》第358册，台北：台湾商务印书馆，1986年，第834页。《清高宗实录》中"沙喇伯勒"在《平定准噶尔方略》中作"沙喇擘勒"。

[11]钟兴麒编：《西域地名考录》，北京：国家图书馆出版社，2008年，第801—802、80页。

[12]《清高宗实录》卷五六三，乾隆二十三年五月丙午，第139页。

[13]《清高宗实录》卷五六四,乾隆二十三年六月辛酉,第153页。

[14]《清高宗实录》卷五六九,乾隆二十三年八月辛巳,第223页。

[15]《清高宗实录》卷五七四,乾隆二十三年十一月丙申,第305页。

[16]《清高宗实录》卷五七五,乾隆二十三年十一月己亥,第309—310页。

[17]《清高宗实录》卷五八二,乾隆二十四年三月癸未,第436页;同卷,乾隆二十四年三月戊子,第442页。

[18]《清高宗实录》卷五九二,乾隆二十四年七月庚戌,第582页。

[19]《清高宗实录》卷五九三,乾隆二十四年七月甲子,第593页。

[20]《清高宗实录》卷六九六,乾隆二十八年十月乙酉,第801页。

[21]潘志平:《清代新疆的交通和邮传》,《中国边疆史地研究》1996年第2期,第36页。

[22]《平定回疆剿擒逆裔方略》卷五十,道光七年八月戊子,见苗普生主编《中国西北文献丛书·二编》第9册,北京:线装书局,2006年,第278—279页。

[23]《平定回疆剿擒逆裔方略》卷一,嘉庆二十五年九月丙寅,见苗普生主编《中国西北文献丛书·二编》第8册,第64页。

[24]齐清顺:《中国历代中央王朝治理新疆政策研究》,乌鲁木齐:新疆人民出版社,2004年,第211页。

[25]方浚师:《蕉轩续录》卷一《出塞诗》,影印清光绪刻本,《续修四库全书》第1141册,上海:上海古籍出版社,2002年,第569页双行夹注。

[26]《平定回疆剿擒逆裔方略》卷六,道光五年九月壬寅,见苗普生主编《中国西北文献丛书·二编》第8册,第139页。

[27]《平定回疆剿擒逆裔方略》卷十三,道光六年七月甲午,见苗普生主编《中国西北文献丛书·二编》第8册,第230页。

[28]《平定回疆剿擒逆裔方略》卷十四,道光六年七月庚子,见苗普生主编《中国西北文献丛书·二编》第8册,第254页。

[29]《清宣宗实录》卷一二三,道光七年八月戊子,第1065—1066页。

[30]厉声:《清代新疆巡边制度研究》,见新疆通史编撰委员会编《新疆历史研究论文选编:清代卷》(上),乌鲁木齐:新疆人民出版社,2008年,第351页。

[31]《清宣宗实录》卷二一九,道光十二年九月丁巳,第269—271页。

[32]俱见《清宣宗实录》卷一二七,道光七年十月戊寅,第1121页。

[33]俱见《清宣宗实录》卷一三一,道光七年十二月辛巳,第1175页。

第一章 那林草地道

[34]《清宣宗实录》卷一七〇,道光十年六月丙午,第641页。

[35]《清宣宗实录》卷一七一,道光十年七月甲子,第650页。

[36]《清宣宗实录》卷一七〇,道光十年六月丙午,第641—642页;卷一七一,道光十年七月甲子,第650页。

[37]《清宣宗实录》卷一八五,道光十一年三月甲子,第939页。

[38]《清宣宗实录》卷一七一,道光十年七月甲子,第655页。

[39]《清宣宗实录》卷二二七,道光十二年十二月癸丑,第392页。

[40]《清宣宗实录》卷一三七,道光八年六月甲申,第113页。

[41]有关冰岭道的详细情况见拙文《清代新疆冰岭道研究》(《中国历史地理论丛》2013年第1期)及本书第三章。

[42]《清宣宗实录》卷一三五,道光八年四月辛卯,第70—71页。

[43]李侃等:《中国近代史》第4版,北京:中华书局,2004年,第2—3页。

[44]孟楠:《俄国统治中亚政策研究》,乌鲁木齐:新疆大学出版社,2000年,第52页。

[45]《清宣宗实录》卷一三一,道光七年十二月辛巳,第1176页:"至霍罕筑城一节,虽系布鲁特地方,但距伊犁、喀什噶尔均不甚远,亦应密加访查,以期边圉有备无患。"

[46]《清宣宗实录》卷一七一,道光十年七月甲子,第650页。

[47]《清宣宗实录》卷一七一,道光十年七月庚午,655页。

[48]《清宣宗实录》卷二一九,道光十二年九月丁巳,第270页。

[49]佚名:《咸同以来中俄交涉记》卷上,江标译,味经刊书处刻本,光绪二十一年(1895),国家图书馆藏缩微胶卷,第8叶,圆括号内为原书夹注文字。

[50]沈刑部当指沈曾植。

[51]佚名:《咸同以来中俄交涉记》卷上,第8叶眉批。

[52]莫理循:《一个澳大利亚人在中国》,窦坤编译,福州:福建教育出版社,2007年,第249页。

[53]伊·费·巴布科夫:《1859—1875年我在西西伯利亚服务的回忆》,王之相译,陈汉章校,北京:商务印书馆,1973年,第201—203页。

[54]蔡锦松:《沙俄是如何侵吞中国西北领土四十四万多平方公里的》(原载《中俄关系史论文集》,兰州:甘肃人民出版社,1979年),见新疆通史编撰委员会编《新疆历史研究论文选编:清代卷》(下),第361页。

第二章 伊犁通乌什道

有关达瓦齐从格登山向南翻越山岭逃遁的路线,因文献记载模糊,甚至有歧,今人著作及观点亦有区别,抑或避而不谈,等等,按其情形主要有以下几类:第一类,根据《平定准噶尔方略》或《清高宗实录》的记载,做翻越奎鲁克岭的转述处理,[1]缺乏考证和说明;第二类,做翻越山岭南逃的模糊处理[2],亦未能解答;第三类,依据《西域闻见录》或《圣武记》的记载,认为达瓦齐翻越穆素尔达坂,即通过冰岭道逃往南疆[3]。

除去第二类情形可以不考虑外,另两种情况归结起来就是达瓦齐到底是否走过冰岭道、其翻越的奎鲁克岭地望何在的问题。事实上,达瓦齐逃往回疆并非通过冰岭道,而是从格登山向西,转而向南,穿越伊塞克湖东面山区,进而翻越乌什西部的奎鲁克岭抵达回疆。本章将利用相关资料对此予以探讨和说明,进而探讨这条道路在清代的使用情况。

一、达瓦奇逃遁路线

当达瓦齐从格登山逃遁后,定北副将军阿睦尔撒纳就"一面安抚,一面令郡王青滚杂卜、参赞大臣公达勒当阿等领兵分路追蹑",并亲自"统兵继进,收取达瓦齐家属",并认为"达瓦齐虽暂时兔脱,势已狼狈,可不日就擒"。[4]班第也奏"达瓦齐遗弃妻子,身带百余人逃往布鲁特地方,阿兰泰等领兵尾追,不日自当俘获"[5]。乾隆得知这一消息后,指示:"达瓦齐篡逆暴乱,断不可任其兔脱,倘使逃入布鲁特境内,班第等即选派干练人员遣往彼处,明白开示,务令将达瓦齐擒献,但止为索取达瓦齐,无庸带兵前往,不过遣一妥员经理足矣。"[6]或许这道谕旨本身就已削弱了追捕达瓦齐的力度,果不其然,定北将军班第数日后向乾隆帝报告道:

> 定北将军班第等疏奏追擒达瓦齐情形。班第等奏言,达瓦齐逃窜后,臣等由两路哨探兵内派参赞大臣青滚杂卜等相继分路追擒,复派参赞大臣阿兰泰等带兵由别路堵御。……达尔党阿等追逐达瓦齐至奎鲁克岭,见达瓦齐已入布鲁特境内,我兵马匹俱乏口粮不继,旋经撤回。看得奎鲁克岭外有通回子城及布鲁特部落之路,达瓦齐亡命遁走,或入布鲁特之境,或向回子城,或在偏僻处所藏匿,俱未可定,随派亲王策凌乌巴什等带兵八百名前往侦探,仍选侍卫台吉等向回子布鲁特各处晓谕利害,令擒达瓦齐来献。[7]

据以上班第所奏,可以确定的是,达瓦齐到达奎鲁克岭后进入布鲁特境内;清兵由于马匹困乏、口粮不继,不得不停止追捕;又因奎鲁克岭外有通回子城及布鲁特之地,清廷只得选派侍卫台吉向回子、布鲁特晓谕利害,令他们擒献。

由于当时清朝在天山北路势如破竹的军事姿态,天山南路的乌什伯克霍集斯随即响应了清朝擒献达瓦齐的号召,史载:

> 定北将军班第等疏奏擒获达瓦齐。班第等奏言,从前达瓦齐败走时,臣阿睦尔撒纳即令属人朗苏巴朗同回人阿卜都哈里克等向阿克苏图尔璊回人等晓谕,倘达瓦齐逃避前去,务即擒获解送。今于六月十三日,朗苏巴朗同图尔璊之阿奇木霍集斯伯克遣人至军营告知达瓦齐已被拿获,并呈霍集斯伯克之书,内称遵照来使传语,于各岭隘口俱设卡伦瞭望。本月初八日,达瓦齐在喀什噶尔交界处驻扎,即遣我弟携带酒马迎接,并称我因病不能前来,尔今欲往何处并需用何物,我自当豫备,何不即来我处暂住。达瓦齐因遣图巴回答,有"汝既有诚心,我即应前去"之言。我因伏兵林内将伊擒获,现带兵二百名将达瓦齐解赴军营,伊子罗卜扎、宰桑爱尔齐……等七十

人全行擒获,恳即遣兵一队前来木素尔口迎接等语。臣等即派索伦兵三百名,喀尔喀、厄鲁特兵二百名,令副都统额尔登额、喀尔喀公策登萨木丕勒等于十四日起程前往木素尔迎接,令将达瓦齐严行看守解送,并遣人前往告知回人霍集斯伯克,令其一同监送前来。奏入,得旨,下部知之。[8]

据上引材料,我们可以判定达瓦齐必然是翻越奎鲁克岭后,在喀什噶尔交界处被乌什伯克霍集斯用计擒获,之后又将达瓦齐通过木素尔口解送给清军的。但椿园《西域闻见录》的记载则与此稍有不同,其记载道:

命两广总督尚书班第为定远将军,两江总督尚书鄂容安为参赞大臣,部署满、汉、索伦、察哈尔官兵出嘉峪关,以阿睦尔萨纳为副将军向导,由巴里坤、乌鲁木齐直捣伊犁,军威赫盛,旗帜被野,准噶尔各爱曼之喇嘛、宰桑率其人户望尘请降,角崩恐后。达瓦齐见人心离散,自知力不能支,阴计乌什回城之阿奇木伯克霍吉斯为己所立,必不辜恩,因率其子罗卜藏并亲丁百余骑由穆肃尔达坂逃至回疆,去乌什四十里屯札,而霍吉斯已使人具牛酒以迎,达瓦齐之党以为不可测也,而达瓦齐终以己遇霍吉斯厚,立其兄弟四人皆为阿奇木伯克,稍有人心,宁不图报。遂杀牛酾酒,与策共醉。霍吉斯尽缚之入城,迎接天兵而献之,霍吉斯身受王封,于是准噶尔之地悉平。[9]

显然,达瓦齐在椿园的笔下是通过穆肃尔达坂逃至回疆,椿园似乎将达瓦齐的押解路线当成了逃遁路线,此说为日后魏源《圣武记》"达瓦齐踰冰岭,南走回疆"[10],以及光绪三十四年(1908)绥定县知县肖然奎所辑《绥定县乡土志》"达瓦齐率二十余人逾冰岭,窜喀什噶尔界,回酋霍集斯伏兵林内擒之"[11]所承袭。椿园等笔下的穆肃尔达坂当为清代伊犁向南翻越天山到达阿克苏的冰岭道。[12]如此一来,清代的公私文献便出现了分歧,以至于道光元年(1821)所刻《新疆识略》也只能做"达瓦齐逸山岭"[13]的模糊处理。那么,究竟哪种记载符合事实?笔者认为《平定准噶尔方略》与《清高宗实录》的记载更为可信,因为《平定准噶尔方略》系根据前线将领的奏报编纂而成,并且是在班第"拿获达瓦齐宰桑车凌多尔济等讯出口供"之后,得"知达瓦齐现逃往布鲁特境内",[14]而《清高宗实录》又据《平定准噶尔方略》等成书,所以这种报告是可信的。但值得注意的是,《西域闻见录》与《平定准噶尔方略》及《清高宗实录》等关于达瓦齐被乌什伯克霍集斯所擒的史实却是一致的。

当班第率领清军对准噶尔作战时,就有"今两路大兵直抵伊犁,无路奔逃"[15]的信心,达瓦齐不得不"后负格登山崖,前临泥淖,驻营固守"[16]做垂死挣扎。后来达瓦齐部人心离散,部下纷纷倒戈,清军阿玉锡等突入贼营冲击,出其不意,致使达瓦齐部众惊溃,自相蹂躏,达瓦齐仅率二千余人窜去。[17]那么达瓦齐会从格登山逃往哪个方向呢?首先,根据文献记载并结合对格登山周边地形地貌(见彩图15)的考察[18],文献记载中的格登山崖前淖尔只能分布在山冈的西侧和南侧。而当时阿睦尔撒纳已派人率兵招降了伊犁河、昭苏境内哈什等处厄鲁特一万多户[19],在此情形下,达瓦齐向西逃遁更易摆脱清军的追捕,而非向东南前往昭苏境内的木札尔特河谷翻越冰岭逃往回疆,此举无异于自投罗网。其次,达瓦齐起初从特穆尔图淖尔(今伊塞克湖)带兵至格登山屯驻[20],也说明特穆尔图淖尔附近有蒙古人的势力[21],这或许也成为达瓦齐向西退却的又一个考虑因素。最后,如从格登山向西退却,然后向南穿越伊塞克湖以东山区,进而翻越乌什西部的山脉更符合文献中"已入布鲁特境内"[22],及"凡伊犁西南及阿克苏西北一带皆布鲁特游牧,即所谓东布鲁特是也"[23]的记载。

如此,椿园的记载又该如何解释?首先,就《西域闻见录》本身而言,该书存在着大量记载上的舛误和不足,已被众多学者指出。[24]其次,笔者认为椿园极有可能将达瓦齐的押解路线当成了逃遁路线,因为霍集斯当时确实通过冰岭道上的木素尔口将达瓦齐解送给清军。[25]最后,如前文,椿园笔下的穆肃尔达坂到底位于何处,显得有些模糊不清。这种情况同样出现在《西陲总统事略》中,该书明确记载"穆苏尔达巴罕者,冰山也,在伊犁南界,自伊犁西南行一千五百余里始至山趾云"[26]。但同卷又有"阿克苏山则有穆苏尔达巴罕,在城北五百余里,即冰山,伊犁、阿克苏南北两路孔道也"[27]。显然,这两个"穆苏尔达巴罕"位于不同的地方,因为伊犁至阿克苏之间的冰岭道里程约为1200余里,而上文中1500余里才到山脚的穆苏尔达巴罕,肯定另有所指。所以,我们完全可以排除达瓦齐从冰岭道逃往天山南路的可能性。在此情况下,达瓦齐只能向西逃遁,而文献中记载冰岭道以西,从北疆到南疆的道路只有那林草地道与伊犁通乌什道两条道路,如果再考虑到达瓦齐被抓的地点在乌什境内,可以进一步排除那林草地道的可能性,最后达瓦齐只能通过伊犁通乌什道逃亡南疆。如此,达瓦齐的这条逃亡道路正是清代文献中被称为"地界八城之中,为南北相通第一津要"的伊犁通乌什道。为了最终确认达瓦齐正是通过这条道路逃往南疆的史实,有必要先就这条道路的具体走向做分析,进而还需考证出达瓦齐逃遁途中的关键地名"奎鲁克岭"的地望问题。

二、道路概况

文献中并无这条伊犁通往乌什道路的确切走向,况且"由伊犁通乌什之路甚多"[28],所以只能根据文献记载勾勒它的大致走向。刘锦棠认为这条道路"出伊克哈布哈克卡,越贡古鲁克达巴罕以达乌什"[29],伊克哈布哈克卡伦为伊犁厄鲁特领队大臣专辖的二十五座卡伦之一,该卡伦西距敦达哈布哈克卡伦70里,东距察察卡伦90里,再东40里为纳林哈布哈克卡伦,再东便与冰岭道上的沙图军台接壤。[30]即这条通道需要经过今哈萨克斯坦阿拉木图州东南的特克斯河上游地区,向南或向西南翻越位于今哈萨克斯坦阿拉木图州与吉尔吉斯斯坦伊塞克州之间的边界山脉,即天山西脉,这段山脉在清代文献中被称为"善塔斯岭、葱岭的喀客善山分支"[31]。查对吉尔吉斯斯坦伊塞克州地形图,这些山岭正是向

第二章 伊犁通乌什道

东南流入中国的瑚玛拉克河系与向西北汇入时称"特穆尔图淖尔"的伊塞克湖之间的分水岭,清代徐松对此有明确的记载:

> 乌什西北有葱岭支山,曰喀克善山,阿克苏河西支发焉,源处极四十度五十分、西四十度五十分。西支南流百里,至额尔济巴什岭北,一水自北来入之,同东流,经胡什齐部布鲁特界,又经毕底尔卡伦南,是为毕底尔河。又东有小石山高竿,曰瑚什山,赖黑木图拉之乱,贼据此峰以拒官军。毕底尔河经其北,分二支,并东流,经鹰落山北,又东经乌什城北。[32]

又载:

> 河之北岸二百里,为大山,自西而东,绵亘不绝,直毕底尔卡伦北,曰海奇山。又东曰色勒克塔什山。又东曰奇什罕布拉克山。……又东曰哈色拉伊山,与阿克苏界,统名曰贡古鲁克山,皆喀克善支峰也。[33]

根据以上记载,喀克善山正是阿克苏河的西支发源处,即汇入托什干河诸水及瑚玛拉克水的发源之地。

此外,清人在记述那林草地道走向时,提到"由淖尔(特穆尔图淖尔)南岸越巴尔浑大山,渡塔尔垓河,溯流向东南越大山可达回疆乌什。此水西流归纳林河,入安集延"[34]。这也说明"由伊犁通乌什之路甚多"的实际状况,只不过选择了翻越特穆尔图淖尔之南的巴尔浑大山,溯纳林河上游的塔尔垓河进入今吉尔吉斯斯坦伊塞克州境内的瑚玛拉克河上游山区,"向东南越大山"后抵达回疆乌什。结合1877年俄国人苏纳尔古洛夫从阿克苏城经乌什到喀喇阔勒城(今吉尔吉斯斯坦卡拉科尔)的路线,[35]我们大体上可以勾勒出达瓦齐的逃遁路线(见图1):

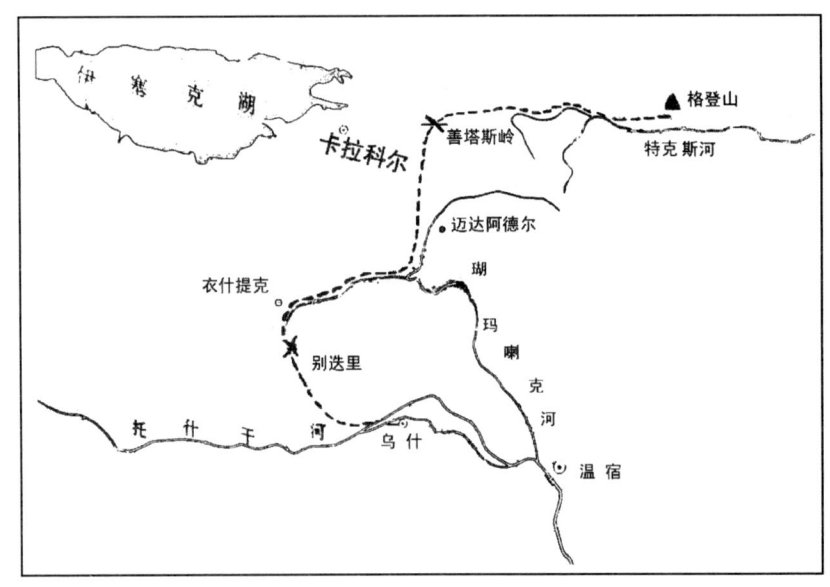

图 1　达瓦齐逃遁路线示意图

至于达瓦齐逃亡道路上的奎鲁克岭的地望问题，清人祁韵士早在其《西域释地》"贡古鲁克山"一条中就指出："乾隆二十年，大军平准噶尔，达瓦齐由格登山窜，踰库鲁克岭，将往喀什噶尔地，乌什伯克霍集斯绐擒以献。库鲁克，疑即贡古鲁克之讹。"[36]之后，《蒙古回部王公表传》《藩部要略》《新疆识略》及《蒙古游牧记》诸书均作"库鲁克岭"。[37]到了宣统三年(1911)所修《新疆图志》在有关"乌什支路"的一段按语中夹注道："乾隆二十年，大军平准噶尔，达瓦齐由格登山窜踰库鲁克岭，将往喀什噶尔地，乌什伯克霍集斯缚擒以献，库鲁克即贡古鲁克之讹。"[38]足见《新疆图志》的说法源于《西域释地》等书，且已将祁韵士的推论视为确证，进而当代学者亦采此说。[39]笔者虽同意此说，但仍有必要说明为何库鲁克就是贡古鲁克等问题。就论述达瓦齐逃遁路线的事实背景来看，祁韵士笔下的"库鲁克岭"无疑就是《平定准噶尔方略》及《清高宗实录》中的"奎鲁克岭"，事实上都是对班第满文奏折中的 kuilet dabagan 的不同汉译而已。[40]而他笔下的"贡古鲁克"则是对当时乌什境内的一处山地的称谓，并遍见于《清宣宗实录》《平定回疆剿擒逆裔方略》《西域水道记》《新疆识略》《勘定新疆记》《清史稿》诸书。其实，"贡古鲁克"就是乾隆年间所修《西域同文志》中的"古古尔鲁克"，其回字为کوکورت لوک/kükürtlük，并释义："回语，古古尔硫磺也，鲁克谓产也，地多产此，故名。"[41]实际上，硫磺在吉尔吉斯语中读作kükürt，辅音t省略不译，而作为抽象名词后缀的lük常表示拥有某种东西或作某某之地，所以古古尔鲁克当为清军采自当时布鲁特人的称呼。而道光时期出现的贡古鲁克无疑是察合台语硫磺之地günggürtlük的汉译，因为其非常准确地将东部突厥语中的鼻音ng用汉字"贡"表示出来，这也说明道光时期的人员未能遵循作为标准地名的北部突厥语古古尔鲁克一词，换言之，《西域同文志》中的词语也并不是被严格遵循使用的，尤其是一些小的专有词汇。如此，我们可以得出以下对应关系：

满语：kuilet dabagan→汉语：奎鲁克岭/库鲁克岭

布鲁特语：کوکورت لوک/kükürtlük→汉语：古古尔鲁克

察哈台语：günggürtlük→汉语：贡古鲁克

毫无疑问，古古尔鲁克与贡古鲁克之间可以画等号，但与奎鲁克岭/库鲁克岭能否画等号呢？笔者认为可以，考虑到满文中的kuilet dabagan转述的是当地布鲁特语的称谓，而且很可能中间还有蒙古人的转述翻译[42]，经此几番转述后再翻译为汉语，自然与该词的初始语音称谓的差异加大。况且此时西域地名等专有名词在《西域同文志》等书制定标准化地名之前，如叶尔羌称作"叶尔启木"[43]、喀喇沙尔称作"哈尔沙尔"[44]等，所以古古尔鲁克被翻译为奎鲁克也就不足为奇。

基于以上道路方向及地名勘同的分析，奎鲁克岭应该就是古古尔鲁克岭或者贡古鲁克岭。而其具体的位置，据宣统元年(1909)绘制的《乌什厅图》在乌什城西北的边境线上明确标有贡古鲁克山及贡古鲁达坂、牌博等。[45]如再结合新近出版的《新疆维吾尔自治区地图集》所绘乌什县地图以及清代的勘界地图《新疆中俄南段交界图》来看[46]，可以推测达瓦齐很有可能从别迭里山口顺别迭里河或科克留木河，或者从喀依切山口顺喀依恰河前往乌什。考虑到清代文献中达瓦齐被擒于"喀什噶尔交界处"的记载,则达瓦齐驻扎之地应该更倾向于靠近喀什噶尔的乌什南面,如此一来,达瓦齐极有可能通过时称"奎鲁克岭"的别迭里山口,"在喀什噶尔交界处驻扎"时被霍集斯设计擒获。这与孟凡人先生"今温宿县和乌什县向西越山至伊塞克湖方向只有别迭里达坂一条正式通道"[47]的研究正相吻合。

三、道路使用

清朝对这条道路的使用,虽然始于追擒达瓦齐的军事行动,但此后的情形不甚明晰,我们只能就文献中的各种记载做一梳理,以期了解这条道路在清代的使用情况。

乾隆三十年(1765),清军为了迅速平息乌什之乱,曾令爱隆阿"由伊犁派兵二千遣赴乌什"[48],清军似乎动用了这条路线。再后可能有过一段时间的封闭,因为道光七年(1827)清朝平定张格尔之乱后,派人查勘更为便捷可行的通南捷径,曾说:"朕闻冰岭迤西另有一路可通乌什,更为便捷,惟久经封闭,并着详加躐度程站远近、行走难易,是否亦有布鲁特在彼游牧,能否于中途豫备马匹接替更换,一并体察情形,悉心妥议,奏明候旨,将此谕令知之。"[49]"惟久经封闭"说明乾隆中后期至嘉庆间可能存在道路封闭的情况。[50]查勘的结果显示该道确实需要经过布鲁特地方,且久经封闭,已派人前往继续踏勘。[51]半年后,德英阿派往查勘的领队大臣湍多布报告:"由伊犁通乌什之路甚多,一时难以周查。"[52]德英阿"当即派前曾屡过此路之主事衔雄煦率同回子伯克、布鲁特比及回子布鲁特等一百名,令带应需物件前往修治山径",然而道光帝认为"前往修治山径,殊属冒昧",并令"着即撤回"[53]。稍后几个月,湍多布查勘到确切的道路情况,上奏道:

> 自伊犁惠远城至乌什共十七站,计程约一千二百余里,俱有水草,中间有河数道,夏令水涨时难渡,间有达巴罕数处,石多水少,较

第二章　伊犁通乌什道

之冰岭一路，路亦稍平，略加修理，人马驼只均可行走，自伊犁西南卡伦外之哈尔奇拉色沁地方至乌什之贡古鲁克地方，七站之中系固尔都尔布扈萨雅克等爱曼布鲁特游牧，该夷等引路随行，颇知恭顺，此七站中水草茂盛，间段柴薪稀少，附近地方尚可樵采。冬春之际风雪较大，该处布鲁特游牧迁徙靡定，穷苦异常，中途实无豫备马匹处所接替更换。[54]

针对湍多布的奏报，伊犁将军德英阿续奏：

> 臣等伏查卡外各站皆系布鲁特游牧，接替马匹势所难行，现在通南路之军台向系经行额鲁特游牧，由该营官兵带领备差马匹，分站轮替驻守供差，若改由此路，移设额鲁特军台，无论此七站内柴薪不能敷用，风雪严寒，额鲁特官兵不免疲累，即以额鲁特游牧处之布鲁特之地，日久必不相安，即相安相聚亦非边境所宜，更不能以满汉官兵设台，致令孤悬夷地，是以臣等不敢轻议改设台站，臣等复敬绎谕旨内"兵贵神速，必须豫筹便捷之法"，仰见圣主备御不虞之至计。窃思声势贵乎相通，道路必先熟悉，虽伊犁界外之七站内马匹不能接替，军台难以安设，今既查得此路可以直通乌什，自应于无事时豫为修治平坦，并于扼要之区慎密防守，设遇缓急，即由此路深入长驱以备捷径，臣等谨拟北路在伊犁境内西南旧设之哈布哈克卡伦添兵防守，南路在乌什境内迤北之贡古鲁克地方安设卡伦，多派官兵巡防，不准夷民私行潜度，一经缉获即照越度边塞例从重治罪。自明年为始，每至五六月间，于伊犁乌什两处适中之哈尔海布拉克地方，由臣等派伊犁领队大臣一员，乌什办事大臣帮办大臣内自行酌定一员，先期约定日期同往该处，各酌带官兵会哨一次，即每年将道路各达巴罕积草乱石酌加平修一次，所有经过布鲁特游牧示以弹压抚绥，一经会哨旋回，各将要路封闭，如此酌办，边境可期习熟。其冰岭一路经行已久，诚如圣谕往来络绎已与大路无殊，且向俱安设军台，谨拟一切文书折报，并解送犯人、军火器械等项照旧由冰岭

行走,以昭简易而免更张,奏入。[55]

据以上材料分析,德英阿的主张有以下几点:一、修治防守以备捷径;二、每年伊犁、乌什两方会哨巡查一次,以便弹压抚绥沿途部落;三、改走冰岭道。道光帝一时难下定断,便令"那彦成就近酌量实在情形,是否应于无事时豫为修治,备而不用,抑或竟行封禁,以杜偷越之处悉心筹度,据实具奏"[56]。稍后,办理善后事宜的钦差大臣那彦成根据所掌握的情况,于道光八年(1828)九月上了一道《奏为查明伊犁直通乌什道路酌议封禁备用事》的奏折[57]。据此奏折,那彦成援引巧塔尔达坂、阿尔通霍什封禁的例子,认为此路无险要可守,且为行兵捷径,为防备不虞,请求封禁,只做备用而已。其意图很明显,就是要将这条道路封禁,只留冰岭道一路作为南北通行大道,以便稽查和封锁。[58]道光随即批准了这项计划。对比德英阿的方案,那彦成一概封禁,否决了德英阿每年会哨一次的建议,显得更加消极和保守。

封禁政策似乎得到了贯彻,因为署伊犁将军容安奏"一年以来,实无夷民取道往来,亦无潜越情事,应请将现在查禁及按月禀报作为永远章程,仍于每年九月内,伊犁将军、乌什办事大臣确加察核,各由报便具奏一次",后"得旨,日久毋懈,依议行"。[59]据此,清朝将封禁政策进一步章程化。然而道光十四年(1834),伊犁将军特依顺保奏喀什噶尔换防官兵不便由那林草地道及冰岭道行走,[60]请由贡古鲁克换防,道光帝对此批示道:

着照所请,本年伊犁应换喀什噶尔一半官兵,即由伊犁西南之哈布哈卡伦,直通乌什贡古鲁克卡伦捷径行走。此路前经那彦成奏明封禁,俟官兵经过后,仍行封禁。伊犁责成巡查边界领队大臣就近兼送至距伊犁九站南廊罗地方,喀什噶尔班满一半伊犁官兵由协领佐领等官送至乌什,统派乌什帮办大臣送至距乌什五站南廊罗地方,互相更换。又另片奏,前经原任参赞大臣容安奏准,将贡古鲁克道路每年九月伊犁将军、乌什办事大臣确加查核,由报便具奏一次,今既每年由此路换防,所有容安奏每年九月巡查具奏一次,即着停止。将此谕令知之。[61]

这里需要指出两个问题:第一,根据上引材料,伊犁到南郭罗之地为九站,乌什又至此地为五站,即伊犁到乌什共十四站。但据倭仁记载:"自伊犁惠远城起,西南十七站,由布鲁特游牧地方直抵乌什,为行兵捷径。"[62]伊犁至乌什到底多少站,这也许是记载上的偏差,很有可能是各自计算的起点不同,因为"伊犁"和"伊犁惠远城"不能完全等同,前者是一个比较笼统的概念。第二,南郭罗到底位于何处?对此,徐松在记述贡古鲁克山时说"有地曰南、北郭罗,南郭罗通伊犁之伊克哈布哈克卡伦,北郭罗则布鲁特所游牧。"[63]这似乎说明南郭罗在贡古鲁克山区。但倭仁的记载着实令人疑惑,他记述:"有地曰南北郭罗,北郭罗通伊犁之哈布哈克卡伦,南郭罗则布鲁特所游牧。"[64]这样南、北郭罗各自所指对象正好相反,笔者怀疑倭仁对《西域水道记》的引述有误,因其并未亲履其地。[65]总之,清军在道光八年采取"封禁备用"政策六年后,似乎迎来了"备用"的时刻。所以,道光帝认为既然以后每年由该路换防,那么所有容安以前所奏的每年九月巡查具奏一次的规定也就没有实施的必要,应立刻停止,封禁章程被更改。然而一年之后,特依顺保"请仍由冰岭行走",道光上谕显示:

伊犁换防南路满洲营官兵,上年经该将军奏明,派令领队大臣带由伊犁哈布哈克出卡,送至南郭罗地方,其喀什噶尔旋回官兵,由乌什派员从贡古鲁克出卡,至南郭罗互相更换。兹据查明乌什贡古鲁克路径,须由布鲁特游牧经行,山沟狭径,行走较难,上年即未能如期交替,自应因时变通,俾臻妥善。着照所请,所有伊犁换防喀什噶尔官兵,着仍照旧章由冰岭行走,派委协领护送至冰岭之南塔木哈塔什台互相交替,其换班之期每岁定于八月,并着知照阿克苏循照上届章程照料过境,其贡古鲁克路径着即行封禁,仍照例派令领队大臣于布鲁特边界按年巡察,以固边围而归旧制。[66]

如此看来,由伊犁翻越贡古鲁克山直达乌什的通道,似乎由于"须由布鲁特游牧经行,山沟狭径,行走较难"等地理因素导致"上年(道光十四年)即未能如期交替",不得不重新恢复到道光八年那彦成所行的"封禁备用"政策上来,即所谓的"归旧制",换防官兵依然行走冰岭道,这条道路就此彻底被废弃。

事实上,由伊犁出哈布哈克卡伦,翻越贡古鲁克山直达乌什的这一捷径,其所经之地是"伊犁西南及阿克苏西北一带皆布鲁特游牧,即所谓东布鲁特"[67]的区域。该地贡古鲁克山"岚嶂层复,岩岫峻险,山间溪涧纵横,谷中尤隘,凡百余里,劣容单骑"[68]。道路虽有其艰难的自然因素,但废弃的深层次原因则在于清朝此时的衰落,进而做出消极的封禁道路选择。[69]"封禁备用"实为"备而不用",从而失去了对这条道路及其沿线周边的控制和了解。1864年《中俄勘分西北界约记》的签订,沙俄侵占伊塞克湖东南的大片领土,使得这条"地界八城之中,为南北相通第一津要"的"乌什贡古鲁克一路"[70]从此永远失去,也为俄国进一步侵略新疆创造了有利条件。[71]光绪年间清军收复新疆后,为配合收复伊犁,左宗棠曾制定出三路并进规复伊犁的军事方案,[72]其中就有通过这条伊犁通乌什道的方案,但作为前线将领的刘锦棠根据了解到的实际情况,表示这条道路根本不可能利用。[73]及至伊犁收还后,中俄再次重新勘分边界,刘锦棠亦曾奏请索还贡古鲁克地方,[74]就是为了保留这条战略通道,但终未能实现。

总之,从伊犁惠远城出发,经过西南伊克哈布哈克卡伦,进而向南穿越布鲁特游牧之地,翻越乌什西部的贡古鲁克山以达回疆的这条通道,大约十七站,1200余里,中间七站位于布鲁特游牧之地。清军在乾隆二十年追擒达瓦齐的过程中开始使用,乾隆后期至嘉庆初可能有过暂停,平定张格尔动乱后,清军有意重新启用,但道光八年对该道实行"封禁备用"政策后,重新启用未能实现。道光十四年,虽有谕旨重走这条道路,但因种种原因并未能如期实现,一年后乌什道被再遭"封禁备用",

第二章　伊犁通乌什道

至此,伊犁通乌什道彻底废弃。

注　释:

[1]新疆社会科学院民族研究所编:《新疆简史》第 1 册,乌鲁木齐:新疆人民出版社,1980 年,第 254 页;《准噶尔史略》编写组编著《准噶尔史略》,桂林:广西师范大学出版社,2007 年,第 178 页;马大正、成崇德主编著《卫拉特蒙古史纲》,乌鲁木齐:新疆人民出版社,2006 年,第 121 页;刘正寅、魏良弢:《西域和卓家族研究》,北京:中国社会科学出版社,1998 年,第 239 页。

[2]新疆维吾尔自治区教育厅、新疆历史教材编写组编:《新疆地方史》,乌鲁木齐:新疆大学出版社,1991 年,第 159 页;余太山主编:《西域通史》,郑州:中州古籍出版社,2003 年,第 429 页;苗普生、田卫疆主编:《新疆史纲》,乌鲁木齐:新疆人民出版社,2003 年,第 325 页;伊·亚·兹拉特金:《准噶尔汗国史:1635—1758》,马曼丽译,北京:商务印书馆,1980 年,第 417 页;Millward, James A. *Beyond the Pass：Economy, Ethnicity, and Empire in Qing Central Asia, 1759 - 1864, Stanford，California：Stanford University Press*, 1998. p. 29. 又见贾建飞译:《嘉峪关外:1759—1864 年新疆的经济、民族和清帝国》,见《清史译文新编》第 9 辑,国家清史编纂委员会编译组刊印,2006 年,第 36 页。需要指出的是,*Millward* 在其书中采用的 Altishahr(阿尔特沙尔)即"六城",亦即汉文史料中的"天山南路",即回疆、南疆等。

[3]魏源《圣武记》(长沙:岳麓书社,2010 年,第 157 页)卷四《乾隆荡平准部记》有"达瓦齐踰冰岭,南走回疆"之说。

[4]《清高宗实录》卷四九〇,乾隆二十年六月丙午,北京:中华书局,1985 年,第 152 页。

[5]《清高宗实录》卷四九〇,乾隆二十年六月丁未,第 153 页。

[6]《清高宗实录》卷四九〇,乾隆二十年六月丁未,第 153—154 页。

[7]傅恒等纂:《平定准噶尔方略》正编卷十四,乾隆二十年夏六月戊午(六月十六日),见《景印文渊阁四库全书》第 358 册,台北:台湾商务印书馆,1986 年,第 216—217 页。

[8]傅恒等纂:《平定准噶尔方略》正编卷十四,乾隆二十年夏六月戊辰,台北:台湾商务印书馆,1986 年,《景印文渊阁四库全书》第 358 册,第 230—231 页。

[9]椿园:《西域闻见录》卷五《准噶尔叛囚纪略》,味经堂梓,嘉庆十九年(1814)刻本,第4叶。

[10]魏源:《圣武记》卷四《乾隆荡平准部记》,第157页。

[11]伊犁师院学报编辑部编:《伊犁府志注释》,伊宁:学报编辑部,1985年,第34页。

[12]椿园《西域闻见录》卷七,第12叶:"穆肃尔译言冰,达坂译言山,穆肃尔达坂译言冰山也。在伊犁乌什之间,为南北两路紧要必由之孔道。其北为克噶察哈尔海台,南为他木哈他什台,两台相距百二十里。"椿园虽将这条道路列在乌什与伊犁之间,但根据其南北两个军台的记载可知这条道路就是冰岭道,参见拙文《清代新疆冰岭道研究》(《中国历史地理论丛》2013年第1期)及本书第三章内容。

[13]松筠纂修:《新疆识略》卷四,见《续修四库全书》第732册,影印道光元年(1821)武英殿本,第647页。

[14]《清高宗实录》卷四九一,乾隆二十年六月辛酉,第171页。

[15]《清高宗实录》卷四八九,乾隆二十年五月辛卯,第132页。

[16]《清高宗实录》卷四九〇,乾隆二十年六月丙午,第152页。

[17]同上。

[18]2010年6月初,笔者有幸前往位于昭苏县的格登山实地考察。有关格登山的历史参见李之勤《格登碑杂考》(《新疆大学学报》1981年第4期)。

[19]《准噶尔史略》编写组编:《准噶尔史略》,第177页。

[20]《清高宗实录》卷四九〇,乾隆二十年六月丙午,第152页。

[21]徐松:《西域水道记(外二种)》,朱玉麒整理,北京:中华书局,2005年,第206页;参见纽仲勋:《准噶尔西北疆域考》,见《准噶尔史论文集》第二集,1981年,第17页,原载《中俄关系史论文集》,兰州:甘肃人民出版社,1979年。1857年,俄人谢苗诺夫也曾在伊塞克东部区域发现缠绕灌木的准噶尔铁线莲,似乎也反映了蒙古势力曾经在该处存在。(见谢苗诺夫:《天山游记》,李步月译,乌鲁木齐:新疆人民出版社,2001年,第210页。)

[22]《清高宗实录》卷四九二,乾隆二十年六月戊午,第168页。

[23]祁韵士:《西陲总统事略》卷三《南北两路疆舆总叙》,北京:中国书店,2010年,第41页。

[24]吴丰培:《吴丰培边事题跋集》,乌鲁木齐:新疆人民出版社,1998年,第210

第二章 伊犁通乌什道

页;马大正:《新疆地方志与新疆乡土志稿》,《中国边疆史地研究》1989 年第 6 期,第 5 页;贾建飞:《清代西北史地学研究》,乌鲁木齐:新疆人民出版社,2010 年,第 19 页。

[25]傅恒等纂:《平定准噶尔方略》正编卷十四,乾隆二十年夏六月戊辰,见《景印文渊阁四库全书》第 358 册,第 230—231 页。

[26]祁韵士:《西陲总统事略》卷三《南北两路山水总叙》,第 44 页。

[27]祁韵士:《西陲总统事略》卷三《南北两路山水总叙》,第 45 页。

[28]《清宣宗实录》卷一三六,道光八年五月辛酉,北京:中华书局,1986 年,第 95 页。

[29]刘锦棠:《刘锦棠奏稿》,杨云辉校点,长沙:岳麓书社,2013 年,第 115 页;魏光焘:《勘定新疆记》卷六《归地篇·分界》,哈尔滨:黑龙江教育出版社,2014 年,第 105—106 页。

[30]祁韵士:《西陲总统事略》卷九《卡伦》,第 152 页。

[31]松筠纂修:《新疆识略》卷四,见《续修四库全书》第 732 册,第 647 页。

[32]徐松:《西域水道记(外二种)》,第 74 页。

[33]徐松:《西域水道记(外二种)》,第 76 页。

[34]祁韵士:《西陲总统事略》卷三《南北两路山水总叙》,第 44 页。

[35]有关这条道路的详细记载见 A. H. 库罗帕特金《喀什噶尔》附录Ⅳ,中国社会科学院近代史研究所翻译室译,北京:商务印书馆,1982 年,第 286—295 页。地图见同书所附"俄国使团行经路线图",图中"毕达尔山口"即别迭里山口。此外值得注意的是咸丰年间所绘《新疆总图》(见彩图 3)中也有这条道路的走向。

[36]祁韵士:《万里行程记》,李广洁整理,太原:山西人民出版社,1992 年,第 279 页。

[37]《蒙古回部王公表传》第 1 辑:卷二十四《传第八》(包文汉、奇·朝克图整理,呼和浩特:内蒙古大学出版社,1998 年,第 193 页)"五月达瓦齐窜逾库鲁克岭,扎拉丰阿偕参赞大臣鄂容安等俘其孥并所属人户达瓦齐就擒"。又卷九十五《传第七十九》有"达瓦齐不即降,由格登挈千余骑窜踰库鲁克岭";《蒙古纪事本末》卷下也作"库鲁克";《皇朝藩部要略》亦作"库鲁克";《新疆识略》卷一作"库鲁克塔哈山";《蒙古游牧记》也作"库鲁克岭"。

[38]王树枏等纂修:《新疆图志》下册,朱玉麒等整理,卷八十一《道路三·乌什厅》,上海:上海古籍出版社,2015 年,第 1554 页。《西域考古录》卷十三同样如此解释。

[39]潘志平：《清代新疆的交通和邮传》，《中国边疆史地研究》1996年第2期，第40页。

[40] dawaci i somime tehe kuilet dabagan i bade isinafi tuwaci. orin funcere niyalmai fe songko bi.（查得达瓦齐藏于Kuilet/奎鲁特岭外，并有二十余人之踪迹）见中国第一历史档案馆藏军机处满文录附奏折，编号1414—17—261。这种不同于《清高宗实录》及《平定准噶尔方略》的翻译，很可能是祁韵士直接阅读满文材料汉译的结果，因为祁韵士曾在翰林院跟随满洲教习德保和富炎泰学习过满文，而且成绩优良，应该具备直接阅读翻译满文的能力（见包文汉整理：《清朝藩部要略稿本》，哈尔滨：黑龙江教育出版社，1997年，作者前言第4页）。

[41]傅恒等修：《钦定西域同文志》卷三，见《钦定四库全书荟要》影印本，长春：吉林出版集团有限公司，2005年，第63页。关于该词，台湾学者刘义棠亦有解释，参见氏著《钦定西域同文志校注——新疆回语部分》（台北：台湾商务印书馆，1984年，第57页）。

[42]见中国第一历史档案馆藏军机处满文录附奏折，编号1414—17—261。

[43]见阮明道主编：《西域地理图说注》，延吉：延边大学出版社，1992年，第98页。

[44]见阮明道主编：《西域地理图说注》，第24页。

[45]见马大正、黄国政、苏凤兰整理：《新疆乡土志稿》（乌鲁木齐：新疆人民出版社，2010年，第492页）所附《乌什厅图》。

[46]新疆维吾尔自治区测绘局：《新疆维吾尔自治区地图集》，北京：中国地图出版社，2004年，第158页；李天鸣主编：《失落的疆域：清季西北边界变迁条约舆图特展》，台北："故宫博物院"，2010年，第92—93页。

[47]孟凡人：《简论唐代"热海道"上的凌山与勃达岭——别迭里达坂调查札记》（原载《历史地理》1990年第8辑），见氏著《新疆考古与史地论集》，北京：科学出版社，2000年，第300—301页。

[48]《清高宗实录》卷七三八，乾隆三十年六月丁未，第127页。

[49]《清宣宗实录》卷一二七，道光七年十月戊寅，第1121页。

[50]因为清朝对此地比较有效的巡边活动的下限即为嘉庆初年，似乎也说明了这条道路在此后的暂停，参见厉声《清代新疆巡边制度研究》（见新疆通史编撰委员会编《新疆历史研究论文选编：清代卷》上，第351页）。

[51]《清宣宗实录》卷一三一，道光七年十二月辛巳，第1175页。

第二章　伊犁通乌什道

[52]《清宣宗实录》卷一三六,道光八年五月辛酉,第95页。

[53]俱见《清宣宗实录》卷一三六,道光八年五月辛酉,第95页。

[54]《平定回疆剿擒逆裔方略》卷六十六,道光八年六月甲申,见苗普生主编《中国西北文献丛书·二编》第9册,北京:线装书局,2006年,第484页。

[55]《平定回疆剿擒逆裔方略》卷六十六,道光八年六月甲申,见苗普生主编《中国西北文献丛书·二编》第9册,第485—486页。

[56]《清宣宗实录》卷一三七,道光八年六月甲申,第113页。

[57]奏折内容为:"臣旋准伊犁将军德英阿绘图咨送前来,伏查德英阿原奏,内称自伊犁惠远城起,十七站行抵乌什,中间七站系布鲁特游牧,既不能预备马匹接替,亦未便移设军台,请于无事时预为修治平坦,伊犁乌什各在原设卡伦多派官兵巡防,每年五六月伊犁派领队大臣一员,乌什正办帮办大臣自行酌定一员,各带兵前往适中之哈尔海布拉克地方会哨,将道路积草乱石平修一次等语。窃思南路通伊犁捷径前经臣访闻,阿克苏西南之巧塔尔达坂、赛里木所属之阿尔通霍什均有径赴伊犁道路,奏请设卡安兵严行封禁在案。今查,向来伊犁派来南路换防官兵,均由卡外经行布鲁特游牧,过那林桥至喀什噶尔共四十五站,今年换防官兵即由此路前来,若此时不由此地,转觉示弱,但所奏每年带兵会哨修除积草乱石,年久悉成坦途便捷之径,殊未周密。臣悉心筹度德英阿派员履勘此路情形,中途并无险阻,适遇缓急,诚如圣谕'为行兵神速之径',相应请旨饬下伊犁将军、乌什办事大臣,将伊犁西南哈布哈克卡伦、乌什迤北贡古鲁克卡伦各添派官兵认真巡防,不准夷民取道往来,倘有匪人潜越,一经盘获照越度边墙例从严治罪,庶奸商无从偷越,而有此一路备而不用亦为周至,至该将军所奏会哨修治之处亦毋庸议,谨奏。"(那彦成:《那文毅公奏议》卷七十五,见《续修四库全书》第497册,上海:上海古籍出版社,2002年,第679页。)

[58]那彦成坚持封禁伊犁通乌什道,只保留冰岭一道,详见本书第三章或拙文《清代冰岭道研究》(《中国历史地理论丛》2013年第1期)及《清代新疆冰岭道研究二题》(《伊犁师范学院学报》2013年第1期)。

[59]《清宣宗实录》卷一六一,道光九年十月戊辰,第491页。

[60]《清宣宗实录》卷二四九,道光十四年二月己未,第761—762页。谨按,此条引文中有"不便仍由那林行走"系指道光十二年后原先通过那林草地道前往喀什噶尔的换防官兵已经改走冰岭道的情况。

[61]《清宣宗实录》卷二四九,道光十四年二月己未,第762页。

41

[62] 倭仁:《莎车行记》,见方希孟《西征续录》,王志鹏点校,兰州:甘肃人民出版社,2002年,第86页。

[63] 徐松:《西域水道记(外二种)》,第76页。按,倭仁的记录似乎引用了徐松的记载。

[64] 倭仁:《莎车行记》,见方希孟《西征续录》,第86页。

[65]《莎车行记》是其于咸丰元年(1851)前往叶尔羌上任时所做的沿途记录,见杨建新主编《古西行记选注》,银川:宁夏人民出版社,1987年,第462页。

[66]《清宣宗实录》卷二六四,道光十五年三月丙戌,第55—56页。

[67] 祁韵士:《西陲总统事略》卷三《南北两路疆舆总叙》,第41页。

[68] 徐松:《西域水道记(外二种)》,第76页。

[69] 参见第一章那林草地道废弃原因的讨论。

[70] 刘锦棠:《刘锦棠奏稿》,第116页;魏光焘:《勘定新疆记》卷六《归地篇·分界》,第106页;另见王树枏等纂修:《新疆图志》上册,卷六《国界二》,第158页。

[71] 蔡锦松:《沙俄是如何侵吞中国西北领土四十四万多平方公里的》,见《新疆历史研究论文选编:清代卷》(下),乌鲁木齐:新疆人民出版社,2008年,第361页。有关俄国侵占这条道路的详细情况,参见俄人伊·费·巴布科夫所著《1859—1875年我在西西伯利亚服务的回忆》(王之相译,陈汉章校,北京:商务印书馆,1973年,第201—203页)。

[72] 左宗棠:《左宗棠全集》第7册,光绪六年二月二十三日《复陈布置情形折》,长沙:岳麓书社,1996年,第493页。

[73] 刘锦棠:《刘锦棠奏稿》卷二,光绪六年四月初二日《遵旨密陈新疆西路边防情形折》,第24—27页。

[74] 见刘锦棠:《刘锦棠奏稿》卷四,光绪八年十二月十八日《请按约索还乌什之贡古鲁克地方折》,第115—119页。

第三章 冰岭道

学术界关于清代冰岭道的研究,金峰早在20世纪80年代就有涉及[1],至90年代则有陈戈、殷晴和潘志平诸学者的相关研究[2],这些文章均将冰岭道纳入新疆广阔的交通体系中予以探讨,但关注的篇幅有限。进入21世纪,杨尘首次以专文的形式从纵向的角度对此进行了探讨[3],但仍不够深入。在涉及清代冰岭道的命名、建设、使用及地位等诸多方面,至今仍缺乏一篇全面细致的研究专文,缘此,本章拟在前人研究的基础上试做一全面的探讨。

一、道路概况

(一)冰岭道的命名

清代文献关于这条道路的称谓,约略可分为三类情况:第一类,如《西域图志》从兵防的角度分段描述伊犁与阿克苏各自所属台站[4],这也是金峰文中所称"阿克苏北路"或"伊犁军台"的命名方式,[5]这给人一种割裂的感觉;第二类,如《西陲要略》《新疆识略》及《新疆图志》等[6],从军台驿站的角度将伊犁与阿克苏连成一线,一般作"伊犁起至阿克苏十四军台"或"向伊犁西南至阿克苏城"等[7],此即陈戈先生所称的"阿克苏—伊犁路线"[8],如此倒是避免了割裂,然不够简约;第三类,《清实录》中明确有"穆苏尔达巴汉乃通伊犁回城之大路""冰岭路"等记载[9],景廉的《冰岭纪程》更以"冰岭"作为书名,其实质就是用该通道中最为著名的"木素尔岭"即"冰岭"(见彩图4)来指代和命名这条道路。殷晴和潘志平两先生文章中的"木素尔岭道"和"冰岭道"即采此说[10]。然本文不采用"穆素尔道",因为这种名称指代不明,含有不确定性。[11]相反,"冰岭道"的命名不仅道出了这条道路中最为险峻的路段,更因其在清朝统辖新疆的中后期频繁使用,言简意赅,指代明确,因此本文采用"冰岭道"的称谓。

至于杨尘的"夏塔古道"采用的则是今人的称谓,未能放入清代的历史背景中加以考察。但这种称谓也有其来历,"沙图"[12]或者"沙台"[13],实际上都是对从冰岭道北侧进入山间河谷的第一个军台——沙图阿满台的简称。"沙图,准语梯也,山磴如梯,故名。"[14]此处准语当即托忒文 šatu,《西域同文志》中蒙古文、满文、察合台文的对音也非常准确,均作 šatu[15];"阿满"应即蒙古语 aman,意为"口",[16]而非"门"之意[17]。所以沙图阿满即"梯口"。此后,沙图(šatu)虽有"夏特""夏塔"的不同翻译,但无论从语音学的对应关系,还是从台站的距离来看,沙图都在今昭苏县境的夏特镇区域内,且由于穿越冰岭道的艰难路段正是从沙图台开始,这或许就是将冰岭道称作今天探险热线的"夏特古道"或"夏塔古道"的原因所在。

(二)道路建设

1. 台站的设立

从乾隆二十年(1755)清军前往木素尔口接应被押解的达瓦齐始,就标志着清军对冰岭道的使用,但之后阿睦尔撒纳及大小和卓的叛乱,使清军又失去了对这条道路的控制。[18]为了迅速平定天山南路的叛乱,时襄办军务的额敏和卓就曾提及从冰岭道夹击贼寇,[19]所以金峰推测冰岭道上的军台很有可能就是在此前后安设的。[20]然而清代文献有明确记载,如乾隆二十四年(1759)护军统领努三"现在修理穆素尔岭道路"[21],二十五年清朝"派回人修理穆素尔岭道路,及将来安设台站行知舒赫德酌办等语。从前准噶尔与回人往来,俱由穆素尔岭一路,今自屯田伊犁,自应时加修理"[22]。这说明了两个问题:其一,在此之前的准噶尔时期，这条道路就已经通行；其二，清军至少在乾隆二十四年就已经在修缮冰岭道，并于一年后准备安设台站，按照清朝的驿传制度重新建设这条道路。乾隆二十五年（1760），受命筹办安设台站的参赞大臣舒赫德上奏：

> 参赞大臣舒赫德奏，臣于二月十九日自叶尔羌起程，三十日抵阿克苏，查询应设台站处所，由阿克苏至穆素尔岭请设六台，岭上无水，酌为步站。过岭至海努克，台站人数酌量增添为三大台，俱派察哈尔总管敏珠尔、原任副都统杨桑阿办理，至官兵需用马匹，惟乌什尚可酌派，现在乌什之伯克萨里等愿为承办。[23]

据上引文，可知阿克苏至穆素尔岭（冰岭）之间的六个军台应该是在舒赫德上奏后不久设立的，这六台应即后来的噶克察哈尔海台、塔木哈塔什台、瑚斯图托海台、和约伙罗克台及阿尔巴特台。而作为"南路往来冲途"[24]的札木台虽属冰岭道的一站，但因它还担负着天山南路东西向繁重的交通任务，所以不应包含在六台之内。和约伙罗克台在乾隆三十六年（1771）才被移到阿东格台[25]，所以应该包含在这六台之中。至于岭北伊犁段，我们只能得到"过岭至海努克，台站人数酌量增添为三大台"的信息，这是否表明南段设台之时，北段也在设立台站，为何只添设三大台，显然与后来的台站数目不符，《新疆识略》提供了相关的信息：

> 乾隆二十八年参赞大臣伊勒图奏言，伊犁至沙图阿满七处新设军台，臣亲身照看兵丁户口、牲畜过伊犁河，按次住牧，其伊犁旧军台全行撤回。[26]

据上引文，乾隆二十八年（1763），时任伊犁参赞大臣的伊勒图设立了伊犁至沙图阿满之间的七处新军台，还亲自照看兵丁、户口、牲畜过伊犁河按次住牧，并将旧军台撤回，只是一年前清朝已经开始编设屯庄接济冰岭台站的举措，但似乎只局限于海努克台等几处[27]。七处新设军台当包含后来的巴图蒙柯台、海努克台、博尔台、霍诺海台、特克斯台和沙图阿满台六处,第七处尚不清楚。道光十年(1830),由于"噶克察哈尔海台站距沙图阿满台站路途遥远,每年运送官物恐致迟误,台马不免疲倒,着照玉麟等所奏,于噶克察哈尔海、沙图阿满二台中间恩东格尔布瑚图地方再行添设一台"[28],此即后来的阿东格台。引文中的"旧军台",笔者推测当为此前准噶尔时期所遗留下来的,至于舒赫德奏折中的"三大台"当为海努克台、博尔台和特克斯台,因这三台所设满营笔帖式(满文 bithesi)分别兼管索果尔台、霍诺海台和沙图阿满台。[29]总之,清朝设立冰岭道的军台时间当始于乾隆二十四年,至乾隆二十八年完成。

2. 台站的维护

军台不仅承担着"管理发递公文折报"[30]的重要使命,而且还有"运送官物,应付差员"[31]的责任。所以要想比较顺利地通过冰岭道,各台站的完备建设、运输工具的借助、沿途的停靠与休息、冰岭雪海段的成功逾越等任何一个环节都不能缺失。清代文献中,如《新疆识略》卷四《军台》有关冰岭道北段台站的一些记载,兹据其内容整理为表2,姑命名为"冰岭道各台配备表":

表2 冰岭道各台配备表

军台	管理台站事务笔帖式	驻兵	车/辆	马/匹	牛/只	兼管
巴图蒙柯台	额设锡伯委笔帖式1员	锡伯兵15户	2	15	10	
海努克台	额设满营委笔帖式1员	厄鲁特兵15户	2	15	10	索果尔台
索果尔台		厄鲁特兵15户		15	14	
博尔台	额设满营委笔帖式1员	厄鲁特兵15户		15	14	霍诺海台
霍诺海台		厄鲁特兵15户		15	14	
特克斯台	额设满营委笔帖式1员	厄鲁特兵15户		15	14	沙图阿满台
沙图阿满台		厄鲁特兵15户		15	14	
阿东格台[32]	以上4员笔帖式兼管[33]	厄鲁特兵15户		15	14	

第三章 冰岭道

清代新疆驿传有军台、营塘和驿站的区别[34],其分工不同,配置也各异,但基本上"新疆台塘旧制向章:军台三,领以笔帖式一,每台置外委一,字识兵一,供差兵无定额(四五名至十三四名不等),供差缠回(或蒙古人)亦无定额。(传翻汉语谓之毛拉,三四名至八九名不等。)每台例置差马外,兼备牛只、车辆,以便转输。(置牛十头,铁车三辆,马少者十余匹,多者二三十匹。)营塘则隶于绿标营汛(专供接济差务,其事较简),但有兵而无弁,有马匹而无牛只、车辆,(大率每塘设兵八名或十名,马八匹或十匹之谱)应需弁兵、夫马、薪工、柴草,即由各城大臣及提标各营于例估经费项下作正开支"[35]。就北段而言,乾隆年间冰岭道上的军台有专门管理军台事务的笔帖式,由于"以上四员兼管"八台,所以平均每人管两台。并派有驻军户,基本上为厄鲁特兵。相比北段,南段的情形又如何呢?

南段亦应类似于北段,因为乾隆二十六年(1761)参赞大臣舒赫德奏:

> 穆素尔岭有塔木噶塔什、噶克察哈尔海二台较各台差务繁剧,所有台站官兵酌拟一年更换,以应升之缺升用,其委署笔帖式于凉州、庄浪驻防官兵内挑选,绿旗兵由陕甘各标营派出,但现届更换之期,请暂调阿克苏满洲绿旗兵前往,来年更换官兵应于班期前三月到台学习行走。[36]

虽然舒赫德调用凉州、庄浪驻防的奏请未被允准[37],但南段委署笔帖式和驻台官兵与北段相同,唯一不同之处在于冰岭段附近的塔木噶塔什和噶克察哈尔海二台差务繁重,所以官兵一年更换一次,其他台站则为二年更换一次。至道光九年(1829),德英阿上奏酌添(阿克苏)北路军台牛马一折显示:

> 阿克苏所属扎木至噶克察哈尔海军台七处,因附近冰岭半皆沙碛,水草缺乏,额设牛马不敷运载,向调回子马匹通融办理。现当查禁

各城藉差扰累,体恤回众,自应另筹调剂,着照所请,于额设牛马外,扎木台添牛五只,阿尔巴特台添牛十只,亮噶尔台添牛十只,图巴喇特台添马十二匹,瑚斯图托海台添马十匹,塔木哈塔什台添马八匹,噶克察哈尔海台添牛十只,此项所添牛马准其由伊犁官厂内照数拨给,按年报销分数。所需马料,除扎木、阿尔巴特、亮噶尔、噶克察哈尔海等四台尚有水草可资牧放,原设牛马及新添牛只仍照旧章,夏秋无须给料外,其图巴喇特、瑚斯图托海、塔木哈塔什等三台,原设及新添马匹均准四季全支料石,仍照向例每马日支料二京升,每牛日支料一京升,俱由阿克苏粮饷局按月支领,归于仓储项下报销。该将军等仍当不时稽察,无任稍有偷减克扣,如查有情弊及餵养不善,以致疲瘦之处,即行严参惩办。[38]

从以上两条材料来看,冰岭南段的建制和北段是一致的,建省之前都属军台性质。只是需要说明的是,以上添设牛马的动议是在平定张格尔之乱后进行的,意在体恤回众,对冰岭道的建设才要另筹调剂,这也说明清朝在张格尔叛乱后对冰岭道的重视。但有学者认为道光七年(1827)冰岭道被封禁[39],似乎并不符合史实。其依据是《清实录》中所节录的那彦成奏折:"至冰岭一路,向为南北通衢,其阿克苏所属西南巧塔尔达坂,及赛哩木所属之阿尔通霍什均为赴伊犁捷径,着概行封禁,以杜弊端。"[40] 这是对史料的一种误读。仔细研读这条材料,也很难看出冰岭道被封禁,否则也不会有前引德英阿关于建设冰岭道军台的奏折。而《清实录》中未能收录那彦成《查勘路径》的原奏折内容如下:

臣愚昧之见,拟将现在查出私通伊犁捷径无论几处,概行封禁,并酌派本城官兵数十名分拨设卡,轮班严查偷度,藉以稽茶叶、大黄之出入,封禁之后倘有私贩经由,一经盘获,治以应得之罪。已一面行文伊犁将军亦应派拨员弁由北路设卡盘查,如此严定章程,令南北必经冰岭一路,方不失前人措置之宜,至如何安兵守卡,容臣等另议章程会衔具奏,谨合词恭折奏闻,谨奏。[41]

显然,封禁的只是两条通往伊犁的私通小径山口而已,即引文中的"阿克苏所属西南巧塔尔[42]达坂"及"赛哩木所属之阿尔通霍什[43]",意在"令南北必经冰岭一路",而便于稽查。

新疆建省后,冰岭道南段改设为驿站,但北段仍其旧为军台,属厄鲁特管辖。因缺乏材料,我们尚难以了解建省后北段的情况,但南段则有比较明确的记载,兹据《新疆图志》整理为表3[44]:

表3　冰岭道南段驿站经费表

夫马经费 驿站	夫马额数			支销银数		经费和数
	驿书/名	马夫/名	马/匹	月支	岁支	月支十二个月,加入岁支合算
札木台驿	1	6	12	五十四两六钱	五十九两一钱	七百一十四两三钱
哈拉玉尔滚驿	1	7	14	六十二两四钱	六十八两九钱五分	八百一十七两七钱五分
虽雅里克驿	1	4	8	三十九两	三十九两四钱	五百零七两四钱
阿尔巴特驿	1	4	8	三十九两	三十九两四钱	五白零七两四钱
和约伏罗驿	1	4	8	三十九两	三十九两四钱	五百零七两四钱
图巴喇特驿	1	4	8	三十九两	三十九两四钱	五百零七两四钱
瑚斯图托海驿	1	4	8	三十九两	三十九两四钱	五百零七两四钱
塔木哈塔什驿	1	4	8	三十九两	三十九两四钱	五百零七两四钱
噶克察哈尔海驿	1	4	8	三十九两	三十九两四钱	五百零七两四钱

很明显,改设驿站后的南段,每驿都配有相应的驿书、马夫和马匹及经费,且这种驿站的配置还是在刘锦棠的极力争取下才获得的,[45]实属来之不易,也因此促进了冰岭道的交通运输建设(见图2)。

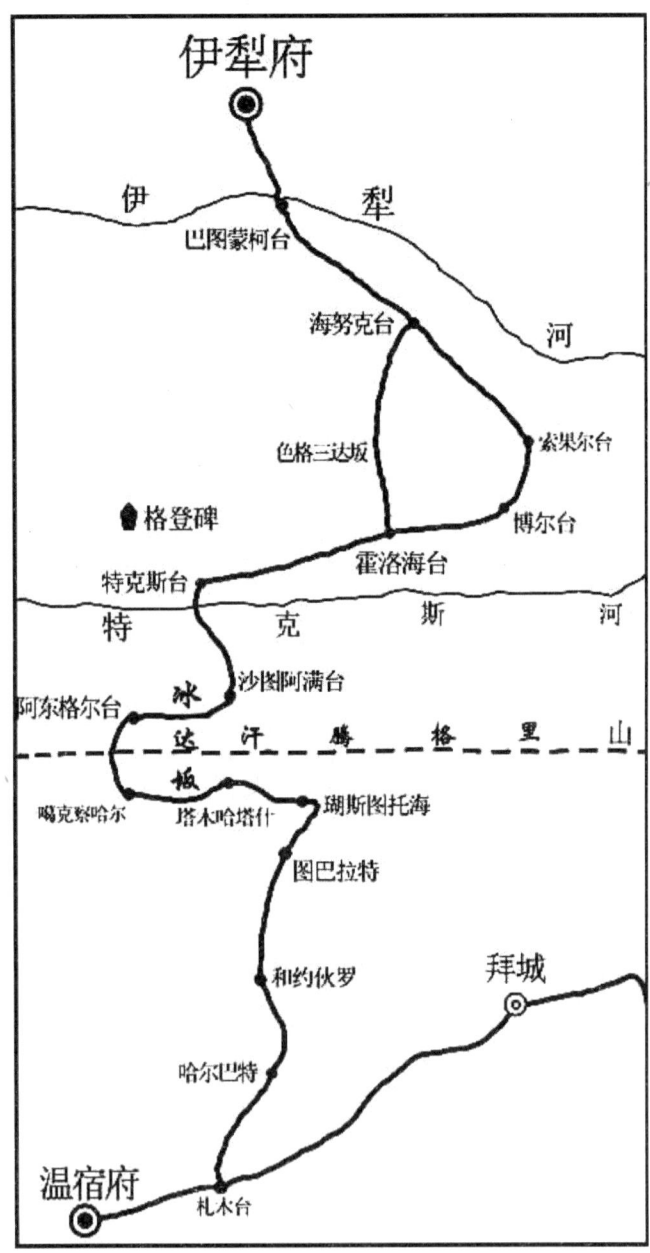

图 2 冰岭道路线示意图

3. 运输工具

从前文表2"冰岭道各台配备表"来看,在北段前二台配有车外,其他台运输主要依靠马、牛等牲畜。此外应该还有驼,因为"人聚驼马之骨横布其上"[46]"冰坼处塞以驼马之骨"[47],只是驼似乎并不适应冰岭段的行走,所以沙克都林札布才会购马易驼,为翻越冰岭做准备。[48]再"特克斯河水势深阔,新住兵丁不谙过渡,查旧军台有威呼一个,善于威呼之索伦兵一人,可再添造威呼一个,留索伦兵一人教习两月后,熟悉过渡即将索伦兵二人撤回,得旨允行"[49]。这里的"威呼",景廉解释:"威呼,国语小艇也,以径二尺、长一丈木二,凿空略似船形,相去尺余,两端贯以横木,中铺薄板数片,仅容五六人,水手二,一摇舻,一撑篙,名曰乌苏奇。船小水深时,复欹侧,幸河面尚仄,瞬息可达南岸耳。"[50]也就是说过特克斯河还得乘坐被称为"威呼"的小艇才能抵达特克斯河南岸的特克斯台。[51]有时人夫也作为一种运输工具,如道光六年(1826),清军为平定张格尔动乱,从冰岭向阿克苏运粮,但由于牲畜不足,且不便在冰岭段运输,长龄不得不"惟有雇用人夫专于冰岭一站两面驻扎,分起往还背运,其余各站仍用车驼或可有济,现于阿克苏、库车所属雇备可靠回子二千名,专于冰岭一站轮流负运,可抵马一千匹,宽为给价,办理不致迟误"[52]。人夫的特点和所起的重大作用是不可替代的。总之,冰岭道上的运输工具有马、牛、驼、车、船及人夫。

4. 住宿条件

过往行人沿途停歇与住宿主要在毡房或蒙古包,也有茅草房和土木房。如"三十里卡伦房尖(伊犁阿克苏交界)""旃帐多被吹起"[53]"未初二刻宿胡素图托海台(六十里强),台房廿余间,门墙毕具,居然可观"[54]"未初宿亮噶尔台(八十里),公馆数间,湫隘殊甚,仍住蒙古包""未初一刻宿阿拉巴特台(九十里,俗呼盐山口),台在南岸,地据高阜,林木蔚然,台房整齐,院落宽展"[55]"午正宿札木台(九十里),札木为南路往来冲途,行馆可住"[56]"军台(冰岭北,台兵皆住蒙古包,冬夏无定处)"[57]。看来住宿多在台房,从"台房整齐,院落宽展"来看,应该比较固定,但条件不好的地方当为蒙古包,旃帐即蒙古包。[58]这一点也被芬兰探险家马达汉和澳大利亚人莫理循所证实,如:"经过六天的艰苦旅程,我们在一间茅屋里过夜,就像以往的夜晚一样,……暴风依然在茅屋的各个角落呼啸着,这种简陋的房子实难挡住大自然的肆虐。最糟糕的是我们的劈柴快要用尽。"[59]"我们过夜的房子在山冈脚下,是用两根圆木支撑的木屋,没有门窗,也没有火坑。随便在哪里点几堆篝火,屋里和院子里马上充满了浓烟。篝火四周围着二十来个过路的人。"[60]"我们走到一个驿站,发现了一个屋顶上覆着草泥的木屋。木屋已经破烂不堪,溃坏多年。"[61]这些都说明了冰岭道上的住宿条件之艰苦。以下图3即为清末冰岭道上和约伙罗驿站的景况。

图3　可力峡关口(和约伙罗驿)

(三)道路里程

有关冰岭道的里程,清代文献记载并不少见,如《西域图志》《西域闻见录》《西陲要略》《西陲总统事略》《新疆识略》《西域水道记》《冰岭纪程》《新疆四道志》与《新疆图志》等,虽然彼此记载并不一致,但差异并不甚大。当新疆经历了同治年间的大乱后,清军于光绪初年收复新疆大部地区,其后设立行省。在此背景下,新疆开展了一系列的治疆举措,其中就有各地的修志活动,据后来编纂而成的《新疆四道志》[62]、《新疆图志》以及后人重新汇编的《新疆乡土志稿》等都有对冰岭道的记载[63],其中尤以《新疆图志》卷八十四《道路六·驿站》为代表,是对此前有关冰岭道记载的全面总结和描述,为便于呈现其概貌,兹据相关资料加以补正而成表4[64]:

第三章 冰岭道

表4 冰岭道台站里程表

属地	驿站(今名)	军台(旧名)	道里沿革备考
绥来县	惠远城驿西南十五里至	惠远城五十里至	自惠远城南行八里渡伊犁河。
	巴图蒙柯台九十里至	巴图蒙柯台九十里至	按自设行省后,军台悉改驿站,惟此处八台未改,以属额鲁特蒙古管辖,故仍沿旧名。
	海努克台九十里至	海努克台九十里至	自此五十里入山,旧有莎河台腰站。
	索果尔台八十里至	索果尔台八十里至	
	博尔台一百里至	博尔台一百里至	自此折西行过温都布拉克河,百里至铜厂。
	霍诺海台一百里至	霍诺海台一百里至	一作和纳海,又作华诺辉,自此转北复折西南经华诺辉河至喀喇乌苏河,过河凡十里,始抵特克斯河界。
	特克斯台八十里至	特克斯台八十里至	一作特克斯,光绪五年俄人欲以伊犁山南之帖克斯川割隶俄界,即其地。
	沙图阿满台六十里至	沙图台一百里至	自此沿噶克察哈尔海分道向西南行百八十里,有小埠,俄设卡伦于此驻兵守之,再西进位俄国哈拉河界。
	阿东格尔台六十里至		过阿东格尔台上冰达坂至噶察哈尔海子入阿克苏界,按旧案伊犁南路旧设军台七座,嗣因沙图阿满台距噶克察哈尔海相距百余里,中间经天桥,路极难行,道光十年[65]奏明在阿东格尔添设一台,共八台。

53

续表

属地	驿站(今名)	军台(旧名)	道里沿革备考
温宿县	噶克察哈尔海驿百二十里至	噶克察哈尔海台百二十里至	循海子南行二十里上木素尔岭,即《唐书》之凌山,今所称冰达坂也。入山数里渡雪海,周三四里,一线中通,仅容马足,岭上有二池,在冰不冰,行五十里躡冰梯而过,梯宽二尺许,凿冰回人曰达巴齐,凡七十户,□供此役,度岭时人马皆用绳缚而牵之,缓步徐进,行者怀慄,七八里始尽。"一名黄草湖"[66],或"黄沙河"[67]。
	塔木哈塔什驿八十里至	塔木哈塔什台八十里至	冰岭尽头处山泉喷薄,状若□□,名曰白龙口,又西数里即塔木哈塔什台也,台南五里有水西来,其色如墨,名曰黑龙口,与白龙口水会于军台前,合流为木素尔河,沿河东西折凡四过河至瑚斯图托海。
	瑚斯图托海驿五十里至	瑚斯图托海台五十里至	自瑚斯图托海一路仍山行,渭干河源经其前。
	图巴喇特驿七十里至	图巴喇特台七十里至	
	和约伙罗驿八十里至	亮噶尔台八十五里至	"亮噶尔台,乾隆三十六年,自和乐和罗克移此"[68]"回语谓栖息之地"[69]"和约伙罗驿,一名可力峡"[70]。
	阿尔巴特驿八十里	阿尔巴特台八十里至	自和约伙罗折西北行四十里,过阿尔巴特河,古姑墨水也,今驿距河西南三十里。"俗称盐山口"[71]。
	札木驿八十里至	札木台八十里至	札木驿与库车东来路合,由此西行过小河三至府城。"蒙古语道路之谓,地当孔道,故名。"[72]
总里程	温宿府底驿。以上十七站,千二百三十五里。	阿克苏底台。以上十六台,千二百五十五里。	

据表4可知,新疆建省前,南北十六台站1255里;新疆建省后,南段改设驿站,北段仍旧为军台,南北共计十七站1235里;新驿站中出现的阿东格尔台并非此时才出现,如前文所指,缘于沙图阿满台与噶克察哈尔海台之间距离过长,道路难行,遂在道光十年新增而成的"腰站"。至于新旧台站里程的差异应与道路的曲折与不断整修有关,尽管有此差异,但《新疆图志》所列新旧台站均从伊犁惠远城起,抵达温宿府(阿克苏)却是一致的。

二、道路使用

清代冰岭道的使用,据曾亲自走过该道的景廉言:"伊江戍卒换防恢武及南路各城运送官物者皆取径于此,路甚捷,景亦甚奇。"[73]此乃军台的性质使然。另据道光年间伊犁将军德英阿奏:"其冰岭一路经行已久,诚如圣谕往来络绎,已与大路无殊,且向俱安设军台,谨拟一切文书折报,并解送犯人、军火器械等项照旧由冰岭行走,以昭简易而免更张。"[74]于此足见冰岭道用途广泛。总之,清代冰岭道的使用,并非仅仅局限于军事换防、运送官物两方面,还表现在早期伊犁屯田、堵截缉拿犯匪、传递文报信息、官员过境和商队贸易等诸多方面。此外,冰岭道的通行时间也是影响冰岭道通达的一个重要因素,因此很值得关注,下文将逐一探讨。

(一)军事及换防

军台的性质使得清代冰岭道的使用,首先并且主要表现在军事换防方面,兹按不同时期分别予以论述。

1.乾隆朝——冰岭道的军事换防功能初见成效

如第二章所述,早在乾隆二十年(1755),霍集斯就将被擒的达瓦齐通过冰岭道解往伊犁清军大营。乾隆二十七年(1762),又有伊犁之索伦兵由穆素尔岭前往喀什噶尔换防。[75]乾隆三十年(1765)乌什事变发生后,伊犁将军明瑞当即上奏:"查叶尔羌、喀什噶尔、阿克苏等处满洲索伦兵丁分管台站,势难一时调集,臣酌量先派精兵五百名令副都统观音保即刻起程,由穆素尔岭前行,扬言臣率领大兵随到,若乌什业经平定,即将官兵撤回,臣亦即整齐官兵相机进止,如一时不能竣事,拟将库贮办理伊犁等处事务大臣之印取出,委派大员办事,臣带将军印领兵前往乌什。"[76]可知明瑞在第一时间做出了取道冰岭道向乌什发兵的重要应对举措,只是事态的发展使明瑞不得不亲自领兵前往,如"除爱隆阿巡边所领兵一千二百名,观音保赴援兵五百名外,臣派满洲、索伦、察哈尔共兵一千一百余名与阿奇木伯克公茂萨领回兵二百名,于闰二月初五起程,又派素尼尔图往迎爱隆阿"[77],越岭期间虽有纳世通的干扰[78],但明瑞还是"领兵于闰二月二十七日至乌什"[79],四月,"鄂津所领伊犁官兵五百名亦到,倍添威力"[80]。乌什事变亦在四月平息,可见正是这批通过冰岭道输送的精兵与南路先期抵达的官兵一起迅速平定了乌什之乱。

2. 道光朝——冰岭道的战略地位和价值凸显

道光六年(1826)张格尔在南疆作乱时,清朝一开始对冰岭道的使用不甚有效。当叶尔羌被围,清廷认为"该处婴城固守,必须援兵早到,内外夹击,方保无虞,此次所派领队大臣祥云保等由冰岭行走,自应迅速"[81]。但遗憾的是,带兵的领队大臣祥云保与硕隆武用时一个多月,只有二百名官兵到达,[82]这显然不足以应对当时的紧张局势,申斥也在情理之中。至西四城陷落后,清廷转而希望长龄"自应带领官兵,由冰岭一路行走,程途较近,正可弹压经过各回庄"[83]。但这位清军将领乃因未便派累回子乌拉,取道那拉特卡伦,越达巴罕,由库车前赴阿克苏。[84]最终长龄亦未走冰岭道。[85]至于祥云保、硕隆武带兵行走迟缓则"实因冰岭难行,马匹多有倒毙,徒步背负衣履军装而行,以致迟缓,情尚可原",据此清廷"免其议处,责令奋勉图功,以赎前愆"[86]。直到这场军事行动结束,祥云保和硕隆武"功罪仅足相抵,无庸给予议叙"[87]。事情似乎到此告一段落,但道光十年额尔古伦十余日即翻越冰岭道,使朝廷认为祥云保等"彼时并未上紧趱行,咎实难辞,除硕隆武业经病故毋庸议外,祥云保着革去副都统衔,降为二等侍卫逐出乾清门,以示惩儆"[88]。即便有此插曲,但据后来对这次南下平乱军事行动的总结,通过冰岭道前往回疆的人员至少有二千名,马匹四千匹。[89]

第三章 冰岭道

除以上直接的军事人员及马匹的输送外,云集在阿克苏附近的众多官兵每月急需口粮二万余石,仅从乌鲁木齐运送,由于车驼不足,转输能力有限。为此,长龄特上一份非常详细的《冰岭转运伊犁粮石》折[90],主张由冰岭转运,调拨伊犁仓存粮石,并恳请酌分程站,增加工食料银。朝廷认为"无须再用民遣"[91],予以批准,并补充道:

> 着照所请,准其作为十九站,按照道路险易,分别用车、用驼、用夫,其雇用民车、民驼,按石照例发价,酌拨伊犁官驼三千五百只,均交驼夫承领,重运回空,每日每驼给银三钱,如有疲乏倒毙,扣价赔补。雇用回夫二千名,每夫每站给工食银一钱,事竣照所奏章程核实报销,其伊犁磨面工价,并奖赏回夫及咨拨银两均照所议办理,并着鄂山、卢坤、英惠等查照。[92]

这项计划的实施取得了非常显著的成效,当长龄"定期二月初六日大兵分队进剿"总攻之前,"伊犁拨运粮石已过冰岭一万一千余石",且"大兵既经进发,后路粮饷最关紧要,况兵行日远,转运尤当迅速,俾得随时支发。前经准拨伊犁粮十万石,已报起运米面二万七千八百石,除已过冰岭外,其未过冰岭及未经起解各粮石,着德英阿转饬委员赶紧转运,毋致稍有迟滞"[93]。至大兵收复喀什噶尔后,冰岭粮运才停止,并将已经在途的军粮,按照台站的远近,就近分别处理。[94]正是通过冰岭道的大量物资转运,道光七年西四城才得以相继被清军收复,可见通过冰岭迅速转运粮石之巨,这也保证了军事行动的胜利。正如魏源《圣武记》所言:"今回疆隶版图六十余年,城堡台站悉同内地,不得复藉词险远,其令总理粮饷大臣定则例,绘图说,备稽核。又以肃州嘉峪关距阿克苏五千余里,仅于哈密总设粮台,鞭长莫及,其运乌鲁木齐所积屯粮及伊犁采买之粮赴阿克苏,省内地转输大半。其内地军械火药,改由乌鲁木齐北路,逾冰岭转阿克苏,视吐鲁番、库车南路水草较便。"[95]这正是对冰岭道在这次军事行动中所发挥作用的中肯评价。军事行动结束后,道光皇帝也认识到冰岭道的巨大战略价值:"朕意冰岭路虽险峻,近年往来络绎,已与大路无殊,将来设有缓急,自应仍由冰岭一路为是,特兵贵神速,必须豫筹便捷之法,断不可如上年祥云保等援兵过于濡滞,以致缓不济急,乃于军务有益。"[96]

然而不幸的是,道光十年再次发生浩罕挟持玉素甫入寇事件,时署理喀什噶尔参赞大臣的札隆阿奏:"八月初十等日有安集延回匪突入喀什噶尔卡伦内,戕害卡伦官兵之事。"[97]伊犁将军玉麟"当即拣派领队大臣额尔古伦带兵一千名,贵成带兵一千名,定于八月二十日先令一起启行,以后间一日行走一起,由冰岭星速前往救援"[98]。不仅如此,常清还"令爱玛特派去打扳齐回子一百五十名前往修路",以便伊犁官兵通行。此外,"阿奇木伯克爱玛特在冰岭迤南五台捐办乌拉马一千匹、草五万斤、料五百石,以备接乏马匹之需"[99]。相比道光六年祥云保行动迟缓,"此次额尔古伦带领伊犁头起官兵,于八月二十日起程,亦由冰岭前进,九月初三日已抵阿克苏,计行走仅十余日"[100]。于此可见民心之所向及官兵之用命,不到年底,清军便将这批外来侵略势力赶出家门。至道光十二年(1832)到道光十五年,从伊犁前往喀什噶尔及乌什的换防官兵改走冰岭道,从此冰岭道的地位和价值更加凸显。[101]

道光二十七年(1847),南疆发生所谓的"七和卓之乱"。《清实录》记载:"现在回匪滋扰,屡寄谕旨指示机宜,本日据萨迎阿等奏,已派兵交奕山督同由冰岭一带至阿克苏,俟各处兵有先到者,即带领前进等语。贼匪围城肆扰,非痛加剿办,不足示惩,该将军接奉前旨,自已调度齐备,着即带兵迅速前进,与奕山会合,商同督剿,务使一鼓歼擒,毋致延蔓。"[102]清廷再次将剿灭贼寇的希望寄托在冰岭道上,所以希望"奕山督同由冰岭一带前往,自可迅抵该处,立殄么么"[103]。至十一月底,清军解除叶尔羌之围,并收复喀什噶尔城。

3. 同治光绪朝——冰岭道浴火重生

早在咸丰十年(1860),就曾有浩罕派兵前往冰岭的传闻,最后证实并无其事。[104]同治三年(1864),动乱首先从库车开始,这一年常清奏"汉回焚烧库车城池"[105],朝廷认为"冰岭并伊犁北路一带,常清尤当加意防堵"[106],"现在库车所属军台处处失守,上城文报改由冰岭递送"[107]。即便如此,清廷还是希望借助历次南下平叛的伊犁驻军平乱,认为"伊犁官兵遣勇既为该匪所最畏,即着奎栋会商常清,酌派大员统带此项兵勇,由冰岭驰赴阿克苏会同剿办,迅殄逆氛"[108]。然八月常清续奏"冰岭阻隔官兵,改道进剿"[109]。九月,新疆各处回匪变乱,清廷只得令"常清一面酌拨兵勇绕道援应,一面派兵疏通冰岭之路,由阿克苏一带节节进剿,迅复叶尔羌等城,均着妥速筹办"[110]。其时大势已去,清廷已无力回天。一年后,伊犁将军明绪奏:"接奉谕旨,覆陈军务情形一折,伊犁东面各城均被回匪占踞,北面头台、果子沟亦被回匪扼要,扎营数座,阻截援兵来路。南面冰岭迤北,缠头回子全行叛乱。惟西面卡外直达俄境,而卡内之哈萨克、布鲁特复与回匪勾结滋扰。伊犁当兵单饷绌之际,四面受敌,困苦情形,实深廑系。"[111]这已不单单是"实深廑系"的问题,因新疆几乎全部沦丧,以往发挥重要作用的冰岭道也被淹没在这场激烈的风暴之中。稍后,侵占南疆的阿古柏亦曾屯兵于穆萨尔江口,有凌踔天山并吞伊犁之志,俄国人看出了这种威胁,迅即占领了伊犁。[112]1877 年,前往南疆考察的俄国人 A. H. 库罗帕特金的记述表明这条道路依然处在阻断当中,[113]直至 1882 年沙克都林札布前往南疆勘界时行经此路,冰岭道才恢复使用。此后新疆建省,冰岭道南段改为驿站,归地方官管理,北段仍其旧为军台。至民国元年(1912)十二月,杨赞绪曾向大总统报告自己交卸伊犁陆军师长及伊犁镇总兵各印信,"定十三号由伊犁起程,率带卫队取道冰岭前赴喀提新任"[114],于此可见冰岭道至清末一直都在使用。

(二)从南向北输送屯田户与驻兵伊犁

这方面的研究,华立先生已有比较全面的讨论[115],其成果足以证明冰岭道在屯田输送方面的重要意义和价值,此处仅就与屯田相伴随的军事力量的输送略做补充。华立先生曾指出乾隆二十五年向伊犁输送屯田户与军事人员是同时进行的[116],这是由于:

> 伊犁向为准夷腹地,加意经画,故稽事颇修。今归我版图,若不驻

> 兵屯田,则相近之哈萨克、布鲁特等乘机游牧,又烦驱逐,大臣等自当办理妥协,不可苟且塞责,以图早归。看来驻兵屯田,惟当渐次扩充。[117]

这已经非常明确地指明驻兵屯田的用意,只须"渐次扩充",落实这一既定政策和目标。因此,清廷开始从南疆向伊犁输送驻军,如乾隆二十六年,据参赞大臣舒赫德奏:"本年派出驻防伊犁健锐营前锋校一员、骁骑校一员、前锋三十七名、察哈尔总管一员、佐领一员、兵八十九名、厄鲁特兵二十四名、效力之原任总管舍通额等四名,共官兵一百五十八名,照例给马、驼、盐菜银两、口粮羊只,每五人给帐房一架并军器等物;又伊犁屯田都司一员、守备一员、千总二员、把总二员、外委把总二员、兵四百名,其盐菜口粮等项与驻防兵同,因伊等将来造屋居住,每十人先给帐房一架,其驮载口粮军器籽种农具等项,酌给牛、驼、马匹。此次官兵及屯田回人俱办理已竣,派副都统伊勒图、侍卫栋保、苏噜克沁、雅赛带领,自阿克苏送往伊犁,所有拨往屯田回人户口什物及护送起程之伯克等职名列单呈览。"[118]看来,无论是驻防兵,还是屯田兵,清朝都给予了妥善的安排。同年三月阿桂奏:"由阿克苏派往伊犁之绿旗兵丁,拨马三百匹接济,令三等侍卫鄂铎、索伦骁骑校署参领伊尔第领兵前往照管,以迄回营,无一伤损",后上谕道:"鄂铎等此次行走甚属可嘉,鄂铎着加恩升授二等侍卫,伊尔第着交部议叙,兵丁等酌量奖赏。"[119]须知能安全通过冰岭已属不易,能够三百匹马无一伤损更是难能可贵,自然要得到嘉奖。这也反映出从回疆通过冰岭道前往伊犁驻兵屯田的重要性和取得的功绩。

(三) 堵截缉拿犯匪

清朝最早通过冰岭道解送的人犯当属达瓦齐[120],乾隆二十四年、二十五年间通过冰岭道搜捕、堵截与缉拿"玛哈沁"[121]比较引人关注。乾隆二十四年德舒奏:"由阿克苏送来回人等行至赛里木,遇玛哈沁二十余人,把总徐天成及兵丁二人被害,掠去回妇一人,马十四匹、驼四只,外委把总一员得伤,又兵丁一名,回人一名不知踪迹。今选派库车绿旗、回人兵丁前往追捕。"[122]清廷认为"此等玛哈沁贼人肆行抢掠,殊可痛恨,伊等或藏匿穆素尔岭等处亦未可定,必须搜剿净尽"[123]。同月,德舒再奏:"阿克苏北山之布鲁特噶岱密尔咱等游牧被贼盗去马匹,随派兵越穆素尔岭,未能追及,已行文永贵、纳世通等,并自请交部议处。"[124]其后,舒赫德派兵"由阿克苏至库车一带寻踪瞭望,搜除隐匿贼匪,请于事竣后将官兵分为两队,一队在赛里木、拜等处之阿勒坦和硕要路安设卡座,一队在阿克苏之穆素尔要路安设卡座守护台站,照看往来行走之人"[125]。从此,清军分队追剿这批玛哈沁,甚至阿桂也翻越冰岭参与到这场追捕当中。[126]乾隆二十五年六月,舒赫德奏:"据穆素尔岭台站擒获玛哈沁阿舒尔供系喀什噶尔回人,幼为厄鲁特所掠转入哈萨克,今逃来伊犁,闻同行之厄鲁特等至和济格尔见乘白马二人来追,是以复回。"[127]八月,甚至有被抓后又于夜间脱逃的玛哈沁,清廷"着派伊柱领兵百余名从伊犁至穆素尔岭一路搜捕,务期肃清台站,毋令滋扰"[128]。此后,在冰岭道上还发生过"自伊犁解送叶尔羌之脱逃回人端索丕至图巴喇克台,经委署笔帖式双官保派兵李彬送交下站,现在李彬、端索丕俱无踪迹"[129]的事件,凡此等等均可见清朝利用冰岭道追捕缉拿押送逃犯的情况。

此外尚有涉及冰岭道的几件大事,一是嘉庆十四年(1809),伊犁将军松筠因查拿谋逆,恐事机泄露,私自将与此事相关的马友元等人在半途斩杀,又恐天山南路的王文龙一支有所耳闻,心生疑惧,遂将其调至伊犁,派人于中途正法。[130]《清实录》对此记载道:"至王文龙等调赴伊犁,行过阿克苏,于扎木地方闻得蒲大芳正法,不肯前进……"[131],显然"扎木"就是冰岭道上的札木台。再结合《松文清公升官录》的记载,"是年,公檄行南路参赞办事大臣等调各犯赴伊犁种地,一面拣派领队大臣色尔衮、杨桑阿等俟各犯解过冰岭分起正法,公恐机事不密,未便先行入奏,奉旨革职,交刑部治罪"[132]。看来,松筠原本打算待这些人过了冰岭后再下杀手,但却提前于冰岭南之札木台动手,以残忍的手段将这些犯人杀害,因此被嘉庆帝解任。

还有一件事则发生在咸丰十年(1860),新疆地方官员报告:"闻浩罕已派倭里罕、托古达买州带兵五千,于二月间前往冰岭截官兵来路。"[133]但后来的报告显示,"浩罕派兵前往冰岭并无其事"[134]。这些虽属传闻,但从侧面透露出江河日下的清王朝在处理边疆问题时,显得有些惊慌失措和胆怯,而作为战略交通要道的冰岭道也成为敌对势力争夺的对象。

(四)运送官物及商队贸易

据景廉言,因冰岭道便捷,所以南路各城官物通过此道运至伊犁[135],那么这些官物又指何物呢?

乾隆二十四年,清廷就曾令兆惠将叶尔羌的粮食通过冰岭正路运往伊犁;[136]次年,副都统丰讷亨从阿克苏将驼、威远炮、火药、铅绳和马送至伊犁;[137]其后为使运送官物规范化,规定"嗣后每年拨运伊犁之布绵,临运送时,先行咨伊犁将军查收,俟布绵全行起程,再开单统奏一次,仍将谷、钱、布、绵细数造册送部开销"[138]。而通过冰岭道运至伊犁的这批官物,不仅供伊犁当地驻兵等使用,还可与哈萨克交易,因为"伊犁卡伦外各部落哈萨克向无布匹,每年三月起至九月陆续前来伊犁,以羊易布,每年喀什噶尔、叶尔羌、和阗三处回子贡布约共九万余匹,运赴伊犁应用"[139]。然而"布匹为哈萨克所必需,现在逆回滋事,喀什噶尔等城被贼骚扰,回子贡赋一时难复常制"[140]。时值张格尔事件,所以布匹供应有些困难。再如前文,为了供应云集阿克苏地区大军的军需口粮,将军长龄"奏调伊犁仓存粮石,由冰岭转运"[141]。大约三个月时间,"伊犁拨运粮石已过冰岭一万一千余石"[142]。后来又有所增加,如前文所引"前经准拨伊犁粮十万石,已报起运米面二万七千八百石,除已过冰岭外,其未过冰岭及未经起解各粮石,着德英阿转饬委员赶紧转运,毋致稍有迟滞。"至大兵收复喀什噶尔后,冰岭运粮停止转运,并将已经在途中的军粮,按照台站的远近,就近分别处理。[143]道光十二年,长龄在"筹议设立驼厂章程"时,给"阿克苏拨驼五百只,运送冰岭布棉硝黄",并规定:"所有各城派牧兵丁作为厂兵,免其差操。各厂驼只照伊犁特穆尔厂之例,不取孳生,亦不准倒毙,除运送官物仍给盘费外,空闲之日准各厂兵自行营运,定以限制,不得潜越库车以东,所得脚资即添补绳索鞍屉,不准另行开销。每届年终,各城将存驼数目,咨报参赞查核,勿任日久滋弊,俾不致有累回众,以期随时调用而实军储。"[144] 可知这批牧驼兵丁改为厂兵,不受差遣和操练,而且所牧放的驼只"不取孳生,亦不准倒毙",这比巴里坤等地的要求还低,极有可能因为冰岭道的艰险和难走,才降低了标准。在运送官物之外,还可以"自行营运",即对经营冰岭道的南北道路生意,只是做了路线上的限制,不准绕至库车以东。

据上分析,这条道路上运送的官物应该包括棉花、布匹、粮食、硝黄、威远炮、火药、铅绳和马匹等,在"运送官物"的同时,也可"自行营运"。乾隆五十五年(1790),稽查由伊犁回阿克苏之安集延回子有无私携俄罗斯物件的提议被否定,理由是穆苏尔达巴汉(即冰岭)乃通伊犁回城之大路,如果实行稽查,会妨碍内地的贸易回子。[145] 新疆建省后,这条道路上的商队贸易也值得关注,据莫理循记载,与其同行的便是一些俄罗斯籍的安集延人,每年当中有几天,由马、驴组成的商队从南北两路出发,费用以卢布计算,虽然会有牲畜死去,但运输价格并不高,每头牲畜驮224磅重货物的费用为10—12卢布。[146] 据此可见这条道路已经成为国内甚至国际间的贸易通道。

(五)官员过境及通行时间

这一问题学术界尚无关注,所以在此做一探讨和分析。冰岭道既然作为一条南北通道,其一年中的通行时间是否也如同其他大道一年四季都可通行?通行必然是人员的通行,因此曾经亲自走过冰岭道的人员自然成为我们考察的对象,尤其是景廉和沙克都林扎布的经行。

嘉庆二十年(1815),嘉庆帝因松筠在喀什噶尔查办"孜牙敦案"不力,革去他的太子太保头衔[147],令长龄接替松筠查办此案。史料载:"现已有旨饬令松筠速回伊犁,着长龄于接奉此旨后,即带伊犁将军印篆,由木素尔达巴罕前赴喀什噶尔,并带伊犁明白通事,将此案另行审办。"[148] 于此可见,冰岭道此间已经成为官员南北赴任的重要通道。

咸丰十一年(1861),时任伊犁参赞大臣的景廉为查办阿克苏案件,取道冰岭。从九月二日上路,十二日翻越冰岭,再八日后抵达阿克苏,[149] 当中休息两天[150]，实际上用了十七天的时间。但景廉从当时的伊犁惠远城起，一直到索果尔台，并非按照前文所述冰岭道的军台路线行走，他实际上绕过巴图蒙柯台和海努克台，从索果尔台始才走上了冰岭道。景廉这趟冰岭之行的最大"副产品"就是后来的《冰岭纪程》和《冰岭吟》，前者甚为珍贵，为难得的史料，正如作者在自序中所言："爰逐日笔记，俾后置往来冰岭者持此为老马之导，或者不无裨益云。"[151]就是要将沿途的所见所闻记录下来，希望能够成为后来者的指导，这无异于"旅行手册"。

光绪八年（1882），时任巴里坤领队大臣的沙克都林扎布前往纳林廓勒会同俄国大臣梅金斯基、韦立根勘分中俄界线。由于纳林廓勒"周围四望，万山隔绝，独冰岭一道，险峻异常，向达南疆，削凿冰磴，勉强可行，旋即购马易驼"[152]。而之前他们所走路线亦非冰岭道原来之台站，实走路线远在冰岭道之西。[153]至七月十九日才至穆素尔口，旋即修梯口向南前进，于八月初三到达阿克苏。[154]次年勘界完毕，沙克都林扎布于十月上旬再次开始为过岭做准备，如"我僚属逮于士卒添置冬衣用度冰岭"[155]。十月十二日从阿克苏出发，二十八日渡伊犁河，再次通过冰岭道。[156]从沙克都林扎布十八日到达阿东噶尔台后，于十九日向西北行去的路线来看，其之后的归途又转到了来时的路线。沙克都林扎布前往南疆勘分中俄界线，不辞辛苦，自不待言，仅就其两年之内两次穿越冰岭的勇气而言，也绝非一般人所能比拟，且两次翻越分别为盛夏和寒冬时节，都是冰岭道上最为危险的通行季节，即便如此，沙克都林扎布还是给我们留下了宝贵的记录，这份记录透露出清朝收复新疆后，冰岭道重获新生的历史。如《南疆勘界日记图说》二十四日记录道："见万山丛峙，前路未谙，因传询土著并派侦探，盖伊犁甫经收复，路道久阻故也。"[157]须知此处尚为伊犁河南岸的平原地带，冰岭道其他艰险路段的情况就更可想而知，所以至穆素尔口才要修梯口。俄国人对冰岭道的艰险亦有同感："同治中，俄人迭次履勘，其《冰坂记》刊入墨斯科博物杂志报中，卒以山险费钜，舍此而西道纳林河。"[158]所以在某种意义上讲，正是沙克都林扎布的这两次亲自穿越和踏勘，才又重新打通了这条

第三章 冰岭道

沟通天山南北的便捷之道。

而有关冰岭道的通行月份,1907年马达汉在他的日记中写道:"冬季天寒地冻,很少有人选择这条路。一年当中,只有2月到4月和8月到10月被看作是可以通行的。"[159]冬季很少有人选择这条路,并非否定这条道路不可通行,徐松就在嘉庆二十一年(1816)正月五日黎明,亲自从噶克察哈尔海军台向南考察冰岭。[160]另据前文冰岭道的诸次军事换防的时间,可以推测乾隆二十七年索伦兵过岭的时间当在四月下旬左右,即阳历5月中下旬左右;而乌什事变中明瑞通过冰岭的时间当在乾隆三十年闰二月初至当月下旬,即阳历的3月下旬至4月上旬之间;道光六年张格尔事件中,有明确的祥云保过岭时间,即六月二十七、二十八日至七月二十二日始到官兵二百余名,且后续未到,则过岭时间至少当在阳历的7月末至8月下旬;同年,长龄从冰岭调运军粮的奏请时间为十一月丙申,因为军事紧急,所以推测转粮应该就在此后不久,至二月初六总攻前,已运粮一万一千余石,且还在续运,直到闰五月庚申上谕命令停止,则这次运粮行动应该在1826年的12月上旬至1827年的7月上旬;道光十年玉素甫事件中,额尔古伦明确的过岭时间为八月二十日到九月初三,仅用十五天左右的时间,其阳历时间当为10月上旬至10月中旬之间。以上事件均属比较大的军事行动,由于军事紧急,过岭时间一般不会延迟太久,用于考量冰岭道的通行月份比较可靠。

另外,从清代文献中穿越冰岭道的农历时间有正月、二月、闰二月、四月、闰五月、六月、七月、八月、九月、十月等月份的记载来看,冰岭道的通行时间几乎全年皆可。虽然如此,但冰岭道"冬日度岭,时有大声訇訇,如万钟齐鸣,山谷应响,则冻极冰坼也"[161]、"现届寒冬冰雪之时,自不便由穆素尔岭行走,即从乌鲁木齐取道亦可"[162]等等。即这条道路毕竟不同于大道坦途,直至1910年,据亲自走过这条道路的澳大利亚人莫理循记载:

> 即使在路况最好的时候,这条路对牲口来说也是危险的。这个山口是帝国最偏远的两个部分之间唯一可行的通道,人民盼望着政府采

>取措施改进道路状况以减少危险,这是正当的。但中国的方式与其他列强不同。中国的军事要员伊犁将军在几天前满怀信心地告诉我"每年这条路都得到修缮,现在情况良好",但是他从未亲自查看过这条路,其他官员也是。我认为这条路与7世纪相比好不了多少。[164]

这就非常明确地说明这条道路的艰难情况,尽管冰岭道一直都在建设和维护,但依然不甚理想,难以行走。所以在冬季过岭确实不易,只是由于军情紧急,且有冰岭台站等后勤保障,才使这条"南北通衢"的冰岭道成为首选,因而才会出现一年当中几乎所有月份都可通行的记录。

综上,我们可以得出通过冰岭道的时间,除额尔古伦的军事急行军从八月二十至九月初三,用时十五天外,景廉实际用时十七天,沙克都林札布第二次翻越冰岭实际用时十五天,所以翻越冰岭道大约需要半个月的时间,这与冰岭道大约十六台站的建置正相吻合,通行月份几乎全年皆可。虽然冰岭道艰险难行,但相比绕行乌鲁木齐前往阿克苏的长途跋涉,其便捷之处自然受到人们的青睐。

三、道路信仰与地位

(一)冰岭道上的信仰与祭祀

有关清代新疆山川祭祀和多神崇拜的文章已有一些[164],然而在这些文章中只涉及冰岭的"官主山川祭祀"[165],尚未就冰岭道上的诸多信仰和祭祀做微观的探讨。基于此,下文仅就所能见到的相关材料做进一步的分析。

1.冰岭道上的信仰

蒙古风俗信仰。"过穆素尔岭,下至山麓,有涧名塞塞克、爱噶尔雅勒,其险处约四十余里,一值风雪,即难行走。从前准噶尔于其地树旛诵经致祭。今四月初旬,递送事件兵丁有冻毙者,酌于附近之克斯地方造屋以资避御等语。穆素尔岭为往来要路,今山涧险阻,猝遇风雪,人力难施,蒙古

第三章 冰岭道

风俗俱诵经致祭,着传谕舒赫德,如回人内有善于禳襘者,令其虔诚讽祷,或无其人,即遣厄鲁特人致祭。"[166]以上记载显然是人们对大自然的敬畏,并采用蒙古风俗祭祀。另,景廉也曾在阿东格台之北的喇嘛庙打尖[167],此即藏传佛教的信仰。

回俗信仰。"冰岭巅有玛札尔,累石为之,以杆系马鬃,马尾徧植左右,回俗谓神栖其上,故往来者皆拜祷焉。"[168]"而火酒赭肉,其禁甚严(言语亦多禁忌),犯者风雪立至,过岭者不可不慎。"[169]后者实质上将过岭者的回俗信仰是否虔诚与翻越冰岭的安危相联系。

自然物信仰。嘉庆二十一年(1816),徐松从噶克察哈尔海台向南,途中记述道:"上岭数里,渡雪海,周三四里,一线危径,界海正中,劣载容马。若逢巽二震怒,滕六肆虐,神鹰不飞(冰岭过,风雪迷道,有一神鹰飞鸣,随其所向觅路,乃得出)……"[170]又回子云:"每遇风雪,则路上必有狐兔行踪,借为指南,百不失一。"[171]鹰的形象不是构拟出来的,的确存在,因为马达汉就在冰岭上空射过一只鹰,不仅如此,还有黄羊。[172]这些鹰和兔原本很普通,但在这种极其艰险恶劣的环境中,因其某种导引功能而被神化为信仰对象。

关帝庙信仰。"噶克察哈尔海台关帝庙有石佛一尊,俨然石也,而灵应如响,相传有防兵旋,伊在冰岭迷途,遇老叟,语之曰:'予知路,特衰朽不能动履,子盖负我以行,我且为若指迷。'兵从之,因得出山,至,觉肩背甚重,力不能胜,置之地,则巨石耳,遂顶礼供奉,至今香火不绝。予过此亦展谒焉。"[173]塔玛哈塔什军台前"关帝庙中有山东董作模一联甚佳"[174],关帝庙的出现,正是清朝统一新疆后,从内地引进来的一种新的宗教信仰。

以上信仰间的区别很可能与"穆素尔达坂汉乃厄楞哈必尔罕大山之岭,在阿克苏之北,实为准夷回部之界,天之所以限南北,分寒燠者也"[175]有关,即与文化地理上的差别有关,但并非绝对。相反,它们有更多相同之处,这种相同之处就在于对冰岭这一鬼斧神工般的高山峻岭的崇拜和信服,正因如此,舒赫德代表官府致祭穆素尔岭,才会使得"官兵、回人等俱惊异欢悦"[176]。

2.对冰岭的祭祀

乾隆二十四(1759)年,清朝"定西域祀典"[177],第二年就"定穆素尔山、格登山、伊犁河祀典。……均岁以春秋致祭"[178]。其祭文如下:

> 惟神德符艮止,位在兑维。秀甲群峰,拔地倚天之势;灵钟绝徼,出云降雨之功。匹葱岭以称尊,洵回中之巨镇;临于阗而作障,允塞外之奥区。朕绍服丕基,籽宁方夏。渠搜即叙,遂犁颉利之庭;蒲海载清,远致防风之骨。踰二万里而献捷,不四五年而成功。惟兹木素尔之山,实邻阿克苏之域。曩者六师奏凯,式彰默祐之庥;今兹百部屯田,聿显怀柔之应。是用登诸祀典,载在秩宗。练吉日以荐馨,遣重臣而展告。廄县庠举,巍乎列狱镇之班;盼蛮丕昭,岿然作塞外垣之固。介以繁祉,休有烈光,陈此苾芬,庶其歆格。[179]

嘉庆七年(1802)进而定制:"凡新疆祭山川文,朕字皆敬谨改书高宗纯皇帝尊号。"[180]即给予了新疆山祭很大的重视。据上引祭文的时间来看,官主祭祀冰岭入西域祀典是在乾隆二十五年,但苏尔德的论点与此相悖,如《新疆回部志》载:"乙亥岁,王师既殄准夷,兼辟回疆,仍藉此路以通南北,参赞尚书舒公奏请列入祀典,安设回民一百二十户岢事修凿,今已为冲途商旅行矣。"[181]"殄准夷,兼辟回疆"的乙亥岁毫无疑问就是乾隆二十年,与二十五年列入祀典不同,此第一个疑问。第二个疑问正如李大海所指[182],《西域闻见录》"每岁乌什参赞大臣遣官致祭冰山一次,祭文由礼部颁"[183]的记载与"春秋致祭"的规定不符。而《西域水道记》中"乾隆二十五年,秩于祀典,春秋祭之"[184]依据的正是乾隆二十五年舒赫德的祭山材料。笔者更倾向于"春秋致祭"的观点。就《西域闻见录》本身而言,它存在着大量记载上的舛误和不足,已被众多学者所指出。[185]但有一点是明确的,即官主祭祀山川是国家控制的精神表达[186],代表国家行为。从冰岭道上的诸多风俗信仰来看,冰岭的祭祀,表现更多的是将原先已存在的当地土著对大自然圣洁高山的崇拜用官主山川祭祀的形式加以升华并制度化,也有利于官府对当地社会的治理。

(二)道路地位

为具体探讨冰岭道在清代新疆历史上的地位,此处以那彦成道光八年(1828)所奏《查勘路径》折为例,试对冰岭道的地位做一分析。当时办理回疆善后事宜的钦差大臣那彦成在经过一番调查后,上奏道:

> 伏查冰岭一径陡滑异常,盘旋八九十里,至峻处步步皆现修冰磴,三日不修,一人一骑不能飞越,诚为南北路之阨塞,今改由他径,于兵回行走原属两便,第思开拓之初,当时在事诸臣其才干胜于今人百倍,又岂不知别开捷径,转专留此滑险之路,且累回民终年修理。臣身历其境,始知此路非日常修垫则不可行,寻常无事则修之而行,倘一旦有事,我但不修即成废境,此中操纵实有深意,正未可以更易。臣愚昧之见,拟将现在查出私通伊犁捷径无论几处,概行封禁,并酌派本城官兵数十名分拨设卡,轮班严查偷度,藉以稽茶叶、大黄之出入,封禁之后倘有私贩经由,一经盘获,治以应得之罪。已一面行文伊犁将军亦应派拨员弁由北路设卡盘查,如此严定章程,令南北必经冰岭一路,方不失前人措置之宜。[187]

据此奏折分析,那彦成首先亲临其境,感受到冰岭道的险峻异常及重要性,即所谓的"冰岭一径陡滑异常,盘旋八九十里,至峻处步步皆现修冰磴,三日不修,一人一骑不能飞越,诚为南北路之阨塞"。其次,那彦成认为在冰岭道之外,虽有其他路径可以通行,但考虑到前人为何不另辟蹊径,其用意无非在于"寻常无事则修之而行,倘一旦有事,我但不修即成废境,此中操纵实有深意",即掌控兴废利用的主动权。最后,为更好地配合以上目的,就需要对"查出私通伊犁捷径无论几处,概行封禁",以及制定严禁章程,专"令南北必经冰岭一路",以便稽查。总之,那彦成的深层用意和言外之意就是封禁冰岭道以外的所有可能路径,仅保留冰岭道,利用其艰险的自然特征,达到我用则修之,不用则弃之,自然成阻,不为"贼人"所用的效果。

冰岭道在有清一代新疆历史中的地位具有非常重要的战略价值,并且值得关注。其作用不仅体现在历次勘定回疆动乱的军事功能,还在于输送贡赋和官物、南北传递信息、堵截缉拿犯匪等方面的突出贡献,所以这条通道被清人誉为"往来要路"[188]、"南北通衢"[189]、"南北之枢纽"[190],乾隆皇帝亦认为它是"通伊犁回城之大路"[191]。尤其当冰岭道之西的那林草地道、乌什道在道光年间被清朝相继废弃,以及1864年《中俄勘分西北界约记》的签订使得伊塞克湖东南的大片领土沦为异域后,作为唯一保留在清朝版图内西天山的南北捷径——冰岭道,其地位和价值自然就显得更为突出和重要。

纵观冰岭道的历史,可分前后两个阶段:第一阶段从乾隆二十年押解达瓦齐始,到同治年间道路被阻,可以说是冰岭道作为军台道路发挥军事换防等军事功能的关键时期,尤其在那林草地道与伊犁通乌什道的换防任务在道光年间先后转移到冰岭道之后,冰岭道的地位和重要性更加凸显;第二阶段则从光绪八年沙克都林札布重走冰岭道直至清末,南段军台改为驿站,冰岭道从而进入了一个崭新的历史发展阶段。所以,毫不夸张地说,冰岭道的历史几乎就是一条窥探清代新疆历史的鲜活通道。

第三章 冰岭道

注　释：

［1］金峰：《清代新疆西路台站》（二），《新疆大学学报》1980年第2期，第94—95页。

［2］陈戈：《新疆古代交通路线综述》，《新疆文物》1990年第3期，第84页；殷晴：《古代新疆的南北交通及经济文化交流》，《新疆文物》1990年第4期，第124—125页；潘志平：《清代新疆的交通和邮传》，《中国边疆史地研究》1996年第2期，第34—35页。

［3］杨尘：《夏塔古道史迹纵探》，《伊犁师范学院学报》2000年第4期，第70—75页。

［4］傅恒等纂：《西域图志》，钟兴麒校注，乌鲁木齐：新疆人民出版社，2002年，第442—445页。

［5］金峰：《清代新疆西路台站》（二），《新疆大学学报》1980年第2期，第94页。

［6］祁韵士：《西陲要略》卷一《南北两路军台总目》，李广洁整理《万里行程记》（外五种），第143页；松筠纂修《新疆识略》卷一，《续修四库全书》第732册，影印道光元年（1821）武英殿本，第533—534页；王树枏等纂修：《新疆图志》下册，朱玉麒等整理，卷八十四《道路六·驿站道里沿革表二》，上海：上海古籍出版社，2015年，第1588—1589页。

［7］祁韵士：《西陲要略》卷一《南北两路军台总目》，第143页；王树枏等纂修《新疆图志》下册，卷八四《道路六·驿站道里沿革表二》，第1588—1589页。

［8］陈戈：《新疆古代交通路线综述》，《新疆文物》1990年第3期，第84页。

［9］《清高宗实录》卷一三六六，乾隆五十五年十一月戊寅，北京：中华书局，1985年，第325页；《清宣宗实录》卷一三一，道光七年十二月辛巳，北京：中华书局，1986年，第1175页："朕意冰岭路虽险峻，近年往来络绎，已与大路无殊，将来设有缓急，自应仍由冰岭一路为是。"

［10］殷晴：《古代新疆的南北交通及经济文化交流》，《新疆文物》1990年第4期，第124页；潘志平：《清代新疆的交通和邮传》，《中国边疆史地研究》1996年第2期，第34页；另见余太山、陈高华、谢方主编：《新疆各族历史文化词典》，北京：中华书局，1996年，第160页。

［11］椿园《西域闻见录》（味经堂梓，嘉庆十九年刻本）卷七《杂录》有"穆肃尔译言

冰,达坂译言山,穆肃尔达坂译言冰山也。在伊犁乌什之间,为南北两路紧要必由之孔道"。可见这条通道被列在伊犁乌什之间,但《西陲总统事略》卷三《南北两路山水综叙》又有"穆苏尔达巴罕者,冰山也。在伊犁南界,自伊犁西南行一千五百余里始至山趾云"及"阿克苏山则有穆苏尔达巴罕,在城北五百余里,即冰山,伊犁、阿克苏南北两路孔道也",可见绝非同一条道路。

[12] 见下文表4"冰岭道台站里程表"。

[13] 王树枏等纂修:《新疆图志》下册,卷八十四《道路六·道里沿革表二》"自伊犁西南至阿克苏城",第1591—1592页。

[14]《西域同文志》,见《四库全书荟要》影印本,长春:吉林出版集团有限公司,2005年,第31页。

[15] 同上。

[16] 保朝鲁编:《穆卡迪玛特蒙古语词典》,呼和浩特:内蒙古大学出版社,2002年,第4页。

[17] 杨尘:《夏塔古道史迹纵探》,《伊犁师范学院学报》2000年第4期,第70页。

[18] 金峰:《清代新疆西路台站》(二),《新疆大学学报》1980年第2期,第94页。

[19]《清高宗实录》卷五五七,乾隆二十三年二月癸未,第59页;傅恒等纂:《平定准噶尔方略》正编卷五十,乾隆二十三年春二月癸未。

[20] 金峰:《清代新疆西路台站》(二),《新疆大学学报》1980年第2期,第94页。

[21]《清高宗实录》卷六〇一,乾隆二十四年十一月戊辰,第742页。

[22]《清高宗实录》卷六〇八,乾隆二十五年三月丁未,第824页。

[23]《清高宗实录》卷六〇九,乾隆二十五年三月庚午,第847—848页。

[24] 景廉:《冰岭纪程》,见吴丰培整理《丝绸之路资料汇钞(清代部分)》,北京:全国图书馆文献缩微复制中心,1996年,第528页。

[25]《清宣宗实录》卷一七〇,道光十年六月壬辰,第635页。

[26] 松筠纂修:《新疆识略》卷四《军台》,《续修四库全书》第732册,第661页。

[27]《清高宗实录》卷六五八,乾隆二十七年四月甲戌,第369页:"但不如两岸俱有庄屯,于观瞻既协,而接济穆素尔岭台站更为顺便,因于霍济格尔巴克、海努克两处各编设一屯。"

[28]《清宣宗实录》卷一七〇,道光十年六月壬辰,第635页。

[29]松筠纂修:《新疆识略》卷四《军台》,《续修四库全书》第732册,第660—661页。

[30]松筠纂修:《新疆识略》卷四《军台》,《续修四库全书》第732册,第658页。

[31]《乌鲁木齐政略》,见王希隆《新疆文献四种辑注考述》,兰州:甘肃文化出版社,1995年,第39页。

[32]《新疆识略》无"阿东格"的记载,兹据《清宣宗实录》(卷一七〇,道光十年六月壬辰,第635页)内容补,以全其貌。

[33]平均计算,北段一笔帖式各监管一台,即一笔帖式各管两台。

[34]见余太山、陈高华、谢方主编:《新疆各族历史文化词典》,第91页。

[35]王树枬等纂修:《新疆图志》下册,卷八十五《道路七》,第1605页。圆括号内为原文夹注文字,下同。

[36]《清高宗实录》卷六三一,乾隆二十六年二月癸巳,第40页;傅恒等纂:《平定准噶尔方略》续编卷七,乾隆二十五年冬十月壬辰。

[37]同上。

[38]《清宣宗实录》卷一五五,道光九年四月己丑,第385页。

[39]刘文鹏:《清代驿传及其与疆域形成关系之研究》,北京:中国人民大学出版社,2004年,第108页。

[40]《清宣宗实录》卷一三五,道光八年四月辛卯,第70—71页。

[41]那彦成:《那文毅公奏议》卷七十五《查勘路径》折,《续修四库全书》第497册,上海:上海古籍出版社,2002年,第678页。

[42]巧塔尔(katar)一说在今新疆阿合奇县西端的川赤察尔山口或廓噶尔特山口,一说在今温宿县瑚玛喇克河源处,见钟兴麒编《西域地名考录》(北京:国家图书馆出版社,2008年)第734页。

[43]阿尔通霍什(artonhoshy)位于今拜城县黑英山之北,见钟兴麒编《西域地名考录》第12页。

[44]王树枬等纂修:《新疆图志》下册,卷八十五《道路七》,第1611—1612页。

[45]王树枬等纂修:《新疆图志》下册,卷八十五《道路七》,第1605页。详见本书

第九章第二节讨论。

[46]椿园:《西域闻见录》卷七《杂录》,第12叶。

[47]景廉:《冰岭纪程》,见吴丰培整理《丝绸之路资料汇钞(清代部分)》,第524页。

[48]沙克都林札布:《南疆勘界日记图说》,见李德龙、俞冰主编《历代日记丛钞》第108册,北京:学苑出版社,2006年,第192页。

[49]松筠纂修:《新疆识略》,《续修四库全书》第732册,第661页。

[50]景廉:《冰岭纪程》,见吴丰培整理《丝绸之路资料汇钞(清代部分)》,第521页。满语weihu本为独木船,见江桥整理《清代满蒙汉文词语音义对照手册》(北京:中华书局,2009年)第605页。

[51]景廉:《冰岭纪程》,见吴丰培整理《丝绸之路资料汇钞(清代部分)》,第521页。谨按,《伊犁府总图》中冰岭道上的特克斯台被标在特克斯河北岸,有误,当在河南岸,见《新疆乡土志稿》(马大正、黄国政、苏凤兰整理,乌鲁木齐:新疆人民出版社,2010年)第473页。

[52]《平定回疆剿擒逆裔方略》卷三十四,道光六年十一月丙申,见苗普生主编《中国西北文献丛书·二编》第9册,北京:线装书局,2006年,第66页。

[53]景廉:《冰岭纪程》,见吴丰培整理《丝绸之路资料汇钞(清代部分)》,第523页。

[54]景廉:《冰岭纪程》,见吴丰培整理《丝绸之路资料汇钞(清代部分)》,第526页。

[55]景廉:《冰岭纪程》,见吴丰培整理《丝绸之路资料汇钞(清代部分)》,第527页。

[56]景廉:《冰岭纪程》,见吴丰培整理《丝绸之路资料汇钞(清代部分)》,第528页。

[57]景廉:《冰岭纪程》,见吴丰培整理《丝绸之路资料汇钞(清代部分)》,第536页。

[58]"穹庐(颜师古曰,穹庐旃帐也。其形穹隆,故曰穹庐,即今之蒙古包)旃帐环绕木高撑,行馆真能著,手成短塌孤装眠,未稳终宵卧听马讝声。"见景廉《度岭吟》(《丝

绸之路资料汇钞·清代部分》)第536页。

[59]马达汉:《百年前走进中国西部的芬兰探险家自述:马达汉新疆考察纪行》,马大正、王家骥、许建英译,乌鲁木齐:新疆人民出版社,2008年,第70—74页。

[60]马达汉:《百年前走进中国西部的芬兰探险家自述:马达汉新疆考察纪行》,第75页。

[61]莫理循:《一个澳大利亚人在中国》,窦坤编译,福州:福建教育出版社,2007年,第252页;原刊1910年8月31日《泰晤士报》。

[62]李德龙校注:《〈新疆四道志〉校注》,北京:中央民族大学出版社,2014年,第153页。

[63]马大正、黄国政、苏凤兰整理:《新疆乡土志稿》,第189、264页。

[64]王树枏等纂修:《新疆图志》下册,卷八十四《道路六·驿站》,第1592页。据"自伊犁西南至阿克苏城"内容整理。"台"指"军台","站"指"驿站",特为行文方便耳。

[65]道光十年,《新疆图志》原作"道光十五年",有误,据《清宣宗实录》(卷一七〇,道光十年六月壬辰,第635页)改正。

[66]王树枏等纂修:《新疆图志》下册,卷八十一《道路三·温宿县》,第1550页。

[67]沙克都林札布:《南疆勘界日记图说》,见李德龙、俞冰主编《历代日记丛钞》第108册,第195页。

[68]据《西域图志》(钟兴麒校注)第445页补。

[69]据《西域同文志》卷三《阿克苏属》(第58页)补。

[70]王树枏等纂修:《新疆图志》下册,卷八十一《道路三·温宿县》,第1550页。

[71]景廉:《冰岭纪程》,见吴丰培整理《丝绸之路资料汇钞(清代部分)》,第200页。

[72]据《西域同文志》卷三《阿克苏属》(第58页)补。

[73]景廉:《冰岭纪程·自序》,见吴丰培整理《丝绸之路资料汇钞(清代部分)》,第518页。

[74]《平定回疆剿擒逆裔方略》卷六十六,道光八年六月甲申,见苗普生主编《中国西北文献丛书·二编》第9册,第485—486页。

[75]傅恒等纂:《平定准噶尔方略》续编卷十六,乾隆二十七年四月丁亥,见《景印文渊阁四库全书》第359册,第728页。

[76]傅恒等纂:《平定准噶尔方略》续编卷二十八,乾隆三十年二月丁巳,见《景印文渊阁四库全书》第359册,第889—890页。

[77]《清高宗实录》卷七三一,乾隆三十年闰二月己巳,第51页;傅恒等纂:《平定准噶尔方略》续编卷二十八,乾隆三十年闰二月己巳,见《景印文渊阁四库全书》第359册,第895页。

[78]《清高宗实录》卷七三二,乾隆三十年三月壬午,第58—59页。

[79]《清高宗实录》卷七三三,乾隆三十年三月甲午,第69页。

[80]《清高宗实录》卷七三四,乾隆三十年四月壬子,第83—84页。

[81]《清宣宗实录》卷一〇〇,道光六年七月甲午,第640页。

[82]《清宣宗实录》卷一〇三,道光六年八月乙丑,第698页。

[83]《清宣宗实录》卷一〇五,道光六年九月戊子,第734—735页。

[84]《清宣宗实录》卷一〇五,道光六年九月戊子,第735页。

[85]长龄真正所走的路线实为翻越那拉特山岭,绕出喀喇沙尔之路,参见拙文《清代伊犁通库车及喀喇沙尔路史实钩沉》(《新疆社科论坛》2011年第6期)及本书第四章。

[86]《清宣宗实录》卷一〇七,道光六年十月庚申,第784页。

[87]《清宣宗实录》卷一二二,道光七年七月庚午,第1050页。

[88]《清宣宗实录》卷一七五,道光十年九月癸未,第740页。

[89]《清宣宗实录》卷一三七,道光八年六月癸酉,第101—102页:"道光六年征剿逆回,由伊犁各营挑派兵丁二千名随同出征,在官厂内调拨马匹,每兵一名给骑马、驮马各一匹,共给马四千匹。又酌给民遣等驮马三百三十四匹,现经凯撒回营。据该将军等查明,各营兵丁原领马匹由冰岭行走,倍形疲乏,且历时既久,倒毙愈多。"

[90]《平定回疆剿擒逆裔方略》卷三十四,道光六年十一月丙申,见苗普生主编《中国西北文献丛书·二编》第9册,第66—71页。

[91]《清宣宗实录》卷一一一,道光六年十二月丙辰,第858页。

[92]《清宣宗实录》卷一一〇,道光六年十一月丙申,第832页。

第三章 冰岭道

[93]《清宣宗实录》卷一一四,道光七年二月壬申,第 916—917 页。

[94]《清宣宗实录》卷一一九,道光七年闰五月庚申,第 997 页。

[95] 魏源:《圣武记》卷四《道光重定回疆记》,第 188 页。

[96]《清宣宗实录》卷一三一,道光七年十二月辛巳,第 1175 页。

[97]《清宣宗实录》卷一七三,道光十年九月戊午,第 683 页。

[98]《清宣宗实录》卷一七三,道光十年九月辛酉,第 690 页。

[99]《清宣宗实录》卷一七四,道光十年九月壬申,第 715 页。

[100]《清宣宗实录》卷一七五,道光十年九月癸未,第 740 页。

[101] 参见本书第一、二章内容。

[102]《清宣宗实录》卷四四六,道光二十七年八月丁卯,第 585 页。

[103] 同上。

[104]《清文宗实录》卷三一三,咸丰十年闰三月甲寅,北京:中华书局,1986 年,第 606 页;同卷,咸丰十年五月庚子,第 685—686 页。

[105]《清穆宗实录》卷一〇六,同治三年六月乙酉,北京:中华书局,1987 年,第 328 页。

[106]《清穆宗实录》卷一〇六,同治三年六月乙酉,第 329 页。

[107]《清穆宗实录》卷一〇七,同治三年六月庚寅,第 341 页。

[108]《清穆宗实录》卷一〇七,同治三年六月壬辰,第 347 页。

[109]《清穆宗实录》卷一一一,同治三年八月丁丑,第 477 页。

[110]《清穆宗实录》卷一一四,同治三年九月乙巳,第 546 页。

[111]《清穆宗实录》卷一五七,同治四年十月己酉,第 666 页。

[112] 林乐知口译、蔡锡龄笔述:《西国近事汇编》(庚辰年)卷一,光绪丁酉季春慎记书庄石印本,南京图书馆藏,第 9 叶;王树枏等纂修:《新疆图志》上册,卷五《国界志一》,第 136 页。

[113] A. H. 库罗帕特金:《喀什噶尔》,中国社会科学院近代史研究所翻译室译,北京:商务印书馆,1982 年,第 14 页注释②。

[114] 马振犊、苗普生主编:《民国时期新疆档案汇编(1912—1927)》第 1 册,1912 年 12 月 12 日"署喀什噶尔提督杨赞绪为报告移交印信并赴新任各日期事致大总统等

抄电",南京:凤凰出版社,2015年,第399页。

[115]华立:《清代新疆农业开发史》,哈尔滨:黑龙江教育出版社,1995年,第69—72页。

[116]华立:《清代新疆农业开发史》,第68页。

[117]《清高宗实录》卷六〇六,乾隆二十五年二月癸未,第807页。

[118]《清高宗实录》卷六二九,乾隆二十六年正月戊辰,第18页。

[119]《清高宗实录》卷六三二,乾隆二十六年三月甲寅,第60页。

[120]傅恒等纂:《平定准噶尔方略》正编卷十四,乾隆二十年夏六月戊辰,见《景印文渊阁四库全书》第358册,第230—231页。

[121]"玛哈沁"指清朝平定准噶尔后,藏匿山林,为生活所迫,不时外出抢劫袭击官兵与民人的西蒙古残余势力,蒙古语意为劫匪,参见拙文《清乾隆年间西域之"玛哈沁"》(《西域研究》2012年第3期)。

[122]《清高宗实录》卷五九六,乾隆二十四年九月乙卯,第643页。

[123]同上。

[124]《清高宗实录》卷五九七,乾隆二十四年九月丁卯,第655页。

[125]《清高宗实录》卷五九八,乾隆二十四年十月壬辰,第687页。

[126]《清高宗实录》卷六一〇,乾隆二十五年四月丁丑,第855—856页;卷六一一,乾隆二十五年四月辛卯,第864—865页。

[127]傅恒等纂:《平定准噶尔方略》续编卷四,乾隆二十五年六月丁未,见《景印文渊阁四库全书》第359册,第552—553页。

[128]《清高宗实录》卷六一八,乾隆二十五年八月癸未,第957页。

[129]《清高宗实录》卷七一〇,乾隆二十九年五月丙辰,第931—932页。

[130]《清仁宗实录》卷二〇八,嘉庆十四年三月己卯,北京:中华书局,1986年,第790—791页;卷二一〇,嘉庆十四年四月戊申,第809—810页。

[131]《清仁宗实录》卷二一〇,嘉庆十四年四月戊申,第809页。

[132]佚名:《松文清公升官录》,清硃格抄本,见北京图书馆编《北京图书馆藏珍本年谱丛刊》第119册,北京:北京图书馆出版社,1999年,第302页。

[133]《清文宗实录》卷三一〇,咸丰十年三月丙子,第539页。

第三章　冰岭道

[134]《清文宗实录》卷三一八,咸丰十年五月庚子,第685—686页。

[135]景廉:《冰岭纪程·自序》,见吴丰培整理《丝绸之路资料汇钞(清代部分)》,第518页。

[136]《清高宗实录》卷六〇一,乾隆二十四年十一月己巳,第743页;傅恒等纂:《平定准噶尔方略》正编卷八十二,乾隆二十四年十一月己巳,见《景印文渊阁四库全书》第359册,第456—457页。

[137]《清高宗实录》卷六一二,乾隆二十五年五月戊申,第877页;卷六一四,乾隆二十五年六月癸未,第910—911页。

[138]《清高宗实录》卷一一〇四,乾隆四十五年四月辛酉,第781页。

[139]《清宣宗实录》卷一〇三,道光六年八月乙丑,第700页。

[140]同上。

[141]《清宣宗实录》卷一一〇,道光六年十一月丙申,第832页。

[142]《清宣宗实录》卷一一四,道光七年二月壬申,第916页。

[143]《清宣宗实录》卷一一九,道光七年闰五月庚申,第997页。

[144]《清宣宗实录》卷二〇九,道光十二年四月戊子,第78页。

[145]《清高宗实录》卷一三六六,乾隆五十五年十一月戊寅,第324—325页。

[146]莫理循:《一个澳大利亚人在中国》,第250页。

[147]其卸任伊犁将军的谕旨则在同年十月份已经下达。

[148]《清仁宗实录》卷三一二,嘉庆二十年十一月戊申,第155页。

[149]景廉:《冰岭纪程·自序》,见吴丰培整理《丝绸之路资料汇钞(清代部分)》第518—519页:"冰岭在阿克苏东北四百余里,伊江戍卒换防恢武及南路各城运送官物者皆取径于此,路甚捷。景亦甚奇,予既熟闻而神往矣。常以不得一见为恨,遇度岭者询其状,则纵述艰险,往往为之乍舌,不啻谈虎色变,予初未之信也。岁辛酉(1861年)秋,适有谳狱普安之命,拟坂道冰岭,爱予者皆为予危,予笑谢之,遂于九月二日束装就道,十二日度冰岭,又八日抵普安,其道路之崎岖,山川之诡异,诚有非意料之所及者,乘危履险,生死呼吸,壮志豪情,一时俱尽,百闻不逮一见,今而后人言之不诬也。而予生平之大观亦以此行为最,爰逐日笔记,俾后置往来冰岭者持此为老马之导,或者不无裨益云。岁在同治癸亥(1863年)二月既望,吉林秋坪景廉识于古莎车节署之留有余室。"

自序原无,引者所补,特此说明。

[150] 景廉:《冰岭纪程》,见吴丰培整理《丝绸之路资料汇钞(清代部分)》,第 528 页,如"十三日小住一日以节马力""十九日住一日,觅句看书,竟日无俗扰"。

[151] 景廉:《冰岭纪程·自序》,见吴丰培整理《丝绸之路资料汇钞(清代部分)》,第 518 页。

[152] 沙克都林札布:《南疆勘界日记图说》,见李德龙、俞冰主编《历代日记丛钞》第 108 册,第 192 页。

[153] 李天鸣主编:《失落的疆域:清季西北边界变迁条约舆图特展》,台北:"故宫博物院",2008 年,第 109 页。

[154] 其间二十二、二十六日未行。

[155] 沙克都林札布:《南疆勘界日记图说》初七日,见李德龙、俞冰主编《历代日记丛钞》第 108 册,第 291 页。

[156] 其间二十日、二十七日雪深未行。

[157] 沙克都林札布:《南疆勘界日记图说》二十四日,见李德龙、俞冰主编《历代日记丛钞》第 108 册,第 187 页。

[158] 王树枏等纂修:《新疆图志》下册,卷八十一《道路三·温宿县》,第 1550 页。

[159] 马达汉:《百年前走进中国西部的芬兰探险家自述:马达汉新疆考察纪行》,第 70 页。

[160] 徐松:《西域水道记(外二种)》,朱玉麒整理,北京:中华书局,2005 年,第 90 页。

[161] 景廉:《冰岭纪程》,见吴丰培整理《丝绸之路资料汇钞(清代部分)》,第 525 页。

[162] 《清高宗实录》卷五七三,乾隆二十三年十月辛未,第 280—281 页。

[163] 莫理循:《一个澳大利亚人在中国》,第 250 页。

[164] 李大海:《清代新疆地区官主山川祭祀研究》,《西域研究》2007 年第 1 期;薛晖:《清初新疆的官主祭仪与多神崇拜》,《中国边疆史地研究》2002 年第 1 期。

[165] 李大海:《清代新疆地区官主山川祭祀研究》,载《西域研究》2007 年第 1 期,第 88 页。

第三章 冰岭道

[166]《清高宗实录卷》卷六一二,乾隆二十五年五月戊申,第877页。谨按,此条亦为《西域水道记》(朱玉麒整理本,第91页)所本,只是作为"回人玛咱尔",但并不矛盾。

[167]景廉:《冰岭纪程》,见吴丰培整理《丝绸之路资料汇钞(清代部分)》,第522页。

[168]景廉:《冰岭纪程》,见吴丰培整理《丝绸之路资料汇钞(清代部分)》,第524页。

[169]景廉:《冰岭纪程》,见吴丰培整理《丝绸之路资料汇钞(清代部分)》,第525页。

[170]徐松:《西域水道记(外二种)》,第90页。后景廉在《冰岭纪程》中也加以引用,见该书第525页。

[171]景廉:《冰岭纪程》,见吴丰培整理《丝绸之路资料汇钞(清代部分)》,第525页。

[172]马达汉:《百年前走进中国西部的芬兰探险家自述:马达汉新疆考察纪行》,第74页。

[173]景廉:《冰岭纪程》,见吴丰培整理《丝绸之路资料汇钞(清代部分)》,第523页。

[174]景廉:《冰岭纪程》,见吴丰培整理《丝绸之路资料汇钞(清代部分)》,第526页。

[175]苏尔德:《回疆志》,见《中国方志丛书》西部地方第一号,台北:成文出版社,1968年,第19—20页。

[176]傅恒等纂:《平定准噶尔方略》续编卷七,见《景印文渊阁四库全书》,乾隆二十五年冬十月壬辰。

[177]李大海:《清代新疆地区官主山川祭祀研究》,载《西域研究》2007年第1期,第92页。该文认为具体到每座祭祀的山,可能存在时间差异。

[178]《清高宗实录》卷五九六,乾隆二十四年九月癸丑,第641页。

[179]傅恒等纂:《平定准噶尔方略》续编卷七,乾隆二十五年十月壬辰;此据《西域水道记(外二种)》第92—93页内容。

[180]徐松:《西域水道记(外二种)》,第92页。

[181]苏尔德:《新疆回部志》,《中国方志丛书》西部地方第一号,第21—22页。

[182]李大海:《清代新疆地区官主山川祭祀研究》,《西域研究》2007年第1期,第92页。

[183]椿园:《西域闻见录》卷七《杂录》,第13叶。

[184]徐松:《西域水道记(外二种)》,第92页。

[185]吴丰培:《吴丰培边事题跋集》,第210页;马大正:《新疆地方志与新疆乡土志稿》,《中国边疆史地研究》1989年第6期,第5页;贾建飞:《清代西北史地学研究》,乌鲁木齐:新疆人民出版社,2010年,第19页。

[186]李大海:《清代新疆地区官主山川祭祀研究》,《西域研究》2007年第1期,第94页。

[187]那彦成:《那文毅公奏议》卷七十五《查勘路径》折,《续修四库全书》第497册,第678页。

[188]徐松:《西域水道记(外二种)》,第91页。

[189]《清宣宗实录》卷一三五,道光八年四月辛卯,第70页;倭仁:《莎车行记》,见方希孟《西征续录》,第87页。

[190]王树枏等纂修:《新疆图志》下册,卷八十《道路二·绥定县》,第1533页。

[191]《清高宗实录》卷一三六六,乾隆五十五年十一月戊寅,第325页。

第四章 伊犁通库车及喀喇沙尔路

从伊犁分别通往库车及喀喇沙尔(今焉耆)的道路,在清朝末年所修《新疆图志·道路志》中被视为支路,即地区间的小径,而非冰岭道那样的大道。目前相关研究认为这两条道路属于清代的民间商道[1],但有关道路的具体细节尚不够清晰,本章拟在前人研究的基础上,利用相关文献试对其史实加以钩沉。

一、伊犁通库车路

关于从库车前往伊犁的路线,《新疆图志》记载:

> 城北四十里(多屯庄)过苏巴什,沿铜厂河折西北入山峡行,(山高峻,蜿蜒而上,过此乃平易)有径路达伊犁,约马行十余程。(《新疆识略》东北至扣克讷克达巴罕,六百里通伊犁。《新疆要略》库车西北至伊犁一千七百余里。)[2]

可见,《新疆图志》给出了这条路线库车段的走向[3],同时用《新疆识略》及《新疆要略》二书的相关记载作为参考[4],且从库车向北越过"扣克讷克达巴罕"至伊犁当为一千七百余里,其中库车段六百里。"扣克讷克达巴罕"在《西域水道记》中有记载:"库车西北六百余里,通伊犁路,有库克讷克岭(回语库克讷克,青燕也)。"[5]因其山头多青燕故名。[6]换言之,从库车前往伊犁需要翻越意为青燕的库克讷克岭。又查《大清一统志》中有库克纳克河,该河即今库车县库车河未出山口前的河段[7],库克讷克岭即位于今库车县库车河发源处。

清朝对这条道路的使用,就目前所能见到的史料而言,当始于乾隆二十四年(1759),这年达勒当阿等奏:"拟从穆垒至乌鲁木齐,塔尔巴哈台、珠勒都斯过库库努特岭抵阿克苏,现在送马一万六千匹,以五百匹为一起,共三十二起,以一日八起为率,分派官兵管押。"[8]显然,达勒当阿利用伊犁至库车路中的部分线路向云集阿克苏地区的清军输送数量可观的军用马匹。同年兆惠以冰岭道难行,建议将叶尔羌等处的粮食由库车转往伊犁供屯田之需,但因该道比冰岭道更为遥远而被否定。[9]次年,更有"商伯克迈喇木妄造阿睦尔撒纳越库库讷克岭已取阿克苏之言,希图煽惑人心,肆其抢掠"[10]。其实,早在乾隆二十三年(1758),阿睦尔撒纳被清朝打败后就已逃亡俄罗斯,而回子商伯克为了抢掠,造谣阿睦尔撒纳从库克讷克岭攻克阿克苏,这似乎也说明了这条路线在当时还是比较突出的。乾隆二十八年(1763),伊犁将军明瑞上奏:"叶尔羌应撤之索伦兵若于八九月起程,自当在伊犁过冬,或夏令即已逡行,则度库克讷克岭,由珠勒都斯一路经过乌鲁木齐至乌里雅苏台,回抵游牧,已行文新柱、海明、旌额理。"[11]乾隆帝回复:"各回城撤回索伦、察哈尔兵,由伊拉里克至乌鲁木齐,路多戈壁,故皆于伊犁过冬,今明瑞等所奏系从阿克苏以东赫色勒河上游过岭,水草颇饶,道路亦近,嗣后撤回之索伦、察哈尔官兵,若值有水草之时,自当行走此地,即起程稍迟,亦不必往伊犁过冬,现在各城有积贮粮石,随其所至,足资憩息,并当取道于此,以免纡回。着传谕明瑞及各驻劄大臣等知之。"[12]文中伊拉里克即今托克逊县伊拉湖乡[13],从此地前往乌鲁木齐正是戈壁丛生的道路,自然不便大军行走,所以从叶尔羌撤回的索伦、察哈尔官兵既不需要前往伊犁过冬,也不必走伊拉里克段的戈壁之路,只需翻越库克纳克岭,由珠勒都斯经过乌鲁木齐至乌里雅苏台回抵游牧,转走北路台站。[14]

道光六年(1826),为迅速平定张格尔之乱,道光帝希望扬威将军长龄能够通过冰岭道迅速前往阿克苏清军大营,顺便沿途弹压,但长龄

第四章　伊犁通库车及喀喇沙尔路

"乃因未便派累回子乌拉,取道那拉特卡伦越达巴罕,由库车前赴阿克苏,转致纡迟十余日。"[15]似乎长龄为了照顾民生,取道那拉特卡伦越达巴罕,由库车前赴阿克苏,虽然延迟十几天,但朝廷也未予追究。长龄的奏报使人误以为他将按照以上路线前进,因为"本日复据长龄奏报德英阿于八月内行抵伊犁,俟交卸后,即由那拉特卡伦草地越过达巴罕,由库车驰赴阿克苏督办"[16]。朝廷也认为"此时长龄计已交卸,取道达巴罕草地,不日可抵阿克苏"[17]。但事实并非如此,因为同年十月最新的奏报显示:

> 长龄由那拉特草地,于九月十六日绕出喀喇沙尔大道,计九月杪十月初可到阿克苏,杨遇春于九月十七日抵吐鲁番,计迟到不过旬日,武隆阿计程亦十一月中旬可到,一俟兵力壮盛,粮饷敷足,该将军当与杨遇春等熟商进剿。……至进兵时分奇正两路,武隆阿熟悉回疆情形,当由捷径带领奇兵,先赴喀什噶尔以截其后,杨遇春当由台站正路统领大兵,沿途剿办以出其前,长龄即可同杨遇春作为一路,或稍分前后亦可。[18]

据上引材料,长龄似乎并未按照原先奏报的路线前行,而是选择了"绕出喀喇沙尔大道",如果这只是一种大体的推断,还无法确定其所走是哪条道路,则其亲自编订的《年谱》正好证实了以上这种推断,如:"(八月)二十八日奏报,仍用伊犁将军印信起程,由那拉特卡伦草地行走。"[19]"(九月)十六日绕出喀喇沙尔大道。十九日喀喇布拉克途次具奏筹拨进兵后运脚经费银两。十月初一日抵阿克苏。"[20]如此,《年谱》与《实录》的记述正相吻合,且明确说绕出喀喇沙尔大道,十九日在喀喇布拉克途次具奏,无疑,"喀喇布拉克"正是从喀喇沙尔前往库车军台中的"喀喇布拉克台"[21],并于"十月初一日抵阿克苏",也完全符合《实录》中"计九月杪十月初可到阿克苏"的记载。至于长龄又一次更改南下路线的原因,据同时南下的杨遇春记述道:"臣顷接长龄来信,据称现在行走之那拉特卡伦草地阿尔通火什达坂冰雪难行,仍须由喀喇沙尔大

85

路取道前进。臣约计于该处途次即可与长龄见面,至应如何进兵,如何要截兜剿,断其归路,当与长龄熟筹,计出万全,期于一鼓殱擒,不令首逆窜逸,用副皇上谆谆诰戒之至意。"[22] 看来,这次长龄是被那拉特卡伦草地阿尔通火什达坂的冰雪所阻,不得已再次更改线路,选择喀喇沙尔道路前行,所以杨遇春准备与其在喀喇沙尔相会。因此,朝廷才按各路大军行军速度和抵达日期的不同,做出两路进兵的部署,并令扬威将军长龄同杨遇春作为一路,从台站大路统兵前行,只是稍分前后而已。质言之,长龄并没有走伊犁到库车这条线路,而是选择了由伊犁翻越那拉特岭穿越裕勒都斯草地前往喀喇沙尔的路线。只是长龄起初因未便派累回子未走冰岭道,后又因冰雪原因未能前往库车,只得绕道喀喇沙尔走南疆军台大道,越绕越远,耽搁时日,而前方阿克苏大营又缺乏主帅,未免有些"成大事者,太拘小节",如能尽早抵达大营,统领大军早日平定叛乱,则民众免于损失又岂"派累回子"所比?

二、伊犁通喀喇沙尔路

如前文所示,长龄实际所走的路线为伊犁至喀喇沙尔之间的道路,关于这条路线的情况,《新疆图志》记载道:

> 城西北十五里太平渠,五里北大渠,七十里喀喇木墩,四十里垓布齐山口,六十里巴龙台,百四十里小裕勒都斯(回语裕勒都斯,星也,谓裕勒都斯河源发如星),三百里大裕勒都斯,二百里巩古斯达坂(即空格斯),出境接伊犁东南支路。(《使准噶尔行程记》:自察罕鄂博图往小裕勒都斯,九十里,途地平坦,水草皆好。自小裕勒都斯往大裕勒都斯八十里,路平水草佳。两裕勒都斯冬夏皆宜,惟季春犹雪,遇风即结成霰。自此路分两歧,取其捷者,自大裕勒都斯八十里往鄂惇库尔山口,又五十里过鄂惇库尔岭;若取其坦者,自大裕勒都斯过乌纳罕达岭,至空格斯河源。)[23]

引文中"巴龙台"即今和静县巴伦台镇,"巩古斯达坂"即今和静县巩乃斯。其余地点均应位于今和静巴音布鲁克草原。按其记载,从焉耆府向北七百四十余里至巩古斯达坂,然后出境即可接上伊犁东南方向的支路[24]。此外,文中并引《使准噶尔行程记》加以参考。

另据《新疆图志》编者的考证,雍正间遣使至策妄阿拉布坦游牧,走的就是由大小裕勒都斯山通往伊犁的路线;[25]乾隆二十二年(1757),将军成衮札布、参赞舒赫德重定伊犁走的也是这条路线;光绪十年(1884),钦差大臣刘锦棠委河南已革知县王俊由伊犁查看此路,十四日而抵喀喇沙尔城。[26]也就是说大概需要半月的时间才能从伊犁抵达喀喇沙尔。

其实,这条伊犁与喀喇沙尔之间的道路在外国人的记载中被称为"那挨拉脱山路",据《咸同以来中俄交涉记》记载:

> 那挨拉脱山路,近有参将普来干罢鲁斯克查察,由崆吉斯河极东水岸踰耐拉得山,其说曰:"上山行路不难,惟不能带骆驼沿耶鲁前子川而下,山路渐低夷,时恰九月中旬,山阴斜面仅露微雪,至山阳则全不见雪,此山路高度约九千八百买依路司。沿耶鲁前子之岸通喀喇沙尔。"及哭拉道中云,今十四年以前,耶鲁前子岸上有车数万,乘之托鲁前子人,其后遇同昂司人之劫掠,遂移住喀喇沙尔近邻,或移居伊犁河上之俄界内,今此岸绝无一人。[27]

据引文可知,"那挨拉脱山"即引文中的"耐拉得山",其实就是那拉特岭。"同昂司"即东干或者汉回。[28]其余专有名词还有待进一步考释,但这段文字描写的显然是那拉特段的路况,并反映出之前这条道路上的人丁兴旺,后因"回民之乱",应即同治后新疆大乱中的陕甘回民之白彦虎一支的动乱,破坏了这条道路沿途的兴旺场面。

此外,1907年来新疆考察的日本人日野强曾亲自走过这条路线,他在书中记载:

> 那喇特山路:溯空格斯河而上,过昌曼山到昌曼河的源头,再从彼处越那喇特岭,出小裕勒都斯河谷,进而翻哈布齐汗岭,沿哈布察

> 河向东南而下的道路称那喇特山路。该山路虽然要通过海拔10100尺的高峰,但总的来说坡度缓慢,全程都可以骑马,是自伊犁往南路的最佳道路,而且这里地当伊犁惟一的后路,是重要的山道。过去准噶尔人往来于伊犁、哈密之间时,都是经由此路而行。[29]

可知,日野强与普来干罢鲁斯克的记载基本上是一致的,然而日野强实际所走的路线与此稍有不同。具体说来,日野强溯特克斯河支流的大吉尔格朗河,翻越那拉特岭,从小裕勒都斯出发前往喀喇沙尔,[30]很有可能就是《新疆图志·道路三》中记载的"伊犁东南支路"中的一条路线。

三、道路地位

事实上,以上所探讨的从伊犁分别前往库车及喀喇沙尔的这两条路线有一个交会区,这个交会区就是库克讷克岭及那拉特岭这一山地草原区,确切地说就是所谓的大裕勒都斯,实为一丁字路口,因为从大裕勒都斯向西可至伊犁[31],向东可达喀喇沙尔,向南越过山岭即至库车。道光年间扬威将军长龄原本打算走的就是这条从伊犁出发,翻越那拉特岭向南抵达库车,进而前往阿克苏的路线,但最终还是选择了东向的喀喇沙尔路。另外,道光十年为应对浩罕挟持玉素甫入寇事件,土尔扈特兵很有可能从自己的游牧地翻越库克纳克岭前往阿克苏。[32]最后需要指出的是,伊犁通喀喇沙尔的这条道路正是今天两地间的318国道的基本走向,而从库车向北翻越山岭段正是今天的独库公路(217国道)中的那拉提至库车段。

第四章　伊犁通库车及喀喇沙尔路

注　释：

[1]潘志平:《清代新疆的交通和邮传》,《中国边疆史地研究》1996年第2期,第40页。

[2]王树枬等纂修:《新疆图志》下册,朱玉麒等整理,卷八十一《道路三·库车州》,上海:上海古籍出版社,2015年,第1547页。

[3]亦可参见《库车州图》(见马大正、黄国政、苏兰整理《新疆乡土志稿》,乌鲁木齐:新疆人民出版社,2010年,第490页)中的"骑径"。

[4]《新疆要略》即祁韵士所著《西陲要略》,同书异名,《新疆要略》有光绪癸卯(光绪二十九年,1903年)夏上海文瑞楼石印本。

[5]徐松:《西域水道记(外二种)》,朱玉麒整理,北京:中华书局,2005年,第100页。

[6]傅恒等修:《钦定西域同文志》卷四《天山南北路山名》,见《钦定四库全书荟要》影印本,长春:吉林出版集团有限公司,2005年,第96页。

[7]钟兴麒编:《西域地名考录》,北京:国家图书馆出版社,2008年,第553—554页。

[8]《清高宗实录》卷五八二,乾隆二十四年三月甲午,北京:中华书局,1985年,第449页。

[9]《清高宗实录》卷六〇一,乾隆二十四年十一月己巳,第743页;傅恒等纂:《平定准噶尔方略》正编卷八十二,乾隆二十四年十一月己巳,见《景印文渊阁四库全书》第359册,台北:台湾商务印书馆,1986年,第456—457页。

[10]《清高宗实录》卷六一六,乾隆二十五年七月甲寅,第933—934页。

[11]《清高宗实录》卷六八五,乾隆二十八年四月戊申,第668页。

[12]《清高宗实录》卷六八五,乾隆二十八年四月戊申,第668—669页。

[13]钟兴麒编:《西域地名考录》,第1095页。

[14]刘文鹏:《清代驿传及其与疆域形成关系之研究》,北京:中国人民大学出版社,2004年,第105页。

[15]《清宣宗实录》卷一〇五,道光六年九月戊子,北京:中华书局,1986年,第736页。

[16]同上。

[17]《清宣宗实录》卷一〇五,道光六年九月庚寅,第740页;潘志平先生亦持此观

点,见《清代新疆的交通和邮传》(《中国边疆史地研究》1996年2期,第40页)。

[18]《清宣宗实录》卷一〇七,道光六年十月甲寅,第776—777页。

[19]长龄:《长文襄公自定年谱》卷三,《续修四库全书》第557册,道光辛丑年(1841)桂丛堂刻本,第79页。

[20]长龄:《长文襄公自定年谱》卷三,《续修四库全书》第557册,第80页。

[21]祁韵士:《西陲总统事略》卷三《南北两路军台总目》,北京:中国书店,2010年,第50页。

[22]杨国佐、杨国祯编:《忠武公年谱》,道光二十年(1840)刻本,见北京图书馆编《北京图书馆藏珍本年谱丛刊》第123册,北京:北京图书馆出版社,1994年,第675—676页。

[23]王树枏等纂修:《新疆图志》下册,卷八十一《道路三》,第1541页。《使准噶尔行程记》为雍正间出使准噶尔的佚名使臣所著,见《吴丰培边事题跋集》(乌鲁木齐:新疆人民出版社,1998年,第185页)。

[24]关于伊犁东南方向支路的讨论,见下文。

[25]参见前引《新疆图志》中《使准噶尔行程记》引文,原书收入吴丰培整理《丝绸之路资料汇钞(清代部分)》中,书名为《哈密至准噶尔路程》。

[26]此三条考证俱见王树枏等纂修《新疆图志》下册,卷八十一《道路三》,第1541—1542页。

[27]佚名:《咸同以来中俄交涉记》卷上,江标译,味经刊书处译本,光绪二十一年(1895),国家图书馆藏缩微胶卷,第9—10叶。

[28]佚名:《咸同以来中俄交涉记》卷上;此处据王树枏等纂修《新疆图志》上册,卷五《国界一》,第124页。

[29]日野强:《伊犁纪行》,华立译,哈尔滨:黑龙江教育出版社,2005年,第154页。

[30]日野强:《伊犁纪行》,第154页:"我所选择的山路:从宁远城到喀喇沙尔,约二百里,通常要18到20天的路程。我所走的是那喇特岭的余脉,在那喇特岭西约五里处通过海拔11020尺的达哈特岭。除在该岭行走的前后两天路程外,其余路段完全与那喇特山路的路线相同。"

[31]有关向西的路线除过前引日野强的记载,另见王树枏等纂修《新疆图志》下册(卷八十《道路二·宁远县》,第1536页):"城东五里金顶寺,十五里头圩子,三十里买卖雅尔圩子,二十五里双桥子,七十里哈什桥(桥跨哈什河,桥墩多系天生石,当阿布喇

第四章 伊犁通库车及喀喇沙尔路

勒山口,为通东土尔扈特要津),五十里出境,达土尔扈特牧地。又由哈什桥折东北行四十余里出境,由游牧通登努勒台,雅玛图六十里出境,由托古斯塔拉达焉耆北境。"

［32］《清宣宗实录》卷一七三,道光十年九月辛酉,第690页:"其喀喇沙尔所属之土尔扈特、和硕特蒙古官兵,已飞咨萨迎阿速为如数调发,并派曾经出征,能蒙古语之协领奇拉布,由那拉特一路迎赴,带领前进,该处距阿克苏道途较平,可期早到等语。所有此项官兵二千名,业于八月二十日先后启程,务即飞饬沿途带兵各员,加紧遄行。"

第五章 哈密至巴里坤路

关于这条道路在清朝的开辟与使用,《新疆识略》认为:"自巴里坤踰天山三百三十里为哈密城,即古伊吾庐,其山道险峻,盘道数十折,卫以栏楯。雍正十一年(1733)大将军查朗阿命兵部员外郎阿炳安所辟也。"[1]但阅读史料,实际情况并非如此简单。清朝对这条道路的使用与修建,是在与准噶尔的斗争中逐渐形成的,因此不得不先回顾一下清朝对连接道路两端哈密与巴里坤两地的经营史。

一、道路开辟与使用

明朝末年,来自哈密卫的辉和尔都督等入贡中原,后值贼寇夺取敕印,被迫稽留肃州,至顺治四年(1647)向清朝乞粮,表示愿意效忠天朝,被诏准。顺治六年(1649),河西发生丁国栋等人煽动哈密及吐鲁番部掠扰内地民人事件,清朝遂闭关绝贡。八年(1651),哈密使人请贡,甘肃提督张勇令其尽归内地民人才可。至十二年(1655),哈密赍叶尔羌表,反悔当初得罪天朝,献内地十五人,遂被允准。十三年(1656),哈密贡使入京,并定额三十人入觐,从者三百留肃州。[2]但此后哈密一直处于准噶尔的势力范围之内,直至康熙三十五年(1696),噶尔丹为清军所败,次年,哈密额贝都拉遣次子白奇伯克擒献噶尔丹次子及从属,受到清朝的册封,"诏以额贝都拉为一等札萨克,仍达尔汉号"[3]。次年清朝即"遣官赴哈密编旗队,设管旗章京、参领、佐领、骁骑校各员,肃州别设佐领一"[4]。从此哈密正式纳入清朝的统辖范围之内。在清朝与准噶

第五章 哈密至巴里坤路

尔的军事对抗中,哈密山北巴里坤地方也成为双方势力角逐的前线,康熙十八年(1679)清朝开始在当地设边备汛,三十五年(1696)设哨,至五十四年(1715)内属。[5]从此,哈密、巴里坤两地均处在清朝的控制之下,两地之间必然发生交通往来,这就意味着彼此之间应该有某种道路的联系。

康熙五十五年(1716),议政大臣等奏:"现今大兵驻扎巴尔库尔,与哈密之额敏相近,应令席柱将额敏所有之米粮牲畜给与兵丁接济,俟将运到之米偿还,牛羊折银偿还,至于粮饷甚属紧要,应照富宁安所奏,用山西、陕西小车三千辆,每辆用车夫三名,自嘉峪关至哈密安设十二台,每台各分车二百五十辆,令其陆续转运,此台应令巡抚绰奇前往安设。"[6]但几个月后,富宁安指出"甘肃巡抚绰奇见今用小车安设台站直抵哈密,应将所运之米用骆驼驮载运至巴尔库尔,但哈密至巴尔库尔程途虽近,其间有科舍土岭",因而奏请"自巴尔库尔至科舍土岭北口请安设三台,令巴尔库尔驻扎之步兵牵驼运送,自哈密至科舍土岭南口亦请安设三台,令哈密驻扎之二百兵丁牵驼运送,即令见今运米官员并发往效力官员协同管理",均被允准。[7]可见,两地之间道路交通就此初步建立起来,并成为供给山北巴里坤清军大营的重要粮饷运输通道,很快繁忙起来,并增加马匹,如康熙五十八年(1719),富宁安奏:"巴里坤至哈密站旧各置马,准噶尔使及降人至,并乘巴里坤站马至哈密,又自哈密札萨克所拨马送布隆吉尔,今归附者众,马不能给,请于巴里坤站增马五十,哈密站增马八十,从之。"[8]同年靖逆将军富宁又奏:"自哈密来巴尔库尔之路,已成通衢,聚集之人亦多,应将自哈密雇运到营脚价,每石减银五钱,给银三两五钱。额敏在塔尔那秦所种青稞运至哈密脚价,每石减银三钱,给银一两七钱。又自哈密运送至营,亦每石减银五钱,给银三两五钱,共减银四千四百两有奇。见应给脚价银三万九百两有奇,请令甘肃巡抚绰奇照数速行解送,交与侍郎海寿,将哈密收贮裹带之粮七千九百五十石,并额敏在塔尔那秦所种之青稞六百八石雇运至营。"[9]可见这条道路当时比较活跃,但主要是出于对准噶尔军事斗争的需用。

至雍正四年(1726),清朝与准噶尔策妄阿拉布坦筹议边界,双方紧张的关系开始缓和,雍正念及官兵出征年久,遂令将军富宁安带领大军撤还。[10]至雍正七年(1729),清朝以噶尔丹策凌收留在青海叛乱的罗布藏丹津为由,准备两路进军准噶尔,宁远大将军岳钟琪统领西路大军重新屯驻巴里坤。[11]但雍正八年(1730),准噶尔大小策凌将位于巴里坤与哈密之间的科舍图岭牧放的数万牲畜劫掠,[12]不仅使清朝进军准噶尔的计划受挫,而且也暴露出清军设防不备或并未完全控制哈密与巴里坤之间的这条交通道路。为了长期斗争的需要,清朝开始在巴里坤建城,如雍正九年(1731)岳钟琪疏报:"于巴尔库尔相度地势,建筑城垣,城身周围八里,高二丈、根宽二丈、顶一丈,择于本年四月十五日兴工,并月城、炮台、角墩、垛墙一应土工,于五月二十九日俱已告竣,其四门城楼、石桥、角楼,见在次第建造,其工价等项造册呈览,请敕部核销。"[13]意在做长久军事准备。

雍正十年(1732)初,准噶尔五六千兵从乌鲁木齐直掠哈密塔尔那沁,并占据塔尔那沁以北的天生圈山口,[14]后又从哈密以西五堡翻越乌克克岭顺利逃走。[15]谨按《西域图志》卷二十载:"乌可克达巴,在和洛图达巴西五十里,当孔道。东北距镇西府城一百五十里。"[16]而清军将领岳钟琪却"拥兵数万,纵投网送死之贼来去自如,坐失机会,不能料敌于先,复不能歼贼于后,且先后奏报互异",最后被夺职,拘兵部。[17]可见这条道路所在的东天山地区仍在准噶尔的威胁之下。为加强防范,西路副将军张广泗等建议:"请于阔舍图驻扎重兵,阔舍图以西之乌兰乌苏口,南山一带之陶赖、无克克岭,北山一带之小阔舍图、色必忒、鄂龙吉、察罕哈麻尔、镜儿泉,及粮运台站经由之噶顺、吴尔图、哈必尔汉等处俱各安驻兵丁,则与巴尔库尔大营形势通联,可免贼人窥伺。"[18]但此后不久,张广泗还是放弃了这一计划,奏请"大兵尽行撤回巴尔库尔,惟于附近紧要处酌量安兵驻守"[19]。与此同时,当年七月北路清军在蒙古草原

第五章 哈密至巴里坤路

额尔德尼召大捷,准噶尔受到重创,远徙不敢来犯,清朝鉴于两路大军在外年久,遂降旨罢征,并筹议在哈密、巴里坤留戍屯田。[20]在此背景下,大将军查朗阿于次年命兵部员外郎阿炳安致力于两地之间的道路交通建设,编撰于雍正十三年(1735)至乾隆二年(1737)之间的《重修肃州新志》中保存了《巴尔库尔南山运道记》石刻文字记载:

巴尔库尔南山运道记　丁棻

雍正十有一年,岁在癸丑,大将军统西路之次年也。兵部员外郎阿子炳安,承大将军指修南山运道成。先是大将军以制府筹饷于酒泉,轮辕相接,至南山而阂,必纡道以达于军,八月以往,冰雪载涂,则积哈密,以俟春输,仆夫苦之,大将军入嘱意焉,稽诸地图,询诸舆人之口,率未敢轻议。壬子,既受天子命,统军巴尔库尔,逾南山,时雪深于人,不能以措足。大将军曰:"从者且尔,谓执舆者何?"于是,相度其上下,有成算。既至军,周爰咨之,得阿子说相吻合,俾复审而肩其事。峻者曲之,疏者筑之,臨者辅之,浚之沟,以备其冲,驾之梁,以平其险,凡数十盘而后上,周之以回栏,隐之以乔木,不两月而工竣,化竣坂为康庄矣,伊里螳臂耳,大军犁其庭,不难灭此而朝食也。天子弗忍,姑驻师以待之,因垒而降,可以旬计,何凿山以虑饷为?况闻拙速未睹巧之久,岂其弗知?然而速以拙,孰如巧以速乎?天作高山,一蹴夷之,若轮台、若阳关尔据为险乎?屡朝发而夕至矣。鱼游于釜,生其余几?且夫军之实若山积,犹缓尔须臾。我皇帝之仁如天也。禽鸟犹知,率舞宁怙,终以速祸。未几,乙卯春二月,准噶尔策凌遣其使吹纳木喀来谢罪,词极恭须,愿岁岁贡如仪。佥曰:"此固九夷八蛮之通道哉",宜识之石。[21]

谨按,《巴尔库尔南山运道记》的作者丁棻为苏州人氏,雍正十年以州同知办大将军幕府事务,另有诗文载于和宁的《三州辑略》中。[22]他不仅详细记述了巴里坤与哈密之间达坂路的修竣过程,并预言这条道路将成为清军扫穴犁庭准噶尔的康庄大道,并比拟唐代贾耽的《四道记》,将其视为九夷八蛮的边疆通道,甚有见地。可惜今天我们已不知这通石碑身在何处。

虽然这条道路已经得到了修整,但查朗阿还是对天山的主要山口要隘做了必要的安排,集中体现在雍正十三年的"西路驻兵事宜"折中,他指出:"巴尔库尔之与哈密中隔南山大坂,声息不能骤通,若秋冬下雪之后,更难通信,臣等酌议,与其分驻于两处,不若合驻于山南,应将留驻巴尔库尔之二千兵俱驻哈密"。"哈密等处既分驻兵丁,则西北一带俱应安设斥堠,瞭望四远,乃有备无患。查南山大坂为哈密北面屏藩,应于驻兵内拨二百名,分驻于南山大坂盘道上小堡,于鹿心山、松树塘、乌阑特尔木斯、毕留大坂等四处各设斥堠,派兵瞭望。至于无克克岭为三堡、沙枣泉要隘,应于驻兵内派拨二百名,安设无克克岭上小堡,于搜大坂、白杨沟、羊卜纳锡喇脑儿等三处各设斥堠,派兵瞭望。其塔尔那沁河源为塔尔那沁要口,应于驻兵内拨二百名,安设河源小堡。于莫艾、舒鲁孙大坂等二处各设斥堠,派兵瞭望。"[23]如此,巴里坤西路大军撤还,只留五千清军驻防哈密。[24]此后,准噶尔与清朝的和平关系一直保持到乾隆二十年征剿准噶尔为止。至乾隆年间平定天山南北后,新疆纳入清朝版图,这条道路便成为新疆北路干道之一环,如祁韵士记载:"今之新疆,即古西域。出肃州嘉峪关而西,过安西州至哈密,为新疆门户。天山横亘其间,南北两路从此而分。……由哈密踰天山之北,迤逦由北而西,曰巴里坤、曰古城、曰乌鲁木齐、曰库尔喀喇乌苏、曰塔尔巴哈台、曰伊犁,是为北路。"[25]可见这条道路的重要性。

二、交通设施与路线演变

清代新疆官道一般都设有军台、营塘与驿站等交通设施,《西陲总统事略》记载"乌鲁木齐经巴里坤至哈密无军台有营塘"[26],但《西域图志》却记载两地之间有"哈密底台,……黑账房台,自哈密底台北至此六十里。南山口台,自黑账房台北至此六十里。达巴顶台,自南山口台北至此三十里,又北接镇西府宜禾县属奎苏台界",及"巴尔库勒底台(即奎苏台)……松树塘台,自巴尔库勒底台东南至此八十里"。[27]结合前节所引《清圣祖实录》康熙五十五年富宁安奏请"自巴尔库尔至科舍土岭北口请安设三台,令巴尔库尔驻扎之步兵牵驼运送,自哈密至科舍土岭南口亦请安设三台"的记载来看,其安设六台很有可能就是《西域图志》记载中的哈密底台、黑账房、南山口台、达巴顶台、松树塘台与奎苏台六台。虽然《西域图志》于乾隆二十年(1755)开始编纂,至二十六年(1761)已撰成初稿,乾隆四十二年(1777)又组织人力增纂,并最终于四十七年(1782)告成[28],但看来该书关于这条道路上交通设施的记载,继承的仍是康熙以来的军台设置。

至于营塘设施,则建立稍晚,《乌鲁木齐政略》记载:"乾隆四十一年,安西提督俞以巴里坤迤西至玛纳斯幅员辽阔,奏请安设墩塘,奉旨:着伊于回任之便勘明,会同勒核奏。嗣经将军伊至巴里坤一带挨次查勘,会同总督勒奏明哈密南山口起,至玛纳斯止,共安墩塘二十七处。其建造房屋墩台工料银两,在各营公费项下动用。每处安设大墩台一座、烟墩五座、柴墩四座、照壁二座、瞭望墩房一间、塘房三间、院墙一围、兵房十间。携眷兵五名,内马兵二名、步兵三名。"[29]但《乌鲁木齐政略》只列有这条道路上的南山口塘、松树塘与奎素塘三处。[30]然这并不能完全否认在此之前的这条道路上便无营塘设施,因为乾隆二十四年(1759),甘肃巡抚吴达善就曾奏请"将原设之蔡湖塘移安哈密城,鞭杆墩塘移安头堡,南山口塘移安三堡,羊圈沟塘移安鸭子泉,松树塘移安瞭墩,奎素塘移安橙槽沟"[31],可见这条道路早在平定新疆后不久便已有营塘建置,可能只是不够完备而已,至乾隆四十一年才全面设置。至于其营塘人数、马匹配备与里程等信息,兹据嘉庆年间纂成的《三州辑略》制表5以见其详[32]:

表5　巴里坤通哈密营塘表

管辖归属	营塘名	兵丁/名	马/匹	距离下塘/里
巴里坤	巴里坤底塘	8	8	90
	奎素塘	8	8	80
哈密	松树塘	3	6	30
	羊圈沟塘	3	6	40
	南山口塘	3	6	40
	黑账房塘	3	4	50
	哈密底塘	3	7	
总计	7塘	31	45	330

据上表,乾隆年间《乌鲁木齐政略》中虽有每塘"携眷兵五名,内马兵二名、步兵三名"的规定,但据表5,实际情况变化很大,最少者兵丁只有三名,最多者则有八名,平均每塘仍不足五名。而且各塘马匹的配备数额亦有差异,显然是根据各地站途远近、道路难易情况决定的。道路总里程330里,这与本章起首所引《新疆识略》"自巴里坤踰天山三百三十里为哈密城"的记载完全吻合。

至道光年间成书的《新疆识略》则记载"乌鲁木齐经巴里坤至哈密,无军台有营塘有驿站"[33],但实际上只开列了这条道路上的营塘名目,并在巴里坤所属会宁驿以下注明无驿站。[34]但真正连接两地的驿站交通路线则要晚至新疆建省之后,而且驿站路线也发生了变化,这主要与翻越库舍图岭"道远山险"的路况有关,时人一直都在寻找替代路线。

虽然库舍图岭军台、营塘路线不仅是天山南北的重要山间捷径,又是通往天山北路干线的重要一环,成为清军、官员来往的主要道路之一,同时也是内地与新疆文报往来的线路之一,如祁韵士记载哈密"为新疆咽喉要

第五章 哈密至巴里坤路

地,有两孔道,北达巴里坤,即镇西府,为天山北路,凡赴古城、乌鲁木齐、库尔喀喇乌苏、塔尔巴哈台、伊犁,皆取道于此"[35]。但通过这条道路需要翻越天山达坂,尤其在冬季过岭困难重重,因此早在乾隆二十三年(1758),陕甘总督黄廷桂就奏请:"由哈密至辟展,经过巴里坤,道远山险,今运送军需及各项差使俱由山南一路,颇为捷速,请即安设台站,其由巴里坤至哈密数站台马,仍留备驰递北路台站军粮,得旨,甚应如是,即速令改可也。"[36]可见从清军统一天山北路伊始,时人已经感到这条道路"道远山险",逐渐改为从南路行走,但仍将这条山路留备运送北路军粮使用。其艰险给来往行旅留下了许多深刻的印象,如嘉庆四年(1799)十二月流放新疆的洪亮吉路经此地时写道:

> 二十六日,平明行,入南山。一路老柳如门,飞桥无数,青松万树,碧涧千层,云影日辉,助其奇丽,忘其为塞外矣。过岭,风色顿殊,雪飘如掌,栏杆千尺,直下难停。领头一外委率十余兵助挽始下,至晚雪已盈丈。是日行七十里,宿松树塘,已无径路,望夹道松株,方克前进,抵旅舍,已定更矣。[37]

可见这条道路在冬季由于大风雪的缘故不利行走,所以从乾隆年间便开始寻求替代路线。

至乾隆二十四年,甘肃巡抚吴达善奏:

> 哈密至辟展,原有三路可通,因会同五吉咨商辟展大臣定长等委员妥勘,并修筑棚槽。据称乌拉克沁、橙槽沟一路水草宽裕,路亦平坦,臣拟将原设之蔡湖塘移安哈密城,鞭杆墩塘移安头堡,南山口塘移安三堡,羊圈沟塘移安鸭子泉,松树塘移安瞭墩,奎素塘移安橙槽沟,共改安六塘,可直接辟展旧有之肋巴泉台站,较旧路近一百三四十里,并免行东达巴罕雪岭之险。其工食草料照旧关支,毋庸另拨夫马,惟查台路总汇之肋巴泉塘原安马仅四十匹,今文报均由该塘分递,应酌

> 添二十匹,即于苏吉及巴里坤底塘台马内各拨十匹,此两塘存马三十
> 匹,止递巴里坤一处文报,尽足供差,报闻。[38]

即吴达善等人有意改动自康熙年间以来使用的哈密巴里坤军台营塘线路,将南山口塘等移至哈密以西之三堡、鸭子泉、瞭(了)墩、橙槽沟等地,并连接天山北路之肋巴泉台站,其优点在于"较旧路近一百三四十里,并免行东达巴罕雪岭之险"。如此一来,哈密、巴里坤之间便先后出现了东部达坂路与西部橙槽沟两条传递文报的路线。

至同治年间新疆大乱,哈密曾一度失守,[39]位于哈密之北戈壁上原有的营塘设施极有可能也被毁坏,如南山口便遭过抢劫。[40]至光绪初年,清军进规新疆,"左宗棠先饬安设玉门、安西塘站,归肃州镇总兵经管,哈密、镇西厅辖境塘站归巴里坤镇总兵经管"[41],两地之间的文报交通就此重建。至于橙槽沟一路,光绪三年(1877)据负责查勘安设军塘的前方将领给左宗棠的禀文,显示"哈密至橙槽沟五塘在哈密厅地界,橙槽沟至七克腾木台六塘在巴里坤地界"[42],说明橙槽沟一路即将恢复。

至光绪十年(1884),主政新疆事务的刘锦棠奏请"新疆南路郡县暨哈密巴里坤所设军台均仿照北路一律安设驿站"[43],次年遂被朝廷批准。[44]据光绪十四年(1888)吐鲁番厅造报的"各驲四至八道里数"显示,从瞭墩驿向北七十里至橙槽沟驿,再三十里至上肋巴泉驿,再七十里至苏吉驿,又九十里至镇西厅底驿。[45]至宣统年间所修《新疆图志·道路志》在叙述哈密厅道路时,提示"由厅西之瞭墩驿分道,北行四十里橙槽沟驿,接镇西上肋巴泉驿路(今镇哈邮递由此)"[46]。足见瞭墩—橙槽沟—上肋巴泉路线至少在清末已经成为两地之间的邮递路线。

至于东路达坂路线,光绪二年(1876)左宗棠曾寄信给当时驻扎在哈密的张曜,指出:"北路缭绕狭隘,雪融路滑,重设扶栏之举,诚不可缓。如能由尊处督厅协赶紧修治,功德无量。所需工料,弟当任之。"[47]张曜得信后,

仅用四十日便工竣,左宗棠寄诗《嵩武军修天山北路铭》以表其功,内容如下:

> 天山三十有二般,伐石贯木树扶栏。
>
> 谁其化险贻之安,嵩武上将惟桓桓。
>
> 利有攸往万口欢,恪靖铭石自龙蟠。
>
> 戒毋折损毋钻刓,光绪二年六月刊。[48]

细读这首诗,联想达坂一路从雍正十一年阿炳安修竣以来,年久失修,加之兵乱不已,道路急需修整,在此背景下,作为嵩武军统领的张曜身肩其任,如阿炳安故事,使得道路畅通,造福一时,这首诗便是这一过程的真实写照。另据光绪十六年湖北省出版的"新疆驿路里程表"显示,东线达坂驿站路线为"镇西厅底驿→70里→奎素驿→80里→松树塘驿→80里→南山口驿→90里→哈密厅底驿"[49]。至清朝末年,《新疆图志·道路志》在"镇西厅"及"哈密厅"下分别有如下记载:

> 城东十里大泉西渠,二十里大黑沟,二十里石人子庄(凿片石为人,庄立于道左,驱车过者,必以脂膏其吻),二十里三县户,二十里奎素(旧名奎苏,蒙语谓脐腹,言四山环抱,地居其中也。旧有驿,今裁),三十里小庄,十里马圈沟,三十五里石湖里庄,十五里松树塘(即库舍图岭口之山,万松丛立,四时鬱青,旧有驿,今裁),三十里天山二层台,接哈密北境官道(距南山口八十里)。[50]

> 城北二十里泥跡头(下名阔叶林,旁有尖尖墩),六十里黑账房,四十里南山口(旧有驿,今裁),上山行五里焕彩沟,三十五里羊圈沟,十五里天山庙(庙在山顶之上,祀关壮缪,由此层折而下),十五里栅门,接镇西东南境官道(距松树塘四十里)。[51]

仔细分析以上两段材料,如以南山口为中点,则从镇西到哈密的总距离为320里,如以松树塘为中点,两地距离则为310里。这种总里程的差异,很可能与道路不时修整以及起算的方式不同有关,如洪亮吉嘉庆四年十二月二十五日从哈密到南山口记载为110里[52],但以上所引《新疆图志》资料却有120里。

总之,清代哈密与巴里坤之间存在东、西两条路线,并互相连接,形成一个环形路线(见图4)。东线翻越天山库舍图岭路线作为官道干线一直发挥着重要角色。西线橙槽沟一路则由于其道路平坦,至清末,当"天山以北各驲每届冬节,积雪阻滞难行,向来紧要文件自十月初一日起至三月初一日止,禀由橙槽沟转递"[53],发挥着重要的文报传递作用。但就整体而言,东线达坂一路作为行车官道,其运输价值远非西线橙槽沟一路的文报传递路线所能比拟。

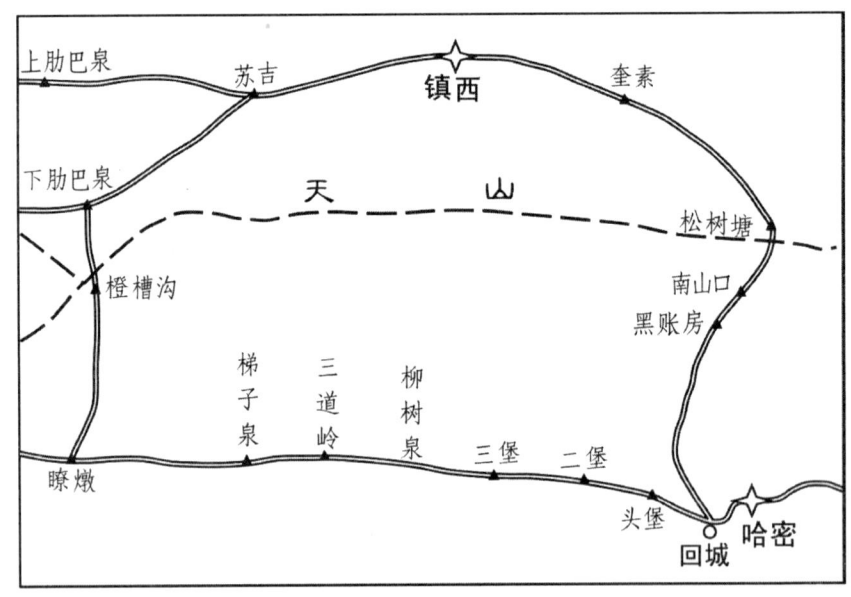

图4 巴里坤通哈密道路交通网

三、道路文化遗存

与其他道路稍有不同,东线哈密翻山抵达巴里坤的这条山间捷径沿途留有诸多历史文化遗迹,清代文献将这条道路经过的天山山脉称作"库舍图岭",据徐松考证:"蒙古语库舍,碑也,故名。"[54]就是因位于松树塘以南20多里处的天山山巅有庙又有碑,据道光八年(1828)途经此处的方士淦在其《东归日记》中记载:

  二十里,由山脚十余里折曲盘旋而至山顶,关帝庙三层,深岩幽邃,灵异最著。旁有小屋,系唐贞观十九年姜行本征匈奴纪功碑,自来不许人看,看则风雪立至。余丙戌(道光六年——引者注)九月杪过此,曾进屋内一看碑文,约四五尺高,字字清楚,不甚奇异。因庙祝云"不可久留",旋即出屋,顷刻间果起大风,雪花飘扬,旋即放晴,幸未误事。乃今年二月望前,伊犁领队大臣某过此,必欲看碑,庙祝跪求,不准,强进屋内。未及看完,大风忽起,杨沙走石。某趋马下山,七十里至山下馆店,大雪四日夜,深者丈余,马厂官马压死者无数,行路不通,文书隔绝数日。……二十七日早,谒关帝庙。联额颇多,唯徐星伯太史有句云:"赫濯振天山,通万里车书,何处是张营岳垒;阴灵森秘殿,饱千秋冰雪,此中有汉石唐碑。"姜行本碑,相传系汉石所刻。余坐东厢阁壁间诗,亦题二律而别。[55]

据上,所谓库舍图岭就是天山山顶关帝庙所藏的唐代姜行本记功碑,成为过往官员文士竞相探访的文化古迹,如徐松在嘉庆二十五年(1820)亲自拓下该碑文字[56],后载于《西域水道记》中,不经意间成为古代文化遗迹的保存者,而且题诗以留名。

另外,在南山口营塘以北五里处有名曰"焕彩沟"的刻石,据徐松考证,其旧名棺材沟,后经岳钟琪改为焕彩沟,其"焕彩沟三字,立石路侧,理藩院笔帖式正书,填以朱,其石亦汉碑。石之阴隶书四行,首行曰'惟汉永和五年六月十五日',(下缺)。二行曰'臣云中沙南侯',余皆不可辨识"[57]。这条道路出现汉、唐碑刻,足以说明这条道路之古远,至清代将其重新整修,设置军台、营塘与驿站等交通设施,使其交通作用大为发挥,并成为沟通南北两路的重要交通道路。

注　释：

[1] 松筠纂修:《新疆识略》卷一《新疆疆域总叙》,见《续修四库全书》第732册,影印道光元年(1821)武英殿本,第528页。

[2] 俱见祁韵士:《皇朝藩部要略稿本》,包文汉整理,哈尔滨:黑龙江教育出版社,1997年,第234—235页。

[3] 祁韵士:《皇朝藩部要略稿本》,第239页。

[4] 同上。

[5] 穆彰阿、潘锡恩等纂修:《大清一统志》第12册,卷五二〇《巴里坤·建置沿革》,上海:上海古籍出版社,2008年,第294页;《镇西厅乡土志·疆域》,见马大正、黄国政、苏凤兰整理《新疆乡土志稿》,乌鲁木齐:新疆人民出版社,2010年,第97页:"圣祖三征朔漠,威镇遐方,靖逆将军富公宁安常驻军于巴尔库勒(因水以为名),后更名巴里坤(即巴尔库勒之转音)。"

[6]《清圣祖实录》卷二六七,康熙五十五年正月辛酉,北京:中华书局,1985年,第620页。

[7]《清圣祖实录》卷二六八,康熙五十五年闰三月辛巳,第628—629页。

[8] 祁韵士:《皇朝藩部要略稿本》,第240页。

[9]《清圣祖实录》卷二八六,康熙五十八年十月乙丑,第786页。

[10]《清世宗实录》卷四三,雍正四年四月癸酉,北京:中华书局,1986年,第630页。

[11]《清世宗实录》卷八八,雍正七年十一月丁亥,第183—184页。

[12] 魏源:《圣武记》,长沙:岳麓书社,2010年,第147页。

[13]《清世宗实录》卷一〇七,雍正九年六月庚戌,第418页。

[14]《清世宗实录》卷一一五,雍正十年二月己亥,第532页。

[15]《清世宗实录》卷一一五,雍正十年二月辛亥,第535—536页。

[16] 傅恒等纂:《西域图志》卷三十一《兵防》,钟兴麒校注,乌鲁木齐:新疆人民出版社,2002年,第312页。又《清圣祖实录》卷二六四(康熙五十四年七月戊午,第602页):"哈密第三堡西北之沙枣泉,其地湿热,马难肥壮。沙枣泉西北九十里有山名为无克克岭,其山下即巴尔库尔地方,山上远瞭甚明。"

[17] 魏源:《圣武记》,第150—151页。

[18]《清世宗实录》卷一二二,雍正十年八月壬戌,第606页。

[19]《清世宗实录》卷一二三,雍正十年九月庚子,第621页。

第五章 哈密至巴里坤路

[20] 魏源:《圣武记》,第151页。

[21] 黄文炜:《重修肃州新志》,酒泉:甘肃省酒泉县博物馆翻印,1984年,第628—629页。

[22] 星汉:《清代西域诗研究》,上海:上海古籍出版社,2009年,第51页。

[23]《清世宗实录》卷一五七,雍正十三年六月丙子,第919—920页。

[24] 和瑛《三州辑略》卷一《沿革门》(见苗普生主编《中国西北文献丛书·二编》第5册,北京:线装书局,2003年,第205页)载"十三年,大军撤还,王大臣议设驻防哈密及巴里坤兵各二千",但并未落实,而是将巴里坤的两千兵马调至哈密,并再添一千名,共五千名,详见《清世宗实录》卷一五七(雍正十三年六月丙子,第919—920页)。

[25] 祁韵士:《西陲总统事略》卷三《南北两路疆域总叙》,北京:中国书店,2010年,第41页。

[26] 祁韵士:《西陲总统事略》卷三《南北两路军台总目》,第48页。

[27] 傅恒等纂:《西域图志》卷三十一《兵防》,第440—441页。

[28] 傅恒等纂:《西域图志》(钟兴麒校注)"校注说明"。

[29]《乌鲁木齐政略》之"墩塘"条,见王希隆:《新疆文献四种辑注考述》,兰州:甘肃文化出版社,1995年,第44页。

[30] 同上。

[31]《清高宗实录》卷五八一,乾隆二十四年二月庚辰,北京:中华书局,1985年,第429页。

[32] 和瑛:《三州辑略》卷五《台站门》,见苗普生主编《中国西北文献丛书·二编》第5册,第375页。

[33] 松筠纂修:《新疆识略》卷一《新疆道里表》,见苗普生主编《续修四库全书》第732册,第531页。

[34] 松筠纂修:《新疆识略》卷一《新疆道里表》,见苗普生主编《续修四库全书》第732册,第539—540页。

[35] 祁韵士:《万里行程记》,李广洁整理,太原:山西人民出版社,1992年,第27—28页。

[36]《清高宗实录》卷五七六,乾隆二十三年十二月甲寅,第338页。

[37] 洪亮吉:《伊犁日记》,见杨建新编《古西行记选注》,银川:宁夏人民出版社,1987年,第368页。

[38]《清高宗实录》卷五八一,乾隆二十四年二月庚辰,第429—430页。

[39]《哈密直隶厅乡土志·兵事》，见马大正、黄国政、苏凤兰整理《新疆乡土志稿》，第144页。

[40]《清穆宗实录》卷三六六，同治十三年五月丁巳，北京：中华书局，1987年，第850页。

[41]刘锦棠：《刘锦棠奏稿》，杨云辉校点，光绪十年五月二十八日《新疆南路军台一律安设驿站酌拟经费章程折》，长沙：岳麓书社，2013年，第229页。

[42]《清代新疆档案选辑》第36册，光绪三年六月十八日，第424页。

[43]刘锦棠：《刘锦棠奏稿》，光绪十年五月二十八日《新疆南路军台一律安设驿站酌拟经费章程折》，第229页；光绪十年五月二十八日"哈密巴里坤军台拟改驿站分段管理片"，第232页。

[44]刘锦棠：《刘锦棠奏稿》，光绪十一年二月《新疆驿站经费请参酌部议量为变通折》，第272页。

[45]《清代新疆档案选辑》第41册，光绪十四年十月二十日，第51页。

[46]王树枏等纂修：《新疆图志》下册，朱玉麒等整理，卷八十《道路二·哈密厅》，上海：上海古籍出版社，2015年，第1528页。

[47]左宗棠：《左宗棠全集》第12册，光绪二年《答张郎斋》，长沙：岳麓书社，1996年，第22页。

[48]薛仰敬主编：《兰州古今碑刻》，兰州：兰州大学出版社，2002年，第147页。谨按，《嵩武军修天山北路铭》个别文字有出入，此处录其确文，详见王鹏辉《兰州碑刻所见清代新疆史事》(《西域研究》2012年第1期，第84页)。

[49]《新疆通志》第51卷《邮电志》，乌鲁木齐：新疆人民出版社，1998年，第85页。

[50]王树枏等纂修：《新疆图志》下册，卷八十《道路二》，第1526页。

[51]王树枏等纂修：《新疆图志》下册，卷八十《道路二》，第1528页。

[52]洪亮吉：《伊犁日记》，见杨建新编《古西行记选注》，第368页。

[53]《清代新疆档案选辑》第42册，光绪十七年十二月二十六日，第105页。

[54]徐松：《西域水道记(外二种)》，朱玉麒整理，北京：中华书局，2005年，第175页。

[55]方士淦：《东归日记》，见方希孟《西征续录》，王志鹏点校，兰州：甘肃人民出版社，2002年，第34页。

[56]徐松：《西域水道记(外二种)》，第175页。

[57]徐松：《西域水道记(外二种)》，第177页。

第六章 小南路

翻开新疆地形图,在东天山中段,会发现巴里坤、哈密南北间的巴里坤山与鄯善、奇台南北间的博格达山之间存在一处明显的断裂带,大概位于今木垒县大石头乡与哈密七角井镇之间。[1]对此现象,清人亦有颇为深入的观察,如光绪三十二年(1906)流放新疆,路经此断裂带南端一碗泉地区的裴景福曾言:"天山自长流水东至此,约五百余里,绵长迤逦如长城,无峰峦变态,至一碗泉西北,忽中断,散为无数乱山,亦一奇也。"[2]待他到达断裂带北端头水沟时,同样发出感慨:"天山西来二千余里,势如奔马,至此中断,划为深堑,横穿山腹一百四五十里,可谓奇矣。"[3]本书上编起首所引王廷襄《叶桥纪程》记载第二条通车之路"自奇台之色必口穿小南路至镇西厅属之车箍轳驿,达一碗泉",正是穿越此断裂带的清代"小南路"。小南路核心路段的两端(七角井与色皮口)并无重要城池,其实为连接天山南北两条干道的天山便道,无法孤立于南北两条干道之外存在。此外,在此断裂带还有其他一些与小南路密切相关的道路,它们逐渐形成了一个局域道路网,若想深入了解小南路在清代的开辟与使用情况,就必然涉及清代东天山中段的道路交通网络问题,而这一切都得从清朝经营吐鲁番谈起。

一、东天山中段道路网

对清朝与吐鲁番最初的关系,据嘉庆重修《大清一统志》记载:"本朝顺治三年,吐鲁番阿布勒、阿哈默特叩关入贡,其后请贡不绝,然与准噶尔为邻,常服属之。"[4]至康熙五十四年(1715),清军侦知准噶尔拟侵扰哈密,而"哈密已经编置佐领,即与内地无异"[5],岂容准噶尔侵袭,所以时任西安将军席柱奏由哈密北大山后乌兰乌苏进攻辟展取吐鲁番[6],但似乎并未落实,因为康熙五十六年(1717)吏部尚书富宁安仍在疏报从巴里坤"分为两路前往袭击策妄阿喇布坦边界乌鲁木齐、吐鲁番等处",朝廷此时也认为"若吐鲁番地方可取则取,将伊处米石充作口粮食用"。[7]次年,富宁安疏报:"臣等领袭击之兵于七月初十日至乌鲁木齐地方,拏获回子探问准噶尔消息。"[8]但进兵吐鲁番则要更晚,至康熙五十九年(1720),富宁安疏言:

> 散秩大臣阿喇衲等于七月初八日进兵齐克塔木地方,遇贼兵设立营寨,击破之,擒杀二十余人,贼众悉降。初十日至皮禅城,有回子兵守城拒敌,官兵进击,擒回子一人,复遣归,令晓谕众回子等,我师为征剿策妄阿喇布坦而来,与伊等无涉,若速行归顺,即免屠戮,否则进兵破城,后悔无及。是日,皮禅城回子头目率三百余人来降。十三日,大兵至吐鲁番地方,吐鲁番之阿克苏尔坦及总管头目沙克扎拍尔等俱率众迎降,共获鸟枪五百五十杆、驼四十只、马五百匹。阿喇衲等于七月十六日带沙克扎拍尔等及官兵凯旋。[9]

据上,位于巴里坤的清军西路大营从北路进军吐鲁番,其所经齐克塔木、皮禅城无疑就是后来的七克腾木与辟展,可见其进军路线当为东天山中段的断裂带。次年,吐鲁番头目诉说回众不堪准噶尔虐待,约请内附,并有准噶尔袭击吐鲁番,请拨援兵之事。[10]康熙认为"今收复吐鲁番若不看守,则策妄阿喇布坦处归顺之人以及来使逃人有回人居中,倘行杀掠,此路必致阻隔",而且"巴尔库尔相距吐鲁番止六百里,为途不

第六章 小南路

远,如果策妄阿喇布坦率众侵扰,我兵前去救援不迟"[11]。富宁安随即"派兵二千看守吐鲁番地方,令散秩大臣阿喇衲统领前往,又乌兰乌苏以内有阔舍图、色必忒等处系赴吐鲁番之隘口,且与瀚海交界",即派兵据守这些要害之地。[12]清军随后进入吐鲁番,准噶尔退走,清军遂屯吐鲁番。[13]而所驻扎之色必忒有时也作"色必特",无疑就是小南路北端出口的色皮口。[14]至雍正二年(1724),抚远大将军年羹尧议奏"防守边口八款",主张在吐鲁番驻扎一千五百名官兵即可,其余撤回,被允准。[15]

此后清准关系暂时缓和下来,直至雍正九年(1731),双方冲突又起,吐鲁番再次成为争夺的对象之一。这年春天,前线奏报有准噶尔来犯吐鲁番及清军控制下的陶赖卡伦,[16]宁远大将军岳钟琪随后"挑选马兵三千名,令张元佐、曹勷、张存孝统领,于四月二十四日进发。又令颜清如带兵二千名前赴塔库驻札[扎]。又备兵四千名,令纪成斌统领前赴陶赖要隘驻札[扎]。倘贼人倾众前来,臣即亲身统领陶赖及塔库二处驻札[扎]之兵,兼程前往剿戮。"[17]文中"塔库"有时写作"塔呼"[18],据《大清一统志》考证,当即天山南路的盐池台,亦即后来的东盐池。[19]陶赖卡伦当在后来的陶赖井子附近。这两处他们均系东天山中段断裂带上的重要交通节点。经过此次出兵,吐鲁番虽然暂时解围,但其地"虽暂派官兵三千名驻防,然究非长久之策",因此朝廷开始令岳钟琪悉心筹划回民应否迁移与官兵何时撤退事宜。[20]至雍正十年(1732)初,又发生准噶尔如入无人之地,直侵至哈密东部沁城事件,并且最后顺利"由塔库、纳库一路逃归"[21],文中"纳库"有时也作"纳呼"[22],即后来的西盐池[23]。可见清朝疏于防范,使这些交通据点为准噶尔趁机使用。其后,张广泗"查得陶赖、无克克二处系贼人南来径路,各安兵一千五百名,搜济、察罕哈麻尔二处系贼人西来大路,各安兵一千名"[24]。"搜济"即巴里坤以西的苏吉台,连同陶赖等地成为清军驻扎防范的重要交通据点。同年七月"北路军大败准噶尔于额尔德尼昭,贼创甚,不敢复袭西路,寻吐鲁番回目额敏和卓率回众就道"[25]。如此,双方对于吐鲁番的争夺,以清朝撤兵、迁徙当地百姓,准噶尔得其地而暂告结束。

至乾隆二十四年(1759),清军平定大小和卓之乱,"大功者定,全疆荡平,天山南北两路遍置台站"[26]。在北路巴里坤至奇台之间,清朝相继设立了奇台塘→90里→木垒塘→90里→阿克他斯塘→90里→乌浪乌素塘→60里→色必塘→80里→噶顺塘→90里→乌兔水塘→70里→肋巴泉塘→90里→苏吉塘→90里→巴里坤底塘,并设有相应的驿站设施。[27]

至于巴里坤与辟展、吐鲁番之间的交通联系,如前文,早在康熙、雍正年间就通过东天山断裂带彼此互相联系,但设立台站的时间则要晚至乾隆二十三年(1758)。当时清朝为了平定回疆大小和卓之乱,需从巴里坤大营进军天山南路,行军传递文报与军需供给尤为重要,乾隆一再指出:"军台关系紧要,马匹驼只自应办给足额,方可驰递无误,永贵等虽专办屯田事务及巴里坤至鲁克察克一路军台,而鲁克察克以外台站更为紧要,着传谕永贵、定长一体查办,勿分畛域。"[28]文中鲁克察克即鲁克沁[29],可见当时从巴里坤到吐鲁番地区已经建立军台联系。尤其当乾隆四十一年(1776)陕甘总督勒尔谨奏请"哈密、辟展二处钱粮由巴里坤道申报都统"后,[30]两地间的行政性往来就更加密切,其交通设施的建制也必将完备。兹据嘉庆年间成书的《三州辑略》中这条军台路线的相关信息制表6:[31]

表6 吐鲁番至巴里坤军台道里表

所属	军台名称	距离下台/里	人员配备	交通工具配备	备注
吐鲁番	吐鲁番底台	90	委笔帖式1员、千总1员、兵丁11名、字识兵丁1名、回子10名	马29匹、铁车3辆	领队大臣管理东路军台六处,系乾隆二十五年(1760)以前安设,内辟展至吐鲁番四台于乾隆二十六年(1761)每台设车二辆、马二匹,嗣于乾隆三十七年(1772)每台添车一辆
	胜金台	60	外委1员、字识兵丁1名、兵丁4名、回子10名	马19匹、铁车3辆	
	连木沁台	60	外委1员、字识兵丁1名、兵丁4名、回子10名	马19匹、铁车3辆	
	辟展台	60	委笔帖式1员、外委1员、字识兵丁1名、兵丁5名、回子10名	马19匹、铁车3辆	
	苏鲁图台	50	外委1员、字识兵丁1名、兵丁1名、回子10名	马19匹、铁车3辆	
	七克腾木台	180	委笔帖式1员、把总1员、字识兵丁1名、兵丁6名、回子10名	马19匹、铁车3辆	
巴里坤	盐池台	50	把总1员、字识兵丁1名、兵丁4名、回子10名	马31匹	左营游击管理东路军台八处,系乾隆二十五年以前安设
	惠井子腰台	70	兵丁2名	马4匹	
	梧桐窝台	60	把总1员、字识兵丁1名、兵丁3名、回子10名	马30匹	
	托赖井子腰台	80	兵丁2名	马4匹	
	陶赖台	60	把总1员、字识兵丁1名、兵丁3名、回子1名	马21匹	
	肋巴泉台	70	守备1员、字识兵丁1名、兵丁5名、回子10名	马33匹	
	苏吉台	90	把总1员、字识兵丁1名、兵丁2名、回子10名	马14匹、木车2辆	
	巴里坤底台		把总1员、字识兵丁1名、兵丁9名	马13匹、木车2辆	
总计	14军台	1000			

至于从哈密前往辟展、吐鲁番的交通道路,清朝平定新疆初期,需要绕道巴里坤,然后再走巴里坤到辟展、吐鲁番的军台路线。时陕甘总督黄廷桂奏:"由哈密至辟展,经过巴里坤,道远山险,今运送军需及各项差使,俱由山南一路,颇为捷速,请即安设台站,其由巴里坤至哈密数站台马,仍留备驰递北路台站军粮。"[32]得到朝廷允准后的次年,甘肃巡抚吴达善提出了具体的改设方案:

> 哈密至辟展,原有三路可通,因会同五吉咨商辟展大臣定长等委员妥勘,并修筑棚槽,据称乌拉克沁、橙槽沟一路水草宽裕,路亦平坦,臣拟将原设之蔡湖塘移安哈密城,鞭杆墩塘移安头堡,南山口塘移安三堡,羊圈沟塘移安鸭子泉,松树塘移安瞭墩,奎素塘移安橙槽沟,共改安六塘,可直接辟展旧有之肋巴泉台站,较旧路近一百三四十里,并免行东达巴罕雪岭之险,其工食草料照旧关支,毋庸另拨夫马。惟查台路总汇之肋巴泉塘原安马仅四十匹,今文报均由该塘分递,应酌添二十匹,即于苏吉及巴里坤底塘台马内各拨十匹,此两塘存马三十匹,止递巴里坤一处文报,尽足供差,报闻。[33]

据上,原走东路库舍图岭的营塘移安到橙槽沟一路,经过肋巴泉,然后走表6所述巴里坤前往辟展、吐鲁番的军台路线,两条路线便在肋巴泉塘汇合,因而需要酌添马匹,以便传递文报。这也是清朝统治新疆前期,从哈密前往辟展、吐鲁番的主要道路之一。如椿园《西域闻见录》记载:瞭墩→40里→肋巴泉→60里→陶赖泉→140里→梧桐窝→120里→盐池→180里→七克腾木。[34]道光年间的《新疆识略》记载更为明显:齐克腾木台→180里→盐池台→50里→惠井子腰台→70里→胡桐窝台→60里→托赖井子腰台→80里→陶赖台→60里→肋巴泉台→30里→橙槽沟台→80里→瞭墩台,[35]则走橙槽沟一路,以达哈密。

而吴达善所奏的哈密至辟展三条道路,他已经提示了其中的两条道

路,第三条路线当即哈密以西经行十三间房的所谓"南大路",亲自经过此路的祁韵士从鸭子泉向西出发后,有如下记载:

> 西行九十里至梧桐窝……西行九十里至三间房……西南行一百四十里至十三间房,在沙碛中。自三间房至此,途中云有风穴,古谓之黑风川,有鬼魅为祟,见《明史》,最险处也,行人往往被风灾。当扬沙走石之际,或碎人首,或径吹去无踪,千斤重载车,掀簸立尽,并车亦飞去只轮无反者。《西域闻见录》言其状甚详。余发梧桐窝,抵三间房,两程之内,风吼已甚,日夜不息,御者惮过此,乃入风穴且不测,请勿行……由十三间房西行,八十里至苦水……西行六十里至七克腾木。[36]

祁韵士是从瞭墩以东鸭子泉出发[37],"九十里至梧桐窝",但此梧桐窝并非盐池台附近的梧桐窝台,因为"哈密迤西山南一带多胡桐树"[38],此梧桐窝在瞭墩之西偏南方向,这在清末的《哈密厅图》中有所呈现[39],然后直向西面,经过三间房、十三间房,抵辟展七克腾木。条路线正是今天鄯善县以东的百里风区路段,行走维艰。如此一来,沿天山南缘路线行走的人便多了起来,合之天山北路干道,以及巴里坤、哈密至辟展的交通路线,为小南路的开通和利用提供了直接的可能性。

二、从"小南路"到"中大道"

就目前所知,最早记述小南路的当属嘉庆年间流放新疆的祁韵士,他在《西域释地》"哈密"条下记载道:"自西而北有径,多戈壁,名为小南路,通古城。"[40]后来,道光年间流放新疆的林则徐又在其《荷戈纪程》"哈密"条下有如下记述:

> 新疆南北两路皆于此分途,天山横亘其中,故有南北祁连之称。祁连即天山,夷语谓之达般。北路过达般,则至巴里坤,即镇西府城,附郭为宜禾县,凡赴古城、乌鲁木齐、库尔喀喇乌苏、塔尔巴哈台、伊犁

者,皆取道于此。其西南达吐鲁番,凡赴南路喀喇沙尔、库车、乌什、阿克苏、叶尔羌、和阗、喀什噶尔者,皆取道于南。然北路过达般,其寒彻骨,且雪后路迷难辨,恐陷于无底之雪海,故冬令虽往北路,亦多由吐鲁番绕道,而中有十三间房一站,为古之黑风川,起大风,车马皆掀簸空中,则吐鲁番一路亦行人所惮。惟别有小南路一条,亦通古城、乌鲁木齐,其路较近,由哈密西南二百八十里之瞭墩(系往吐鲁番之大路)分途往北,既避北路达般之雪,又避南路十三间房之风,行人无不乐由。[41]

足见小南路的出现,是行人为了避免哈密、巴里坤之间达坂路在冬季的风雪阻挡,以及南路十三间房常遇大风阻挡难行,才逐渐出现的一条折中路线。其具体路线,按照林则徐的记述,从瞭墩出发,八十里至一碗泉,又四十里至芨芨槽,又十五里至车毂泉,又七十里至七个井子,又六十里至黑山子,又三十里至白山子后即合天山北路干道,又三十里至色壁口。[42]前述乾隆二十四年甘肃巡抚吴达善安设橙槽沟一路对行旅而言仍要翻越山岭,也颇为不便,因此咸丰年间的倭仁也选择从小南路行走,具体路线为:"初六日,夜行百二十里至芨芨草子,入巴里坤界,此为小南路,既避十三间房(在南)之风,又免橙槽沟(山路在北)之险,且近两站,诚捷径也,惟台站俱无,苦乏歇处。初七日,早晨抵此,午后复行。百二十里,宿胡桐窝,巴里坤界止。初八日,盐池宿(百二十里),入吐鲁番界。初九日,夜行百二十里,地窝铺少憩,复行六十里。次日宿七格腾木。"[43]显然,倭仁回避了橙槽沟山路,选择从瞭墩直达一百二十里的芨芨草子路。[44]但这并不意味着小南路的使用此时才出现,本章第一节所述康熙雍正年间对吐鲁番的经营,或许已经在使用这条道路,只是具体情况不明而已。

有关这条道路的使用比较确切的记载当始于嘉庆初年流放伊犁的洪亮吉东归路经此道时,在其《百日赐还集》中有《道白山口取小南路往哈密》

第六章 小南路

《将至七个井宿》《朝发七个井雨》等诗的记述[45]，可见洪亮吉归途走的正是小南路。稍后又有从伊犁将军升任陕甘总督的长龄于嘉庆二十二年（1817）六月十一日具奏并奉上谕：

> 巴里坤为北路扼要，自开辟新疆以来，设立领队、总兵，分驻满汉官兵，墩台营汛碁布星罗，兼设镇西府及宜禾县以资弹压稽查，凡商人驼户等由哈密赴乌鲁木齐、伊犁等处者，俱经哈密厅给发路照，至宜禾县换照前进。迨乾隆五十九年哈密驮夫杨月奉等因赴奇台县挽运米面躐出七个井子僻径，系由哈密迤西之瞭墩直达奇台县附近之白山子归入大道，名为小南路，屡次封开，殊无定准。伏思哈密至巴里坤行经松树塘，虽系山梁，并非险阻，行走数十年，未闻有裹足之虞，向来派拨外委带兵常川驻守，修理道路以利遄行，若舍正路而趋僻径，巴里坤重镇地方势必日益萧索，名为便商，实则病民。且东至哈密属之瞭墩、西至奇台属之白山子约计三百余里，并无墩台营汛，殊难稽查，窃虞奸商莠民私贩违禁什物，由该处偷越，甚或紧要人犯乘闲逃匿，新疆重地似不应路径分歧，相应请旨禁止小南路。奉上谕永远封闭，如再有商民私由此路行走者，查获照例治罪，再有新疆大臣奏请复开或私令商民行走者，亦治以违旨之重罪，决不姑恕，钦此。[46]

谨按，以上奏文同样保存于《清仁宗实录》卷三三一中，但戴良佐先生在其《新疆近代交通要道——小南路》中引用类似的材料，却认为是道光八年（1828）长龄平定张格尔之乱东归路经此路时提出的封禁政策，[47]显然有误，《哈密地区志》等志书也错误因循。[48]通过长龄以上奏报，可知这条道路在乾隆后期已经使用，核心路段为哈密之西瞭墩至奇台白山子一线，中经七个井。长龄为保证巴里坤重镇的繁荣，认为必须封禁此路，最后被允准。但可以看出，这条道路当时主要作为民间商道在使用，如留传至今，绘制于道光前期的《新疆全图》便标注："此路无水草、人烟，商贾重车行之，官民不走也。"[49]并且就在道光二十三年(1843)六月林则徐遣戍新疆时,"闻宜禾县令不许商旅行此一路,将店拆毁一空,故中有数站,无店可住,并新建关圣庙亦被毁去。俄而宜禾地震半月,城垣衙署,半就倾圮。县令始悔毁庙拆店之非,此本年六七月间事也。顷闻小南路往来行人仍复不少,余亦决计由此而行,特觇缕识之"[50]。至咸丰二年(1852),乌鲁木齐都统乐斌重申前项禁令[51],但似乎屡禁不止。总之,这条从瞭墩前往北路干道的小南路在同治新疆大乱之前虽时有禁令,但商人、官员往来一直都在行走使用。

至于它缘何被称为小南路,或许可从光绪年间方希孟的《西征续录》中得到启示,其中记载:"余去新疆已二十年,闻北道中又开一小南路,由哈密经瞭墩、色必口而至木垒,以避天山二十四盘之险""二十九日,七十五里至瞭墩,居民十余家。气候渐暖,西南行,直抵吐鲁番,谓之南大路。中经十三间房,多怪风,牛马往往吹没无踪"[52]。显然,"小南路"是相对原先从瞭墩经十三间房的"南大路"而言的,因其路线整体上仍在天山北路干道之南,因此被称为小南路。

同治年间全疆变乱,"南北各城不守,以致各军台概为毁失,文报于以不通,声息自难传闻"[53]。小南路所在东天山断裂带交通道路网自不能幸免。至同治十一年(1872),乌鲁木齐都统景廉奏巴里坤迤西至木垒河止,复设军台九处。[54]及至光绪三年(1877)春,清军三路并进吐鲁番,[55]左宗棠才奏请添设恢复南路交通,并自肋巴泉至西盐池止,设立军台五处,后又加添惠井子军台一处。[56]至光绪五年(1879),左宗棠因"北路军台原设处所每遇南疆公文不能迅速,酌量改移,旋将东井子官兵夫役马驼移驻车籍芦泉,陶赖官兵夫马驼只移驻一碗泉,拉连哈密之了墩,以期改归一律,不致旋折,徒费跋涉"[57]。谨按,《镇西厅乡土志》编纂时,错将托赖井当成"惠(东)井子",但惠井子驿站一直存在,并未移设,[58]实际上分别将陶赖

第六章 小南路

井子、陶赖台移设到小南路上的车箍轳泉与一碗泉。这样,吐鲁番前往巴里坤的路线也因为陶赖井子与陶赖台的移设而发生变化,不得不经小南路上新设的驿站,由橙槽沟一路前往。对此,吐鲁番档案中有明确的记载:"齐克腾木驿四十里至土墩子驿,一百四十里至镇西厅所属西盐池驿,五十里至惠井子驿,七十里至梧桐窝子驿,一百一十里至车箍轳泉驿(即托赖井台改设),九十里至一碗泉驿(即陶赖台改设),九十里至瞭墩驿"[59]。这样小南路终于设立了经制交通设施,尤其当光绪六年(1880)左宗棠在《防营承修各工程请敕部备案折》中奏道:

> 由哈密以达吐鲁番,自瞭墩至七克腾木四驿,分南、北两路,南为官道,妖风时作,沙石俱飞,甚者并人马捲去,渺无踪迹,俗所称"风戈壁者"也;其北有小路,可避风灾,本为商旅必出之途,然无店宇可资栖息,行人苦之。七克腾木防营总兵夏奉朝督饬弁兵,将南路台站移置北路,添备官店、水草、器用,此患乃免。[60]

据上,南大路官道就此废弃于光绪六年,左宗棠笔下的"将南路台站移置北路"的"北路"虽与小南路有关,但并非移设于林则徐笔下的小南路路段。因为据档案显示,光绪五年五月吐鲁番同知在给左宗棠的"一件详复遵裁撤十三间房草局添设土墩子腰站情形由"中报告道:

> 为遵议详复事,窃于五月十一日奉宪台札饬,案据精骑马队右旗夏镇奉朝禀称,由哈密西达吐鲁番,中间瞭墩至七克腾木有南、北两路,南路官道风势猛烈,行人视为畏途,率皆绕路北去,拟请将南路塘站草局改设北路,云云,入原文,仰该厅即便遵照办理等因奉此。伏查去冬蒙雷道将阜厅各草局禀归各驲站兼办,以节靡费,十三间房无驲站可归,仍设局支应,申明在案,刻下巴里坤镇于西盐池各处设立塘站。查西盐池为镇西厅所辖,卑职和衷共济,何敢稍分畛域,□□□见,若仿照雷道禀定旧章,将十三间房草局拨归西盐池塘站兼办,自归

117

划一,数十里内野草可采,尤省运脚之费,十三间房局仍将剩存□□未完草五万三千九百六十斤,觅脚运回七克腾木局,即行裁撤,敬候宪裁示遵。西盐池距七克腾木计程一百六十里,应否于土墩子添设腰站,查土墩子系吐鲁番所辖,添设腰站,卑厅自应办理,以速邮递,但所需夫卒马匹较七克腾木站为数自少,应购募若干名匹,敬候批示,赶为遵办,夏镇于该处添修官店,已来函与卑职面商,所需木料匠作民夫等项,当即采运派拨,以期迅速蒇事。谨将遵议裁撤十三间房草局,添设土墩子腰站情形,详请宪台鉴核施行,须至详者,详中堂。[61]

据上,夏奉朝实际上禀请将原先瞭墩至七克腾木之间的"大南路"所经之地十三间房草局移至北边的西盐池兼办,其禀报中的"北路"正是瞭墩向西北至小南路南端的七个井,再向西南过东、西盐池,连接七克腾木之间的交通路线,这条线路正是《新疆乡土志稿》哈密厅图中的下抛物线路线(见图5)。而钟广生误将夏奉朝禀请移设的"北路"当成林则徐笔下的"小南路"[62],显然不够准确,并使后面学者也受其误导。[63]迨至光绪六年,西盐

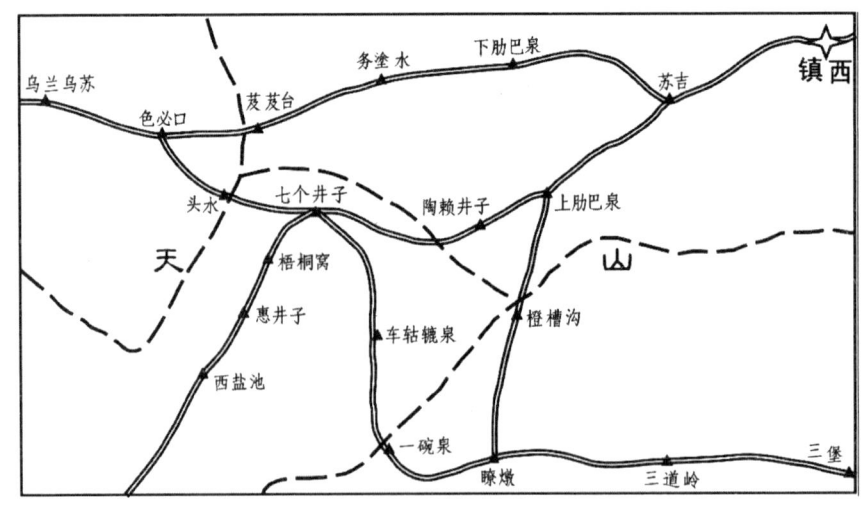

图5 东天山中段道路交通网

池开始兼办十三间房草局,[64]以及土墩子腰站的设立与使用[65],南大路就此废弃,小南路的地位和作用也日渐提升。尤其至冬季,差车多走此路,如光绪十七年(1891)库车郡王阿密特进京轮值年班,不明章程,造成诸多不便,为此新疆巡抚陶模批示:"据称该回王需用车马,奇台县仅发至色芯口止,殊属不知变通。查新疆每逢冬令,天山雪深,进关差车行走南路、北路,并无一定,嗣后各项差车应由迪化县询明。如走南路,即将车价发至吐鲁番接递发给;如走北路,由色芯口取道小南路以达哈密,应需车价□由该县及阜康县递发至奇台,由奇台发至哈密,不得令赴镇西厅取领车价,致有迟误。万一奇台县仍固执不给车价发至哈密,即由哈密厅查明补给"[66]。至光绪三十二年,流放新疆并穿行此路的裴景福记载:

> 由哈密赴迪化省城干路有三:出北门经巴里坤谓之北路,天山积雪,五六月行始便;出北门,与巴里坤路同,七站至七格井分路,向西南经吐鲁番谓之南路,近火山,夏月穴地而居以避热,须冬月后行始便;由七格井西行谓之中路,经大石头,寒暖得中,三四月行最宜。林文忠《纪程》所谓小南路也。[67]

据上,至清朝末年,这条小南路已演变为天山南、北两条干路之外的中路干道,并载入《清会典》中,[68]这也是清末遣戍新疆的钟广生笔下的从光绪九年开始畅行的"中大道"[69],说明其地位已从清朝中期商旅乐行的"小南路"便道提升为正式的"中大道"驿站官道。

三、小南路驿站及其里程

清末,钟广生所著《新疆志稿》列有"自古城东至哈密东南至嘉峪关驿程表",并提示读者"此表所列即小南路"。[70]这显然过于宽泛,就林则徐笔下的小南路而言,是从哈密以西瞭墩出发,穿越东天山断裂带,大概在色皮口合于北路,然后继续向西抵达古城(奇台)。其从七个井驿到瞭墩的路线,同时也是吐鲁番前往哈密的路段,因此小南路的核心路段当为七个井驿到北路色皮口驿,至光绪二十九年(1903),色皮口驿又移设于头水,[71]这样头水与七个井之间的路段便成为小南路的核心段。对于清代小南路的核心路段的记载,同样得从林则徐的《荷戈纪程》说起,其中记载七个井子到黑山子60里,再30里到白山子,再30里到色皮口[72],总里程120里。光绪三十二年方希孟之《西征续录》从七个井70里到土井,再五十里到色皮口[73],仍为120里,但未记载头水驿。如前文,光绪二十九年头水已经设驿,不知该书为何失载。至宣统三年(1911),出任新疆巡抚的袁大化路经此地,据其《抚新纪程》记载,七个井子30里至天山口,再95里至二水沟,再15里至头水沟,再90里至塞皮口。[74]塞皮口,即色皮口,有时也作蛇皮口。[75]其所述总里程为230里,与前引诸书差异巨大。不过,次年(1912)袁大化在其《壬子回程纪》中说道:"五月初一日早二钟行,七钟到头水,六十里误以为九十里也。"[76]《抚新纪程》记载头水驿到大石头驿为120里,如此看来,《抚新纪程》记载的里程不可取。此外,宣统三年流放新疆的最后一位官员刘雨沛在其《西戍途中日记》中同样对此路有记载[77],他所记的道路总里程为105里。看来随着时代的变迁,经行此地者对道路里程的记载也不完全一致,这应与道路的曲直变迁及计算方式有关。至清朝末年,《新疆图志》记载从七个井到新设的头水驿为90里。[78]

虽然《抚新纪程》对小南路里程的记载疏漏颇多,但它对道路上的一些站点的描述却颇为详细,如关于七个井驿有如下描述:

> 七个井子驿,经制一员,马队一棚,大小店四家。井十眼,水深四尺,坎厚丈许,而北面数井,仅厚五尺。开坎井暗渠,自高而下,不过十丈余,本可引水归渠,藉以灌溉,但沙多易陷,帮不好立,必须木石厢砌,方能持久,公费太巨也。每站邮兵、马、步各四,每名月支饷十二两,分两班,一上一下,日夜行四站,较内地略快。每年本省贴款七万余,收费不到一万,所费不资,实因戊申年俄人要求在迪化至塔城一路开办台车,代带邮信,恐侵我邮权,为此不得已之举耳。[79]

七个井之所以重要,是因为该站为"四条道路的交汇点,即从古城到哈密的大路;通向吐鲁番的路,这条路上的来往车辆较少;通过托勒达坂(Tole davan)到北路(Peilu)和巴里坤,这条路很少有人走"[80]。引文中 Tole davan 显然就是陶赖达坂,即从吐鲁番前往巴里坤的旧军台路线,如前文所述,由于陶赖台移设一碗泉后,此路形同废弃。但七个井交通枢纽的地位并未改变,1910 年莫理循就曾拍摄过七个井驿(见图6)及其附近由镇西直隶厅所立的分路碑,上刻"右至小南路,左至梧桐窝"(见图7)[81]。民国六年(1917)谢晓钟记述七个井西北行 3 里迎面也有分路碑,但上刻"西北达奇台,西南至吐鲁番"[82]。

图6　七个井驿

图7　分路碑

关于头水驿,袁大化记载:"十五里头水沟,有清泉,足可垦地数石,有驿站一,店三家,马队五名,邮兵四。"[83]1910 年,莫理循在考察新疆期间,拍有头水驿的照片(见图8)。[84]而色皮口"有清泉,水流潺潺,能开稻田数亩,引水南行,可灌地十余石。因垒为房,殖民亦便"[85]。足见袁大化观察细致,并留心边疆水利与邮政建设。据全国第三次文物普查资料显示,位于今木垒与巴里坤公路北侧约 300 米的山间谷地中的色皮口驿站遗址发现有青花瓷片和清代钱币数枚,当为清代色皮口驿站遗址。该遗址一共有三大单元的房屋建筑基址。第一单元位于最南侧,呈方形,边长 50 米,由院落、房屋、院墙、壕沟四部分组成。院墙呈土垄状,底宽1.5米,高0.6米,基部用石块垒砌,主体用黄色粗砂土构筑。北墙中部有门道,宽3米。院墙内外均有壕沟,宽约1米,深约0.4米。院址北、东、西墙内侧分布有十五间房屋建筑基址,房屋均已倒塌,但形状和间隔可以辨认,每侧各有五间,规格一致,均进深5米,宽3米,门都朝向院子。院落均较平整,没有发现遗迹。[86]可见清代色皮口驿站之大概规模。

图8　头水驿

综上,位于天山中段断裂带的小南路,至清末已经发展为与天山南北两条官道相互连接的中大道,并以七个井为中心,在东天山形成了一个局域性的道路网。今天,这条道路在当地被称作羊肠子沟或西沟,来来回回有九十多道弯,20世纪70年代还在使用,但如今早已被河水冲刷废弃(见彩图10),从哈密前往木垒、奇台的班车也改走七个井以东的东沟新修省道238公路。

第六章 小南路

注 释：

[1] 新疆维吾尔自治区测绘局：《新疆维吾尔自治区地图集》，北京：中国地图出版社，2004年，第11、78页。

[2] 裴景福：《河海昆仑录》，杨晓霭点校，兰州：甘肃人民出版社，2000年，第282页。

[3] 裴景福：《河海昆仑录》，第284页。

[4] 穆彰阿、潘锡恩等纂修：《大清一统志》第12册，卷五二二《吐鲁蕃·建置沿革》，上海：上海古籍出版社，2008年，第313页。

[5]《清圣祖实录》卷二七〇，康熙五十五年十月癸巳，北京：中华书局，1985年，第645页。谨按，哈密已在康熙三十七年（1698）编设旗队，详见祁韵士《皇朝藩部要略稿本》(包汉文整理，哈尔滨：黑龙江教育出版社，1997年）第239页。

[6] 和瑛：《三州辑略》卷一《沿革门·吐鲁番》，见苗普生主编《中国西北文献丛书·二编》第5册，北京：线装书局，2003年，第199页。谨按，从乌兰乌苏前往辟展的道路很有可能就是光绪三年清军南下的穆家沟地，亦即今天翻越鄯善县北天山高泉达坂的北段路线。

[7]《清圣祖实录》卷二七一，康熙五十六年三月甲子，第663页。

[8]《清圣祖实录》卷二七三，康熙五十六年七月戊寅，第679页。

[9]《清圣祖实录》卷二八八，康熙五十九年八月甲子，第810页；和瑛：《三州辑略》卷一《沿革门·吐鲁番》，见苗普生主编《中国西北文献丛书·二编》第5册，第199页。

[10]《清圣祖实录》卷二九三，康熙六十年六月乙卯，第847页。

[11] 同上。

[12]《清圣祖实录》卷二九三，康熙六十年七月丙申，第850页。

[13] 和瑛：《三州辑略》卷一《沿革门·吐鲁番》，见苗普生主编《中国西北文献丛书·二编》第5册，第199页。

[14] 钟兴麒编：《西域地名考录》，北京：国家图书馆出版社，2008年，第790页。

[15]《清世宗实录》卷一七，雍正二年三月丙申，北京：中华书局，1986年，第292—293页。谨按，《三州辑略》作雍正三年（1725）大兵撤还，见《三州辑略》卷一《沿革门·吐鲁番》(见苗普生主编《中国西北文献丛书·二编》第5册，第200页），但《清实录》显

示吐鲁番撤兵是在雍正四年(1726),见《清世宗实录》卷四三(雍正四年四月癸酉,第630页)。

[16]《清世宗实录》卷一○六,雍正九年五月乙亥,第402页。

[17]《清世宗实录》卷一○七,雍正九年六月庚子,第411页。

[18]钟兴麒编:《西域地名考录》,第882页。

[19]穆彰阿、潘锡恩等纂修:《大清一统志》第12册,卷五二二《吐鲁番·属境》,第313页。

[20]《清世宗实录》卷一一二,雍正九年十一月庚申,第486页。

[21]《清世宗实录》卷一一五,雍正十年二月辛亥,第536页。

[22]钟兴麒编:《西域地名考录》,第666页。

[23]王树枏等纂修:《新疆图志》下册(朱玉麒等整理,卷八十《道路二·鄯善县》,上海:上海古籍出版社,2015年,第1525页)有:"西盐池驿(旧名纳呼,旅店一,无民居,无草木,盐池在北山内。《西域图志》纳呼四围皆山,其西谷口狭而深,为辟展东境关隘)。"

[24]《清世宗实录》卷一二三,雍正十年九月庚子,第621页。

[25]和瑛:《三州辑略》卷一《沿革门·吐鲁番》,见苗普生主编《中国西北文献丛书·二编》第5册,第200页;北路战事详见魏源《圣武记》(长沙:岳麓书社,2010年)第148—149页。

[26]王树枏等纂修:《新疆图志》下册,卷七十九《道路一》,第1509页。

[27]和瑛:《三州辑略》卷五,见苗普生主编《中国西北文献丛书·二编》第5册,第374—375、371—372页。此段中数字为相临两站之间的距离里数,下同。

[28]《清高宗实录》卷五五七,乾隆二十三年三月辛丑,北京:中华书局,1985年,第77页。

[29]见钟兴麒编:《西域地名考录》,第602页。

[30]《清高宗实录》卷一○二三,乾隆四十一年十二月丁巳,第709页。

[31]和瑛:《三州辑略》卷五《台站门》,见苗普生主编《中国西北文献丛书·二编》第5册,第363、365—366页。

[32]《清高宗实录》卷五七六,乾隆二十三年十二月甲寅,第338页。

第六章 小南路

[33]《清高宗实录》卷五八一,乾隆二十四年二月庚辰,第429—430页。

[34]椿园:《西域闻见录》卷八《新疆道里表》,味经堂梓,嘉庆十九年(1814)刻本,第2—3叶。

[35]松筠纂修:《新疆识略》,见《续修四库全书》第732册,影印道光元年(1821)武英殿本,第538页。

[36]祁韵士:《万里行程记》,见方希孟《西征续录》,王志鹏点校,兰州:甘肃人民出版社,2002年,第20—21页。

[37]鸭子泉距瞭墩78里,见陶保廉著《辛卯侍行记》(刘满点校,兰州:甘肃人民出版社,2000年)第384页。

[38]苏尔德:《回疆志》卷三,见《中国方志丛书》西部地方第一号,台北:成文出版社,1968年,第111页。

[39]《新疆乡土志稿》(马大正、黄国政、苏凤兰整理,乌鲁木齐:新疆人民出版社,2010年)第470页《哈密厅图》中有"梧桐窝子"标注点。

[40]祁韵士:《西域释地》,见李广洁整理《万里行程记》,太原:山西人民出版社,1992年,第261页。此外祁韵士《万里行程记》(《西征续录》本第19—20页)中有:"西行八十里至瞭墩,在沙碛中。由此地西北入山涧,有一径可达古城,名小南路。"

[41]林则徐:《荷戈纪程》,见方希孟《西征续录》,王志鹏点校,兰州:甘肃人民出版社,2002年,第55—56页。

[42]林则徐:《荷戈纪程》,见方希孟《西征续录》,第56—57页。

[43]倭仁:《莎车行记》,见方希孟《西征续录》,第79页。

[44]王树枏等纂修:《新疆图志》下册,卷八十《道路二》,第1525页:"又自七角井驿折东南七十里(六十里坦途,十里山硖)车毂轳驿(四围皆山,有泉在东北岩下,水苦碱),二十里芨芨槽子(民店一,有泉),四十里出境,接哈密西境官道(距一碗泉驿三十里)。"

[45]洪亮吉:《更生斋集·诗》卷二《百日赐环集》,见刘德权点校《洪亮吉集》第3册,北京:中华书局,2001年,第1233—1234页。

[46]长龄:《懋亭自定年谱》卷二,见《北京图书馆馆藏珍本年谱丛刊》第12册,清道光桂丛堂刻本,第297—299页。

[47] 戴良佐：《新疆近代交通要道——小南路》，《公路交通编史研究》1990年第5期，第63页。

[48] 郑成加主编：《哈密地区志》，乌鲁木齐：新疆大学出版社，1997年，第565页。

[49] 道光《新疆全图》（中国科学院图书馆藏），转引自孙靖国：《迟迟雄疆——清代〈新疆全图〉》(《地图》2015年第3期，第130—131页）。

[50] 林则徐：《荷戈纪程》，见方希孟《西征续录》，第56页。

[51] 戴良佐：《新疆近代交通要道——小南路》，《公路交通编史研究》1990年第5期，第63页；朱一新：《无邪堂答问》卷四《评新疆形势论》，北京：中华书局，2000年，第178页。

[52] 方希孟：《西征续录》，王志鹏点校，兰州：甘肃人民出版社，2002年，第130、134页。王志鹏将此处文字句读为"又自七克腾木至盐池、越南两大站，三百二十里须穷两昼夜之力"，显误，绝无"越南"站名。

[53] 《镇西厅乡土志》，见《新疆乡土志稿》，第120页。

[54] 《镇西厅乡土志》，见《新疆乡土志稿》，第120页。

[55] 左宗棠：《左宗棠全集》第6册，光绪三年三月二十九日《官军三道并进会克吐鲁番两城大概情形折》，长沙：岳麓书社，1996年，第628页。

[56] 《镇西厅乡土志》，见《新疆乡土志稿》，第121页。

[57] 同上。

[58] 钟广生：《新疆志稿》，湖滨补牍庐文之一，民国十九年（1930）铅印本，第162页。谨按，《新疆志稿》又名《新疆备乘》，见陈延琪、萨莎编《西域研究书目》（乌鲁木齐：新疆人民出版社，1990年）第121页。《清代新疆档案选辑》第48册，光绪三十三年三月初二日，桂林：广西师范大学出版社，2012年，第70页。

[59] 《清代新疆档案选辑》第41册，光绪十四年十月二十日，第50页。

[60] 左宗棠：《左宗棠全集》第7册，光绪六年四月十七日《防营承修各工程请敕部备案折》，第525页。

[61] 《清代新疆档案选辑》第37册，光绪五年五月十九日，第293—294页。

[62] 钟广生：《新疆志稿》，第151页；王树枬等纂修：《新疆图志》下册，卷八十三《道路五》，第1576页。

第六章　小南路

[63]如前引戴良佐:《新疆近代交通要道——小南路》,《公路交通编史研究》1990年第5期,第63页。

[64]《清代新疆档案选辑》第38册,光绪六年七月二十五日,第112页。

[65]《清代新疆档案选辑》第38册,光绪六年八月二十八日,第131—132页。

[66]《清代新疆档案选辑》第43册,光绪十九年十一月,第23页。

[67]裴景福:《河海昆仑录》,第268页。谨按,经核对,杨晓霭点校时,脱漏此段引文中"三四月行最宜"之"月"字。

[68]《清会典》,北京:中华书局,1991年,第467页。

[69]钟广生:《新疆志稿》卷三《新疆邮传志总叙》,第163页。

[70]钟广生:《新疆志稿》,第163页。

[71]王树枏等纂修:《新疆图志》下册,卷七十九《道路一》,第1514页。

[72]林则徐:《荷戈纪程》,见方希孟《西征续录》,第57页。

[73]方希孟:《西征续录》,第135页。

[74]袁大化:《抚新纪程》,见方希孟《西征续录》,第214—215页。

[75]刘雨沛:《西戍途中日记》,见《新游记汇刊续编》第6册,北京:中华书局,1923年,第40页。

[76]袁大化:《壬子回程记》,见吴丰培整理《丝绸之路资料汇钞(清代部分)》,北京:全国图书馆文献缩微复制中心,1996年,第1324页。

[77]刘雨沛:《西戍途中日记》,《新游记汇刊续编》第6册,第39—40页:"七角井驿住。至迪化南北两路由此而分,是处井七眼,以树根为井圈。客店四,马拨一所。马队一棚,电卡一所。八月十七日,七角井军塘易马来,马夫不知予等为将校也,极言其马之不驯,恐予等不能骑。……三十里至天山口,有奇台界碑。天山自昆仑西来,蜿蜒若龙,至此戛然中断,进山口则左右石山,壁立千仞,石黝枯松脆,若烧余之丛纸,想山内多硫磺所致,峭壁悬崖,中通曲径,绝处忽续。路若螺旋,迂回上行,五十里达头水沟,地渐开阔,战时守此,足御大敌。未至沟之十余里处,有泉,水源活泼,流数里外,沟旁亦有两泉,一微咸,一清冽。官店马拨各一所,马兵一棚,别无居人。……八月十八日,午前八时自头水驿易马西北行。天山之首至此转向东南,而地势渐开,地质亦变沙为土,水草渐多,可耕可牧。……二十五里天山蛇皮口,自此东北行,经芨芨台、务兔即可至镇西

127

厅,通蒙古。"

[78]王树枬等纂修:《新疆图志》下册,卷七十九《道路一》,第1514页。

[79]袁大化:《抚新纪程》,见方希孟《西征续录》,第214—215页。

[80]马达汉:《马达汉西域考察日记(1906—1908)》,王家骥译,北京:中国民族摄影艺术出版社,2004年,第316页。

[81]莫理循:《1910,莫理循中国西北行》上册,窦坤、海伦编译,福州:福建教育出版社,2008年,第144、146页。

[82]谢晓钟:《新疆游记》,北京:中国国际广播出版社,2016年,第80页。

[83]袁大化:《抚新纪程》,见方希孟《西征续录》,第215页。

[84]莫理循:《1910,莫理循中国西北行》上册,第146页。

[85]袁大化:《抚新纪程》,见方希孟《西征续录》,第215页。

[86]新疆维吾尔自治区文物局编:《新疆维吾尔自治区第三次全国文物普查成果集成:昌吉回族自治州卷》,北京:科学出版社,2011年,第74页。

第七章 他即沟路

一、路名之由来

20世纪初,伯希和在敦煌藏经洞发现唐代残卷《西州图经》记载唐代西州有条道路名曰"他地道",具体走向为"出交河县界,至西北向柳谷,通庭州,四百五十里,足水草,唯通人马"[1]。唐代交河县即清代吐鲁番的雅尔湖[2],庭州即清代孚远县,亦即今之吉木萨尔县。对于两地之间的这条道路,《新唐书》亦记载:"自县(交河县——引者注)北八十里有龙泉馆,又北入谷百三十里,经柳谷,渡金沙岭,百六十里,经石会汉戍,至北庭都护府城。"[3]可见这条道路在唐代西域历史地理中的重要地位。至宋朝初期,王延德出使高昌回鹘,回鹘狮子王正在山阴北庭之地避暑,王延德遂翻山向北,据其记载:"师子王邀延德至其北廷,历交河州,凡六日至金岭口,宝货所出。又两日至汉冢寨。又五日,上金岭,过岭即多雨雪。岭上有龙堂,刻石记云小雪山也。岭上有积雪,行人皆服毛罽。度岭一日至北廷,息高台寺。"[4]可见王延德所走路线仍为唐代之他地道。之后,似再无汉文书籍记载此条道路,直到清代,这条道路被当地人称为"他即沟"[5],仍是对唐代他地道称谓的沿用,尤其至晚清,这条"由吐赴古城小路"更是成为"南北通衢,商贾往来之路"[6],倍受商人喜欢。

有关这条道路在清代的基本情况,据《新疆图志》对其北段有记载:

"城南三十里大龙口,二十里三盛渠,十里泉子街(南乡大聚落),三十里小西沟,三十里四道桥,再南抵冰岭,接吐鲁番界。(凡一百五十里)"[7]而且清末所修《孚远县乡土志》中附有这条道路北半段的基本走向。至于其南段,应当一如从前,虽然《吐鲁番厅图》亦有部分标注[8],但有关这条道路在清代的具体情况,传统"记述性史料"记载缺乏,幸运的是,随着《清代新疆档案选辑》这部大型"遗留性史料"的出版,我们能够大致了解这条道路在晚清新疆的建设和使用情况。

光绪初年,新疆初复,但游匪不定,为招徕人民,恢复生产,各地官府发行路票,并在各处交通隘口、山径设卡稽查,成为一项维护社会秩序的必要措施,而作为沟通天山南北的他即沟路也自然成为稽查的对象。光绪六年(1880),镇迪道饬吉木萨与吐鲁番两地调集马队严密逡巡两边的山口,内容如下:

> 札饬吐、济两属防营各派弁兵两棚各驻两属山口,稽查往来,验明地方官路票,方可放行出入否。即持有军营札文,欲行此捷径,亦必由于两属地方官衙门换票,由卡弁验放,其卡弁又由该管官不时稽察,免致滋事,为此办法,似此皂白易分而责成可当。至两属民人别途他出,其请护照固不待言,若行此山沟,尤须请给路票,以便守口弁兵照验,地方官不取票费,该民人何乐不从,并请饬知吐鲁番奎署丞谕令该属缠回以及汉民买卖人等一体遵行。[9]

据上,可见这条道路在当时已经成为买卖人的一条山中捷径,但往往也有不法之虞,因此当地官府请示如上办理,派队巡查,发给路票,但不许收费,以便行人。左宗棠批示:"据禀各情系为稽查游匪起见,候即分饬新调马队到防后察看情形,派弁勇严密逡巡济、吐两属山口,以靖游氛,并札饬昌吉县暨吐鲁番同知知照"[10]。可见此路对两地之间联系的交通作用。

第七章 他即沟路

二、商贸通道

由于古城与吐鲁番两地间商贸往来颇多,他即沟便成为商人选择的主要道路之一,所以当时有人觉得有利可图,开始揽起兴店、修路之事。如光绪二十四年(1898),乡约毛希鹏便请求在石窑子开设店房:

禀,具恩禀,约民毛希鹏恳禀大老爷恩施格外作主赏准通便路道事,窃约民前往古城,行至半途,有石窑子站口甚为要紧,行人到此总要住歇,往北去下达坂要住歇,往南来上达坂又要住歇,虽有两间窑房,人能暂住,无有圈垣,是与牲畜不便,常常不是失遗,即是虫伤,屡遭此害。再天冷雨雪,人站此处不惟柴薪难以找寻,即找寻来亦且水湿不燃,行人到此常受冻饿,实与行人不便,是无人开设店房之故耳,若有店房,则天晴时将柴草收拾齐备,墙垣修理齐整,无论何人到此,诸样应手,一则行人方便,二则牲畜安然,两有益也。今约民情愿在石窑子开设店房,理合禀明恳祈仁明大老爷作主赏准出示晓谕,严禁差弁不得骚扰。再除柴草外,店钱凭心付给,约民亦不留难,伏乞批示遵行。[11]

据上,乡约毛希鹏看到来往于他即沟路上的商人需要住歇之处,禀请在石窑子地方开设店房,为来往商旅提供方便,并借此收取店钱,但顾忌会有来往差弁骚扰,因此恳请官府出示严禁。最后,官府批示"准出示晓谕,严禁骚扰并照禀酌定歇店钱文,以昭公允"[12],亦即批准了毛希鹏的开店请求。

由于这条道路上商机无限,不久便有更多店户禀请修理桥梁,以便来往商旅畅行,获取更多好处,据档案记载:

具恩禀,修理六道桥店户客民何国举谨禀大老爷案下,敬禀者,窃客民为经修桥梁工程浩大恳恩作主俯准事,情因由吐赴古城小路为南北通衢,商贾往来之路,惟山路崎岖,石窑子往北一带尽属松林,内有桥梁六道,未经修葺,每遇山水涨发,往□□于行旅动辄数日,驴驮不能行走,人亦无法而过,非将六道桥梁修好,以□□□,不然往来商贾有裹脚不前之势。昨蒙济木萨厅宪黄饬差传客民□署面谕,赏给银一百两,饬令雇工伐木兴修六道桥梁,其工程浩大,通盘计算约需数百金方可成功,除陆续收获往来脚户捐助银数十两,不敷之数甚巨。再四筹□,惟有来案禀恩,叩乞青天大老爷案下作主,俯准逾格施恩,大发仁慈,济人利物,恳恩援照光绪九年□□蒙前任刘府主饬令众驴夫脚户凑集银两俾资桥工成就,则往来士商均感大德于再造矣,如蒙恩准,静候批示施行,恭请金安,伏乞慈鉴,客民何国举谨禀。[13]

这里所说的桥梁六道,系指从北向南依次需要路过的六道桥梁。[14]但光绪末年所修《孚远县乡土志》所附图说解释从县城"东南行九十里,至泉子街道止。又南行二十里至头桥,其路一面依山,一面滨水,每至路穷之处,过一卧桥,如是者五,迂回险隘,人马难行,迄达冰山,系通吐鲁番山路"[15]。或许当时济木萨(孚远县)境内只有五道桥,然后过石窑子,南下雅尔湖,向东即可到达吐鲁番城。但据以上引文,光绪九年(1883)这条道路便已经通过捐费用于道路桥梁的修整与维护。但此次吐鲁番同知认为"该民前在该处开店,凡遇往来脚夫人等,每人收取钱一二文作为修理桥梁道路之用",而且"又经济木萨分县发给银一百两,经费更觉宽余,就令稍有不敷,亦应由该民仍照原日办法酌量劝募,听从人便,往来自然有济"[16],可见吐鲁番官府并未积极支持。但此事并没有结束,至光绪二十六年(1900),一位署名何文举的客民联合吐鲁番当地乡约又禀报道:

具恳禀,新城商首刘举兴、亦金锺,乡约马尚泉、杨荣、马兴魁暨店户何文举等谨禀大老爷台前,敬禀者,窃约等查有赴古城要道松树沟地方,虽系济木萨所管,然实吐境要路,旧有桥六道,年深日久,板坏桥塌,工场浩大,难以补修,每逢赴古运驮脚夫及往来客商,如遇山水发涨,莫不留难阻滞,数日不能行动。兹有店户何文举心发

第七章 他即沟路

善举,意欲监工补修,独力难支,是以来城向约等酌商此事,约等复询往来脚夫,均称桥塌工繁,此系实情。再三筹思,惟有恳祈宪恩请发告示,传谕吐属赴古脚夫,每名该给捐资多寡,兴工补修,以便行人,庶免绕道留难阻滞,如蒙恩准,不但约等感激不尽,即来往客商亦颂德于无涯矣,恭请金安,伏乞慈鉴,商首乡约等谨禀。[17]

据上禀,联系前引何国举修桥之事,似乎这次联合当地乡约等人禀请的何文举就是前次单独禀请的何国举。虽然这条路线在清代位于吐鲁番与济木萨境内,但与济木萨相邻的古城却是在光绪九年从原先靠近南山的奇台老城址迁至"地当孔道,东接巴里坤,西达乌垣,南屏天山,北至科布多,东北通乌里雅苏台,西南为出吐鲁番间道,形势允称扼要"[18]的古城。这种得天的便利交通,逐渐使"古城商务于新疆为中枢,南北商货悉自此转输,廛市之盛,为边塞第一"[19]。因而,向南通过他即沟便成为南北商货交流的最便捷通道,而不必向东绕由小南路,或向西绕越乌鲁木齐。正因如此,只有保证道路畅通,才能吸引更多的商贾行走,沿途店户才能收取商贾脚户更多的捐费和店钱。但吐鲁番官府认为"修桥补路捐资,应就自便,不能由官硬派发价,所禀姑候出示开导"[20],即官府最多开导而已。

因为南来北往的商旅经常活跃于这条道路之上,不时有人想在沿途开店,以期得到经济回报,如前引乡约毛希鹏早在光绪十二年(1886)便已在道路南段的石窑子开店,至光绪三十年(1904)又有户民禀请在他即沟经过的红柳河子开店,档案记载:

禀,具禀,苏坤塔户民小的阿色提谨禀大老爷案下,敬禀者,为赏发执照修复店房事,窃小的查赴往奇台距城九十里地名红柳河子下边有承平年倒塌站房一座,现无根□□片瓦,仅有旧墙,小的欲想修复站房一院,往来招客度日,小的不敢擅便,理合具禀,□恩青天大老爷俯赐恩准赏发执照,着小的以凭管业修复,实为恩公两便,如蒙允准,伏候批示祗遵。[21]

谨按,引文中苏坤塔应即吐鲁番的苏公塔,而红柳河子便是行经他即沟路途中的必经之地,位于大河沿附近。早在光绪九年,吐鲁番同知刘嘉德便从北向南穿过他即沟,路经此地,他说:"适五月间卑职因公赴乌,绕道北路,由济木萨大龙口轻骑逾天山回吐,沿途察看一切,见水势汹涌,行百余里至三岔口而乱没矣,又数十里至潘家地之白杨河,又名大河沿,距吐二百里,仍为流出如故,又南不过百二三十里则又乱没矣。由潘家地东行九十里至桃树园子,又有泉水一道较小,又东南行二十里,至红柳河子,而南距城五十余里,亦渗入沙碛"[22]。可见红柳河子离吐鲁番城不远,阿色提的报告显示承平年间此处即有站房,可见此处在同治年间新疆动乱之前便是他即沟上的重要站点,因此他希望在此开店招客度日,恳请官府发给执照。官府随后批复:"据禀该民禀请修复红柳河子旧日站房,领照管业,究竟有无窒碍,候传该管乡约查明报夺。"[23]其后是否批准,不得而知。

本来这条道路作为民间商道,备受商贾喜欢,但随着清朝庚子赔款,新疆也须分赔四十万两,新疆巡抚饶应祺不得不于光绪二十八年(1902)奏请重开华商百货税,朝廷回复道:"现在新疆需款孔殷,着即将华商货税先行筹办,以顾要需"[24]。饶应祺随即在吐鲁番设立税务分局,专门负责本地的土货税收。[25]作为民间商道的他即沟路也未能幸免,官府随即在石窑子设卡征税,给过往商民带来不少影响。如光绪三十年就有商民反映:

> 具呈,原情人客商温绍绩年六十岁,系山西徐沟县人氏,谨呈大老爷案下,敬呈者,窃商民在古城办买杂货,雇吐鲁番小教脚骡五头驮运吐城暨南路销售,又雇骑骡一头上搭衣包两个,外用毡子包裹,其衣包内装银圆两对,计一百两□。于本月初□日在古城起身,已纳税掣票,十二日上午行抵石窑子税卡,商民拴骡入内验票,赶及出来,脚户已吆骡走开,司事不允,要商民追回货骡,验明盖戳放行,即撕搜骑骡上毡包,商民步赶六七里亦未赶上,复又回卡要票不给,非

追回验明不可,客民只得骑骡去追,至白杨河店内追上,见得毡包撕破,即拆开查看,银圆两对全无,未知司事拿去,亦未知包破遗失,于十四日到吐报明税局,即送案管押,此商民实在情形也。[26]

据上,来自山西的客商温绍绩在古城办货,通过这条山间捷径贩卖到吐鲁番及南疆等地,但在过石窑子税卡时,由于税卡人员刁难,非要追回货物验明盖戳才能放行,但是温绍绩追赶货物不及,最后造成重大资金损失。次年春间,他再次向官府反映此事,[27]但官府转询税局后,认为温绍绩所运货物较票载斤数要多,令其照章完罚,因该商不遵,才将税票扣留,因此令其自行赴局了清后,再领票他往。[28]可见,活动于这条道路上的商贾日子不再好过,成本也随之上升。

另据1907(光绪三十三年)年9月经行此路的芬兰探险家马达汉记载,山南泉子村站有一处客栈:

> 客栈是用石头建的,但已严重倒塌。废墟上方的土墙上有几个人工挖掘的洞穴,过往商队把它们用作庇护所。这里没有饲料或者备用食物可买的。一个关卡在这里向过往行人收取税费。吐鲁番向古城运销鲜葡萄和葡萄干以及棉花;古城向吐鲁番运销鸦片烟土、烟叶、火柴和各种小商品,还有日本棉布等。这里的交通常年都很繁忙。积雪很厚的时候,只用马和驴子驮运。据说对骆驼来说,道路太窄。[29]

可见,至清末商旅仍不绝于途,其原因主要在于这条道路直接对准北路商贸中心奇台,而南路吐鲁番的葡萄与棉花又是该地的大宗物品[30],每年自吐鲁番运往奇台销售的棉花就有一二千捆[31],想必通过此路的绝不在少数。总之,这条道路主要作为两地间的商贸通道在南北疆物资流通方面发挥着重要的作用。

注 释：

[1] 郑炳林：《敦煌地理文书汇辑校注》，兰州：甘肃教育出版社，1989 年，第 75 页。

[2]《吐鲁番乡土志》，见马大正、黄国政、苏凤兰整理《新疆乡土志稿》，乌鲁木齐：新疆人民出版社，2010 年，第 135 页。

[3]《新唐书》卷四十《地理四》，北京：中华书局，1957 年，第 1046—1047 页。

[4] 王延德：《西州使程记》，见杨建新编《古西行记选注》，银川：宁夏人民出版社，1987 年，第 160 页。

[5]《清代新疆档案选辑》第 79 册，光绪十一年四月十五日，桂林：广西师范大学出版社，2012 年，第 49 页："头苏目哎思拉谨禀宪台案下，敬禀者，窃查吐鲁番附近承平时北至他即沟、白杨河并煤窑沟之北山"。

[6]《清代新疆档案选辑》第 81 册，光绪二十六年五月，第 62 页。

[7] 王树枏等纂修：《新疆图志》下册，朱玉麒等整理，卷七十九《道路一》，上海：上海古籍出版社，2015 年，第 1512 页。

[8] 参见马大正、黄国政、苏凤兰整理《新疆乡土志稿》，第 468 页。

[9]《清代新疆档案选辑》第 38 册，光绪六年六月，第 69 页。

[10] 同上。

[11]《清代新疆档案选辑》第 79 册，光绪十二年四月十四日，第 223 页。

[12] 同上。

[13]《清代新疆档案选辑》第 81 册，光绪二十六年五月，第 62 页。

[14] 参见吴华峰：《车师古道"他地道"探幽》，《新疆人文地理》2009 年第 4 期。

[15]《孚远县乡土志》，见马大正、黄国政、苏凤兰整理《新疆乡土志稿》，第 28 页。

[16]《清代新疆档案选辑》第 81 册，光绪二十六年五月，第 64 页。

[17]《清代新疆档案选辑》第 85 册，光绪二十六年七月二十九日，第 407 页。

[18] 刘锦棠：《刘锦棠奏稿》，杨云辉校点，长沙：岳麓书社，2013 年，第 191 页。

[19] 王树枏等纂修：《新疆图志》上册，卷二十九《实业二》，第 578 页。

[20]《清代新疆档案选辑》第 85 册，光绪二十六年七月二十九日，第 408 页。

[21]《清代新疆档案选辑》第 86 册，光绪三十年六月初六日，第 374 页。

[22]《清代新疆档案选辑》第39册,光绪九年七月二十八日,第99页。

[23]《清代新疆档案选辑》第86册,光绪三十年六月初六日,第374页。

[24]王树枬等纂修:《新疆图志》上册,卷三十一《赋税二》,第595页。

[25]王树枬等纂修:《新疆图志》上册,卷三十一《赋税二》,第596页。

[26]《清代新疆档案选辑》第87册,光绪三十年十二月,第53页。

[27]《清代新疆档案选辑》第86册,光绪三十一年二月二十三日,第411—412页。

[28]《清代新疆档案选辑》第86册,光绪三十一年二月二十三日,第412页。

[29]马达汉:《马达汉西域考察日记(1906—1908)》,王家骥译,北京:中国民族摄影艺术出版社,2004年,第289页。

[30]《吐鲁番乡土志》,见马大正、黄国政、苏凤兰整理《新疆乡土志稿》,第135页。

[31]《奇台县乡土志》,见马大正、黄国政、苏凤兰整理《新疆乡土志稿》,第46页。

第八章 后沟路

从吐鲁番到乌鲁木齐的道路在唐代被称为"白水涧道",伯希和在敦煌发现的《西州图经》显示:"白水涧道,右道出交河县界,西北向处月已西诸蕃,足水草,通车马。"[1]至清代,两地间的道路仍然存在,并且地位相对前代更为重要。但目前有关这条道路的研究还非常有限[2],缘此,本章试对这条道路在清代的情况做一探讨。

一、道路名称及前期建设

《新疆识略》记载:"其南北相通之道,以自乌鲁木齐踰齐克达巴罕而至吐鲁番者为正道,可通车。"[3]足见这条道路在清代天山南北通道中非同寻常的地位,但这条道路在清前期一直缺乏一个明确的道路名称。至晚清时期,时人往往称之为"后沟大路",如光绪三十二年(1906),吐鲁番向省府"详请后沟路工可否专用营勇兴修,免派吐鄯厅县众户帮工",署理布政使回复:"据申迪化县属后沟大路工程因该厅并鄯善县两处雇派民夫帮修,各缠目从中苛派,既奉抚宪批饬,嗣后桥路坍塌,应由城守协及噶逊营前往修理,以除民累。"[4]显然,时人用这条道路上的"后沟"地名来称呼此路。[5]至于清人对这条道路的开辟和建设使用,同样得从清朝与准噶尔关系和清朝对乌鲁木齐及吐鲁番的经营说起。

第八章 后沟路

如第六章所论,康熙五十六年(1717)吏部尚书富宁安疏报从巴里坤"分为两路前往袭击策妄阿喇布坦边界乌鲁木齐、吐鲁番等处",朝廷也认为"若吐鲁番地方可取则取,将伊处米石充作口粮食用"。次年富宁安疏报:"臣等领袭击之兵于七月初十日至乌鲁木齐地方,拏获回子探问准噶尔消息。随于十一日整兵前进至通俄巴锡地方,分派队伍搜查山林……将乌鲁木齐赛音他拉毛他拉等处耕种地亩俱行践踏,于十二日将兵撤回。"[6]可见清军并未在乌鲁木齐地方长期驻扎。至于吐鲁番,在康熙五十九年(1730)进军之后[7],清朝便开始驻兵屯田[8],这样吐鲁番便成为清朝继续向准噶尔推进的前沿据点。至康熙六十一年(1722),协理将军阿喇衲曾建议清军三路并进准噶尔腹地:

> 今大兵或前移于乌鲁木齐驻扎,臣等亦前移吐鲁番,布列周近地方驻扎,彼此接应,则敌人无路可绕,而所种地亩亦无可虞。臣等公同丈量吐鲁番周近地方,验看方向,绘图呈览,若为进兵之计,则可分为三路,其阿尔泰一路之兵由和布多沿河地方越厄尔齐斯河前进;巴尔库尔一路之兵由乌鲁木齐前进;吐鲁番一路之兵由阿拉挥口越那拉特岭前进。每路可用兵一万五千,若贼人三路来迎,则势分而易败,若一路来迎,则我一路之兵与彼拒战,其两路之兵直抵其妻子存扎之处,彼必不能兼顾。[9]

据上,阿喇衲三路并进方案的前两路其实也是后来乾隆十九年(1754)平定达瓦齐的进军路线,其中"和布多"即科布多。至于第三条路线,即从吐鲁番出发,越过阿拉挥(即阿拉沟)[10],穿裕勒都斯草原,翻越那拉特(那拉提),直达伊犁,亦即《自哈密至准噶尔路程》及乾隆二十二年(1757)将军成衮扎布进击阿睦尔撒纳的路线。[11]其方案意在保护吐鲁番屯田安全,并收进击准噶尔腹地之效,但最后并未落实。[12]这似乎也说明清朝当时尚未利用吐鲁番与乌鲁木齐之间的道路,之后随着雍正后期吐鲁番清军与额敏和卓部众的东迁,清军对这条道路的使用更无希望。直至乾隆二十年(1755),清军平定准噶尔达瓦齐,乌鲁木齐地皆内属[13],处在东部的吐鲁番更不例外,同年即有当地吐鲁番伯克莽里克率众一千户来降之事[14]。如此,乌鲁木齐与吐鲁番之间的联系便具有了现实的可能性。至乾隆二十二年,两地之间的交通终于以上谕的形式被正式启用:

> 又谕曰,哈宁阿奏额林哈毕尔噶一路,气寒雪盛,全无水草,若军营马匹由此行走,恐致损膘。惟自吐鲁番至乌鲁木齐,雪薄而水草亦好,两路远近相等,已行文巴里坤大臣及解送马匹官员等语。所见甚是,可传谕巴图济尔噶勒等解送马匹,须由吐鲁番一路经行,若已向额林哈毕尔噶一路,而前行未远,亦另行取道,仍由吐鲁番行走,并谕巴里坤办事大臣等知之。[15]

谨按,"额林哈毕尔噶"在清代有所谓的山名与台站名之别[16],其大致位置均在裕勒都斯草原之北天山一带。[17]此处指台站名,应该就是前述阿喇衲建议清军从阿拉沟前往裕勒都斯草原东部一带的某个地方,因为只有如此,从吐鲁番出发,无论通过乌鲁木齐,还是通过裕勒都斯草原东部一带前往伊犁,才能符合"两路远近相等"。总之,在此之前,清军前往伊犁的主要交通路线可以说是南北两条并行的线路,并无交叉,至此时,乌鲁木齐与吐鲁番道路交通开辟与使用,终于使得天山南北两条干道连接在一起。次年,清军便经此路前往前线,如:"所调陕、甘绿旗兵丁,计二月二十日以外可至鲁克察克,自鲁克察克至玛纳斯又需二十日,于三月初十左右始至军营。"[18]其后,便是按照清朝的道路交通制度,安设台站等交通设施,并修凿畅通。很快,清朝上谕道:"据巴禄奏称,现在进兵,由巴克库苏一路所设台站马驼倒毙者甚多,经兆惠等移文永贵、定长酌量添补等语。军台关系紧要,马匹驼只自应办给足额,方可驰递无误,永贵等虽专办屯田事务及巴里坤至鲁克察克一路军台,而鲁克察克以外台站更为紧要,着传谕永贵、定长一体查办,勿分畛域。所需马驼即照移文添补,仍协同巴禄不时巡察坐台官兵,务令加意牧放马驼,庶往还事件不致迟滞。"[19]可见清朝为传递文报,在巴里坤至吐鲁番军台路线的基础上,继续完善吐鲁番至乌鲁木齐之间的军台路线,以期传递文报。几个月后,陕甘总督黄廷桂奏:

> 接办理屯田大臣永贵、努三等咨称,吐鲁番一带地土多风,糜谷性松易落,明春止种粟谷、青稞、小麦三色,共需籽种一万九千余石,但现有驼只不敷驮运。查永贵又称自吐鲁番至乌鲁木齐所经七岭,修凿业可行车。又据兆惠称阿克苏、乌什等城已降,回人应交麦稞足敷兵粮,可停解送,则屯田籽种,或以车载,或以各省解到驼骡挽送,应听吴达善、永贵等就近酌办。得旨,诸凡甚妥。[20]

据上,当时吐鲁番至乌鲁木齐所经七岭,毫无疑问就是后来所说的齐克达巴罕。谨按:"齐克达巴罕,在城南二百三十里喀喇巴尔噶逊营东十里,山岭崎岖,道途礉砾,七上七下四十余里,俗名七个达坂,南通喀喇沙尔大道,东通吐鲁番哈密,安设军台。"[21]此路修凿畅通并安设军台,使得供应大军的粮食乃至军火重器可以通过驼骡挽运成为可能。这也说明,以上台站的安设时间与《三州辑略》中乌鲁木齐"南路六军台系乾隆二十五年以前安设"[22]的论述完全吻合。

清代西北边疆交通设施主要为军台、营塘或驿站,《新疆识略》记载:"乌鲁木齐至吐鲁番有军台,有驿站,无营塘(营塘至噶逊止,入吐鲁番界无营塘)。"[23]这句话确切的含义应该理解为两地之间缺乏连续的营塘,但军台和驿站均有。这些军台、驿站交通设施成为保证和维护道路畅通的必备设施。有关其军台设施情况,兹据嘉庆年间所修《三州辑略》相关内容[24]制表7:

表7　乌鲁木齐南路军台表

人员等配备 军台名称	委笔帖式/员	外委/名	字识兵丁/名	供差兵丁/名	当差回子/名	马/匹	铁车/辆
鄂伦拜星底台	1	1	1	13	9	30	3
昂吉尔图淖尔台		1	1	4	9	25	3
喀喇巴尔噶逊台	1	1	1	9	9	25	3
柏杨河腰台				5	5	5	3
哈必尔汉布拉克台		1	1	4	9	25	3
根忒克台	1	1	1	4	9	25	3
备注	中营参将管理南路军台六处，系乾隆二十五年（1760）以前安设，至二十六年（1761）每台设车二辆、马二匹，哈必尔布拉克设马四匹，嗣于乾隆三十七年（1772）每台添车一辆，并增柏杨河腰台一处，兵丁五名，车三辆						

据前文所述，这条道路上的六处军台，至晚应安设于乾隆二十三年（1758），并配备相应的人员、兵丁、车马等，以便供应往来之需。不过后沟路是连接乌鲁木齐与吐鲁番之间的交通要道，所以还有必要探讨一下吐鲁番底台的情况。乾隆年间，天山南北纳入清朝版图后，清朝早期设有辟展办事大臣，直到乾隆四十五年（1780）才将辟展办事大臣改为吐鲁番领队大臣[25]，但这并不意味着吐鲁番底台也设于此时。《三州辑略》记载，吐鲁番底台于乾隆二十五年以前安设，配有委笔帖式、千总、字识兵丁各一人，供差兵丁十一人，当差回子十人，马二十九匹，铁车三辆。[26]但不同于乌鲁木齐南路六处军台归绿营系统中营参将管理，吐鲁番底台归吐鲁番领队大臣管辖[27]，从体制上说，后者并非绿营系统，而属驻防八旗系统。不过这些军台当中都配有笔帖式，属于管理军台事务的具体负责人，乌鲁木齐六台共三名笔帖式，除管理所驻军台外，兼管邻近台站，平均每人管辖两军台，各军台还配备一定数额的当差回子。

在军台系统之外，乾隆四十一年（1776），乌鲁木齐至巴里坤一带改设

第八章 后沟路

州县，乌鲁木齐都统索诺木策凌认为："巴里坤改归乌鲁木齐统辖，一切往来文移关系重大，未便绕道由哈密、辟展驰递；且府、厅、州、县平移公文，例不得擅交军台递送，应自巴里坤起，至迪化州止，连底台站，共安一十六驿。"[28]与此同时，乌鲁木齐与吐鲁番之间也在后沟一路沿线相继设立了驿站，《三州辑略》记载了盐池驿(南至望墩驿90里，北至巩宁驿50里，驿书一名，马夫一名，马三匹)，望墩驿(南至打坂根腰站70里，驿书一名，马夫二名，马四匹)，打坂根腰站(南至山阳驿60里，马夫一名，马二匹)，山阳驿(南至通津驿80里，驿书一名，马夫二名，马四匹)，通津驿(南至芦沟驿90里，驿书一名，马夫二名，马四匹)，芦沟驿(南至阳和驿40里，驿书一名，马夫二名，马四匹)，吐鲁番同知管理南路阳和驿(驿书一名，马夫一名，马三匹)，并注明"以上迪化迤南各驿站于乾隆四十五年乌鲁木齐都统索诺木策凌奏准安设"[29]。但成书于乾隆四十三年(1778)左右的《乌鲁木齐政略》只载有乌鲁木齐巩宁城首站巩宁驿，并无山南六驿，[30]很有可能是取裁标准不同。如果仔细比对后沟路军台与驿站道路里程，不难发现它们彼此之间多有对应关系，如光绪十七年(1891)路经此地的新疆巡抚陶模之子陶保廉在其《辛卯侍行记》中记载根特克旧设芦沟驿、哈必尔罕布拉克旧设通津驿、白杨河旧设山阳驿、大盐池旧设盐池驿等等。[31]

二、后期重建与管辖变化

同治年间新疆大乱，这条道路也随之被毁，如同治三年(1864)"文祥奏吐鲁番南北各路军务吃紧并哈密防堵情形一折，据称奇台、木垒汉回滋事，乌鲁木齐所属之哈必尔罕布拉克等台汉回抢去马匹，前途喀喇巴尔噶逊营汉回变乱，吐鲁番至乌鲁木齐道路不通，而托克逊汉回亦乘机肆扰，喀喇沙尔、乌鲁木齐文报梗塞"[32]。这一乱就是近十年，至光绪二年(1876)清军收复乌鲁木齐等天山北路大部地区，吐鲁番仍在阿古柏侵略势力的控制之下。为对抗清军收复南疆，阿古柏在乌鲁木齐通往吐鲁番的这条道路上的达坂城修筑军事堡垒，重兵把守，抗拒清军南下收复吐鲁番。

光绪三年(1877)三月初一日,刘锦棠亲率马步各营旗及开花炮队由乌鲁木齐向南进发,初三日抵柴窝铺,派队修垒,侦知达坂据贼坚守如故,趁夜前进,斩取外围骑探,"天明雾收,贼在城头瞥见官军环列圆阵,匀布整齐,擎洋枪指出,并发开花大炮。我军伤亡十余人,屹立如故。自卯至午,城中枪炮不歇。刘锦棠策马周览城壕,诱贼出击。所至贼枪密注,子下如雨,从骑有伤者,刘锦棠坐骑亦中子立毙,易马而前。饬各营严防冲突,一面筑垒掘壕,以断援贼",及至初六日,在大炮的轰击下,达坂城之贼向外逃窜,官军擒获无算,十一日南下白杨河,至十三日便克复托克逊城。[33]足见攻克达坂城坚垒的重要意义。其实清军早在乾隆时期便在达坂城驻军,《新疆图志》对此评论道:"蒙语呼喀喇巴尔噶顺,言黑虎城也,城在两山之间,形式险要,为南疆门户。同治间陷于逆回,光绪三年春官兵攻克之。今驻噶逊营守备,居民百余家。"[34]足见清军攻克达坂城的战略价值。今达坂城峡口古城(见彩图14)当为同治年间阿古柏所筑,并非唐代遗址。

据刘锦棠后来回忆,清军"光绪二年大军进剿,挨次设立军塘驰递文报"[35],随着乌鲁木齐与吐鲁番的相继收复,两地之间的道路交通设施也逐渐恢复起来。但与动乱之前稍有不同的是,这条道路上的军台、驿站两套并行交通体系逐渐改归为驿站系统,并且较之动乱前的交通路线亦有变化。虽然光绪十年(1884)甘肃按察使呈赍的"新疆各衙门驻扎地方相距程途里数清册"显示从吐鲁番"阳和驿起四十里至迪化州所管芦沟驿,九十里至通津驿,八十里至山阳驿,六十里至达坂腰站,七十里至望墩驿,九十里至盐池驿,六十里至乌鲁木齐都统、提督驻扎迪化州巩宁驿,计程四百九十里"[36],似乎清军传递文报仍走吐鲁番西部的芦沟驿与通津驿,亦即前文所指对应的根特克台与哈必尔罕布拉克台两处,仍如动乱之前的驿站路线,但这其实不过是甘肃按察使不明新疆驿路变化所致。[37]次年吐鲁番官府在"吐鲁番北至省城程站里数"中报告"自本城阳和驿起,六十里至布干台驿,六十里至托克逊驿,一百里至迪化县所属小草湖驿(系新设),一百里至达坂城驿(即达巴罕驲改设),九十里至柴俄堡驿(即柴窝铺),九十里至省城

第八章 后沟路

迪化县巩宁底驿止,共六站,计程五百里",并补充说"卑厅北至省城,系由阳和驿西达喀喇沙尔通道,至托克逊驮分路,走小草湖驮入省"。[38]至少在光绪十一年(1885)以后,传递文报的驿站交通道路如此,新设的小草湖驿也说明了这种变化。再如光绪十七年(1891)陶保廉行至硁硁沟时记载道:"蒙古语曰根特克,汉人讹为硁硁沟,旧设芦沟驿,今废,驿使绕由托克逊小草湖也。"[39]但这种改变并非说明硁硁沟一线就此废弃不用,其作为乌鲁木齐前往吐鲁番的主要交通道路仍然在使用,但在清末供差过程中曾出现过行政隶属上的变化。

光绪二十一年(1895),青海发生河湟之变,新疆巡抚陶模升署陕甘总督,奉命进关应对,南下途经达坂城时,当地农约杨天喜等人趁机向陶模反映"迪化州向例支差达坂城、后沟、柏杨河三处,其余小草湖、三个泉、硁硁三处吐鲁番支差",但"自光绪十四年起,至今八载,凡过境差使均由迪化县发银饬小的备办一带差务,小的因路途太远,地段太长,深恐备办不周,贻误非浅",因此请求该三处照旧仍由吐鲁番备办差务。[40]吐鲁番遂令所属西部四个苏目查明情况回复,据称光绪三年大军克复后,头二三四苏目自吐鲁番起,办差至三个泉(即哈必尔罕布拉克)止,托克逊四苏目办至小草湖止,只是光绪十二年(1886)从焉耆将苏巴什、阿哈不拉、桑树园、库木什阿哈玛四驿划归吐鲁番办理后,才将办差章程逐一改清界限,"所有三个泉、硁硁、小草湖均皆改归迪化县支办",而且"改归迪化县供支,已经办理将近十年,并无错误"。[41]吐鲁番同知随后将此情况向省府反映:

> 据苏目等查明禀称,小草湖、三个泉、硁硁子三处往来差事向归吐鲁番支应,因彼时军务未定,事难专责,就便供应,并非定章。即吐厅南路差事从前只支应至托克逊止,光绪十二年新疆建立行省,各办各界,将苏巴什、阿哈布拉、桑树园、库木什四驿改归吐厅承办,小草湖、三个泉、硁硁子三处改归迪化承办。今杨天喜等指小草湖一带为太远,吐厅后添各处,其远则有过之,若按军务未定之规,不以辖境为界,小草湖等处仍行归吐,是后拨归吐厅之南路各驿亦应依旧改拨等情前

来。阜厅查承办过往差务，原以辖界为定，庶免彼推此诿，贻误要差。阜厅前办迪化所辖之小草湖、三个泉、硁硁子三处，系在军务未定之际，行军急切，饬办则办，彼疆此界谁敢计及。杨天喜等止思按军务未定以前办法，而于各归各界承办年久之后，指往事为定章，生计图脱，未免不合。且阜厅因添南路四驿始减小草湖等三站，若减者任厅请复，加者又将何归，应请札饬迪化县转饬杨天喜等仍按地界承接，毋再饬推。[42]

据上，吐鲁番厅申述以前办理是在军务未定之时，建省后应该"各办各界"等等。迪化县令黄袁得知后，辩论道："小草湖距省二百七十里，由达坂至该处长途戈壁，绝无人烟，供差本极不便"，并指出"三个泉距省二百八十里，硁硁子距迪三百七十里，向未设驿，且该两处民稀少，三个泉只有半户，硁硁子连鸦尔崖合计不过两户，路途太远，解运粮料柴草及各项供应，奔走实属维艰。而硁硁子离吐仅五十里，三个泉离吐亦只百余里，以之改归吐属办理，不徒劳逸较均，即应办一切更无贻误"，但其立场已经有所软化，建议"拟请将离吐较远之小草湖仍归阜县承办，将距吐极近之三个泉、硁硁子两处复归吐鲁番承办"，[43]最后省府也同意如此处理。[44]但事情并未就此结束，当吐鲁番官府将新的划分方案传给当地户民后，当地百姓并不接受，他们再次反映：

查过往差事虽系官办，亦赖民力，吐厅境内原辖十二站，上年又添往罗布淖尔之甘草湖、苦水泉两站，总计东西两路共十四驿。一遇往来差事到境，需用柴草，由官照章每百斤，东路给价银二钱，西路给价银二钱五分，先交苏目等领取，派发各户采办，木柴一项必赴山北及迪化县属之后沟一带采取，户民住隔产柴各处或五六站七八站不等，长途戈壁往返十余日，所领之价不敷人粮牲畜料草之用，户民苦于承办，头目苦于赔累，因系境内应办之差，责无可贷，只得不辞劳瘁，竭力供支。……杨天喜自虑其难，而欲人任其难，以境内应办之事而请拨与境外不应办之人，如此行事未免大伤公道，且其借口重差，正其巧于规

第八章 后沟路

逊,目等岂得毫无知识,甘心李代桃僵,应请转详各大宪垂念均系子民,视同一体,仍按辖境为限,庶免偏枯。[45]

在吐鲁番西部苏目看来,承办差务困难重重,因此仍坚持各办各界。据此,吐鲁番同知也将以上情况如实反映,并补充道:"牧令居官犹之行云流水,事苟与民无碍,岂敢固存成见,卑厅户民现时既多方推诿,临事必藉口抗违,一经贻误要差,谁堪当此重咎,明知事干宪怒而势处两难,不得不据实呈明,能否仍照定章各办各界,俾免小民争论之处,悉听钧裁",并且声明吐鲁番并无承办大差津贴一项。[46]最后经布按两司会议决定"北路各属供支大差定有津贴,迪化县原准请领,吐鲁番厅本未给予,自后三个泉、砭砭子二处大差及寻常一切差事应请仍饬迪化县供应,如遇有兵差,该二处需用粮料柴草,即由吐鲁番厅帮同支送,路途既近,亦可稍省运脚,如此酌定,该厅县均不得再托词推诿,而差事庶不致有遗误"[47],此事就此暂告了结。但八年后,省府当局还是决定将小草湖、三个泉、砭砭子三处连站带地划归吐鲁番管辖承办差务。[48]因此,《新疆乡土志稿》所附《吐鲁番厅图》(见图9)驿站界线反应的是光绪三十年(1904)十月以后的划分情况。

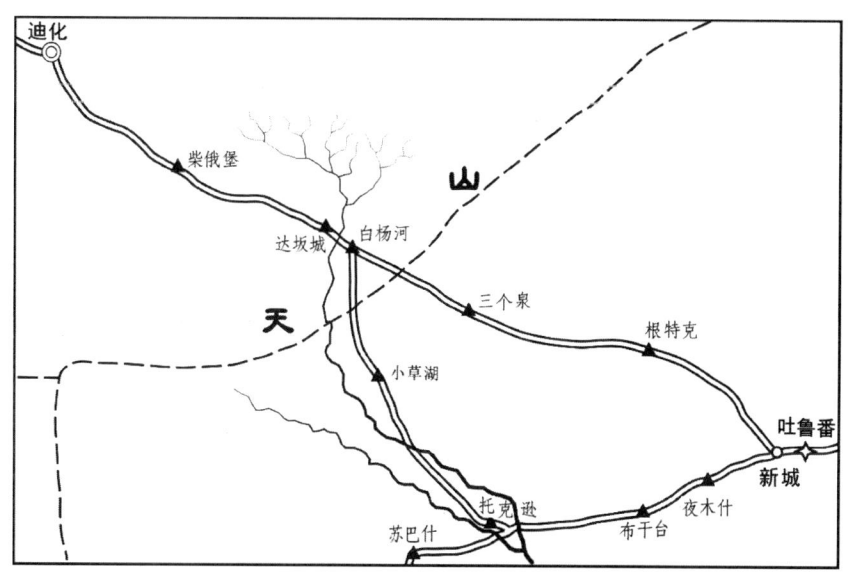

图9　后沟路线示意图

147

三、道路里程与艰难路段

《新疆识略》记载:"自乌鲁木齐东南越齐克达巴罕,五百三十里至吐鲁番。"[49]其具体军台里程为额伦拜星底台 120 里昂吉尔图淖图台,110 里喀喇巴尔噶逊台,55 里白杨河腰台,55 里哈必尔罕布拉克台,110 里根特克台,80 里吐鲁番底台。[50]然而乾隆年间成书的《西域闻见录》却记载两地距离为 490 里,具体数据为吐鲁番北至乌鲁木齐 490 里,50 里根忒克,100 里哈必尔汉布拉克,110 里哈拉巴尔噶逊,110 里昂吉尔图淖尔,120 里鄂伦拜兴,即乌鲁木齐之城也。[51]无独有偶,嘉庆年间修纂的《三州辑略》也同样记载两地间为 490 里,具体为鄂伦拜星 120 里昂吉尔图淖尔,110 里至喀喇巴尔噶逊,55 里至柏杨河腰台,55 里至哈必尔汉布拉克台,100 里至根特克,50 里至吐鲁番城。[52]晚清吐鲁番档案也一再记载两地相距 490 里。[53]另外,值得注意的是《西陲总统识略》记载乌鲁木齐鄂伦拜昇底台 120 里至昂吉尔图台,110 里至哈喇巴勒噶逊台,110 里至哈必尔罕布拉克台,100 里至根忒克台,60 里至吐鲁番台[54],即两地间的距离为 500 里,而且与同一系统的《西陲要略》记载相一致。[55]清朝末年所修《新疆图志》将这条道路分段记载于迪化州、吐鲁番厅境内,其北段路线如下:

> 城南二十里十七户地,折东南十里羊肠沟(坡陀迁折),十里茇茇槽(土屋三家,南北皆山,无草木),五十里柴俄驿(居民五六,有草无木,昂吉图尔淖尔在南山下,距大道仅里许),三十里马兰滩,十五里盐海子,蒙语呼达布逊淖尔(明《华夷译语》盐曰答不逊,即达布逊也),四十里达坂城驿,蒙语呼喀喇巴尔噶顺(言黑虎城也,城在两山之间,形式险要,为南疆门户。同治间陷于逆回,光绪三年春,官兵攻克之,今驻噶逊营守备,居民百余家),十里入峡(经废堡一,周约二里,回匪所筑。涉涧四,峡口荒店一家),十五里至岭巅(巉崖峻坂,车行最艰),七里后沟(岭下土屋三间,行人馆憩于此),八里出峡(绕行曲岸,有荒草、

第八章 后沟路

小树),三十里白杨河(多坡阜,登降坎坷。再东南行半里许,至界碑处出境),接吐鲁番西北境官道(距小草湖驿三十里)。[56]

其南段路线如下:

> 城西三里回城(驻巡检,市廛甚盛,居民四千余丁),十七里雅尔湖(又名崖儿城,汉车师前王所居,唐交河县治也。河水分流绕城,故号交河),三十里硁硁子(即根特克),九十里三角泉(即哈密尔军布拉克),四十里白杨河,会迪化东南境官道。[57]

如果结合两段引文来看,两地之间的距离为425里,但走的是三角泉路线,而非小草湖驿路。可见清末两地道路里程已与乾隆、嘉庆、道光年间的记载不相一致,这多与道路的曲折变迁及不时整修有关,但总体仍在500里上下。

清代行旅在这条道路上主要有两段艰难路段,即翻越齐克达坂及穿越小草湖风区。对于前者,尤其是"达坂城至后沟三十里中有巨岭,险峻非常,车马往来攀岩而上,每年跌毙牲畜无数,行旅视为畏途",后巡抚潘效苏"勘得傍沟东岸,顺流下驶,长约二十里许,两山夹峙,峭壁悬崖,中隔小河一道,若砌石成垒,架木为桥,较岭路稍为径捷,且无攀跻之苦。一面派营兴工,一面由易前令润庠谕令该处农约杨天喜纠集民夫往助,砍伐树木暨予备运石车辆,用费甚属不赀,经营数月,始克竣工。迄今肩客摩毂击,如履坦道,然视前之羊肠九折,人马瘏乏者,真天渊别也"[58]。此事在吐鲁番档案中也有所反映,如"照得达坂城桥路被水冲坏处所,本部院出巡南疆经过,督同在彼文武逐一勘明,据候补游击赵耀南回称桥遇夏令水涨溜急,原修石墩断毁经久,若用巨木修建窝桥坚稳无比,约需工费一千五六百金,路工次之,应用锄铲器具等项由军装局借领",被照准。[59]此事同样被清末途经此路的日本人日野强所记载。[60]但至清末,据《新疆图志》记载,潘效苏所修新路在"戊申秋被水冲决,乃修筑旧路焉"[61]。谨按,戊申乃光绪三十四年,公历1908年,足见新路并未通行长久。但无论如何,潘效苏修路德政仍值得夸赞,如位于白杨河驿站附近便有新疆巡抚"潘老大人德政"的界碑

(见图10),虽然马达汉书中保存的德政碑照片不是很清晰,但仍可识读落款时间为光绪三十一年(1905)。[62]考虑到潘后来被革职,可以想象这类修路德政碑的命运。1920年邓缵先路经此地时记载:"至白杨河山麓,竖一石碑,凡四百余字,为迪、吐分界,供支军粮过境,光绪三十一年刊石。"[63]当系潘效苏之德政碑,民国初年尚在,但不知今在何处。

行走在这条路上,还有托克逊至小草湖一带的风灾戈壁之区,同样对过往行旅影响巨大。据1907年7月穿越此地的马达汉记载:"早晨七点,当我们

图10 白杨河界碑

走上通向一个山口的道路时,感觉好像各种各样的亚洲风决定集中起来阻止我们过境似的。我们的马十分勉强地顶着风走,前进的速度非常缓慢。我们卷曲着身子坐在鞍子上,以便最大程度地减少风的阻力。暴风实在太强烈了,带着那么大的驮运行李,我们宁愿等风停下来再走——但那有什么用呢,在这个地方人们常说,暴风几乎是每天的家常便饭。"[64]另据光绪十八年十月行经此地的王廷襄记载:"小草湖至托克逊一站无计可避风灾,夏经此者渴死,冬经此者遇黑风辄冻死。"[65]并据当时小草湖驿站驿书言:"去夏驿夫自上站负文报来,未到站十余里遇一人仆地,呼之不应,知其渴将死,到站后告渠,渠即遣卒骑快马送瓜去救,仆者得活。"[66]又言:"本月初四夜有阿克苏缠回随天津人自南路贩货晋省,策驴数十头,未及驿十余里,黑风陡起,时值下雪,冻毙缠回一名,驴子三十头,天津人得汛勇救回驿站,亦僵卧发肿,入省寻死。"[67]针对以上缺水与风灾之患,当地官府与民众

第八章　后沟路

一直都在寻找应对之策,凿井开泉、建置站房便是比较有效的应对之策。因而,光绪十九年(1893)巡抚陶模得知此情后,饬令迪化县在小草湖至托克逊戈壁适中之地开挖避风洞,创建屋宇,制造木桶储水,以济行旅。[68]关于此事,晚清吐鲁番档案中亦有反映,据卸署迪化县刘令兆松、署吐鲁番营守备周陛朝禀称:"卑职兆松于本月初三日行至小草湖迤南四十里之大坎地方,就便勘验前次奉饬兴修该处道旁避风客店,内院宽敞能停大车数十两,屋宇墙垣檩木门片窗户亦皆坚实,足资经久,其店内已经标下陛朝招雇民夫备买驼驴二头,于前次所掘井处驼运泉水挹注待吸,今岁秋间大风数起,行旅赖安,是其明效"[69]。可见以上措施成效颇著,只是"上项驼水储水木桶以及驼驴价银虽卑职兆松预为捐廉办就应用,而现在守店口食无从取给",因此请求筹给经费,并禁止往来人等毁坏房屋,以期久远,最后均被允准。[70]民国九年(1920)邓缵先在其《叶迪纪程》中仍记载小草湖一带有避风土穴及站点。[71]以上风灾区正是今天托克逊县境内的所谓三十里风区,并建有风力发电站,已将风灾变成风能。但在清代,这一带风灾区对行旅的影响却只有害处,而无益处。

注　释:

[1]郑炳林:《敦煌地理文书汇辑校注》,兰州:甘肃教育出版社,1989年,第75页。

[2]如潘志平《清代新疆的交通和邮传》(《中国边疆史地研究》1996年第2期)与刘文鹏《清代驿传及其与疆域形成关系之研究》(北京:中国人民大学出版社,2004年)虽有所涉及,但篇幅非常有限。

[3]松筠纂修:《新疆识略》卷一《新疆疆域总叙》,见《续修四库全书》第732册,影印道光元年(1821)武英殿本,第530页。

[4]《清代新疆档案选辑》第87册,光绪三十二年二月,桂林:广西师范大学出版社,2012年,第324页。

[5]谨按,"后沟"为吐鲁番前往乌鲁木齐道路上的一处地名,在白杨河之北,参见

马大正、黄国政、苏凤兰整理《新疆乡土志稿》(乌鲁木齐:新疆人民出版社,2010年)第459页所附《迪化县图》可知。另《辛卯侍行记》(兰州:甘肃人民出版社,2000年)第416页:"初五日,自白杨站西入峡。四里出峡,升陡坡。又西多黄沙梁,登降坎坷。三里东北下坡,逾干沟,缘沙梁行。四里折北,越十余丈之坡,又北多培楼。十五里复入峡,经沟中石碛。四里沟水淙淙(流急不冰),绕行曲岸(有荒草小树)。三里后沟"。

[6]《清圣祖实录》卷二七三,康熙五十六年七月戊寅,北京:中华书局,1985年,第679页。

[7]《清圣祖实录》卷二八八,康熙五十九年八月甲子,第810页。

[8]和瑛:《三州辑略》卷一《沿革门·吐鲁番》,见苗普生主编《中国西北文献丛书·二编》第5册,北京:线装书局,2003年,第195页。

[9]《清圣祖实录》卷二九六,康熙六十一年二月壬申,第872—873页。

[10]钟兴麒编:《西域地名考录》,北京:国家图书馆出版社,2008年,第25页。

[11]《自哈密至准噶尔路程》,见黄文炜《重修肃州新志》,酒泉:甘肃省酒泉县博物馆翻印,1984年,第653—658页;《清高宗实录》卷五四九,乾隆二十二年十月丙子,北京:中华书局,1985年,第993—994页。

[12]《清圣祖实录》卷二九六,康熙六十一年二月壬申,第872—873页。

[13]穆彰阿、潘锡恩等纂修:《大清一统志》第12册,卷五二〇《乌鲁木齐·建置沿革》,上海:上海古籍出版社,2008年,第279页。

[14]《清高宗实录》卷四八七,乾隆二十年四月乙丑,第103页。

[15]《清高宗实录》卷五五三,乾隆二十二年十二月癸未,第1073页。

[16]钟兴麒编:《西域地名考录》,第266—267页。

[17]贾玛利·乌木尔他义:《哈萨克族何时定居在额林哈毕尔噶一带的》,见《昌吉文史资料选辑》第8辑,1989年,第1页;另亨宁·哈士纶著《蒙古的人和神》(徐孝祥译,乌鲁木齐:新疆人民出版社,2013年,第264页)便有"额林哈毕尔噶山"的土尔扈特歌曲。

[18]《清高宗实录》卷五五六,乾隆二十三年二月乙丑,第140页。

[19]《清高宗实录》卷五五七,乾隆二十三年三月辛丑,第77页。

[20]《清高宗实录》卷五七一,乾隆二十三年九月癸丑,第257—258页。

第八章 后沟路

[21] 和瑛:《三州辑略》,见苗普生主编《中国西北文献丛书·二编》第 5 册,第 212 页。

[22] 和瑛:《三州辑略》,见苗普生主编《中国西北文献丛书·二编》第 5 册,第 363 页。

[23] 松筠纂修:《新疆识略》卷一《新疆疆域总叙》,见《续修四库全书》第 732 册,第 531 页。

[24] 和瑛:《三州辑略》卷二《官制门》,见苗普生主编《中国西北文献丛书·二编》第 5 册,第 362—363 页。

[25] 和瑛:《三州辑略》卷二《官制门》,见苗普生主编《中国西北文献丛书·二编》第 5 册,第 222 页。

[26] 和瑛:《三州辑略》卷五《台站门》,见苗普生主编《中国西北文献丛书·二编》第 5 册,第 363—364 页。

[27] 和瑛:《三州辑略》卷五《台站门》,见苗普生主编《中国西北文献丛书·二编》第 5 册,第 363 页。

[28]《乌鲁木齐政略》,见王希隆《新疆文献四种辑注考述》,兰州:甘肃文化出版社,1995 年,第 46 页。

[29] 俱见和瑛:《三州辑略》卷五《台站门》,见苗普生主编《中国西北文献·二编》第 5 册,第 372—373 页。

[30]《乌鲁木齐政略》,见王希隆《新疆文献四种辑注考述》,第 47—48 页。《乌鲁木齐政略》成书时间见《新疆文献四种辑注考述》第 147 页。

[31] 参见陶保廉:《辛卯侍行记》,刘满点校,兰州:甘肃人民出版社,2000 年,第 414—418 页。

[32]《清穆宗实录》卷一一〇,同治三年七月癸亥,北京:中华书局,1987 年,第 430 页。

[33] 俱见左宗棠:《左宗棠全集》第 6 册,光绪三年四月二十五日《攻克达坂城及托克逊坚巢会克吐鲁番满汉两城详细情形请奖恤出力阵亡各员弁折》,长沙:岳麓书社,1996 年,第 655—656 页。

[34] 王树枏等纂修:《新疆图志》下册,卷七十九《道路一》,上海:上海古籍出版社,

2015年,第1510页。

[35] 刘锦棠:《刘锦棠奏稿》,杨云辉校点,光绪九年七月初一日《关外各军行粮坐粮章程善后台局一切应发款目缮请立案折》,长沙:岳麓书社,2013年,第170页。

[36]《清代新疆档案选辑》第78册,光绪十年五月(原文署为光绪十月五月,误),第304页。

[37] 详见下编第十二章第一节"传递文报"的讨论。

[38]《清代新疆档案选辑》第41册,光绪十四年十月二十日,第50—51页。

[39] 陶保廉:《辛卯侍行记》,第414页。

[40]《清代新疆档案选辑》第43册,光绪二十二年正月十四日,第396—397页。

[41]《清代新疆档案选辑》第43册,光绪二十二年正月三十日,第411页。

[42]《清代新疆档案选辑》第44册,光绪二十二年四月十四日,第5页。

[43] 俱见《清代新疆档案选辑》第44册,光绪二十二年四月十四日,第5页。

[44]《清代新疆档案选辑》第44册,光绪二十二年六月二十日,第38页。

[45]《清代新疆档案选辑》第44册,光绪二十二年七月二十八日,第56页。

[46] 同上。有关承办大差津贴的详细情况详见下编第十一章驿站经费的讨论。

[47]《清代新疆档案选辑》第44册,光绪二十二年十月十八日,第97页。

[48]《清代新疆档案选辑》第46册,光绪三十年九月二十三日,第438页。

[49] 松筠纂修:《新疆识略》卷一《新疆疆域总叙》,见《续修四库全书》第732册,第528页。

[50] 松筠纂修:《新疆识略》卷一《新疆疆域总叙》,见《续修四库全书》第732册,第537—538页。

[51] 椿园:《西域闻见录》卷八《新疆道里表》,味经堂梓,嘉庆十九年(1814)刻本,第3叶。

[52] 和瑛:《三州辑略》卷一《疆域门》,见《中国西北文献丛书·二编》第5册,第362—363页。

[53]《清代新疆档案选辑》第14册,光绪二十年二月二十九日,第293页。

[54] 祁韵士:《西陲总统事略》卷三《南北两路军台总目》,北京:中国书店,2010年,第48页。

第八章 后沟路

[55]祁韵士:《西陲要略》,见李广潔整理《万里行程记》,第140页。

[56]王树枏等纂修:《新疆图志》下册,卷七十九《道路一》,第1510页。

[57]王树枏等纂修:《新疆图志》下册,卷八十《道路二》,第1523页。

[58]《迪化县乡土志》,见马大正、黄国政、苏凤兰整理《新疆乡土志稿》,乌鲁木齐:新疆人民出版社,2010年,第5页。

[59]《清代新疆档案选辑》第20册,光绪三十二年,第17页。

[60]日野强:《伊犁纪行》,华立译,哈尔滨:黑龙江教育出版社,2005年,第118页。

[61]王树枏等纂修:《新疆图志》下册,卷七十九《道路一》,第1510页。

[62]马达汉:《马达汉西域考察日记(1906—1908)》,王家骥译,北京:中国民族摄影艺术出版社,2004年,第254页。

[63]邓缵先:《叶迪纪程》,黄海棠、邓醒群点校,上海:华东师范大学出版社,2012年,第74页。

[64]马达汉:《马达汉西域考察日记(1906—1908)》,第254—255页。

[65]王廷襄:《叶桥纪程》,见《丝绸之路资料汇钞》(清代部分),北京:全国图书馆文献缩微复制中心,1996年,第851页。

[66]同上。

[67]同上。

[68]同上。

[69]《清代新疆档案选辑》第83册,光绪二十年十二月十一日,第211—213页。

[70]同上。

[71]邓缵先:《叶迪纪程》,第72—73页。

下编　驿传篇

　　清代,"驿传"常与"邮传""邮政"相互混用,如道光元年(1821)朝廷曾谕令严禁回疆伯克进京途中扰累山西驿站"以肃邮传"[1],又如"各塘站向章,凡遇新疆各大臣差弁赍进奏折,应即照例支给,此外一切杂差无关紧要公文概不准支给,原以重文报而肃邮政"[2]。至光绪新疆建省,所设镇迪道之关防名曰"甘肃新疆镇迪道兼按察使衔管理全省刑名驿传事务关防"[3]等等。正因如此混论,有些论著索性综称为"邮驿制度",如权威工具书《中国历史大辞典》释"驿传"为"中国历史上政府为供官员往来和文书传递的邮驿制度的通称"[4],还有楼祖诒所编《中国邮驿史料》(北京:人民邮电出版社,1958年)、刘广生主编《中国古代邮驿史》(北京:人民邮电出版社,1986年)、仇润喜与刘广生主编《中国邮驿史料》(北京:北京航空航天大学出版社,1999年)等等。"邮政"虽在清末已经兴起,但在当时西北边疆,以驿站为核心的传统驰递平台仍为主要方式,为避免与现代邮政相混淆,本文不用此种称谓,而采用"驿传"一词,但在具体行文及引述资料时,仍不可避免会出现三者互用的现象,特此说明。

注 释

[1]《清宣宗实录》卷一三,道光元年二月癸卯,北京:中华书局,1986年,第261页。

[2]《清代新疆档案选辑》第37册,光绪四年,桂林:广西师范大学出版社,2012年,第183页。

[3]刘锦棠:《刘锦棠奏稿》,杨云辉校点,光绪十一年八月十一日"刊按察使关防启用片",长沙:岳麓书社,2013年,第309页。

[4]中国历史大辞典编委会编:《中国历史大辞典》下卷,上海:上海辞书出版社,2000年,第2033页。

第九章　清代新疆驿传沿革

有关清代新疆驿传的演变,清末所修《新疆图志》总结道:"溯新疆邮传之创,始自乾隆二十四年(1759),大功耆定,全疆荡平,天山南北两路遍置台站,而岩疆扼塞与夫毗接藩封之处,复为卡伦、鄂博,绵亘延衍,以资重固。军台则领以营员及笔帖式,卡伦则领以骁骑、前锋校,而统以侍卫。由是四通八辟,棋布星罗。同光军兴,还定安集,开府置郡,而旧设之军台、营塘,悉从省制,改为驿站,统隶于守令。乃建行省于乌鲁木齐,取适中之地,当四达之冲,所以居中控驭,通南北之邮者,于是乎系焉。……盖新疆自入版图以来,邮传之制,由军塘而驿站,由驿站而邮政,至是凡三变矣。"[1]《新疆图志》不仅简明扼要地总结了清代新疆驿传的设置历史,而且总结了其三次演变过程,可谓精辟,但其中仍有不实不尽与有待商榷之处。不过在讨论之前,必须首先明确清人笔下的"天山南北两路"的含义。清人对此多有记述,如嘉庆年间流放新疆的祁韵士记载:"今之新疆,即古西域。出肃州嘉峪关而西,过安西州至哈密,为新疆门户。天山横亘其间,南北两路从此而分。由哈密循天山之南,迤逦西南行,曰吐鲁番、曰喀喇沙尔、曰库车、曰阿克苏、曰乌什、曰叶尔羌、曰和阗、曰英吉沙尔、曰喀什噶尔,是为南路。由哈密踰天山之北,迤逦由北而西,曰巴里坤、曰古城、曰乌鲁木齐、曰库尔喀喇乌苏、曰塔尔巴哈台、曰伊犁,是为北路。"[2]不难看出,天山将新疆分成南、北两大地理单元,因此南路、北路有如后世之南疆、北疆之地域名称,此其第一种含义。祁韵士还在其《万里行程记》中记载:"哈密距嘉峪关一千五百九十里,为新疆咽喉要地,有两孔道:北达巴里坤,即镇西府,为天山

第九章 清代新疆驿传沿革

北路,凡赴古城、乌鲁木齐、库尔喀喇乌苏、塔尔巴哈台、伊犁,皆取道于此。西达吐鲁番,为天山南路,凡赴喀喇沙尔、库车、乌什、阿克苏、叶尔羌、和阗、喀什噶尔,皆取道于此。"[3]可见其北路、南路又具有"交通道路"的含义,既属道路交通,其无非是对交通设施(如军台、营塘与驿站等)的彼此连接,因此也就具有了边疆"驿传"的功能,此乃第二种含义,也是本编所要讨论的主题。鉴于清代新疆主要绿洲、城池多位于天山南北两条驿传干道沿线,而涉及驿传的设置、经费、管理、功能与社会关系等专题的主要材料也多集中于天山南北两条干道方面,因此本编选取天山一线的驿传干道作为主要探讨对象,实因资料所限而不得已为之,特此说明。

一、清前期驿传的设置

关于驿传的设置,光绪朝《清会典》解释道:"凡置邮,曰驿、曰站、曰塘、曰台、曰所、曰铺,各量其途之衝僻而置焉。"[4]即清代驿传主要通过以上六种形式或平台的设置而得以实现,但新疆似乎只有其中三种——(军)台、(营)塘与驿(站)[5],以下分别论之。

(一)台,光绪朝《清会典》解释:"西北两路所设为台",北路从张家口外经蒙古高原至科布多,连接新疆古城(奇台)[6],西路从北京出发,经河西走廊到达新疆哈密,然后再分天山南北两路分别抵达喀什噶尔与伊犁。[7]台在清代新疆文献中多称为"军台",如成书于乾隆年间的《乌鲁木齐政略》解释:"军台专为各处奏折、文报以及运送官物,应付差员而设。"[8]于此可见,新疆军台完全具备清代驿传的三项基本功能。至于嘉庆年间和瑛所修《三州辑略》解释的"军台之名,始于军营"[9],更是直指新疆军台与军事之密切关系。

关于天山北路(哈密至伊犁)军台的设置,金峰先生曾以乌鲁木齐为中心,将其分为乌鲁木齐北、西两路[10]。其所谓"乌鲁木齐北路"实指天山北路"哈密至乌鲁木齐"段,但不如称之为"乌鲁木齐东路"更为妥当,如此方与"乌鲁木齐西路"(乌鲁木齐至伊犁段)正相衔接,共同组成天山北路台站驿传路线。

乌鲁木齐东路哈密至巴里坤段的军台设置要早于乾隆二十四年,如上编第五章所论,早在康熙五十五年(1716)富宁安就曾奏请"自巴尔库尔至科舍土岭北口请安设三台,令巴尔库尔驻扎之步兵牵驼运送,自哈密至科舍土岭南口亦请安设三台,令哈密驻扎之二百兵丁牵驼运送",所安六台应即《西域图志》所载哈密底台、黑账房台、南山口台、达巴顶台、松树塘台与奎苏台。[11]但如前面章节所引《西陲总统事略》"乌鲁木齐经巴里坤至哈密无军台有营塘",《新疆识略》此段路程亦未开列军台名目。[12]究其原因,金峰先生认为阿睦尔撒纳叛乱后,北路所安台站被准噶尔毁坏,文报改走天山南路,北路遂将起初安设的台站改为营塘[13],因而才会出现前引《西陲总统事略》无军台的记载。此后天山北路干道军台便只存在于伊犁至乌鲁木齐之间[14],兹据《三州辑略》等材料,将其军台配置情况整理为表8:

表8 天山北路军台配置表

所属	军台名	委笔帖式/员	外委/名	字识/名	兵丁/名	马/匹	牛/只	车/辆	距离下台/里
提标中营参将	鄂伦拜星底台	1	1	1	13	30		3	75
	洛克伦台		1	1	14	30		3	60
	呼图壁台	1	1	1	14	30		3	60
玛纳斯副将	土古里克台	1	1	1	13	30		3	75
	玛纳斯底台	1	1	1	13	30		3	80
	乌兰乌素台		1	1	13	30		3	70
	安济海台	1	1	1	13	30		3	70
库尔喀喇乌苏游击	奎屯台	1	1	1	13	30		3	50
	库尔喀喇乌苏台	1	1	1	13	40	10	3	65
	布尔噶齐台		1	1	13	40	10	3	60
	墩穆达台	1	1	5	13	40	10	3	55
	古尔图台		1	1	3	40	10	3	50

续表

所属	军台名	委笔帖式/员	外委/员	字识/员	兵丁/员	马/匹	牛/只	车辆	与下台距离/里
晶河都司	托多克台	1	1	1	18	40	10	3	60
	噶顺腰台				5	5		3	65
	晶河台		1	1	18	40	10	3	60
	托里台		1	1	13	40	10	3	70
	托霍穆图台		1	1	13	40	10	3	90
伊犁	瑚素图布拉克台					40	10		80
	鄂勒著依图博木台					40	10		80
	鄂博勒齐尔台					40	10		40
	塔勒奇阿满台					40	10		60
	沙喇布拉克台					40	10		70
	伊犁惠远城					40	10		
总计	23台	9	16	19	215	805	140	51	1445

注：本表伊犁属军台里程见《新疆识略》卷一，其马、牛数据见《乌鲁木齐政略》第43页；其余所属台站数据均见《三州辑略》卷五。

据表8，从伊犁至乌鲁木齐共有军台二十三处，除伊犁所属台站及乌鲁木齐鄂伦拜星底台外，其余军台正站均"系乾隆二十七年安设，至二十八年每台设车二辆，嗣于三十七年每台添车一辆"[15]，其中乌鲁木齐鄂伦拜星底台系乾隆二十五年（1760）以前安设，因系底台及通往南路首站，所以军台设施配备较多，设有回子九名供差，噶顺腰台则添设于乾隆三十七年（1772）。[16]至乾隆三十七年，伊犁将军奏请"自伊犁底台起，至库尔喀喇乌苏台止，除每台原安马三十匹外，再添马十匹，牛十只"[17]，这已在表8中体现，当然添设马牛只针对军台正站，并不包括腰站。军台笔帖式由乌鲁木齐满营派拨，乌鲁木齐底台当差回子由吐鲁番派拨，三年一换。[18]此外，"呼素图布拉克等四台虽属伊犁所辖，兵丁俱由库尔喀拉乌素派拨"[19]。从乾隆三十七年起，自鄂伦拜星底台至托霍穆图台一线，"每台抽兵三名，办给农具、籽种，在于该台附近地垦种大麦、青稞，作为马匹料石之需"[20]。至于其总里程,据《新疆识略》记载,东西全长为1770里。[21]

至于从哈密到喀什噶尔的天山南路军台的设置,若以吐鲁番为中心,可将其分为东西两段,东段哈密至吐鲁番军台驿传建置,可据《三州辑略》相关记载整理为表9[22]:

表9 天山南路东段军台配置表

所属	军台名	笔帖式/员	守备/员	把总/员	外委/员	字识/名	兵丁/名	回子/名	马匹	车辆	距离下台/里
哈密副将	哈密底台			1			8		20		60
	头堡台				1		8		20		60
	三堡台				1		8		20		70
	鸭子泉台				1		8		20		80
	瞭墩台				1		8		20		80
	橙槽沟台				1		8		20		30
巴里坤左营游击	肋巴泉台		1			1	5	10	33		60
	陶赖台				1	1	3	1	21		80
	托赖井子腰台						2		4		60
	梧桐窝台				1	1	3	10	30		70
	惠井子腰台						2		4		50
	盐池台				1	1	4	10	31		180
吐鲁番领队大臣	七克腾木台	1		1		1	6	10	19	3	50
	苏鲁图台				1	1	1	10	19	3	60
	辟展台	1			1	1	5	10	19	3	60
	连木沁台				1	1	4	10	19	3	60
	胜金台				1	1	4	10	19	3	90
	吐鲁番底台	1		1千总		1	11	10	29	3	
总计	18台	2	1	6	9	10	98	91	333	18	

第九章 清代新疆驿传沿革

对于天山南路东段军台的设置,金峰先生认为要晚于北路,尤其当阿睦尔撒纳叛乱后,北路文报才改走吐鲁番南路。[23]但严格来讲,此时改走的天山南路军台并非哈密与吐鲁番之间的直接路线,而是吐鲁番至巴里坤之间的军台路线,真正的天山南路军台路线,应从哈密向西至瞭墩,走橙槽沟一路至肋巴泉台,转而与巴里坤前往吐鲁番的路线会合,这在上编第五、六章中已有讨论。而橙槽沟一路军台系乾隆二十四年甘肃巡抚吴达善奏请安设。[24]而肋巴泉至吐鲁番军台当在乾隆二十三年(1758)设置。[25]正因如此,《三州辑略》在论及南路东段军台设置年代时,多记载为乾隆二十五年以前安设,自是确论。另外需要说明的是,如第六章所论,虽然在天山南路瞭墩至七克腾木之间存在经过十三间房的所谓"南大路",但在同治新疆动乱之前,这条道路从未做过军台路线使用,即便小南路从嘉庆年间出现以后,军台路线仍走橙槽沟一路。[26]还需说明的是天山南路东段哈密与巴里坤所辖军台归当地绿营系统管辖,而吐鲁番军台则归八旗系统的吐鲁番领队大臣管辖,但吐鲁番底台又有出自绿营系统的千总一人,当系吐鲁番城区内地民人众多,混合使用的结果。最后,巴里坤与吐鲁番的多数军台配有当差回子,分别由哈密和吐鲁番选派,半年更换一次,[27]不同于乌鲁木齐底台当差回子三年一换,或许是南路差务繁忙所致。

至于从吐鲁番向西南到喀什噶尔的天山南路西段军台路线的设置,金峰先生认为是在清朝统一天山南路的过程中完成的,[28]笔者完全同意。如乾隆二十三年,当雅尔哈善进取阿克苏时,上谕:"今思伊等若直抵阿克苏,则中间沙雅尔等城,必须安设台站,否则奏报安能迅速。"[29]但喀喇沙尔一带已安台站仍不时受到玛哈沁[30]的骚扰,如同年八月,"昨据永贵奏哈喇沙尔屯田处所及海都台站间有被玛哈沁偷窃马匹者,朕以军台关系紧要,既有贼人乘间窃发,不可不剿除净尽"[31]。同年十一月上谕:"惟兆惠军前奏报二旬未到,或因台站稍有稽迟,可传谕永贵拣派兵丁,由辟展至哈喇沙尔、库车、阿克苏一路稽察台站,中途遇有军营捷音,作速驰奏"[32],可见此时南路军台已经设至阿克苏。安设台站并非仅限于传递文报,还在于向前

163

线部队运送军粮等物资,如乾隆二十三年十一月清军准备进攻叶尔羌,朝廷谕令"查阿克苏至叶尔羌尚有十七八日路程,于哈喇沙尔库车一带安台挽运,应用驼四五千只"。[33]至乾隆二十四年九月,清军统领兆惠奏:"本年六月臣等从阿克苏进兵,乌什一路安设台站,今既在叶尔羌办事,应仍将台站移于巴尔楚克至叶尔羌共十台,自巴尔楚克至阿克苏应设台若干,行文舒赫德等办理,所有乌什一路台站即行撤回,至喀什噶尔、叶尔羌中间台站仍留递送事件"[34],天山南路西段军台就此安设。

当然,进军途中安设军台比较随意,尚与后世定型之军台路线有别,因而不时会有所调整。如乾隆二十四年辟展副都统定长等奏:"由托克三之南素巴什一带共设台站五处,可通特伯勒固,内素巴什、库木什阿哈玛、乌什阿克坦三处多水草,阿克布拉克一处有驼只可食草,惟额尔吉齐无水,于山中掘泉可供,请将博尔图岭、阿咱罕布拉克、和斯特哶克、塔塔尔察罕通、曲辉等台站撤回改驻。"[35]如此改设之后,天山南路西段军台路线才逐渐呈现日后方志所载军台路线形态。[36]兹据《新疆识略》将南路西段军台及相距道里数移录如下:

吐鲁番底台→120里→布干台→70里→托克逊台→100里→苏巴什台→60里→阿哈布拉克台→150里→库木什阿哈玛台→120里→喀喇和色尔台→180里→乌沙克塔尔台→120里→特博尔古台→100里→喀喇沙尔→5里→开都河北台→3里→开都河南台→150里→哈尔阿满台→60里→库尔勒台→70里→喀喇布拉克台→100里→车尔楚台→160里→策达雅尔台→80里→洋萨尔台→120里→布古尔台→100里→阿尔巴特台→140里→托和鼐台→80里→库车底台→210里→和色尔台→40里→赛里木台→100里→拜城台→60里→鄂依斯塘可齐克台→80里→察尔齐克台→160里→哈拉玉尔滚台→80里→札木台→80里→阿克苏台→80里→浑巴什台→80里→洋阿里克台→140里→都齐特台→90里→伊勒都台→50里→乌图斯克满台→60里→衡阿喇克台→70里→库库车尔台→80里→巴尔楚克台→65里→

喀喇塔克台→70里→海南木桥台→75里→皮产里克台→90里→阿克萨克玛喇尔台→80里→阿朗格尔台→100里→迈那特台→90里→赖里克台→120里→爱吉特虎台→70里→叶尔羌底台→70里→喀喇布札什台→70里→和色尔塔克腰台→100里→和色尔察木伦台→50里→托布拉克台→70里→英吉沙尔台→100里→库森塔斯混台→110里→喀什噶尔底台。[37]

关于此段军台的配置情况,《回疆通志》虽有部分记载,然并无类似《三州辑略》对东路军台那样的详细记载,但仍可稽诸文献,得其大致情形。如乾隆二十五年,参赞大臣舒赫德奏道:

> 大兵进剿回部,安设台站,驰递事件,务在迅速,时有大员巡查,俱知勤勉。今各城平定,应酌量缓急,不糜帑,亦不误公。查自叶尔羌至辟展俱有回人居住,伊等善于步递,请每台派回人十户,兼绿旗兵五名,识字之健锐营前锋或西安兵一名,以六品顶带署笔帖式管理。每台马十五匹、驼四只,四月至九月牧放,十月至三月由各城支给刍豆。其官兵等二年一换,酌量保送,以示鼓励。回人等一体给与口粮及盐菜银两,于十户中派出首领一人,以七品顶带管理。台站附近地亩仍令自行耕科。其叶尔羌至喀什噶尔、和阗亦请照此办理。得旨,如所请行。[38]

舒赫德的奏折不仅说明回疆军台确实是在进军途中逐渐设置,并且基本上为天山南路西段军台进行了制度性的安排,如每台安设十户回人,这与前述天山南路东段供差回户基本一致。而军台的人员配备,则有绿营兵五名、识字一名、管理六品笔帖式一名。驿传工具马匹每台十五匹、驼四只,并且规定了牲畜的牧放时间以及官兵的更换时间。当差回人不仅可以继续耕种台站附近的地亩,而且还可以获得一定数额的口粮及盐菜银两。而引文中所提管理当差回人的七品顶戴应该就是伯克系统中的喀喇都管伯克与什琥勒伯克之类的低级伯克。[39]此外一个值得关注的问题便是在一个小小军台中,既有讲察合台语的当地维吾尔民众,又有讲满语的八旗笔帖式以及讲汉语的绿营兵丁,存在巨大的语言差异,这种情况下如何才能有效发挥军台的驿传功能。关于这一疑问,乾隆二十九年(1764)库车办事大臣鄂宝奏称"从前新疆甫定,设有总管台站六品伯克,令其约束台站官兵回人,今官兵回人渐已言语相通,如有斗殴细事,各台站笔帖式俱可即时办理,此项伯克并无应办之事,请随其出缺,陆续裁扣等语,着照所请行,但各回城俱有总管台站之伯克,若无应办之事,自应一体裁扣,其中或有尚需人办事者,仍准存留,不必拘泥。"[40]可见,经过几年的彼此接触之后,有了一个语言慢慢互通的过程,因而是否裁撤管理台站伯克便无多大关系,根据情况酌量办理即可。

(二)塘,光绪朝《清会典》解释:"甘肃之安西州、新疆之哈密厅、镇西厅三属,除安西、镇西各本属公文差务仍设驿外,三属旧特设军塘,以达出入文报。"[41]但按《三州辑略》的说法,在军台、驿站之外"又有营塘,所以接济差务,为不时之需"[42],即营塘是军台、驿站之外的另一种驿传补充平台。关于其设置,金峰先生已经指出天山北路乌鲁木齐以东军台是在阿睦尔撒纳叛乱后改设为营塘的,但并未指出具体何时改设。[43]如第五章所述,乾隆二十四年甘肃巡抚吴达善曾奏请将"南山口塘移安三堡,羊圈沟塘移安鸭子泉,松树塘移安瞭墩,奎素塘移安橙槽沟",这说明乾隆二十四年以前至少在哈密与巴里坤之间便已存在营塘。至于其大规模的安设,应始于乾隆四十一年(1776),《乌鲁木齐政略》记载:"乾隆四十一年,安西提督俞以巴里坤迤西至玛纳斯幅员辽阔,奏请安设墩塘,奉旨着伊于回任之便勘明,会同勒核奏。嗣经将军伊至巴里坤一带挨次查勘,会同总督勒奏明哈密南山口起,至玛纳斯止,共安墩塘二十七处。"可见,当时从哈密南山口起至玛纳斯止,至少设有二十七处营塘,其名单至今保留。[44]其后逐渐增加完善,至嘉庆、道光年间,全疆已经增至四十余处,[45]因上编已经涉及部分营塘驿传路线,为避免重复,此处仅据《三州辑略》[46]将天山北路干道营塘配置情况整理为表10:

第九章　清代新疆驿传沿革

表 10　天山北路营塘表

所属	营塘名	兵丁/名	马/匹	距离下塘/里
精河营	精河底塘	3	3	125
	托多克塘	3	3	60
	古尔图塘	3	3	50
	墩木达塘	3	3	50
	布尔噶济塘	3	3	60
库尔喀喇乌苏营	库尔喀喇乌苏塘	4	4	70
	奎屯塘	4	4	50
	安济海塘	4	4	70
	乌兰乌苏塘	4	4	80
玛纳斯营	玛纳斯塘	5	5	75
	土古里克塘	5	5	50
	呼图壁塘	5	5	90
	昌吉塘	6	6	90
提标迪化城守营	迪化底塘	8	8	60
	黑沟塘	9	9	70
	阜康塘	9	9	90
	大泉塘	8	8	70
	清水塘	8	8	90
	三台塘	10	10	90
	济木萨塘	10	10	60
古城营	古城塘	8	8	90
	奇台塘	8	8	90

续表

所属	营塘名	兵丁/名	马/匹	与下塘距离/里
巴里坤	木垒塘	8	8	90
	阿克他斯塘	10	10	90
	乌浪乌素塘	10	10	60
	色必塘	8	8	80
	噶顺塘	8	8	90
	乌兔水塘	10	10	70
	肋巴泉塘	10	10	90
	苏吉塘	8	8	90
	巴里坤底塘	8	8	
总计	31	210	210	2290

(三)驿,《清会典》解释:"各直省腹地所设为驿"[47],《三州辑略》亦有类似认识,如:"新疆南北两路立军台、设驿站(驿站惟北路安设)。军台之名,始于军营;驿站之名,仿乎直省。事有缓急,故行有迟速。"[48]可见驿站属于行省驿传系统,其设置过程据《乌鲁木齐政略》记载,乾隆四十一年时任乌鲁木齐都统索诺木策凌奏:"巴里坤改归乌鲁木齐统辖,一切往来文移关系重大,未便绕道由哈密、辟展驰递;且府、厅、州、县平移公文,例不便擅交军台递送,应自巴里坤起,至迪化州止,连底台站,共安一十六驿。每驿安马四、五匹不等,共安马八十三匹。每驿设驿书一名,每马二匹核给马夫一名,以资常川专递公文。"[49]此后,天山北路驿站传递系统逐渐建立起来,详见表11。[50]但驿站并非"惟北路安设",天山南路吐鲁番城于乾隆四十五年(1780)也设有阳和驿一处。[51]再如上编第八章所论,迪化前往吐鲁番后沟路上,乾隆四十五年亦设有六处驿站,但由于其并非天山南北两条干道驿站,此处暂不讨论。

表 11　天山北路驿站配置表

所属	驿名	驿书/名	马夫/名	马/匹	距离下站/里[52]	备注
绥来县	靖远驿	1	2	5	75/90	乾隆四十四年（1779）安设
绥来县	乐土驿	1	2	5	60/60	
昌吉县	景化驿	1	2	5	70/110	
昌吉县	宁边驿	1	2	5	70/90	
迪化州	巩宁驿	1	3	7	60/60/60	乾隆四十一年安设，迪化州所管巩宁驿底站原设驿马五匹，于乾隆四十五年添设马二匹
迪化州	黑沟驿	1	2	5	70/70/70	
阜康县	康乐驿	1	2	5	90/90/90	
阜康县	柏杨驿	1	2	4	80/80/80	
济木萨县	三台驿	1	2	4	70/90/70	
济木萨县	保惠驿	1	2	5	90/60/90	
奇台县	孚远驿	1	2	5	67/90/67	
奇台县	屏营驿	1	2	5	70/90/70	
奇台县	白水驿	1	2	5	90/90/90	
奇台县	三泉驿	1	2	5	90/90/90	
奇台县	三泉腰站		1	3	30/40/30	
奇台县	磐安驿	1	2	4	40/40/40	
奇台县	磐安腰站		1	3	60/60/60	
宜禾县	巨沟驿	1	2	5	90/90/90	
宜禾县	涌泉驿	1	2	5	60/70/60	
宜禾县	肋巴泉驿	1	2	5	90/90/90	
宜禾县	望山驿	1	2	5	90/90/90	
宜禾县	会宁驿	1	2	5		
总计	22驿	20	43	105	1512/1640	

据表11，从乌鲁木齐以西绥来县靖远驿东至巴里坤宜禾县会宁底驿，东西共计二十二处驿站，其中正站二十处，腰站二处系因"自三个泉至大石头一百二十里，又自大石头至噶顺沟一百里，此二驿路途甚弯，遇有紧要事

件,恐马匹奔跑不及,因于二驿中间,拟安腰站二处"[53]。二十二处驿站马夫四十三名,马一百零五匹,实际并未达到驿站设置的"每马二匹核给马夫一名"的标准,其夫马工料标准为:"马夫、驿书本折兼支,遇折色月支饷银一两;每马一匹日支草料银八分,每马一匹岁支外备银三两四钱二分五厘;其马匹倒毙,十分准倒二分。"[54]乌鲁木齐以东驿站里程,乾隆年间所修《乌鲁木齐政略》与嘉庆年间所修《三州辑略》完全一致,但道光年间所修《新疆识略》东西驿站里程差异较大,主要表现在昌吉县与济木萨县境内,显然与不同年代驿站的整修有关。

二、清后期驿传的重建与改革

(一)驿传被毁

清朝天山南北两路驿传建立后,至同治年间新疆大乱之前的近百年中,两路驿传成为中央与西部边疆以及天山南北信息、物资与官员交流往来的重要平台。但从嘉庆末年起,天山南路和卓后裔便成为新疆动乱的一大诱因,作为当地官府传报信息的驿传在每次动乱中往往成为首当其冲的被破坏对象。如道光六年(1826)张格尔动乱伊始,前方官员奏报:"叶尔羌所属伊勒都军台兵丁均被回匪杀害,并据台兵禀称六月二十六日夜间,叶尔羌十台当差回子变乱,抢车杀人。喀什噶尔、英吉沙尔自六月二十、二十二等日起,叶尔羌、和阗自六月二十六日起,回子抢掠商民,文报不通。"[55]又:"喀什噶尔被围紧急,英吉沙尔、叶尔羌道路梗塞,至今未得确音。"[56]道光十年(1830)浩罕携玉素甫侵扰南疆时,叶尔羌办事大臣壁昌奏"叶尔羌东路军台被贼滋扰,抢劫台马,并将五台大路拒断,文报不通"[57]。及至咸丰四年(1854),"喀什噶尔罕爱里克庄回子沙木蒙胆敢纠合回众,诈称玉素普霍卓后裔,在爱吉特虎军台等处持械滋闹,烧毁房屋,戕害兵民"[58]等等。可见,每次南疆动乱,军台均遭到破坏,导致驿传中断。但随着后来的军事平定,又都逐渐恢复,如"现在贼匪已奔窜出境,台站肃清"[59],并且进行了部分路段的军台改移建工作[60],使得清朝新疆南北两路驿传得以继续

第九章 清代新疆驿传沿革

有效运行。

但同治年间新疆动乱使得天山南北两路驿传彻底被毁,《镇西直隶厅乡土志》记载:"迨同治间,全疆被回匪蹂躏,南北各城不守,以致各军台概为毁失,文报于以不通,声息自难传闻"[61]。即从同治三年(1864)库车动乱起,天山南北两路全行糜烂,稍后俄国趁机占领伊犁,清朝在新疆的统治机构几乎瓦解殆尽,驿传被毁的奏报更是层见叠出,南路如"逃匪纠结乌台回匪数百名,滋扰乌沙克他尔汛地,烧毁军台"[62],"乌鲁木齐所属之哈必尔罕布拉克等台,汉回抢去马匹,前途喀喇巴尔噶逊营汉回变乱,吐鲁番至乌鲁木齐道路不通,而托克逊汉回亦乘机肆扰,喀喇沙尔乌鲁木齐文报梗塞"[63]。北路如"由伊犁至乌鲁木齐,中间库尔喀喇乌苏、乌兰乌素及毗连之绥来昌吉各县逆回肆扰,文报不通"[64]。加之同期"陕甘驿路梗塞,折报阻滞",西北边疆驿传不得不改走北路蒙古台站。[65]甚至伊犁一带文报不得不绕道俄国传递。[66]总之,天山南北两路驿传就此被毁。

(二)驿传的恢复与重建

天山南北两路驿传的大规模恢复主要与光绪初年清军收复新疆的军事行动密切相关。但对于北路驿传而言,因巴里坤在动乱期间仍处在清军控制之下,所以早在同治十一年(1872),时任乌鲁木齐都统景廉便奏请设立巴里坤迤西至木垒河止九处军台,次年又添东路奎苏、松树塘二台。[67]但木垒河以西驿传的恢复,显然是光绪二年(1876)清军收复古牧地、乌鲁木齐以后的事情。不过,信息传递应稍早于军事部署,因此早在收复乌鲁木齐之前,在巴里坤至古城之间已经安设了用于传递文报的马拨[68],左宗棠曾奏:"近时新疆用兵,军塘之急宜安设,又不待言。唯饷需奇绌,无从筹此巨款,不得已权商金顺、张曜,于巴、哈、古城一带,各饬所部分段安设马拨,驰递文报,照章给以犒赏,俟塘站次第兴复,再议停止。"[69]可见当时提前安设马拨,传递文报,主要是为了配合军事行动。至光绪二年六月,清军便攻克古牧地敌军坚巢,克复乌鲁木齐迪化州城。[70]虽然清军此后攻取乌鲁木齐以西玛纳斯城受挫,但至九月底终于将其攻破,十月金顺驻扎库尔喀喇乌苏。[71]这样,除伊犁以外的天山北路交通便被打通,进而与西部塔尔巴哈台连接,如次年正月上谕:"塔尔巴哈台驻防官兵向由甘肃调拨,现在道路疏通,自应仍由甘省拨往,以符旧制。"[72]北路驿传也应在此后不久恢复。但伊犁驿传由于俄国的占领,尚未恢复,并且不时还有从伊犁而来的贼匪扰乱清军台站,如光绪四年(1878)金顺奏"陕回由伊犁分股出扰,在沙泉子地方抗拒官兵,又在托多克台抢劫商驼,精河迤西之大河沿永济湖等处屡被扰害"[73],及至光绪七年(1881)中俄新的《伊犁条约》签订后,伊犁将军金顺次年率军接收伊犁[74],天山北路干道驿传就此全部打通。

天山南路驿传的恢复,同样与清军的收复战役相随,南路东段驿传的恢复尤其与清军三道并进收复吐鲁番有关。光绪三年(1877)三月,蜀军徐占彪一部由济木萨南穆家沟地与嵩武军孙金彪一部会于盐池,三月初八日下七克腾木,两军随后与攻克达坂城的刘锦棠一部克复吐鲁番城。[75]据一件时间不详,但大致在光绪三年初的档案显示,嵩武军张曜曾在左宗棠的授意下派人查勘并安设哈密以西五处军台,并请行文巴里坤与吐鲁番安设前途台塘。[76]光绪三年六月署吐鲁番同知奎绶对此事转述道:

> 窃○○于六月初一日接奉宪札,为札饬事,案据哈密协郝副将禀称,前奉钧札饬查哈密至吐鲁番原设军塘几处,其间水草便宜,可否仍旧安设,傍军塘局站处所招民开店,以惠商旅等因。遵即照办,亲身履勘,由哈至吐安设军塘处所水草柴大概情形,哈密至橙槽沟五塘在哈密厅地界,橙槽沟至七克腾木台六塘在巴里坤地界,七克腾木台至吐鲁番四塘在吐鲁番地界,橙槽沟以西各站虽未亲查,而逐细访询,水草柴俱各不缺,房屋均有墙垣,可以修盖,自可仍照《安哈章程》安设。其间哈属之三堡、瞭墩,巴属之梧桐窝、西盐池,吐属之齐克腾木台、连木沁各处水草畅茂,破产易于修理,设局采储颇为便宜,谨将三路地里情形分晰开单等情。[77]

据上,不难看出前述安设吐鲁番以西五处军台系指哈密至橙槽沟五处台塘。此事同样为《镇西直隶厅乡土志》记载:"光绪三年,经陕甘爵阁督堂左(宗棠)奏添南路,自肋巴泉至西盐池止,军台共五处,三年又加添惠井子军台一处。"[78]总之,吐鲁番收到以上调查安设台塘的饬令后,随即将吐鲁番的台站安设情况向左宗棠做了汇报,如"○○差次沿途察看情形,连木沁、辟展、胜金台、吐鲁番四处,水草俱有,而吐鲁番新城住汉回民无多,连木沁三处剩余土著回民亦少,所修造塘站招民开店"[79],足见传统驿传路线就此恢复。但东天山驿传路线的最大变化也发生在此时,因为张曜一部在赴吐鲁番的途中,也调查了瞭墩直线前往吐鲁番的详细路线,档案中保存了他们的调查结果,如下:

计开:张军门现安马拨地里

瞭墩至一碗泉七十里

一碗泉至芨芨槽三十五里

芨芨槽至车辖轳泉十五里

车辖轳泉至七个井八十里

七井至西泉六十里

西泉至西盐池一百一十里

西盐池至齐克腾木一百八十里

齐克腾木至连木沁八十里

连木沁至辟展九十里

辟展至胜金台九十里

胜金台至吐鲁番一百一十里

计开:旧日大路此地多有妖风

哈密至头堡七十里

头堡至三堡七十里

三堡至鸭子泉八十里

鸭子泉至瞭墩八十里

瞭墩至梧桐窝八十里

梧桐窝至三间房九十里

三间房至十三间房一百四十里

十三间房至芦草嘴九十里(此两站有井,水少)

芦草嘴至齐克特木台八十里

齐克特木台至连木沁九十里

连木沁至胜金口九十里

胜金口至吐鲁番一百一十里[80]

据上,结合上编第五、六章所论,张曜显然是在道光以来小南路的基础上安设了通往吐鲁番用于传递军情文报的马拨系统,此事应该紧随光绪三年三月克复吐鲁番的军事行动。而他们所踏勘的"旧大路"正是需要经过十三间房的南大路。对于此路,吐鲁番同知禀报道:"又奉张军门阅示,七克台虽已获足草,至十三间房虽已派员造屋,淘井修路,而设站收支柴草均须派员经管,以专责成等因,○○遵即派员驰赴七克台、十三间房各设草站,经管收支,不敢迟延"[81]引文中"七克台"即七克腾木,所设十三间房草站即为供应来往马匹食草之用。此条路线主要侧重于军需运输,因其百里风区之故,常衍生出许多光怪陆离的故事,这从裴景福的《河海昆仑录》中便可见一斑。[82]总之,哈密与吐鲁番之间的交通就此恢复,但驿传路线有所变化,光绪五年(1879)议将十三间房柴草局移设盐池驿以后,原先从吐鲁番向东北前往巴里坤军台道路上的托赖井台与陶赖台被移设至小南路上的车籙轳泉与一碗泉两处,小南路不仅官道化,而且成为晚清天山南路东段驿传路线的重要一环[83],关于这一点已在上编第六章中详细讨论过,此处不赘。

天山南路西段驿传的恢复,同样与刘锦棠光绪三年率军节节收复南八城密切相关。在清军收复吐鲁番后,刘锦棠又于"七月十七日,先派提督汤仁和率队由托克逊进扎苏巴什、阿哈布拉两处。八月初一日,续派总兵董福祥、张俊等率步队三营由阿哈布拉、桑树园、库木什、榆树沟、星星子、乌沙塔拉一带前进,安扎哨垒,至曲惠安营"[84],可见其进军路线多为承平时期的驿传路线,因此开浚泉井、修缮驿传也在情理之中。但贼人为阻滞清军前进,将开都河掘开,河水漫道,左宗棠遂以"喀喇沙尔本南路八城之一,库尔勒旧号腴区,蒙回被贼驱迫,非其本怀,应设抚辑善后局,筹给赈种,待其来归,课以耕牧;一面平治道路,修造渡船,安设驿站,以通商旅而速邮传"[85]。即恢复喀喇沙尔路段的驿传由当地善后局具体操作,当时负责焉耆善后局的黄丙焜便因"托克逊至喀喇沙尔中隔阿哈布拉,积石崚嶒崎岖万状,车马恒数日不得逾",与总兵刘见荣尽力开通,最终化险为夷。[86]总之,吐鲁番至喀喇沙尔的驿传恢复工作比较迅速,光绪三年九月吐鲁番同知报告:"本年九月十一日,案奉总统湘军刘札饬,自吐鲁番起,至哈喇沙尔河东止,原设十站,其各站书识马匹,每月应领粮料薪银等项,自十月初一日起,该署丞接管,照章按月支发"[87]。可见驿传已经恢复,并由前军转为地方官经理。不久,据一件吐鲁番同治"呈造光绪三年十月初一日起安设驺站开支及通事花名清册"显示,两地之间驿传得以正式安设,内容如下:

> 运同衔署吐鲁番同知狄道州为造赍花名册报事,谨将○厅自光绪三年十月初一日起安设驿站书夫及通事名目,理合汇呈鉴核,须至册者,计开:
>
> 吐鲁番底台:字识王万春,驿辛杂眼、乃干八海、胡尔班、阿多布、托胡的阿思、列务才,马夫巴海、王文,铁匠刘之,兽医何海。
>
> 布干台即六十墩子:字识万里鹏,通事马良玉,马夫知知美、阿不都、托呼思、吐八亥。
>
> 托克逊驺:字识张良臣,通事何家满地,马夫阿的命、婆沙可、贺木头、克里西子、席边儿、托古通。
>
> 苏巴什驺:字识黎毓贤,通事客海八林,马夫拨塔儿、罗克苏头、哎四木、阿四木。
>
> 阿河布拉驺:字识陈志鹏,通事哎你牙思、马夫尕以提、熟应木、你牙思、指王先、哎里木。
>
> 库木什驺:字识李连芳,通事南总满底,马夫哈阿的、退叩、吴达、喇弥、河清白的。

榆树沟驲:字识王临庄,通事呼南八海,马夫苏林八海、木萨、乌拉、降八海、贼丁。

星井子驲:字识许平升,通事阿不拉,马夫安更八海、铁木儿、卖意思、若子八海。

乌什塔拉驲:字识萧秉衡,通事阿布都,马夫满出克巴海、腮阿提、尧勿客、阿西木、哎林、阿不杜拉、满出克。

清水河驲:字识尹龙廷,通事阿喜木,马夫乌勺、满里克、洒亥、蹶子、阿塞。

哈喇沙尔驲:字识王元盛,通事沙的儿,马夫满礼克、巴浪子、打五提、海林。[88]

据以上驿传站点名称,有称"台"者,当即动乱之前的军台,有称"驲"者,驲在古代指"车马"[89],此处指代驿站,这一点尤其表现在改设军台、营塘为驿站以后,常常替代混用,关于此点,将在后文讨论。但在驿传恢复初期,此段文报似乎也有称为"马拨"者,至后来也有将马拨改为驲(驿)站者,如光绪四年吐鲁番"自三月初一日起,布、托两处由马拨改设驲站,添书夫驲卒二十名"[90]。尽管名称如此不一,但就吐鲁番与喀喇沙尔之间驿传的恢复而言,则是毫无疑问的。

喀喇沙尔以西驿传的恢复与建设,据战后刘锦棠在《新疆南路西四城兴修各工完竣并筹办应修各工折》中奏道:

以驿路言之,臣自光绪三年冬穷追陕回安集延,贼多掘水断桥,以缓我师,大军所过,率系凫水踏冰而进,仓卒不及修整。重以葱岭南北两河,水患方殷,西北自喀什噶尔城南乌兰乌苏河上游起,西南自叶尔羌之爱吉特虎台起,均至玛喇尔巴什察巴克台等处止,每当伏秋盛暑,诸山冰雪消融,河水暴涨,近河各站,一望弥漫,悉为巨津,道路桥梁,荡然无存。凡转运驿递,暨往来各项差使,迂道而行,率多迟误,商贾裹足,税厘减色,官民为之交困。自两河工程经始,即饬道员罗长祜、提督张春发、段伯溪、总兵刘必胜,在喀什噶尔城南各路,修大小桥梁

第九章 清代新疆驿传沿革

三十余座,修平道路数百里。饬同知王维国在七克托地方修桥梁二座。饬提督汤彦和、杨金龙修整龙口桥玉代里克各台桥路。并饬陕西陕安镇总兵余虎恩、提督李克常、陶生林、方友升、巴里坤总兵杨德俊等自爱吉特虎台起至玛喇尔巴什察巴克台等处止,搭造大小桥梁二十余座,道路一律平治。又查回疆西四城各台站,乱后举目荒凉,居民无多,凡转运暨各往来差使员弁,以无驻宿公所,每多占住民舍。居民房屋卑陋,粮饷军装时多疏失之虞,且恐不肖弁丁借差滋扰,遗黎不堪其苦,因分饬各路营局就近在于各站盖造官店,以为经过差使人等栖息之所。此兴修各驿工程之大略情形也。[91]

据上,由于贼寇掘河断桥,以期延缓清军前进,致使驿路阻断,加之行军紧急仓猝,当时并未及时修复,临时性的驿传转运只得绕道前行,后经刘锦棠饬令官兵修缮道路桥梁,南路驿传才得以恢复。

(三)驿传改革

晚清新疆驿传最大的改革莫过于军台、营塘改设驿站,学术界对此虽有涉及,但由于以往资料不足,使得该问题的有些观点需要重新认识和修正。如有学者认为新疆建省后,所有塘站一律改为驿站,以牧令辖之,[92]当据《新疆图志》"同光军兴,还定安集,开府置郡,而旧设之军台、营塘悉从省制,改为驿站,统隶于守令"[93]。但如上编第三章所论,建省后的冰岭道北段实行的仍是军台制,并未改设驿站。

新疆收复后,左宗棠、刘锦棠多次向朝廷建议在新疆改设行省,地方建立府厅州县制度,最后《遵旨拟设南路郡县折》被朝廷批准。[94]光绪九年(1883)刘锦棠在委署南路官员的奏折中提出南路"驿传塘站,视其冲僻,安设文员杂职,置辅分司"[95],就是为配合府厅州县制度的改革。至光绪十年(1884)五月二十八日刘锦棠上奏了更为具体的《新疆南路军台一律安设驿站酌拟经费章程折》,其主要内容如下:

> 奏为新疆南路郡县暨哈密、巴里坤所设军台,均仿照北路一律安设驿站,酌拟经费章程,以纾民力而重邮传,恭折仰祈圣鉴事。窃新疆

极边辽远,邮递文报,尤关紧要。向来北路于州县驿站外,另于标绿各营安设营塘军台,专递上下夹板要件及限行紧急公文。应需夫马工料,均准作正开报。南路安设台站,即由各城大臣在于例估经费项下统支。光绪初元进规新疆,经大学士、前陕甘督臣左宗棠先饬安设玉门安西塘站,归肃州镇总兵经管;哈密镇西厅辖境塘站归巴里坤镇总兵经管。北路肃清,大军由北而南,经臣随时体察商酌,节节安设塘驿。其时军事方殷,文报最为繁重,未可刻延。地方初复,薪桂米珠,夫马薪粮之类,不能不从宽优给,以免贻误事机。虽历年经臣次第核减,然北路各驿,驿书每名仍月给工资银八两;每马一匹用驿卒一名,月给工资银六两,草干银三两六分;两马一夫,月给工资银四两,火夫每名月给银四两;每驿月支纸张油烛银四两,所需鞍屉绳索灌药钉掌一切杂费在外。南路每站驿书一名,月给薪水纸张油烛并津贴银十两至十五两不等,麦面各六十斤。其夫马工料,由公家支给经费者,驿夫、毛拉、通事每名月给工食银三四两不等,各给麦面六十斤。每马一匹日支料六斤,草十斤至十五斤不等。巴里坤、哈密镇协所管军台银粮料草与驿站经费约略相等。实因边事孔棘,时地攸殊,是以章程未能画一。现赖皇威丕畅,全疆廓清。南路增置郡县,规模粗具。所有南北两路塘驿军台,亟应从新厘别,酌定画一章程,均归印官经管,文报通归驿站接递,以肃邮政而专责成。[96]

据上,刘锦棠此折本拟针对已经设置郡县的天山南路,应仿照北路一律改设驿站,顺带提及哈密、巴里坤两地的军台系统也一并改为驿站。对北路以前的驿传认识,刘锦棠显然出于改革的需要,有意拔高驿站的地位,而将军台、营塘视为驿站的"兼设"组织,但这显然与前面章节所论清前期北路驿传的事实不相符合,更何况他也明确知道营塘军台"专递上下夹板要件及限行紧急公文",而光绪初年收复新疆过程中,哈密、巴里坤两地的军台营塘系统又得以恢复,因此,刘锦棠这种厚此薄彼的处理方式完全是为说服朝廷同意改革的一种策略而已。另外,值得注意的是,从引文中"然

第九章　清代新疆驿传沿革

北路各驿,驿书每名仍月给工资银八两"及"南路每站驿书一名,月给薪水纸张油烛并津贴银十两至十五两不等"的论述来看,克复新疆数年之后,北路部分地区与南路已经设有驿站。如光绪三年便有管理七克腾木台草局兼摄驿站候选典史侯宇清造报该站驿书驿卒马夫驼夫的花名清册[97],再如光绪三年十一月吐鲁番同知报告"伏查安设驿站时,嵩武军开拔前进,裁撤马拨,卑职甫奉钧批,诚恐耽延遗误,赶即购买马匹,雇觅驿书夫卒安设"[98]等等,不一而足。足见驿站在天山南路之广设,只是名称比较随意,如前文所述,档案中有时也有台、驲、站等混合称谓,但究其人员配备,实与驿站并无多大区别。[99]因此,刘锦棠此时奏请改设,无非是将已设驿站加以正名而已,借此将这些已经实行驿站的地区与尚未实行驿站的地区(如哈密、巴里坤)均改为驿站,核心在于管理和经费方面的"画一章程",亦即驿站管理体系的制度化。所以,刘锦棠为此在奏折中提出了一套使驿站体系制度化的经费章程与管理办法[100],而且附带重申"哈密巴里坤军台拟改驿站分段管理片"[101],但"军机大臣奉旨,该部议奏,钦此"[102]。后来,朝廷批准了哈密及天山南北两路同通州县设置驿站与马匹的请求,并提出新的方案:"至驿书一名,照例月支工食银一两五钱,两马一夫,每名照例支半年本色粮六石,半年折色银六两。每马一匹,照例日给草料银八分,岁支站价银二两四钱二分五厘。倒马照例二分报倒买补,马价应照甘肃定例,每匹准销银八两。其余浮多银两、面斤、油烛、纸张、料草概应删除"[103]。可见朝廷认为刘锦棠当初开报的驿书、马夫、马料及倒马等项费用过多,遂提出以上新的标准,但刘锦棠为此解释道:

> 新疆久经兵燹,长途戈壁,或十余站,或六七站,全无耕种。中间各驿,食粮料草,均由远道搬运而来,需用一切,劳费倍蓰。且民间佣作,每日率值二三钱,较关内辄昂数倍。若使在官人役,终年所入尚不及佣值之十一,亦谁肯舍其艺事,桲腹从公。臣前奏设新疆各驿,共设马一千七百余匹,较甘肃微有所增;夫仅八百余名,较甘肃实已大减。盖以饷项支绌,不得不格外撙节。然非厚其工食,使之足敷养瞻,则在

役者,势必纷纷求去。窃虑有误邮传,以故少设夫马,优给饷糈,把彼注兹,为一时权宜之计。并声明局势大定,元气渐复,再随时酌核减支,非遽以此为定例也。然合新疆南北两路,岁共支银五万余两,较之从前支款裁减已多。以关内外原额续增二十五万七千余两之数计之,节省将及十万。在部臣体念时艰,自应律以成例,然事经创始,又必因地制宜,两得其平,始无窒碍。[104]

足见新疆情况特殊,不能完全按照内地驿站经费章程办理,而且之前所奏支发驿书马夫等经费方案只是一时权宜之计,待新疆大定后,再酌量减少。但即便实际情况如此,刘锦棠还是对光绪十年提出的驿站经费方案做了修改:

兹谨就部臣原议,详加斟酌,所有马料草价岁支站价买马价银倒马分数及扣建减平截旷等项,均应如部臣所议。其每驿月支油烛纸张银三两;每驿书一名,月支工食银四两八钱;每夫一名,月支工食银三两。仰恳天恩,俯念边荒寒苦,人役艰辛,准照臣前议支给,并准月支白面四十五斤,各于应得工食银两项下酌扣价银六钱,按月报缴,以示限制。于撙节之中,仍寓体恤之意。庶几州县可免赔累,民间永无差派,驿递可期迅速矣。一俟招徕渐广,随时察酌情形,奏请核减,实于邮政大有裨益。[105]

据上,比较光绪十年方案以及朝廷方案,以上经费修改方案可谓一种折中方案。如驿书并未按照部议每月一两五钱支给,仍如刘锦棠原奏每月四两八钱,白面也得以保留,但需要划扣价银六钱等等,最后被批准。[106]在此背景下,天山南北两路随后便开始了大范围的改设驿站行动,如巴里坤地区"自十一年改设行省,文报归驿承递,前次军台陆续裁撤,而驿站则从新厘定,均归县厅,按照分辖境界布置安设"[107],吐鲁番同年八月亦有"近来各台站驲站接递文报往往任意稽延,实属不成事体,且东路改台为驲已近交替之时"[108]的记载。但伊犁北路六座军台改设驿站则要晚至次年,据署伊犁将军锡纶奏报:"其北路各台前经抚臣刘锦棠咨商改设驿站,每站驿夫十名,驿书一名,马十匹,每人月支口分银三两,马月支干银二两四钱,亦均自本年三月初一日起支,由抚民同知管理"[109]。正是在此背景下,稍后光绪十六年(1890)湖南省出版了反映当时新疆全境的新疆驿路图(见图11)与"新疆驿路里程表"。[110]但从该驿路里程表中仍不难看出新疆境内,冰岭道北段及塔城地区仍有大量的军台设置,但塔城地区随后于光绪二十年(1894)改设为驿站,只是改设后的经费发放问题仍有一争论的过程。

光绪二十年,塔尔巴哈台参赞大臣富勒铭额奏:"前准户部咨,议奏塔尔巴哈台南路军台改设驿站,由提存塔城节省项下拨银四千两作为驿站经费。奴才遵将塔城南路十台饬交抚民同知石本清接管,以专责成。兹据该同知申报,已于光绪二十年六月初一日接收经管。"[111]可见,塔城至晚在光绪二十年六月已将军台改设驿站,但驿站经费支放标准似乎并未完全确定下来。据一件光绪二十三年(1897)的吐鲁番档案显示,"前据新疆巡抚陶奏塔尔巴哈台南路旧设军台改设驲站,需用经费照依南北两路驲站章程开支"[112],但兵部认为"新疆驲站经费前于光绪十一年三月间经前抚刘奏明局势大定,随时酌核减支,当经本部以原奏既称一俟招徕渐广随时奏减,暂准照办,惟该抚虽称 时权宜之计,究属漫无限制,若他省纷纷效尤,深恐紊乱例章,爰即行文该抚体察情形酌核奏减,毋得日久滥支,以符定制"[113]。光绪十四年(1888)新疆府厅州县制度推广至伊犁塔城地区,设立新的伊塔道,塔城军台改设驿站,归当地抚民同知管理,理应如同新疆其他地区经费章程支给,但此时中央管理驿传事务的兵部依据刘锦棠光绪十一年奏请以后酌减经费的奏折,要求新疆全省核减经费,因而未能允准塔城依照旧章支领。随后新疆巡抚令各地查报,此即上述吐鲁番档案中保留塔城改设驿站经费档案的原因所在。但新疆巡抚、布政使等人一再表示新疆情况特殊,现在无法减少驿站经费,只是档案残缺,未见朝廷最后批复如何。[114]但无论如何,新疆绝大部分地区已改为驿站,其驿站路线均呈现在

天山廊道：清代天山道路交通与驿传研究

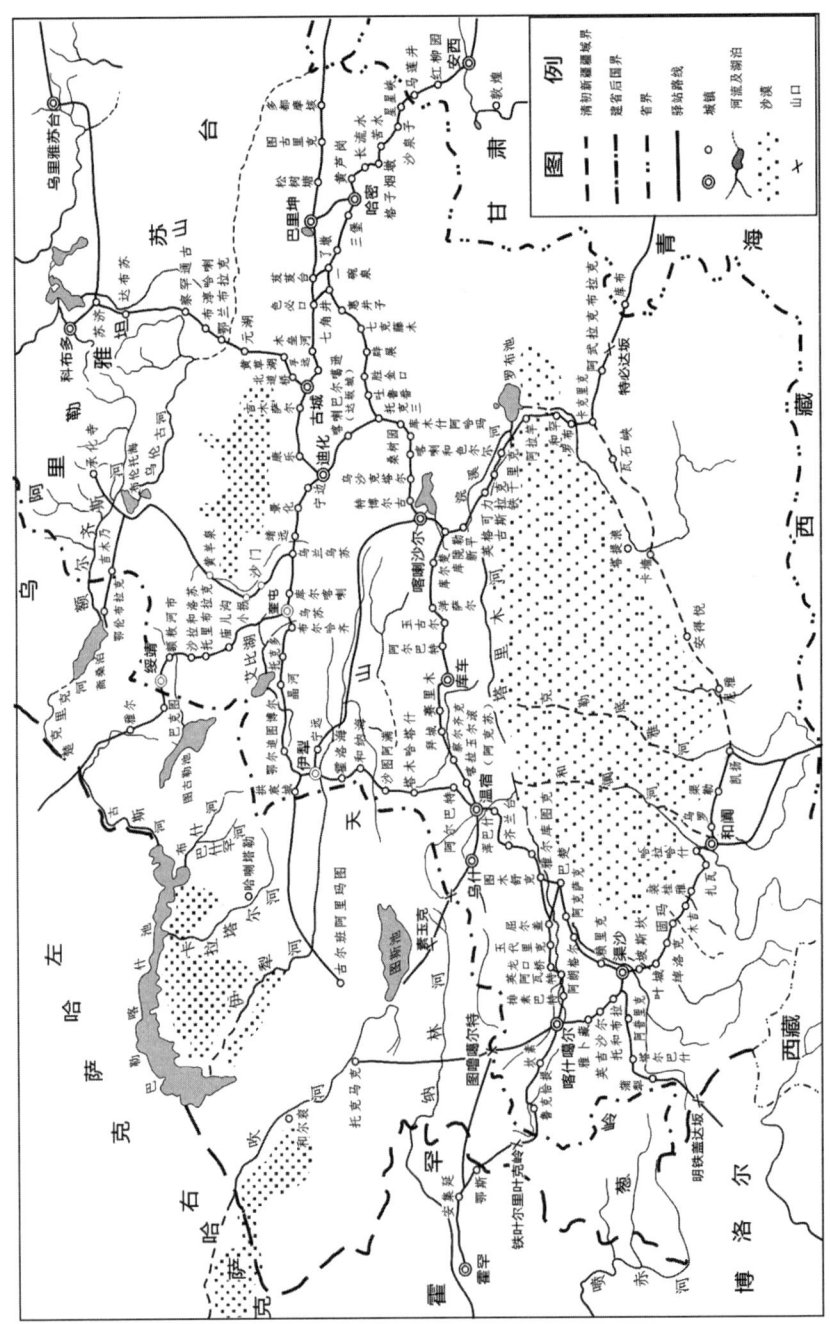

图11 新疆驿路路图

清末所修《新疆图志》(通志局本)所附地图中。以下仅就天山南北两路干道驿站情况,根据钟广生《新疆志稿》相关内容[115],以省会乌鲁木齐为中心,移录如下:

自迪化西至伊犁(天山北路西段):

巩宁驿→90里→宁边驿→90里→景化驿→90里→乐土驿→70里→靖远驿→90里→乌兰乌苏驿→90里→安集海驿→90里→奎屯驿→90里→库尔喀喇乌苏底驿→70里→布尔噶齐驿→60里→墩木达驿→70里→固尔图驿→50里→托克多驿→75里→沙泉驿→50里→精河厅底驿→110里→托里驿→30里→托霍穆图驿→80里→瑚素图布拉克驿→80里→鄂勒着依图博木驿→80里→鄂博勒齐驿→120里→沙喇布拉克驿→60里→绥定县底驿→15里→惠远城底驿(以上共23站,计程1650里)

自迪化东北至巴里坤(天山北路东段):

巩宁驿→40里→黑沟驿→90里→康乐驿→90里→柏杨驿→90里→三台驿→70里→会保驿→90里→孚远驿→90里→屏营驿→90里→木垒河驿→90里→阿克他斯驿→130里→乌浪乌苏驿→70里→头水驿→70里→芨芨台驿→90里→乌兔水驿→60里→下肋巴泉驿→90里→苏吉驿→90里→坤底驿(以上共17站[116],计程1340里)

自迪化东南经吐鲁番至哈密(天山南路东段):

巩宁驿→90里→柴俄驿→90里→达坂驿→100里→小草湖驿→100里→托克逊驿→60里→布干台驿→60里→阳和驿→90里→胜金驿→60里→连木沁驿→70里→辟展驿→90里→齐克腾木驿→40里→土墩子驿→140里→西盐池驿→50里→惠井子驿→70里→梧桐窝驿→40里→七角井驿→70里→车毂辘驿→90里→一湾泉驿→90里→瞭墩驿→100里→三道岭驿→70里→三堡驿→70里→头堡驿→70里→哈密底驿(以上共23站,计程1710里)

自吐鲁番至喀什噶尔(天山南路西段):

阳和驿→60里→布干台驿→60里→托克逊驿[117]→90里→苏巴什驿→80里→阿哈布拉克驿→60里→桑树园驿→70里→库木什阿哈玛驿→90里→喀喇和色尔驿→70里→新井子驿→80里→乌沙克他驿→80里→特伯尔古驿→90里→焉耆府底驿→100里→哈尔哈阿满驿→40里→库尔勒驿→70里→上户地驿→100里→库尔楚驿→90里→野云沟驿→70里→策达雅尔驿→60里→洋萨尔驿→100里→布古尔驿→100里→阿尔巴特驿→70里→哈尔巴驿→70里→托合奈驿→70里→库车底驿→70里→托和拉旦驿→110里→河色尔驿→40里→赛里木驿→100里→拜城县底驿→50里→鄂依斯驿→80里→察尔齐驿→180里→哈拉玉尔衮驿→60里→札木驿→80里→温宿府底驿→80里→温巴什驿→60里→萨伊里克驿→80里→乔里呼图驿→100里→齐兰台驿→100里→色瓦特驿→53里→雅尔库图克驿→49里→车底库勒驿→60里→图木舒克驿→70里→察巴克驿→72里→巴楚州底驿→76里→屈尔盖驿→54里→卡拉克沁驿→70里→玉代里克驿→70里→雅素里克驿→60里→龙口桥驿→70里→英阿瓦尔驿→50里→排素巴特驿→90里→雅满雅特驿→70里→疏勒府底驿(以上共52站,计程3874里)

新疆建省后,天山南北两条干道驿站成为驿传的核心平台,而上编所述天山南北通道与之连接,遂构成清代新疆天山地区的道路驿传网络。相比动乱之前的军台、营塘驿传系统,建省后新疆驿传从之前侧重军事管理转变为各地方官的文职管理,而且驿传中心也从建省前的伊犁转至乌鲁木齐。[118]在驿传路线变化方面,如上编第六章所论,小南路从动乱之前的民间商道一跃成为驿传交通的"中大道"。此外变化最大者莫过于南路巴楚直通喀什噶尔驿传路线的开通,而不必绕道叶尔羌再抵喀什,据《新疆图志》记载,位于巴楚与伽师之间的"龙口桥东行数程,旧谚所称树窝子也。

光绪初,刘襄勤锦棠平定西四城,辟为驿路,避弧就弦,较昔年台路为直捷矣"[119]。此路畅通后,导致巴楚前往叶尔羌的旧有军台路线在光绪二十八年(1902)被裁撤,宣统元年(1909)又经地方官捐廉复设。[120]

三、清末电报与邮政的出现

1844年,美国人莫尔斯发出了世界上第一份长途电报,标志着人类通信技术的巨大发展。其后,电报迅速向世界各地传播,至19世纪60年代,列强纷纷欲在中国架设电线开设电报,均被总理衙门严词拒绝。至七八十年代,中国各地迅速设置电报。[121]而地处西北边疆的新疆也不例外,但要晚于内地,尤其当"光绪十七年帕米尔争界议起,英俄交讧,文檄纷驰,而我以消息阻滞之故,艰于肆应"[122]。次年,新疆巡抚陶模与北洋大臣李鸿章在《会奏请设新疆北路电线折》中奏道:"现在甘肃电线业已竣工,新疆远处边陲,蒙汉回缠及哈萨克布鲁特各部落错杂而居,西北紧与俄邻,西南与英所属诸部接境,遇有紧要文报,由省城递至肃州转电,动折需旬日,似此声息迟滞,窃恐贻误事机。"[123]考虑到新疆地域辽阔,拟先修通肃州至新疆省城的电线,伊犁及南路的紧急要件则由省城打报进关。线路选择方面,由于天山险峻,道路崎岖,冬令雪深,而且巡守不易,因而选择由哈密经吐鲁番以达省城。至于开办经费的筹集,因新疆商务甚少,此项电线又专为边防而设,因而列作官线,由总理衙门筹款银十万两购买机器设备,再由甘肃新疆协饷之四分减平内拨银五万两,并令新疆东部地方州县提前预备材料兴办。[124]次年正月,总办电报津海关道盛宣怀派人采运机料出长城测量线路,"由嘉峪关以达迪化,绵亘三千余里,自春徂冬,历三百余日,始克竣事",设电报总局于省城。[125]同年十一月陶模又奏请继续展设,至光绪二十年(1894)春二月开始分两路兴工,一线由迪化向西北经库尔喀喇乌苏以达伊犁塔城,一线由吐鲁番向西南经库车阿克苏以达喀什噶尔。至光绪二十一年(1895)三月,南北两路电线一律蒇功,线路总长千余里,设电报总局一,子局十六。正如钟广生所论,新疆设置电报"自创议迄于成功,时阅两载,而全省脉络贯通,环球消息迩若庭户,交通之机于斯渐辟"[126]。其后塔城、伊犁、喀什又与俄国电线接连,至二十九年(1903),新疆巡抚潘效苏"以奇台为商贾荟萃之区,增设古城电局,由省东阜康孚远线路以达奇台,由是全疆边报迅捷,瞬息万里"[127],其线路走向也呈现在清末所修《新疆图志》所附《电线全图》中。[128]但电报运行十余年后,各局常入不敷出,需由公家筹款拨付,予以补助。虽然如此,"然设电初意,关系国防,与商局规取赢称息者,未可同日而语,要其始终,犹利百而弊一矣"[129]。至于电报局处所及分管线路与经费等信息,兹据《新疆图志》整理为表12[130]:

表12 新疆电报局表

局所	线路	岁入	岁出
迪化总局	东至大泉子止,175里;西至石河子止,340里;南至雅尔岸止,400里。大泉子在阜康城东45里,石河子在绥来城西30余里	报费银一万四千二百九十四两六钱二分三厘	正项银五千八百九十六两一钱,杂项银二千三百五十七两九钱二分七厘,学堂用费银一千二百九十五两八钱
吐鲁番分局	东至腰站子止,675里;西北至雅尔岸止,35里;南至库木什驿西止,410里[131]。腰站子系瞭墩、一碗泉二驿中间站	报费银九百两二钱五分六厘	正项银二千七百三十四两四钱,杂项银四十一两三钱
古城子局	西至大泉子止,295里。	报费银一千九百二十二两七钱一分八厘	正项银一千四百七十八两六钱,杂项银六十二两二钱二分
哈密子局	东至油庄止,615里;西至腰站子止,340里。油庄在哈密星星峡东30余里	报费银七百八两八钱一分一厘	正项银一千九百八十两六钱,杂项银十五两二钱

第九章 清代新疆驿传沿革

续表

局所	线路	岁入	岁出
安西报房	东至肃州城止,660里;西至油庄子止,340里	报费银一百一十四两二钱一分二厘	正项银二千二百一十五两,杂项银四十二两六分
焉耆报房	东至库木什驿西止,450里;西至布告尔驿[132]西止,670里。吐、焉线路交界在库木什西40里,焉、库线路交界在轮台城西50里	报费银五百二十四两四钱四分	正项银一千七百六十两六钱,杂项银四十一两四钱
库车报房	东至布告尔西止,260里;西至黑米地西止,395里。黑米地在鄂依斯驿,库、温线路交界在驿西30里	报费银九百三十三两三钱二分四厘	正项银一千四百五十二两六钱,杂项银一百二十九两
温宿子局	东至黑米地西止,330里;西至齐兰台西止,350里。温、巴线路交界在齐兰台驿西40里	报费银一千五百一十九两六钱四分	正项银一千九百五两
巴楚报房	东至齐兰台驿西止,360里;西至卡拉克沁驿西止,164里	报费银二百二十四两四钱七分六厘	正项银一千四百四十八两六钱,杂项银三十一两七钱
喀什噶尔分局	东至拉克沁驿西止,445里;西至喀什汉城止,25里	报费银一千九百一十七两七钱八分三厘	正项银一千九百七十五两四钱,杂项银一百四两一钱五分
喀什汉城报房	不管线路	报费银一千一百六十七两二钱一厘	正项银四百一十两五钱
绥来报房	不管线路	报费银四百一十二两五钱五分九厘	正项银四百一十两五钱

187

续表

局所	线路	岁入	岁出
库尔喀喇乌苏报房	东至石河子止,285里;西至黑山头止,375里;北至双泉子止,375里。黑山头在精河城东,双泉子在塔城什纳驿南	报费银六百二两四钱四分九厘	正项银一千八百三十八两九钱,杂项银三两四钱
精河报房	不管线路	报费银二百三十五两四钱九分四厘	正项银二百七十二两五钱,杂项银九两三钱五分
伊犁分局	东至黑山头止,510里;西至宁远城止,90里	报费银四千七百九十二两九钱九分一厘	正项银二千二百三十六两六钱,杂项银五十四两二钱
宁远报房	不管线路	报费银七百五十九两八钱九分九厘	正项银五百一十八两五钱
塔城分局	南至双泉子止,599里	报费银一千七百两五钱九分六厘	正项银二千一百八十八两二钱,杂项银九十四两五钱九分五厘
统计局房十七处	线路10065里	光绪三十四年分,共入银三万二千五百三十两一钱二厘	光绪三十四年分,共出银三万五千三十八两八钱三分二厘。谨按,光绪三十四年报告册内出入相抵,尚不敷出款银二千五百八两七钱三分,由藩库拨款补助

第九章　清代新疆驿传沿革

据表12，可知光绪三十四年新疆各地报房路线的基本情况，在报局人员配备方面，《新疆省财政说明书》记载："总局委总办正领班二员，副领班报生七员，司事书识三名，工头一名，巡目亲兵十六名，杂夫五名"，分局如"吐鲁番分局委员一员，领班报生七名，书识一名，工头巡目九名，杂夫四名"，报房如"库车报房领班兼司事报生二员，书识一名，工头巡目六名，杂夫二名"。[133]

与电报几乎同时开办的新的信息传递方式还有邮政。早在同治五年（1866），清朝批准在总税务司设立邮政办事处，由海关兼办邮政，至光绪二十二年（1896），清朝开始自办邮政，各海关邮务办事处一律改为"大清邮政"，至三十二年（1906）又设立专门邮传部，专管邮政通信事宜。[134]至于新疆邮政的开办，同样离不开外国因素的刺激。19世纪末，随着俄国中亚铁路的修通，"因利乘便偏设邮局于通商城邑（迪化省城及伊塔喀城四处）"，收受华人信函取道西伯利亚铁路四十日便达京师，时速费廉，每岁赚取邮资至十万卢布。至宣统元年二月，俄国总领事进一步要求设立台站邮车，由省城至塔尔巴哈台边界，并请代售邮票，以资推广，赚取更多的邮费。时任新疆按察使荣霈依照条约加以拒绝，后新疆省府官员认为"新疆与内地悬隔已久，民间向无信局，致外人得擅其利，自非亟谋交通，无以保固有之利权，非速兴邮政，无以杜后日之觊觎，请裁驿站夫马之半提充经费，先从东北两路试办，以次推广，凡公文报章均由邮递，其商民书信略仿邮政售票章程办理"[135]，同年八月邮传部饬总税务司选派洋员毕德森前往新疆襄办此事。但不同于内地各省支局隶属北京邮政总局，新疆系就地筹款，所以定迪化为总局，东北各路为分局，由主管驿传事务的镇迪道兼按察使管辖，对于北京邮政总局"但有与商榷之议，而无相钤辖之权，惟邮信印花则由京局颁发，岁缴印工纸价，局中开支款项不须关白，但按季造册汇报于部"。[136]至同年十二月，省城总局开办，东北各分局亦同时成立，新疆近代邮政就此开办。兹据《新疆图志》将清末新疆邮政局情况[137]整理为表13：

189

表 13　新疆邮政局表

地界	邮局	发递	驿站/程	道里/里	时刻/小时
东路	迪化总局	东至古城	6	470	32
	古城分局	东至哈密	13	1030	73
	哈密分局	东至安西州	11	860	71
	安西分局	东至嘉峪关	7	590	41
东南路	迪化总局	南至吐鲁番	6	495	33
	吐鲁番分局	偏东至鄯善	3	240	17
	鄯善分局	偏东至七角井	6	440	34
	七角井分局	东至哈密	7	560	34
西北路	迪化总局	西至库尔喀喇乌苏	8	680	37
	库尔喀喇乌苏分局	西北至塔城	13	970	65
	塔城分局,由俄邮政通北京、东三省				
	库尔喀喇乌苏分局	西至精河	6	375	30
	精河分局	西至伊犁	8	575	83
	伊犁分局	西南至宁远	2	105	7
南路	迪化总局	东南至吐鲁番	6	495	32
	吐鲁番分局	西南至焉耆	11	830	56
	焉耆分局	西至库车	12	925	62
	库车分局	西南至温宿	9	745	52
	阿克苏分局	西至喀什噶尔	19	1345	96
	喀什噶尔分局	南至莎车	7	463	52
	莎车分局	西南至和阗	10	841	87
	和阗分局	东至于阗	5	450	47

　　以上电报与邮政作为现代信息传报的新方式和新平台,给清末新疆带来与传统驿传不一样的传递渠道和观念,但与传统驿传又有着许多关联之

处,如电报线路、邮政线路与驿站交通线路有着很多重合路段,并且电报与邮政的办事处所又多与驿站同处一地,这在《新疆图志》所附地图中清晰可见。此外,巡查维护电报线路的巡丁也多驻于各驿站店房之内,并由所驻驿站提供驿马,以供巡查线路,并因此产生纠纷,为避免纠纷,地方官员后将驿马拨归巡丁,但驿马却仍在驿站名下造报。[138]至于开办邮政的经费更是裁减驿站夫马一半提充而来。这些均可见电报、邮政与驿站之联系。

至于其区别,《新疆志稿》认为:"泰西诸国有邮政而无驿站,中国则驰传置驿,偏京外行省,二者同物而异名,然其制有属官属民之分,即其效有为公为私之别。"[139]以上总结同样适用于电报,即驿站属于官方驿传设施,而邮政电报本应属民,但新疆情况特殊,均由官办,因此三者均为官办驿传系统。就其成效而言,新式电报、邮政尚未完全显示,清朝即已灭亡。在经费方面,虽然邮政可以递送民间信函,收取资费,但"新疆邮政创办之初,不无赔累,加之百物昂贵,制办一切价值均较内地赔蓰,供事马差招募尤难,薪工不能不较内地加厚,边疆诸事皆如此,不仅邮政一局也"[140]。边疆诸事皆如此,电报也不例外,"新省电报局自开办以来,每年入不敷出者,其原因厥有二端,线路未通,商务未盛,商电尚少,收费不能起色,其原因一;路途窎远,新政叠兴,往来要公势不得不借电报以求速,而每一电饬电禀动撒数千字,且各属有不急之务,亦常用电禀者,料费款增,其原因二"[141]。可见电报、邮政均属清末新政举措,普遍面临经费紧张的问题,加之电报与邮政并未完全覆盖整个新疆驿站所到之处,如巴里坤、乌什等地仍需通过驿站传递文报,或者经由邻近地区电报转发。最后,电报与邮政的功能也只是分担了传统驿传传递文报功能的部分任务,另外"接待官员"与"运输官物"两项功能则仍由驿站承担,这一点早在设立邮政之初即已特别说明:"惟钦差大员、蒙回王公照例驰驿,及贡马饷车各差过境者,仍由本地官预备,以清权限。"[142]概而言之,新疆"设立文报、邮政各局以辅驿站而利交通"[143],正因如此,传统驿站仍是晚清新疆的主要驿传方式,以下各章也将着重就传统驿传,尤其是驿站的组织、经费、功能、问题与整顿、管理及其与当地社会的关系等方面展开详细的讨论。

注　释：

[1]王树枬等纂修:《新疆图志》下册,卷七十九《道路一》,上海:上海古籍出版社,2015年,第1509页。

[2]祁韵士:《西陲总统事略》,北京:中国书店,2010年,第41页。

[3]祁韵士:《万里行程记》,李广洁整理,太原:山西人民出版社,1992年,第27—28页。

[4]《清会典》,北京:中华书局,1991年,第462页。

[5]刘文鹏《清代驿传及其与疆域形成关系之研究》(北京:中国人民大学出版社,2004年,第104页)据光绪朝《清会典》卷五十一认为在改省之前,新疆的台站体系包括驿、台、塘、站,但细阅《清会典》卷五十一,新疆并无"站"的设置。

[6]《清会典》,第462页。

[7]详见金峰:《清代新疆西路台站》(一、二),《新疆大学学报》1980年第1,2期。

[8]《乌鲁木齐政略》,见王希隆《新疆文献四种辑注考述》,兰州:甘肃文化出版社,1995年,第39页。

[9]和瑛:《三州辑略》卷五《台站门》,见苗普生主编《中国西北文献丛书·二编》第5册,北京:线装书局,2003年,第362页。

[10]金峰:《清代新疆西路台站》(一),《新疆大学学报》1980年第1期,第64页。

[11]傅恒等纂:《西域图志》卷三十一《兵防》,钟兴麒校注,乌鲁木齐:新疆人民出版社,2002年,第440页。

[12]松筠纂修:《新疆识略》卷一,见《续修四库全书》第732册,影印道光元年(1821)武英殿本,第539—540页。

[13]金峰:《清代新疆西路台站》(一),《新疆大学学报》1980年第1期,第65页。

[14]巴里坤所管西南八处军台主要为联系吐鲁番的军台线路,已在上编第六章"小南路"中讨论过,此处不再赘述。

[15]谨按,此车即为"台车",因为嘉庆十六年(1811)一件户科题本明确记载"迪化州支给提标中营、库尔喀喇乌苏、精河、玛纳斯等处修理台车用过价银二百四十三两六钱七分一厘"(见中国第一历史档案馆"户科题本",档案号02-01-04-19187-027,"题为遵察新疆嘉庆十四年份迪化州支给提标中营库尔喀喇乌苏等处修理台车用过价银事"),正与表8安设车辆的地方吻合,详见本书第十四章讨论。

第九章 清代新疆驿传沿革

[16]俱见和瑛:《三州辑略》卷五《台站门》,见苗普生主编《中国西北文献丛书·二编》第5册,第363页。

[17]《乌鲁木齐政略》,见王希隆《新疆文献四种辑注考述》,第43页。

[18]和瑛:《三州辑略》卷五《军台门》,见苗普生主编《中国西北文献丛书·二编》第5册,第370页。

[19]《乌鲁木齐政略》,见王希隆《新疆文献四种辑注考述》,第42页。

[20]《乌鲁木齐政略》,见王希隆《新疆文献四种辑注考述》,第43页。

[21]《新疆识略》卷一,见《续修四库全书》第732册,第531—532页。伊犁惠远城→70里→沙喇布拉克台→60里→塔勒奇阿满台→40里→鄂博勒齐尔台→80里→鄂勒著依图博木台→80里→瑚素图布拉克台→120里→托霍木图台→110里→托里台→90里→精河台→80里→噶顺腰台→70里→托多克台→60里→图尔图台→70里→墩木达台→60里→布尔噶济台→70里→库尔喀喇乌苏台→80里→奎屯台→90里→安集海台→110里→乌兰乌苏台→80里→玛纳斯台→90里→图古里克台→60里→呼图壁台→100里→洛克伦台→100里→乌鲁木齐鄂伦拜星底台。

[22]和瑛:《三州辑略》卷五《军台门》,见苗普生主编《中国西北文献丛收·二编》第5册,第363—366页。

[23]金峰:《清代新疆西路台站》(一、二),《新疆大学学报》1980年第1、2期,第65、93页。

[24]《清高宗实录》卷五八一,乾隆二十四年二月庚辰,北京:中华书局,1985年,第429页。

[25]《清高宗实录》卷五五七,乾隆二十三年三月辛丑,第77页。

[26]潘志平先生(《清代新疆的交通和邮传》,《中国边疆史地研究》1996年第2期,第33页)认为小南路兴起后,橙槽沟一路逐渐在嘉庆年间废弃,此说值得商榷。因为倭仁《莎车行记》(见方希孟《西征续录》,王志鹏点校,兰州:甘肃人民出版社,2002年,第79页)明确记载小南路虽"近两站,诚捷径也,惟台站俱无,苦乏歇处",所以只能说小南路逐渐成为当时的行旅之道,但绝非驿传意义上的军台线路。

[27]和瑛:《三州辑略》卷五《台站门》,见苗普生主编《中国西北文献丛书·二编》第5册,第370页。

[28]金峰:《清代新疆西路台站》(二),《新疆大学学报》1980年第2期,第93页。

[29]《清高宗实录》卷五六七,乾隆二十三年七月癸丑,第198页。

[30]有关玛哈沁的讨论,参见拙文《清乾隆年间西域之玛哈沁》(《西域研究》2012年第3期)。

[31]《清高宗实录》卷五六九,乾隆二十三年八月甲戌,第216页。

[32]《清高宗实录》卷五七四,乾隆二十三年十一月己酉,第294页。

[33]《清高宗实录》卷五七六,乾隆二十三年十二月甲寅,第338页。

[34]《清高宗实录》卷五九六,乾隆二十四年九月己酉,第637页。

[35]《清高宗实录》卷五八〇,乾隆二十四年二月壬子,第396—397页。

[36]至于道光八年(1828)那彦成移改阿克苏至叶尔羌的军台道路,则属军台定制后的变动情况,详见《清宣宗实录》(卷一四五,道光八年十月癸未,北京:中华书局,1986年,第212页)及潘志平《清代新疆的交通和邮传》(《中国边疆史地研究》1996年第2期,第33页)。

[37]松筠纂修:《新疆识略》卷一《军台》,见《续修四库全书》第732册,第535—538页。

[38]《清高宗实录》卷六〇七,乾隆二十五年二月壬寅,第818—819页。

[39]王东平:《清代回疆法律制度研究》,哈尔滨:黑龙江教育出版社,2002年,第131—132页。

[40]《清高宗实录》卷七一二,乾隆二十九年六月壬辰,第951页。

[41]《清会典》,第462页。

[42]和瑛:《三州辑略》卷五《台站门》,见苗普生主编《中国西北文献丛书·二编》第5册,第362页。

[43]金峰:《清代新疆西路台站》(一),《新疆大学学报》1980年第1期,第65页。

[44]《乌鲁木齐政略》"墩塘"条,见王希隆《新疆文献四种辑注考述》,第44—45页。

[45]和瑛:《三州辑略》卷五《台站门》;松筠纂修:《新疆识略》卷一。

[46]和瑛:《三州辑略》卷五《台站门》,见苗普生主编《中国西北文献丛书·二编》第5册,第374—377页。

[47]《清会典》,第462页。

[48]和瑛:《三州辑略》卷五《台站门》,见苗普生主编《中国西北文献丛书·二编》

第九章　清代新疆驿传沿革

第 5 册,第 362 页。

[49]《乌鲁木齐政略》,见王希隆《新疆文献四种辑注考述》,第 46 页。

[50]和瑛:《三州辑略》卷五《台站门》,见苗普生主编《中国西北文献丛书·二编》,第 5 册,第 371—373 页。

[51]和瑛:《三州辑略》卷五《台站门》,见苗普生主编《中国西北文献丛书·二编》,第 5 册,第 373 页。

[52]本列三组数据分别取自《三州辑略》卷五《台站门》、《新疆识略》卷一《台站门》与《乌鲁木齐政略》,最后总计里数只统计前两列数据。

[53]《乌鲁木齐政略》,见王希隆《新疆文献四种辑注考述》,第 48 页。谨按,大石头即磐安驿,噶顺沟即巨沟驿。

[54]《乌鲁木齐政略》,见王希隆《新疆文献四种辑注考述》,第 46—47 页。

[55]《清宣宗实录》卷一〇一,道光六年七月甲辰,第 658—659 页。

[56]《清宣宗实录》卷一〇一,道光六年七月戊申,第 667 页。

[57]《清宣宗实录》卷一七四,道光十年九月壬申,第 716 页。

[58]《清文宗实录》卷一四三,咸丰四年八月丙寅,北京:中华书局,1986 年,第 524 页。

[59]《清宣宗实录》卷一〇六,道光六年九月己亥,第 756 页。

[60]《清宣宗实录》卷一四五,道光八年十月癸未,第 212 页。

[61]《镇西直隶厅乡土志》,见马大正、黄国政、苏凤兰整理《新疆乡土志稿》,乌鲁木齐:新疆人民出版社,2010 年,第 120 页。

[62]《清穆宗实录》卷一〇七,同治三年六月甲午,第 351 页。

[63]《清穆宗实录》卷一一〇,同治三年七月癸亥,第 430 页。

[64]《清穆宗实录》卷一一一,同治三年八月庚午,第 450 页。

[65]《清穆宗实录》卷九五,同治三年二月己亥,第 87 页。

[66]《清穆宗实录》卷一四五,同治四年六月丁未,第 409—410 页。

[67]《镇西直隶厅乡土志》,见马大正、黄国政、苏凤兰整理《新疆乡土志稿》,第 120 页。

[68] 谨按,古代有所谓的"马拨飞递",系指明代在辽东设立的用于传递紧急公文的制度,后为清朝继承和发展,属于驿站紧急公文传递,参见高文德主编《中国少数民

族史大辞典》(长春:吉林教育出版社,1995年)第182页。

[69]左宗棠:《左宗棠全集》第6册,光绪二年正月初三日"新疆北路台站应由乌科等处大臣安设片",长沙:岳麓书社,1996年,第377页。

[70]左宗棠:《左宗棠全集》第6册,光绪二年七月十八日《会师攻拔古牧地坚巢克复乌鲁木齐迪化州城大概情形折》,第491—494页。

[71]左宗棠:《左宗棠全集》第6册,光绪二年十一月十一日《会师攻克玛纳斯南城详细情形请奖恤出力阵亡各员弁折》,第567—579页。

[72]《清德宗实录》卷四六,光绪三年正月乙酉,北京:中华书局,1987年,第651页。

[73]《清德宗实录》卷八〇,光绪四年十月乙未,第222页。

[74]《清德宗实录》卷一四六,光绪八年五月丙戌,第60—61页。

[75]左宗棠:《左宗棠全集》第6册,光绪三年三月二十九日《官军三道并进会克吐鲁番两城大概情形折》,第628—630页。谨按,关于三路并进吐鲁番谁先谁后问题,详见陶保廉《辛卯侍行记》(刘满点校,兰州:甘肃人民出版社,2000年)第404页以及方希孟《西征续录》第135页。

[76]《清代新疆档案选辑》第6册,时间不详,桂林:广西师范大学出版社,2012年,第36—38页。

[77]《清代新疆档案选辑》第36册,光绪三年六月十八日,第424页。

[78]《镇西直隶厅乡土志》,见马大正、黄国政、苏凤兰整理《新疆乡土志稿》,第120页。

[79]《清代新疆档案选辑》第36册,光绪三年六月十八日,第424页。

[80]《清代新疆档案选辑》第50册,时间不详(光绪三年左右),第137页。

[81]《清代新疆档案选辑》第36册,光绪三年六月初八日,第422—423页。

[82]如裴景福《河海昆仑录》(杨晓霭点校,兰州:甘肃人民出版社,2000年)第282—283页:"由七克腾木向东行二百八十里,距十三间房约一站地,名土井子。多大风,即风戈壁也。光绪四年三月,张朗帅饬将官李成金前往开路,率队五百馀人,马驼数十,于戈壁上扎帐棚,棚内穴地以避风。一日日将落,黑气远来。知大风将至,士卒以群枪排击之,夜半闻有物堕地,声厉。初作喘息如骡马喷鼻。次晨相距里许,有一物似蝎虎,长十三丈,作深绿色,脊背坟起,大小如覆盂,色红,两目外围红白黑圈数道,鼻孔露

第九章　清代新疆驿传沿革

黄毛,颌下如朱砂,腹至尾作深黄色,皮厚如指,坟起处刺之,出白汁,着手即肿。士卒复击以枪,乃毙。数日臭作,截为七段,载以驼,投草湖。此物每吐黑气,立致大风,能挟风腾起,吸驼马食之,支解后,腹中得金银女饰,重四十馀两。马镫、马掌皆吞而未化,土人于十三间房一带每见小者,长一二尺,踞石上,以前两足向日月而拜,土人谓之石龙,即蜥蜴也。"

[83]《清代新疆档案选辑》第41册,光绪十四年十月二十日,第50页"吐鲁番东至哈密厅程途里数"显示:"自本城阳和驿起,九十里(原系一百一十里)至胜金口驿,八十里(原系六十里)至连木沁驿,七十里至辟展驿,九十里至齐克腾木驿,四十里至土墩子驿,一百四十里至镇西厅所属西盐池驿,五十里至惠井子驿,七十里至梧桐窝子驿,一百一十里至车箍轳泉驿(即托赖井台改设),九十里至一碗泉驿(即陶赖台改设),九十里至瞭墩驿,一百里至哈密厅所属三道岭驿(即鸭子泉改设),七十里至三堡驿,七十里至头堡驿,七十里至哈密厅底驿止,共一十五站,计程一千二百三十里。"

[84]左宗棠:《左宗棠全集》第6册,光绪三年十月十四日《进规新疆南路连复喀喇沙尔库车两城现指阿克苏折》,第755页。

[85]左宗棠:《左宗棠全集》第6册,光绪三年十月十四日《进规新疆南路连复喀喇沙尔库车两城现指阿克苏折》,第758页。

[86]魏光焘:《勘定新疆记》,哈尔滨:黑龙江教育出版社,2014年,第138页。

[87]《清代新疆档案选辑》第36册,光绪三年九月十五日,第435页。

[88]《清代新疆档案选辑》第37册,光绪三年十一月初一日,第1—3页。

[89]侯赞福主编:《古汉语字典》,海口:南方出版社,2002年,第261页。

[90]《清代新疆档案选辑》第38册,光绪六年七月初七日,第104页。

[91]刘锦棠:《刘锦棠奏稿》,杨云辉校点,光绪七年七月初二日《新疆南路西四城兴修各工完竣并筹办应修各工折》,长沙:岳麓书社,2013年,第53页。

[92]潘志平:《清代新疆的交通和邮传》,《中国边疆史地研究》1996年第2期,第36页。

[93]王树枏等纂修:《新疆图志》下册,卷七十九《道路一》,第1509页。

[94]批准结果见《清德宗实录》卷一四九(光绪八年七月丁未)第122页。谨按,《〈清实录〉新疆资料辑录》"光绪朝宣统朝卷"将七月丁未这条材料对应为七月二十三日,误,当为二十二日。

[95] 刘锦棠:《刘锦棠奏稿》,光绪九年四月二十日《委员试署准设新疆南路道厅州县各官并筹现办情形折》,第 139 页。

[96] 刘锦棠:《刘锦棠奏稿》,光绪十年五月二十八日《新疆南路军台一律安设驿站酌拟经费章程折》,第 229—230 页。

[97]《清代新疆档案选辑》第 36 册,光绪三年十月,第 446 页。

[98]《清代新疆档案选辑》第 37 册,光绪三年十一月初九日,第 13 页。

[99] 如"喀什噶尔底台驿书潘定贵"与"二台雅满雅尔驿书郭钟岳"的记载,见《刘锦棠奏稿》(光绪十年六月二十七日"查明喀城底台递送折件迟延片")第 235—236 页。

[100] 具体为:"伏查哈密协营原管十三军台,应改归哈密厅通判管辖。巴里坤镇标原管十七军台,应分隶镇西抚民直隶厅同知暨奇台县知县各按地界管辖。通计哈密厅通判管辖十三站,北路镇迪道管辖六十一站,南路阿克苏道属三十九站,喀什噶尔道属三十七站,共计一百五十站。其地方之冲僻,道里之远近,均系按照现在情形,详细查察,斟酌增损,逐一厘订。拟每站设驿书一名,月支工食银四两八钱,白面四十五斤;两马一夫,每名月支工食银三两,白面四十五斤;每驿月支油烛纸张银三两,每马一四日支京斗料四升,草十四斤。外备站价一项,拟马一匹月支银四钱五分。从前所用各台员、驿卒、火夫、毛拉、通事诸名目,概行裁汰。除公费外,均扣建给领,遇闰照加。至每岁倒马之数,拟照塘马十分倒三之例,准其据实开报,照例给价买补,以资整顿。一俟局势大定,元气渐复,统归甘肃布按两司随时酌核减支,俾符定制。"(见《刘锦棠奏稿》第 230—231 页)

[101] 刘锦棠:《刘锦棠奏稿》,光绪十年五月二十八日,第 232 页。

[102] 刘锦棠:《刘锦棠奏稿》,第 230 页。

[103] 刘锦棠:《刘锦棠奏稿》,光绪十一年二月二十六日《新疆驿站经费请参酌部议量为变通折》,第 271—272 页。

[104] 刘锦棠:《刘锦棠奏稿》,光绪十一年二月二十六日《新疆驿站经费请参酌部议量为变通折》,第 272 页。

[105] 刘锦棠:《刘锦棠奏稿》,光绪十一年二月二十六日《新疆驿站经费请参酌部议量为变通折》,第 272—273 页。

[106] 刘锦棠:《刘锦棠奏稿》,第 273 页:"军机大臣奉旨:着照所请,该部知道。钦此。"

第九章　清代新疆驿传沿革

[107]《镇西直隶厅乡土志》,见马大正、黄国政、苏凤兰整理《新疆乡土志稿》,第122页。

[108]《清代新疆档案选辑》第40册,光绪十一年八月,第81页。

[109]中国第一历史档案馆编:《光绪朝朱批奏折》第102辑,光绪十二年十一月初八日,北京:中华书局,1996年,第660—661页。

[110]见《新疆通志》第51卷《邮电志》,乌鲁木齐:新疆人民出版社,1998年,第81—90页。

[111]中国第一历史档案馆编:《光绪朝朱批奏折》第102辑,光绪二十年十月初六日,第689—690页。

[112]《清代新疆档案选辑》第44册,光绪二十三年四月,第170页。

[113]《清代新疆档案选辑》第44册,光绪二十三年四月,第170—171页。

[114]《清代新疆档案选辑》第49册,时间不详,第310—311页。

[115]钟广生:《新疆志稿》卷三《驿站》,湖滨补牍庐文之一,民国十九年(1930)铅印本。

[116]原作十六站,误。

[117]原作托托逊驿,径改。

[118]参见潘志平:《清代新疆的交通和邮传》,《中国边疆史地研究》1996年第2期,第36页。

[119]王树枏等纂修:《新疆图志》下册,卷八十二《道路四·伽师县》,第1569页。

[120]参见潘志平:《清代新疆的交通和邮传》,《中国边疆史地研究》1996年第2期,第37页。

[121]参见刘雪屏:《清末电信业的历史考察》第一章,山东师范大学硕士学位论文,2000年。

[122]钟广生:《新疆志稿》,第189—190页。

[123]陶模:《陶勤肃公奏议遗稿》,见马大正主编《清代新疆稀见奏牍汇编》中册,乌鲁木齐:新疆人民出版社,1996年,第943页。

[124]同上。

[125]钟广生:《新疆志稿》,第190页。

[126]钟广生:《新疆志稿》,第191页。

[127] 钟广生:《新疆志稿》,第 192 页。

[128] 王树枏等纂修:《新疆图志》下册,卷八十六《道路八》,第 1624 页。

[129] 同上。

[130] 王树枏等纂修:《新疆图志》下册,卷八十六《道路八》,第 1624—1625 页。谨案,表中收入数据据光绪三十四年报告文册整理。

[131] 原作"四十一里",脱"百",据《新疆志稿》第 193 页改正。

[132] 原文作"布止布尔",径改。

[133]《新疆省财政说明书》,见《清光绪年二十二省财政说明书·陕西新疆卷》第 2 册,北京:全国图书馆文献缩微复制中心,2008 年,第 405 页。

[134] 参见樊伯钦:《新疆邮政简史(1909—1952 年)》,乌鲁木齐:新疆人民出版社,2003 年,第 15 页。

[135] 以上均见钟广生:《新疆志稿》,第 185—186 页。

[136] 钟广生:《新疆志稿》,第 187 页。

[137] 王树枏等纂修:《新疆图志》下册,卷八十六《道路八》,第 1623 页。

[138] 关于此点,将在第十章中讨论。

[139] 钟广生:《新疆志稿》,第 184—185 页。

[140]《新疆省财政说明书》,见《清光绪年二十二省财政说明书·陕西新疆卷》第 2 册,第 409 页。

[141]《新疆省财政说明书》,《清光绪年二十二省财政说明书·陕西新疆卷》第 2 册,第 407 页。

[142] 钟广生:《新疆志稿》,第 186 页。

[143]《清代新疆档案选辑》第 49 册,宣统元年十月二十日到,第 5 页。

第十章　驿站内部组织

如前面第九章所述,早在乾隆四十一年(1776),清朝已在天山北麓州县设置二十二处驿站,除其中两处腰站外,共有驿书二十名,马夫四十三名,马匹后来增至一百零六匹,乾隆四十五年(1780)吐鲁番又增设阳和驿一处,此为新疆驿站之第一发展阶段。至新疆建省,天山南北两路改设军台、营塘为驿站,全疆共设驿站一百五十处,每站驿书一名,二马一夫[1],此为新疆驿站之第二发展阶段。后新疆巡抚饶应祺奏请改设州县后,又陆续增设了不少驿站,至清末全省共有驿站二百一十一处,驿书二百一十一名,马夫一千零二十九名,驿马两千零六十六匹[2],此为新疆驿站之第三发展阶段。从中可大致看出驿站的内部组织构成一般有驿书、马夫与驿马三大核心角色。但在光绪初年收复新疆后与建省前这一过渡时期,刘锦棠曾奏"从前所用台员、驿卒、火夫、毛拉、通事诸名目,概行裁汰"[3],足见过渡时期驿传平台内部尚有火夫、毛拉和通事等名目。但实际内部组织尚不止于此,刘锦棠光绪九年(1883)奏:"光绪二年大军进剿,挨次设立军塘驰递文报。按程途之远近,安设正腰各站,每站派一武弁经管,设号书一名,安马十余匹,或二十余匹至三十匹不等,均系两马一夫。每三站设兽医、铁匠各一名,令居适中之地,往来医马钉掌。"[4]可见驿站的内部组织要素颇多,尤其表现在刘锦棠光绪十一年(1885)奏准改设驿站章程之前,他(它)们各司其职,共同运转驿站。下文将以吐鲁番驿站为中心,试对这些驿站的内部组织因素,如驿书、马夫、驿马及官店——探讨,并兼及其他驿站内部组织要素。

一、驿书

驿书作为驿站的管理者,在驿站中处于核心地位。如前面章节所论,光绪三年(1877)春,吐鲁番克复后不久,当地官府便安设了名号不一的驿传平台,究其实质,实为一些未正名的驿站,加之前期多与柴草局合办一处[5],使得驿书往往拥有不同的称谓,如"驲书"[6]、"委员"[7]、"司事"[8]等。但有时也有居于驿书之上的"委员",如光绪三年七克腾木台柴草局兼驿站的管理者为候选典史侯宇清,其下仍有驿书刘梓一名。[9]这或许正是前引刘锦棠所奏"每站派一武弁经管,设号书一名"的真实写照,果真如此,驿书便沦落为如同驿卒、马夫之类的具体办事人员,而非管理者,但这种情况主要出现在光绪头几年中,随着柴草局的合并与裁撤,驿书也逐渐恢复其驿站管理者的角色。

(一)驿书员额

在光绪十年(1884)及十一年刘锦棠改设驿站的奏折中,虽然规定每驿设置驿书一员,但阅读档案资料,实际情况并非如此。如光绪十年吐鲁番同知给辟展驲书的札文中提道:

> 为札饬事,照得辟展粮局前因吐局经费宽裕,故在该处设立分仓,以便各户民就近送缴,兹奉爵帅札饬,将吐局经费裁减过半,而该处分仓未便遽行撤回,昨经本府禀请照章开支,旋蒙爵帅批准,核定局费三十二两,当此时艰饷绌,辟展一局既不能撤,而所请经费又不敷用。查该处驲站现系两员承办,经费平分,兹拟裁减一员,每月提出经费银一十二两,拨归粮局,以资津贴,杨委员鼎勋司事已久,应即裁撤,该站事务归该员一手经理,以节靡费。除分行外,合行札饬,为此札,仰该员遵即将杨委员移交各事逐一接收清楚,缮折具报,月需经费从奉文到之日起,大建月支银三十一两二钱,小建月支三十两零八分,按月照章具领,第事关邮政,既归该员一人承办,自当毋稍玩

忽,切切此札。[10]

据上,由于辟展粮局经费减少,吐鲁番同知因当地驲站有两名驿书,为保证粮局继续运转,决议裁减一名,匀出经费拨归粮局,但留存的一名驿书,其经费每个月仍在三十两以上,这明显高于其后刘锦棠奏定驿站经费章程规定的每月"四两八钱"之数。无独有偶,西部托克逊驿站也有两名驿书,同样因该处粮局经费减少,不得不如辟展事例,减少一名。[11]但并非仅此两例,就笔者寓目,七克腾木驿、胜金驿、土墩子驿、布干台驿等当时均设有两名驿书。[12]稍后,光绪十年五月二十八日,刘锦棠在《新疆南路军台一律安设驿站酌拟经费章程折》中奏"拟每站设驿书一名,月支工食银四两八钱,白面四十五斤",尚在等候朝廷批复期间,刘锦棠已先行改革。当年十月便将所拟驿站新章通饬南北三道一体照办,如"统将旧章截至十一月底止,从十二月初一日起,每站设驲书一名,每月准支工食银四两八钱,白面四十五斤",吐鲁番次月即将上述新章转发所属驿站遵行。[13]待至光绪十一年春朝廷正式批准刘锦棠驿站经费调整方案后[14],当地诸多驿站仍为双驿书配备,如档案中随处可见"委办胜金驿务从九易植庭、巡检凌锡恩"[15]、"委管七克台驿站事务高维嶽、何玉衡"[16]、"委管布干台驿务从九潘敬芝、刘永溧"[17]、"委办辟展征粮局兼理驿税事务陈大盘、周传封"[18]等记载,这种双驿书现象一直持续到光绪十一年底止,因为光绪十一年十二月吐鲁番造报所属十二驿站书夫马匹信息表显示[19],吐鲁番所有驿站均开列一名驿书。

伴随着新章程的实施,省府对驿书的来源方式也提出了新的要求,光绪十三年(1887)初,据"一件出示招募拨用驿书斥去非募非丁由"的档案显示:

> 为出示招募事,照得本府案奉藩宪魏、臬宪恩札开,案奉爵抚部院刘批,本司案详,窃查各属驿马多不足额,咸以羸弱充数,应发草料等价亦复剋扣,甚至强派民马轮流供差,更有恶习。每每地方官到任,因荐人过多,无可位置,辄派管理马拨,非募非丁,难于约束,

若辈杖有荐主之势,任意妄为,短少马匹,侵扣喂养,捏报倒毙,压搁公文,地方官瞻徇迁就,因之驿务废弛,小民受困,拟即通饬各属驿站一律改用驿书,所有从前非募非丁之辈,破除情面,迅速斥去。一面将各站马匹实在数目、毛片口齿、驿书卒姓名籍贯逐一造具清册,出具甘结,加具印结申赍备查。嗣后再有前项情弊,一经发觉,轻则撤任,重则参办,决不宽贷等因奉此。除传饬吐属东西各站遵办外,合行出示招募,为此示,仰庶民人等知悉,如有识字方可充用驿书之人,迅速投案,寻具妥保,听候考试拨用,以便造报,各宜知悉,速切毋违,特示。[20]

据上,可知此前的驿书几乎均为他人推荐而来,既非募自社会,又非官府丁役,难以有效约束,因其贪图利益,往往剋扣料草,侵蚀驿站经费,甚至扰乱地方,因此省府认为应该将他们全部斥革,从社会募集合适人选充当。吐鲁番接文后,遂出示以上招募驿书告示,准备考试录用。此告示一经发出,陆续有多人前来应募,如商民郭鸣凤禀道:

禀,具禀,商民郭鸣凤年三十八岁,系山西太原府民,谨禀宪台大人钧前,敬禀者,窃商民幼年在家苦读书籍八年之久,粗识文理,不幸家道贫寒,弃馆出关贸易,亏短资本,于十年由古抵吐,在广顺奉号经理账项年有余,于去年告假出号,现时闲居吐境。商民昨奉读宪示招募驿书,商民是以不揣冒昧,具案呈投报效,倘蒙允准收充驿书,即便商民请妥实铺保,呈具保结,遵候核夺,伏乞批示祗遵,鸣凤谨禀。◎候验,此批。[21]

商民郭鸣凤,自幼苦读书籍,粗识文理,闻讯前来应募,吐鲁番同知批示等候验看,郭鸣凤为增加成功机率,又迅速请人为其担保,确认自身清白,并无不法情事。[22]诸如此类应募之人尚有多人,及至驿书招满后,仍有前来应募之人,得批"驿书业已招齐,未便收录"[23]。而此次所招驿书,据一件时间不详而又残缺的档案记载:"为牌示事,照得本府前日验取驿书一案,除潘承基、张国昌、郑文清、段钧、朱世泰五名均准留用外,其余禀投各人未便(残缺)"[24]，可知吐鲁番此次似乎从民间总共招募了五名驿书，但从后面驿书的实际任职来看，似乎只有张国昌与郑文清两人被分别派至阿哈布拉克驿与桑树园驿担任驿书。[25]而张国昌赴任时，因与旧驿书刘声远交接不清，屡屡上报，加之旧驿书刘声远指责张国昌实因阿哈布拉克驿站太苦，只想前往东部富裕驿站充当驿书，所以才有意与其推延交接，[26]最后吐鲁番同知以其"琐琐多渎，仰即撤回该处驿务，仍由前管刘声远办理"[27]。如此一来，最后只有郑文清一人顺利交接，前往桑树园驿担任驿书。[28]此人光绪十四年(1888)三月尚在驿书位置[29]，但此后似乎再未见有出现。

类似以上光绪十三年官府公开出示招募驿书的情况在档案中可谓绝无仅有，之后的案例也一再透露驿站驿书的来源方式似乎又恢复到推荐方式上来。随着驿书来源推荐方式的恢复，单驿书也逐渐恢复双驿书。从光绪十六年(1890)双驿书现象再次出现，其范围愈来愈广，如"查有胡冠湘、杨显桢堪以合办连木沁事务，合行谕饬，为此谕，仰该书即便遵照前往连木沁驿"[30]、"照得本府现派委蒋驿书昌茂、邹驿书南陔前往托克逊、七克腾木驿，会同李驿书宗昉、陈驿书祝尧管理驿务"[31]等等，类似案例随处可见。据笔者统计，双驿书除前述驿站外，尚有胜金口驿[32]、辟展驿[33]、阳和驿[34]布干台驿[35]、土墩驿[36]、苏巴什驿[37]、库木什驿[38]、小草湖驿[39]，可见随着时间的推移，驿站又回归到双驿书。但值得注意的是，在光绪十六年以后不同年份造报的吐鲁番驿站驿书夫马等清册中，各驿驿书无一例外均显示为一名，[40]可见在形式上仍然是单驿书。但实际情况并非如此，这显然与刘锦棠光绪十年所奏每驿额设驿书一名的章程相违背，问题是这种双驿书的现象并非吐鲁番所独有，整个南疆甚至全疆均如此。据光绪二十二年(1896)镇迪道给吐鲁番的札文反映：

> 案准阿克苏道李咨开，为照安设驿站，驰递公文最关紧要，各站驿书照例只用一人，兹饬据委员刘县丞秩祥折开，各属所管驿站多

系两人,此皆由于推荐者多,碍于情面,滥予安插,若辈无非惟利是图,罔恤其他。殊不知一人所得之项分给两人为数无多,断难满其欲壑,势必设法刻减草料,扰累闾阎,在所不免,甚至夥办不和,互相争利,滋生事端,酿成人命重情。温宿州属阿尔巴特驿书潘耀吾杀伤李应元身死一案至今未结,前车之覆可为后车之鉴,亟应通饬各州厅县破除积习,于所管各驿,每站遴派诚实勤慎者一人承充驿书,专办一驿之事,责其认真妥为经理,以重邮传而杜流弊,不得仍前囿于情面,妄派两人,贻害地方,除申报抚宪鉴核,并通饬各属遵办外,相应备文咨明,为此合咨,请烦查照施行等因到司准此。正核办间,奉抚宪饶照会内开,来牍具悉,各属驿站例设驿书一名,如果分派两人经管,短少夫马剋扣草料均所不免,希候照会兼按察使司通饬各属一体照例办理,以杜弊端,抄由照会等因奉此,除移行外,合行札饬,为此札,仰该厅即便遵办,此札。[41]

可见,一驿两书的现象也存在于南疆阿克苏道,而且驿书来源仍通过推荐而来,地方官又碍于情面,不便管理,这些推荐而来的驿书往往唯利是图,加之分摊经费后,所得减少,常常造成剋扣料草,扰害地方之事,甚至发生内讧,杀伤人命,弊端丛丛,因此时任阿克苏道李宗宾[42]主张一驿一书,地方官切实负责,以免贻害地方,省府收到后,巡抚饶应祺批准按照阿克苏道所禀办法通行全省办理。但如前文所述,省府的这纸札文完全流于形式,成为一纸空文,至少吐鲁番到清朝末年,双驿书现象仍是普遍的真实情况。如此一来,晚清新疆驿书便经历了一个"双驿书→单驿书→双驿书"的过程。

问题是为何各地官府要违背刘锦棠奏定章程及省府多次禁令,仍在实际操作中推行双驿书模式。前引光绪十三年招募驿书及二十二年阿克苏道严禁一驿两书档案已经有所提示,即推荐到各地官府的人员过多,因无处安排,遂被派管驿站。同治末至光绪初,随着清军节节收复西北地区,众多人员因军功而得各种官衔,但人员众多,常常造成排队

等候的现象。这从光绪十年甘肃省"通饬甘省差役概用候补及留甘人员"档案可见一斑,据当时甘肃布政使反映:

> 窃照甘肃地处极边,素号瘠苦,承平时在省候补正佐各官不过数十员,遇有差委按班委用,各有定章。军兴以来,差事较多,候补人员亦不敷委用,且值地方初复,整顿需人,于是无论留甘与未留甘,以及归部选用保留他省未经引见验看,凡随营办事人员,均得变通委用,期收得人之效。迨军务渐竣,劳绩保留甘肃人员纷纷呈请分发到省,加之即用大挑,照例籤掣到甘,与夫原指他省因停止分发改指甘肃者纷至沓来,数年之间,官场大有拥挤之势。现计截至本年六月底止,在省候补人员,除道府两班不计外,直隶州同知通判各班共三十余员,州县两班共一百余员,州同州判县丞府经及从未杂职各班共一百四十余员,未经引见验看之正佐各班仍不下一百数十员之多,其并未留甘之投效当差人员尚不在此列,而分发到省之员尤且陆续禀到,络绎不绝。[43]

引文虽言甘肃情况,新疆当与之类似。而且以上反映的还是府厅州县层面的候补人员众多现象,至于一般低级职衔候补人员,其数恐不在州县之下。他们为谋取一差半职,寻求他人推荐,但上层府厅州县既难安插,州县之下同样难以安插,在此情况下,地方官往往碍于情面,各处驿站便成为安插的去处之一。这从前期担任驿书者的身份便可窥见一二,如"委办胜金驿务从九易植庭、巡检凌锡恩"、连木沁驿站蓝翎巡检汤廷鑫与从九袁芳菁[44]等等,类似的案例举不胜举,均可见这些人因参与军事而获得各种低层次的军功,不得不等待安插,但因等待之人甚多,只得托人举荐而被各地方官暂委驿书之责,期为衣食之资,因此出现双驿书的现象也就不足为奇。

但以上恐非唯一原因,在驿站的实际运作中,也确有因业务需要,一名驿书难以应付,不得不再委驿书进行帮办,这尤其表现在前期一些多重职责的驿站中。光绪三年三月清军收复吐鲁番后,不时有大队人马经过,前往南八城进行后续防剿事务,对柴草需求很大,因此在道路沿线设置了与驿站几乎相同数目的柴草局,以便供应来往差事。但归善后局管辖的柴草局与归地方官管辖的驿站起初属于平行的两套差务供应系统。至光绪四年(1878),吐鲁番善后局向左宗棠禀报:"将吐城以西各草局一并裁撤,改归各站驿书接收兼管"[45],吐鲁番同知趁机将"托克逊、吐鲁番、胜金、连木沁、辟展、齐克腾木各柴草局从十二月初十日起,统交各该站驿书兼办"[46]。此后驿站便与柴草局合并一处,由各驿书兼办,因而在档案中常会有"一件札委蓝翎从九刘日宣、候选从九刘详燠等办理西盐池草局由"[47]、"委办辟展驿站柴草局从九刘兆蓉、监生蒋曙光等为申复事"[48]等类似双驿书模式的出现,这些驿书具有双重或多重职责。除驿站兼办柴草局外,后期又有驿站兼办粮仓、税务者,如"委办托克逊驿站兼管分仓事务萧廷杰、王耀腾为造报事"[49]、"委办辟展征粮局兼理驿税事务陈大盘、周传封为申赍事"[50]、"照得托克逊驲务兼税卡司事,查有陈驿书陈光智堪以前往接办,又有邹南陔堪以会办驿务"[51]等等,不一而足。可见这些双驿书的设置多少也是业务所需,并与前文所述推荐人员过多无处安插,共同导致双驿书模式的长期存在。

(二)驿书任免

驿书任命一般通过当地官府札委谕饬而来,如光绪五年七月,由于新添土墩子驿站一处需要派员经理,吐鲁番同知随即下发"一件札委刘委员办理土墩子驲站日期事务由":

> 为札委事,照得土墩子添设驿站一处,亟应委员前往办理。查有刘委员谨慎谙练,堪以前往该处经理,合行札饬,为此札,仰该员遵照,将土墩子驲站应需马匹什物等项,逐一核领齐全。刻即束装驰往添设,驿递攸关,务须黽勉勤劳,毋负委任,仍将经办日期具报查考,切切毋违,特札。右札办理土墩子驲站刘委员准此。[52]

据上,刘委员应当也有相应的札委文书作为凭信,前往担任驿书,办理驿站事务。到任后,驿书一般要将到任时间及清点驿站什物报明主管

官员备查,如光绪十九年(1893)四月,连木沁驿书邹南陞与萧贻燕申报道:

> 接管连木沁驿传事务为申报事,窃照光绪十九年三月二十六日案奉宪台谕开,照得连木沁驿傅驿书正经请假,所有该驿事务查有萧贻燕堪以派往会同邹驿书南陞管理,合行谕饬,该驿站马匹鞍屉房屋及三连照票各项逐一点验,仍将接管日期具报,以备查考等因奉此。驿书遵即于四月初一日接准前驿书傅正经备文移交站内马匹鞍屉房屋及三连照票各项数目,驿书等亲自逐一点验,惟驿马匹内有肥瘦不等,堪以能骑,所有马匹毛片口齿各项等件破烂情弊,理合据实逐款另具清折,备文申报呈请宪台鉴核存案,以凭查考,伏乞照验施行,须至申者,计申清折一扣。[53]

新旧驿书之间有所谓的交接程序,必然涉及驿书的出缺与更替问题,这还得从驿书的任期谈起。刘锦棠光绪十一年奏定驿站章程中并无驿书任期规定,而根据档案记载,驿书似乎也无明确的期限,但驿书又存在任免,这就为我们考察他们的实际任期提供了可能。笔者从光绪十年起,以吐鲁番阳和驿驿书为例,制表14如下[54]:

表14 吐鲁番阳和驿驿书任职表

阳和驿驿书	时间及依据
易九皋	【39:368】光绪十年七月
杨绍成	【40:40】光绪十一年四月十三日
杨绍成	【40:64】光绪十一年六月初五日
傅文章	【40:235】光绪十二年八月
杨绍成	【40:239】光绪十二年九月初三日
孙德昌	【41:17】光绪十四年四月初七
张联奎	【41:88】光绪十五年正月
李仲蓉	【41:89】光绪十五年二月初二日
李裕靖	【41:105】光绪十五年四月十三日到
李裕靖	【41:138】光绪十五年六月二十九日

续表

阳和驿驿书	时间及依据
贺永奎	【41:304】光绪十六年四月十三日
贺永奎	【41:315】光绪十六年五月三十日
傅晴岚	【41:443】光绪十七年三月
陈济云	【42:14—15】光绪十七年五月初七日
陈济云	【42:116】光绪十八年正月二十九日
傅正经	【42:122】光绪十九年二月
庐曙皋、孙梓材	【42:315】光绪十九年二月
庐性初	【42:377】光绪十九年六月二十一日
谭紫卿	【43:196】光绪二十年十一月初二日到
彭隆茂	【39:254—255】光绪二十四年三月初二日
彭隆茂	【44:328】光绪二十四年闰三月十五日
范玉林、彭绍家	【44:411】光绪二十四年九月
范玉林、彭绍家	【45:43—44】光绪二十五年二月
沈祥春、李俊田	【45:115】光绪二十五年六月初二日
李俊田	【45:154】光绪二十五年十月
姜逢年	【45:225】光绪二十六年五月
谭木荣	【45:315】光绪二十七年三月
谭木荣	【46:37】光绪二十八年十月
谭木荣	【46:117】光绪二十九年四月初八日
刘世珍	【47:226】光绪三十二年二月初四日
朱后襄	【48:17】光绪三十三年正月十三日
朱后襄	【48:98】光绪三十三年四月初十日
石述贤	【49:85】宣统二年六月十九日
闫佐栋	【49:193】宣统三年四月十四日
闫作栋	【49:266—267】宣统三年十一月二十四日

据以上不完全统计,阳和驿驿书任期从几个月到两年不等,但大多驿书任职在一年左右,其他驿站驿书任期当与此类似。但也有任期长久者,如王廷襄光绪十八年(1892)十月二十八日路经小草湖驿站时,指出该站"驿书李姓光绪十四年到站"[55],可见其任职至少也在三年开外。另外值得注意的是,光绪二十八年二月吐鲁番同知札文中有"照得库木什驿书王玉山年满遗差,即派王春林前往接办"[56],似乎驿书是有年限的,因为王玉山早在光绪二十五年(1889)五月便已在库木什驿书任上[57],二十八年仍充当该站驿书[58],其任职时间当接近三年。综上,比较晚清吐鲁番乡约任期[59],可以发现驿书与乡约任期约略相仿,似有任期,但又无明确任期。既然存在这种事实上的任期,就必然涉及驿书的更替与任免问题,更替原因大致可以归纳为以下几种:

1.随主官离任而更替

由于驿书多为他人荐举而来,被荐之人得以充当驿书,也多被视为地方官的有意安排,因此驿书与地方主官便形成了某种连带关系,如果主官离任,一般驿书也不会长久,往往与主官一起交卸。如光绪六年(1880)六月署吐鲁番同知奎绂离任交卸,新任同知杨大年当即札文:"照得本府于本月十八日案准前署监督府奎绂交胜金驿站阜局及抽收畜税厘金事物并看管官店所等因前来,亟应派员接办,合行札委,为此仰该刘从九国英遵照,刻即束装前往该驿局,将应存卒夫人等马匹毛齿鞍屉包皮口袋并局存柴草数目什物各等件照章逐细点查,及官店房屋接收清楚禀报前来,以凭查核转报"[60],同日又札委辟展、连木沁、阳和及布干台诸驿站新任委员接替驿站事务。[61]在后任官员看来,前任官员安插的驿书并非自己任命,不够信任,因此需要重新委任驿书至各驿接替、点验驿站物品,以便核实前任所造清单,使自己交代无误。这一点在光绪十年接任吐鲁番同知不久的黄丙焜身上表现得尤为明显,当年二月土墩子驿书有如下禀报:

> 窃照卑职于正月二十八日案奉宪台札开,照得驿站事务最关紧

要。本府莅任伊始,所有现经理辟属土墩子驿站司事亟应更换,以资信任而专责成。兹查有从九品曾毓森、易铭鼎老成可靠,堪以接办,除分行外,合亟札委,为此札,仰该从九等即便遵照赴站,妥为协同办理,所有驿马数目口齿老少,是否□壮,并鞍辔一切应用等件,逐一点验接收清白,无任含混,暨接办日期一并分别具报查考。[62]

谨按,黄丙焜系光绪九年十月二十四日接任吐鲁番同知关防[63],可见他在上任几个月后便开始任命新驿书,并明确指出更换驿书目的是"以资信任而专责成",这就再清楚不过地说明驿书随主官离任而交卸的原因所在。虽然如此,也有驿书在主官离任后仍在原位的案例,如前表所列吐鲁番阳和驿驿书谭木荣即是一例,即便以表14中"光绪二十七年三月"与"光绪二十九年四月初八日"作为其前后时间节点来看,谭木荣担任驿书已历邓以潢及文立山两任吐鲁番同知。[64]但总体而言,主官离任后,驿书即使不是马上,也会在接任主官任职后不久逐渐被更换。

2. 因事他往更替

驿书有时因事被调往他处,致使所任驿书出缺,并由他人补放。如"照得办理七克台驲书万委员,本府调赴来城另有差委,所遗该处驲局事务未便乏员经理,查有李县丞瑞川老成历练,堪以委办"[65]、"照得连木沁驿局委员汪廷焯,本府已经调委经理土墩子驲站事务,所遗连木沁驿局亟应委员接办,查有史委员曾让堪以前往经理"[66]、"查连木沁驲站司事蒋曙光现司义塾教读,所有该站事务未便仍令办理,致滋耽误功课,兹查有从九品袁芳菁老成可靠,堪以接办"[67]等等。

3. 请假更替

驿书有时因各种原因需暂时离开驿站,为此须向地方官请假,为使驿站正常运转,仍需补放新人。如"照得辟展驿局蒋委员爕岩因事准假,所有该局事务亟应派员接办,查有刘委员兆蓉堪以委管"[68]、"为札委事,照得辟展驲局贺委员因病请假,查有三堡税局杨委员文庆堪以前往接管"[69]、

"现据胜金台驿站委员邓从九国镇具禀请假回籍省亲等情前来,自应照准,除批发外,所遗该站事务,应即派员接办,以专责成,兹查有从九品凌锡恩勤慎可靠,堪以接办"[70]等等,不一而足。

4.革职、擅离职守更替

驿书办理驿站事务,有时难免出错,事态严重者,随时面临被革职的危险,一旦革职,所遗驿书空缺自当另择妥人补放。如光绪十八年省府查访"土墩子驿屡次公文到站并不差派马夫递送,遇有过路车马,即托便带,该厅竟不一查察,驿务废弛,如此实属不成政体"[71],因系省府过问,吐鲁番厅不得不将土墩子驿书撤退,并派阳和驿驿书陈济云前往接办。[72]又如光绪三十三年(1907)初,小草湖驿书钱万选因遗失官报,结果被革职拘案,[73]其后不久便由新驿书朱后襄接替。[74]至于擅离职守者,有如"本府访查苏巴什驿朱驿书运瀛离驿将近半年,所有该驿事务应即饬谢南辉一人经管,以专责成"[75]等等。

此外尚有驿书身死牵涉命案而不得不更换者,如"照得本府已将辟展驿局杨委员鼎勋、蒋委员若霖等因高委员位佐服毒殒命,其中致死根由有与该委员相干之处,应即撤委,遴委妥员,查有从九聂价藩堪以前往接办,合行札委"[76]等等。

(三)驿书职责

除上文所述兼办职务,使其职责呈现多重性外,就其本职来看,仍无外乎全面负责驿站的日常运转与建设。日常职责如每月一次月报,须将本驿站内"往来排时文报填用连票数目"以清折形式向本地官府一一报告,如:"阳和底台驿书彭隆茂谨将光绪二十四年二月初一日起至月底止,所有往来排时文报填用连票数目,理合造具月报清折,呈请鉴核施行,须至清折者,计开:一、前存连票五十九张。一、填用连票二十张。除填用外,实存联票三十九张。"[77]在月报之外,驿书还需旬报,将填用联票及实存数目按旬报告,如"委办连木沁驿务候选从九品蒋曙光、周杨篁为申报事,窃卑职谨将光绪十年正月下旬自二十一日起,至三十日止,所有往来公文等件填用东来连字九十六号起,至一百号止,计票五张,填用西来连字九十七号起,至九十九号止,计票三张,理合备文申请宪台鉴核施行,须至申者"[78]等等。有关驿书的职责还有许多,但更多体现在驿站传递文报、接待官员等职能中,详见后面章节讨论。

二、马夫

(一)马夫员额

按照光绪朝《清会典》记载,各省驿站夫役中"新疆有驿书、马夫"[79],马夫员额标准为"两马一夫",这在乾隆四十一年就已确定,[80]刘锦棠光绪十年奏定驿站章程继承之。至清末,新疆的驿站基本符合两马一夫的标准。但在改设军台、营塘为驿站之前,驿站内部人员构成比较复杂,如光绪三年十月七克腾木台有"驿书一名、驿卒六名、马夫二名、驼夫一名,以上十名共领高粱面食粮四百五十斤"[81],可见驿卒与马夫并存,他们职责基本相同,[82]每月所支高粱面食粮也相差不大,如光绪六年土墩子腰站的数据显示该站驿卒每名月支银三两,马夫月支银二两四钱。[83]驿卒与马(驼)夫总额似乎接近或者达到"一马一夫",如光绪三年十月七克腾木台有驿卒六名、马夫二名、驼夫一名,马七匹、驼马二匹,[84]以九夫卒对九匹马,正符"一夫一马"。又据一件时间不详,但肯定在光绪十一年之前的胜金驿站夫马清册显示,该站有驿卒六名、马夫二名、驼夫一名、马八匹、驮马二匹[85],九夫卒对十匹马。再如光绪八年(1882)吐鲁番城阳和驿有驿卒六名、马夫二名,驿马八匹,[86]八夫卒对应八匹马,基本为"一夫一马"。但这种现象并非纯属偶然,光绪七年(1881)五月土墩子驿的情况更能说明问题,该站驿书反映:

> 谨禀大老爷阁下,敬禀者,窃卑职蒙恩委办土墩腰站驿务,迄今月余,顾叨顺吉,窃思卑站上下两路共一百八十里许,较之连木沁、布干,

则卑站非小,马匹卒夫似宜其足。月前蒙宪洞悉其情,业经拨添站马三匹,连前合共有九,此承体恤路遥之苦极矣,但卑站有驿卒无驼夫,虽向有民夫二名,民驴二头,以供贵差,不意前以农事繁急等语告退。卑职体宪德有重农桑爱民物之意,遂准其情,刻下卑站现供差事仅有驿卒六名,马夫一名,往来公文昼夜冗繁,尚虞递送不暇,倘一时公文贵折骤至,四境戈壁,无民可雇,无车无马可派,不无有贻误之虞,为此肃具寸禀,俯恳宪台赏准,可否免派民夫,以惜民力,另添卑站驼夫二名,以敷九马九夫之用,且应缓急不时之需,合无有当,伏祈批示遵行,虔请崇安,伏乞钧鉴,卑职佳佐谨禀。◎查该站原设马四匹,卒夫五名,本府履任见不敷供设,禀请添设驲马四匹,驲卒四名,旋奉侯中堂左批驳,只准添设马二匹、卒二名,故本府又在齐克台、连木沁腾□三驲,各调马一匹帮同供差,掌银草料改归该站领支,其驲卒口粮仍归各原站请领。兹据所禀自系实情,但各站能否连驲卒并拨,候行各该委员议复,至驼夫原有定数,本府未便私添也。[87]

土墩子驿站地处七克腾木台东北,周围并无村落,四境戈壁,遇事难以应付,但驿站人手不足,不得不临时雇用长夫,然在农忙期间,长夫不在,该站只有驿卒五名,并无马夫,因而请求添设驼夫二名,"以敷九马九夫之用",即达到一马一夫的标准。虽然左宗棠未能完全按照该驿所请办理,但作为地方官的吐鲁番同知仍然通过腾挪他站马匹拨归该站,以使达到九马九夫的配置。足见在改制之前,驿站马夫员额通常为一马一夫,或者接近一马一夫的标准。

这种驿卒与马夫并存,以及"一马一夫"的局面是在新疆收复之初特定的历史环境下出现的特殊产物,相比日后驿站经制标准,其人员配置及银两面斤的发放也自然成为官府的一项负担。因此至光绪十年刘锦棠奏请军台、营塘改设驿站,意在划一经费章程,奏请将"从前所用各台员、驿卒、火夫、毛拉、通事诸名目,概行裁汰",马夫也按照"两马一夫"标准配置,如光绪十一年十二月吐鲁番厅造报所属十二驿站便无驿卒的身影,虽然光绪十二年(1886)在档案中又出"驿卒"字样,但实为马夫的代名词,因为驿卒与驿马的额数完全符合"两马一夫"比例。[88]光绪十一年经费章程被批准后,马夫待遇定为每月工食银三两,"并准月支白面四十五斤,各于应得工食银两项下酌扣价银六钱,按月报缴,以示限制",这种情况一延续到宣统二年(1910)新疆地方提取驿站经费之半作为开办邮政费用为止,吐鲁番所有驿站马夫待遇也从宣统二年正月初一起相应减半支给。[89]

(二)马夫的职责

马夫的职责在于喂养马匹和传递文报,但在光绪初年驿卒与马夫并存的情况下,由理论上的驿卒和马夫分别承担传递文报与喂养马匹两项职责,逐渐过渡为驿卒和马夫共同承担,如光绪六年官府令土墩子驿站"自行招募妥靠驿卒二名递送文件",待其招募后,便将"供差马夫,着其仍返,不复供差"[90],光绪七年托克逊驿接到苏巴什驿卒递到喀英善后总局排文一件,该站随派马夫递送。[91]这均说明驿卒与马夫职责的重合性。至光绪十一年驿卒被裁撤后,传递文报与喂养马匹两项职责便完全成为马夫的分内之事,尤其对于一些紧急公文,相关规章要求必须将递送马夫姓名注载三联驿票中,以便备查,如"为传谕事,照得驿站按递排单夹板部文火票,填用枭宪印发三联驿票存查,存站备照,随递下站赍核,按月申缴枭宪衙门,所以备稽查而防迟误,关系最重,非徒虚文,自应将经过排单夹板部文火票件数收发时刻马夫姓名以及随行公文件数逐一填注清楚,与上下站一接一送,均须相符,其中有分递件数,应将分递注明,不得错误"[92],足见马夫职责所在。但很多时候,驿书和马夫为省事,马夫并不亲自护送,而请过路之人带送,如"照得各厅州县安设驲站,原以备文递而供要差,兹本署兼司访闻该厅所管土墩子驲屡次公文到站,并不差派马夫递送,遇有路过车马,即托便带,致有失损迟延"[93]。再如吐鲁番同知委任托克逊驿书时,一再告诫新驿书"凡遇往来公文到站,务当随到随递,毋许托人带送,或交上下站马

第十章 驿站内部组织

夫便带"[94],可见递送文报本为马夫分内职责,但不时有托人递带的现象,并屡禁不止。喂养马匹则有如"迅将补发土墩腰站驿马一匹妥为接递交收该驿司事督率马夫小心喂养,毋许疏懈"[95]等等。

马夫传递文报,有时也会面临诸多意外事故,如光绪三十二年(1906)托克逊驿"马夫途遇狂风,马惊人倒,跌伤右手,遗失公文",后经调查属实,"情尚可原,所有遗失本司签发鄯善县公文一角,本司已饬承查照补缮签发,仍派差查找原文,随时呈缴"而销案。[96]更为严重者则有如连木沁马夫被护送折差用马棒打伤并遗失公文事故。此事大概发生于光绪三十二年,当年十一月初八日未刻有伊犁将军折差到站,驿书徐得岑当即派马夫预备护送,但因折差生病未能启行。约二时后,又有富参宪奏折夹板文册及省城各宪排文敕书一同到站,徐得岑随即登号,并交送折差之马夫尕吉提搭在马上一并带去。出站不远,风急马惊,夹板文册一并落地,马夫下马拾文,折差因恐耽误,催促前行,但未及十里,再次落地,马夫欲再捡拾,"折差用马棒打伤该马夫手足,斥骂不止,不准再捡,该马夫至辟展驿呈明前由,该驿驿书令该马夫仍向原路去找,不料是夜狂风更甚,行至中途,马被风惊,夫马不知去向"。事后直至十二月初三日才将马夫寻获,并据马夫报告"十一月初八日递送前项文册二工渠地方风狂马惊,缰绳扯断跌落马下,左脚勾挂马镫,被马拖跑,公文册籍均被拖损散失,不敢回站"。因此事涉及伊犁将军公文,新疆巡抚也不敢轻易了事,议将马夫先行医治,然后提省讯问。[97]因档案残缺,尚不知如何处理。再如光绪二十三年(1897)"有抚宪折差由京回转托驿,比即饬夫送至小草湖驿去后,据马夫返驿称小草湖无马递送,该驿熊驿书强压卑站马匹过站不只一次,况折差包袱甚多,骑驿马共六匹,强压送过达坂驿,并将马夫打骂凌辱受伤,不服理论,现在马匹回站有倒毙之势"[98]。据此可以看出马夫地位之低下,不时会受到折差、官员的责打与辱骂,而大自然的突发灾害也会给马夫传递文报带来不少危险,有时甚至危及生命安全。

(三)马夫身份

乾隆年间的马夫,我们知之甚少,但至晚清,由于部分档案的保留,我们可以窥探一二,考虑到驿卒与马夫实际上担当同一职责,一并考察。据光绪三年十月七克腾木驿造报该站驿卒六名,分别为八海、任八海、道惕赛惕、赊特哈、斯惕赊与林桐,马夫二名,分别为楚宝善与郑万年,驼夫一名,为李同春。[99]可见,驿卒均由当地维吾尔人充当,马夫、驼夫则为汉族或回族充当。而光绪八年九月吐鲁番城阳和驿无论马夫还是驿卒,均由维吾尔人充当。[100]光绪十一年以后,驿站马夫则由维吾尔与汉人混合组成,如光绪十年闰六月七克腾木驿六名马夫分别为"李玉山、阿五、老满、齐戒、沙海与艾吉提"[101],考虑到这些人相处日久,或许也如乾隆二十九年南疆军台中供差的维吾尔与满、汉官兵言语互通故事[102],否则很难想象驿站能够比较顺利地运转,即使不能精通,至少也应了解彼此的日常用语。

三、驿马

(一)驿马额数

光绪朝《清会典》记载:"各省驿站,惟福建、广东、广西不设马"[103]。新疆大部自光绪初年克复后,驿马额数主要随驿站的增设而增加,如光绪十一年刘锦棠奏定驿站章程中称全疆共设一百五十驿,马一千七百一十六匹[104],后巡抚饶应祺奏改设州县后,又增设不少驿站,至清末全省共有驿站二百一十一处,驿马两千零六十六匹。[105]虽然如此,但即使同一驿站在不同时期,驿马额数亦有变化,而且各站驿马额数也不尽相同,主要因驿站之冲僻及差事之多少而定。以吐鲁番为例,吐鲁番同知光绪十一年正月造报所属八处驿站共有驿马六十八匹[106],平均每驿超过八匹,每站具体驿马额数据光绪十年四月的数据显示,土墩子驿九匹、七克腾木驿八匹、辟展驿九匹、连木沁驿八匹、胜金驿九匹、阳和驿八匹、布干台驿八匹、托克逊驿九匹。[107]如前文"马夫"一节所述,土墩子驿原存驿马六匹,后由连木沁、胜金、七克腾木分别拨马一匹,而至九匹之数。至光绪十一年春,刘锦棠奏定

第十章 驿站内部组织

驿站新章被批准后,加之同年六月又由喀喇沙尔拨归吐鲁番之苏巴什、阿哈布拉、桑树园子、库木什阿哈玛四座驿站,使吐鲁番驿站总数达到十二处。同年十月,吐鲁番所属十二驿站又分别添补驿马二到八匹不等,总共添补驿马四十六匹。[108] 兹据光绪十一年十二月吐鲁番厅造报东西十二站驿书夫卒马匹数目[109],制表 15 如下:

表 15　吐鲁番十二站驿书夫卒马匹数目表

驿站	驿书/名	马夫/名	驿马/匹
阳和驿	1	7	14
胜金驿	1	6	12
连木沁驿	1	5.5	11
辟展驿	1	5.5	11
七克腾木驿	1	6	12
土墩子驿	1	7	14
布干台	1	5.5	11
托克逊	1	7	14
苏巴什驿	1	6	12
阿哈布拉克驿	1	5.5	11
桑树园子驿	1	6	12
库木什阿哈玛驿	1	6	12
总计:12 驿	12	73	146

据上表,吐鲁番驿站以吐鲁番本城阳和驿为底驿,东西共计十二站,驿书十二名,马夫七十三名,驿马一百四十六匹,完全符合刘锦棠奏准"两马一夫"的标准。其中驿马最多者莫过于阳和驿、土墩子驿及托克逊驿,均为十四匹。这完全可以理解,因为阳和驿作为吐鲁番底驿,自然所备马匹为多,同时也是为了预备帮派其他驿站驿马之不济。东境土墩子驿站,早在

光绪七年,该站驿书即指出该驿"上下两路共一百八十里许",而且"四境戈壁,无民可雇,无车无马可派"[110],因此历来吐鲁番同知均注重该站驿马配备。至于西境托克逊驿,则因"路分三道之杂,且与小草湖相距甚远,往返需一日有余,马之困苦殊难言状"[111],可见托克逊之交通枢纽地位,差事往来频繁,马匹自当多备。总之,吐鲁番十二驿的驿马额数此后便成为定例,这从光绪十二年(1886)[112]、光绪十五年(1889)[113]、光绪二十七年(1901)[114]吐鲁番所造十二站驿马清册中可以得知。至光绪三十年(1904),随着鄯善县的设立以及迪化小草湖的拨归,吐鲁番厅所属驿站变为九处,分别为阳和驿、胜金口驿、布干台驿、托克逊驿、小草湖驿、苏巴什驿、阿哈布拉驿、桑树园驿与库木什驿,其中新增小草湖驿有驿书一名,马夫四名,驿马八匹,[115]其他八站仍如光绪十一年驿马额数未变。此后随着驿传废弛,驿马也往往不足额数,据一份"吐属各驿站短少马匹数目清折"的档案显示,吐鲁番"共应交额马一百六匹,除现交马七十八匹,又悬马四匹,又拨交电报局八匹,实短马一十六匹"[116]。至光绪三十三年春,新任吐鲁番同知曾丙熿发现阳和驿"前任驿书移交马匹甚多,老弱疲瘦系至瘠梁打烂有骨无皮,而鞍辔亦多破烂不堪使用",因而饬令新驿书前往各驿进行确查,结果发现东西九驿实存马七十六匹,短少十七匹[117],可见驿马未能足额,而且情况还在恶化。

驿站设立驿马"原为预备折差及递送公文"[118],但有时也会被挪作他用。从光绪十八年起,新疆开始设立电报,沿途栽设电杆,"所需马匹马干,暂借驿马应用,俟各处电线设定后,再行筹办,余如所议办理"[119]。但电局巡丁往往扰累驿马,托克逊驿书反映:

> 托克逊虽多马数匹,而路分三道之杂,且与小草湖相距甚远,往返需一日有余,马之困苦殊难言状,加以近来设立电杆,来往公文较前既多,各站又安插看守电杆巡丁一名,每日需马一匹应用,所走之路非官马大路,崎岖险阻,马最易疲。更有借巡杆为名,到处游玩,数日未见回站,而过往巡丁溜马者又络绎不绝,均有随身行李数十斤或百余斤,

第十章 驿站内部组织

马负太重不能疾走。该巡丁毫不体恤,只欲其走之疾,并不顾其负之重,每马到站,汗出如水,有一二日尚不食草者,若嘱以马负甚重需按辔徐行,该巡丁恃电工紧要,不特无好言相回言,反将驮书辱骂。[120]

可见,电局巡丁往往借差乘用驿马,到处游玩,并不爱惜,而且有时辱骂驿书等。吐鲁番同知朱冕荣得知后,遂向当地电局交涉,要求巡丁以后"务宜体恤行事,毋再藉公滋扰"[121]。但问题并未彻底解决,不独吐鲁番如此,随着电报线路的展设,温宿县也存在巡丁扰累驿马事件,因此吐鲁番与温宿联名禀告"电局工头等借用驿马,诚恐日久各不相宜,恳请按站分拨驿马"[122],即干脆将电局借用驿站马匹拨归电局所有,这样便可彻底免除彼此之间的纠纷。如吐鲁番造报"所辖十二驿,共支马十二匹,计每马一匹原支例价库平银八两,合共应支库平银九十六两,内扣六分减平外,实合新湘银九十四两,又截至本月十六日起至年底止,各马半月料草,共库平银十四两四钱,除减平外,实合新湘平银十四两一钱,拟合一并备文移交,为此合移贵局,请烦查照验收,分发各巡丁自行买马备用,不得再向各驿支使马匹"[123],电报局随即接受了移拨而来的这批驿马和经费。驿站额定驿马在事实上减少,正因如此,才有前文所引"吐属各驿站短少马匹数目清折"中的拨归电局驿马数据,但清末吐鲁番造报的驿站额马数据并未刨除拨归驿马,仍然为之前的额定驿马。[124]

(二)驿马倒毙与添补

驿马短少有多方面的原因,偶发病症及倒毙者,档案中比比皆是。如光绪八年胜金驿造报:"卑局接受前办委员刘国英大青骟马一匹十三岁口,忽于本月初六日大发沙症,多方调治,依然莫效,方及半日即毙"[125]。又如光绪十年七克腾木驿报告:"六月初四日由喀什行营拜发一折,现派都司苏振芳等赍奏到京,需用骑马二匹,引马二匹,沿途各州县驿站应付往返,一体遵照等因奉此,卑站遵照派马四匹驰送差竣回站,内有骠骝马一匹老口,因差受奔,肚胀倒毙"[126]。驿马倒毙,并非毫无限制,而是有一定的倒马分数。就全国范围来看,光绪朝《清会典》记载:"凡驿马每年倒毙之数,直隶、山东、河南、湖北、云南、四川十分不得过三分,其直隶所属之张家、独石、喜峰等口,十分不得过四分。……山西、浙江、陕西、甘肃、新疆,马十分不得过二分"[127],即全国各地倒马分数不同。而新疆在乾隆四十一年设立驿站之时,即已规定驿站马匹"十分准倒二分"[128],至光绪初年新疆克复后,似乎仍然执行此标准,如光绪九年,户部行文陕甘总督,"自光绪九年正月起,例准二分倒马,照例价八两,除皮脏变价银五钱,以实银七两五钱扣划六分减平"[129],而当时吐鲁番厅在行政上仍隶属于甘肃,因而也应是当地的倒马标准。稍后刘锦棠在光绪十年五月《新疆南路军台一律安设驿站酌拟经费章程折》中有"至每岁倒马之数,拟照塘马十分倒三之例,准其据实开报"。据档案文献显示,新疆部分地区曾按此标准执行过,如吐鲁番光绪十一年十二月造报:"窃卑厅所管吐属八站共驿马六十八匹,自光绪十一年正月初一日起,至七月底止,照定章十分倒三分别扣算,共应倒马十一匹九分"[130],可见刘锦棠奏定新疆驿站章程被批准前,三分倒毙标准已经在新疆部分地区实行。及至光绪十一年初朝廷批复新疆"倒马照例二分报倒买补,马价应照甘肃定例,每匹准销银八两"[131],以后至清末均按此二分倒毙标准。

马匹倒毙有报倒的程序和凭证,如光绪八年胜金驿报告接受"前办委员刘国英大青骟马一匹,十三岁口,忽于本月初六日大发沙症,多方调治,依然莫效,方及半日即毙,应将耳尾呈缴宪台,伏乞察验施行"[132],即马匹倒毙后,驿书应向地方官报告,并呈验倒毙马匹之耳朵与尾巴作为凭证。

马匹倒毙必然造成缺额,因而必须添补,如"为传发事,照得本府案据该连木沁、辟展等驿申报倒毙马匹,恳请拨补等情前来,兹饬补买八岁口青马,九岁口枣骟马各一匹,除饬令阳和驿转交前进外,合行传发,为此传,仰该司事等即便遵照接收,小心喂养,仍将收到日期具报查考"[133]。但有时倒毙过多,地方官也会令驿书自行赔补,如光绪十年吐鲁番厅札文道:

> 七克台驿站司事呈报倒毙马匹恳请买补由,批卷查该站前报倒马一匹,当经添补在案,兹复据报倒毙花骟马一匹前来。查定章每年驿

马十匹,准倒二匹,每匹倒价银七两五钱,现时市价每匹值价银十余两之谱,当此裁减经费之际,各站纷纷报倒,本府无从赔补,经酌定每站每年准报倒马二匹,所有买补价值本府津贴一半,其半由各该站司事赔补,通饬各站一体照办,至该站此次倒毙马一匹,准其买补,价银准如数核发,以示体恤,下次不得援以为例,凛遵毋违,特批。托克逊、布干台、阳和、胜金、连木沁、辟展、七克台、土墩子各驿司事准此。[134]

结合前述吐鲁番各站驿马额数,按十分准倒二分标准,各驿倒马数当有不同,如托克逊、阳和及土墩子驿均为十四匹,每年倒毙当在二点八匹,接近三匹,但光绪十一年朝廷批复刘锦棠奏定驿站章程规定"倒马照例二分报倒买补,马价应照甘肃定例,每匹准销银八两",全疆"除哈密、镇西、奇台三处倒马在于巴里坤孳生厂内拨补,毋庸给价外,其余马每百匹准倒马二分,每匹价银八两,扣皮脏银五钱"[135]。换言之,用于买补马匹的经费只有七两五钱,但当地马匹价值却在每匹十两左右,因此吐鲁番同知不得不加以限定,不论各站额马多少,均准每年倒毙二匹,买补马匹经费由吐鲁番同知及各驿书分担一半。虽属不得已之举,但却将驿马倒毙压力推给驿站,尤其对马匹额数较多的驿站影响颇大,势必会影响驿传的运营和管理。

除马匹倒毙需要添补外,驿马应差往往造成马匹羸弱,因而也需不时更换,以备差务之需。如吐鲁番厅札文:"照得本府案据该驿申报疲乏马匹恳请更换等情前来,兹饬购买精壮马匹一匹,谕饬令阳和驿转交前进外,合行札饬,为此札"[136]。再如土墩子驿站:"照得本府案据该驿申报疲乏马匹恳请更换等情前来,兹饬购买精壮马一匹,除饬令阳和驿转交前进外,合行札饬,为此札,仰该司事即便遵照查收,小心喂养"[137]。凡此等等,不一而足。

(三)驿马喂养与毛色口齿

驿马应差是否得力,全在平时是否尽心喂养,而喂养必赖草料,草料又有定章可循。如第九章所述,乾隆四十一年规定新疆驿站"每马一匹日支草料银八分,每马一匹岁支外备银三两四钱二分五厘"。光绪初新疆收复后,北路每马一匹"草干银三两六分",南路"每马一匹日支料六斤,草十斤至十五斤不等"。这种情况在档案中也有所反映,如吐鲁番胜金驿"马八匹,每匹月支料一百二十斤(每匹日支料四斤)、每匹月支草三百斤(每匹日支草十斤,每斤四文折价),钱一千二百文;驮马二匹:每匹月支料一百二十斤(每匹日支料四斤)、每匹月支草三百斤(每匹支草十斤,每斤四文折价),钱一千二百文"[138]。至光绪十一年还有"每匹月支草银六钱"[139]的记载,可见在克复之初,各地支草与支银额数不一,马匹草料较之乾隆年间颇为优厚,但似乎并无外备站价银的设定。正因章程不一,所以刘锦棠才在光绪十年奏请"每马一匹日支京斗料四升,草十四斤,外备站价一项,拟马一匹月支银四钱五分"[140],但朝廷批准"每马一匹,照例日给草料银八分,岁支站价银三两四钱二分五厘",即又恢复到乾隆年间的驿站章程。此后新疆驿马料草供应标准即循此章,一直到宣统年间因提取驿站经费之半开办邮政,才使之相应减少。

最后还需提及的是,官府及驿站为便于对驿马进行统计,常根据马匹毛色与口齿情况对驿马进行分类统计。兹以光绪十二年吐鲁番"造报吐属东西十二站书夫马匹毛齿各数目清册"中阳和驿马分类为例说明:

> 驿马十四匹,内红骟马一匹十岁口、黄骟马一匹八岁口、青骟马一匹九岁口、枣骝马一匹十岁口、海骝马一匹十岁口、白骟马一匹八岁口、红骟马一匹九岁口、黑花马一匹九岁口、铁青马一匹十一岁口、青骟马一匹八岁口、枣骝马一匹九岁口、红海骝马一匹十岁口、铁青马一匹八岁口、黄骟马一匹十岁口,鞍辔俱全。[141]

按照常识,马匹口齿代表着马的年龄,其寿命一般在二十到三十年左右,生长期为前五年,六到十六年大致为中年马,之后便被视为老马。因此,作为供差的驿马,以购备中年马最为合适,以上阳和十四匹驿马均属中年马匹。官府在补充马匹时,也多选择中年马,以资得力,如光绪十年八月土墩子驿"接收到宪台发给卑站青马一匹,九岁口齿"[142]等等。除按毛齿分类外,在光绪早期,新疆驿站有时也会依其功能进行分类,如光绪六年辟

第十章　驿站内部组织

展驿造报该驿有"差马七匹：枣留马一匹（八岁口）、青马一匹（八岁口）、白马一匹（十一岁口）、银红马一匹（十二岁口）、黑花马一匹（九岁口）、青马一匹（十二岁口）、土色马一匹（十二岁口）""驼马二匹：黑马一匹（十岁口）、枣红马一匹（九岁口）"[143]，可见驿马又有差马及驼马之分，差马当系送递文报之马，驼马当系驮负什物之马匹，各有分工。

四、官店

前面所谈驿书、马夫及驿马作为驿站内部的最主要组织因素，使驿站得以正常运转。除此之外，驿站还有草秤、站房、草院、官店、马房、棚槽、铡刀、桌子、板凳及铁锅等内部设施[144]。当然以上设施并非所有驿站均有，但站房、棚槽及官店一般都必不可少，驿站站房一般有四间，棚槽则有六七间不等。[145]这些内部设施共同构成了驿站的组织形态，作为驿站不可或缺的一部分，并成为新旧驿书接收驿站清单上的必备内容，列入交代。但唯独官店的性质独特，多数情况下并不列入交代，因此以下仅就官店的基本情况做一讨论，以见其功能和演变。

晚清新疆官店的设置，据左宗棠奏："新疆南北各城，自光绪二年大兵出关一举荡平后，臣檄饬各该防营会同各善后局，修浚河渠，以兴水利；筑缮城堡，以严捍卫；平治道路，以利转运；修造官店，以便行旅。"[146]于此可见官店设置的背景，地方上如光绪三年哈密协郝副将禀称："前奉钧札饬查哈密至吐鲁番原设军塘几处，其间水草便宜，可否仍旧安设，傍军塘局站处所招民开店，以惠商旅"[147]。至光绪三年已有辟展官店[148]，光绪四年又"据委带精骑马队中旗宾守备恩曜禀称该旗分驻辟展、连木沁、胜金台等处，修建官店三所，现已工竣，计辟展官店内外房屋二十七间，连木沁官店内外房屋一十九间，胜金台官店内外房屋二十五间，三共房屋七十一间，请仿照关口章程，除差使外，一切行旅止宿酌出微资，俾守□□□有资，洒扫补葺亦得无缺"[149]。光绪六年档案显示七克腾木亦有官店[150]，可见官店是随着驿站的恢复而逐渐建立的。

为保障官店正常运营,避免骚扰,早在设立之初,官府就一再告示,严禁官弁破坏。据一件时间不详,但大概在光绪初年克复吐鲁番后的档案记载,左宗棠曾令地方官札饬"在于各站招徕商民,开设站房,以惠行旅等因在案,今各站店房陆续修成,渐次开设,诚恐往来不肖勇夫商贸人等藉端骚扰,恣意拆毁,实属不成事体,为此示,仰往来勇夫商民人等一体遵照,凡尔等投宿栖止,购买食物,务须照章给价,倘敢不尊定章,恣意骚扰,拆毁房屋,许该店主捆送来案,本府定行按律究办,该店主亦不得过于需索,致干查究"[151]。但官店实际运营情况比较糟糕,光绪九年张曜给刘锦棠的咨文反映:"设立官店原为利转输而便行旅,最关紧要,乃军营员弁运解军饷军装,以及地方差使往往于住店时,任意糟蹋,不给店钱,是以亲于商旅而疏于官差,该员弁等小不适意,辄又仗势欺凌骂詈殴辱,事所时有,狡猾店主又将房屋故意肮脏,使官差员弁不愿住歇为得计"[152]。可见官差员弁的肆意妄为成为官店长期稳定运营的主要障碍。刘锦棠接文后,随即"通饬关外沿途各地方官善后局出示晓谕,责成各站店主将房屋料理洁净,凡遇饷装及各项差使过境到站住宿,照章收房钱茶水钱,不准多索,致干察究"[153]。但问题并未就此解决,同年九月刘锦棠再次札文:

(前缺)曾由各营局按站盖设(缺)不爱惜,进店则随处系马,随处煮饭,天寒则取器具烘烧,本大臣爵司堂每年檄饬营局从新修整,派役看守,并严示张贴店门晓谕,而过往差弁置若罔闻,不到数月,毁坏如故,似此劳费,年复一年,成何事体。现据南北两路各营局呈报,各官店本年均已一律补修完竣,除各城市行营台官店外,其余各站店房应饬各州厅县局就近招募,选勤慎耐劳有本有眷土民承领印发执照,交该民作为私业,改为民店,店内一切动用器物应令看店之人照数交出,饬其具领,如有不肖丁役需索舞弊,准领店之民即赴各官局喊禀,从重究办。凡差使过境,无论何人,不准视为官物,均应给与店钱,亦不得恃强赖指,败坏房屋,倘敢故违,准该店户就近禀请各防营官局从严究办。该店户承领之后,以开店为业,不准关闭,房屋年久朽坏,并须随

第十章 驿站内部组织

时修整,毋得废弃,倘有不遵,即由各官局将店户重办,其有未尽之处,应令各官局各抒所见,一面招民,一面具详听核示。[154]

不难发现,此前虽三令五申,严禁过往差弁毁坏官店,但仍屡禁不止,为彻底改变这种困境,刘锦棠做出了改官店为民店的重要举措,如此一来,承领店主视官店为私物,必然爱惜。过往丁役不得需索舞弊,因官店改为民店,理应给予店钱。而承领之人亦不能随意关闭官店,如果房屋朽坏,也当随时修整。但骚扰破坏官店的事件并未就此绝止,如光绪十年"近闻无赖痞徒过境动辄强骗店钱,即奉有差使各员亦不免恃强凌骗,似此□□欺压,小民何以营生,而各店又何经久,行人将何以栖身,殊堪痛□,应即出示颁发各属一体晓谕,嗣后遇有强骗店钱情事,一经该店主喊禀,地方官或就近防军营讯,如查系无赖店徒,立予究办,即奉有差使员弁亦必禀报严惩,不得稍涉徇隐,各地方官及防军营讯弁应随时访察,不得一味痴聋,至应给店钱均由各地方官逐一妥议章程张贴店门,过客户民不准稍事争执"[155]。总之,此后部分官店逐渐改为民店是不争的事实,据光绪十年吐鲁番厅造报数据显示胜金口、胜金台、连木沁、七克腾木及土墩子腰站五处官店已经被人承领,但本城行营、辟展、布干台及托克逊官店尚未有人承领。[156]文中胜金口驿系光绪九年从胜金台移设而来,但胜金台官店仍旧保留。[157]借此官店改设民店之机,当地户民闻风相继请领官店,如迪化州赵连芳禀称:"距坂城九十里红柳园即桃树园地方有煤炭窑并店房果木园,客民情愿自备资斧,承领开挖,复据屯长周进洪具保前来,本州查询无异,除给谕开挖外,合行出示晓谕"[158]。再如乡约毛希鹏禀请在石窑子开设店房及官府出示严禁骚扰告示等案例[159],均被允准。当然也有承领官店而不准者,如光绪十一年户民袁斗请领官店,但官府批示"此间官店应留办差,所请不准"[160]。亦有请领后,难以照应而退卸者,如光绪十二年乡约马正祥禀告:"缘于去岁蒙恩赏赐小的土墩子官店一所,又蒙饬发执照,深感仁天之恩,小的已经修盖房二间,又将周围墙笆从新翻修,理应敬心料理,但现公事繁杂,再以粮赋攸关,是以小的力难兼顾,惟有俯恳仁天恩施,格外赏准小的缴案,祈请另行招募"。官府批示:"前据该约具禀承领,当给执照管业,今复具禀缴案,殊属不合,如果因公不暇照料,准自觅妥人接管,禀请另换执照可也。"[161]

官店改设民店不久后,又存在新的问题,致使新疆官店在经营上进行第三次调整。光绪十四年,新疆巡抚刘锦棠反映:

照得南北两路官店迭经本爵部院饬各营局按站盖造,派役看守,嗣因过往差弁任意毁坏,又经通饬各属重加修整,招民承领作为私业,不准关闭等因各在案。乃近闻各站官店其随时修整者尚属完善,至人烟稀少之区,并无店户看守,一任房屋渗漏,墙壁倾□,似此情形实堪痛恨,亟应饬各地方官确切查勘,赶即修整,招民承领,如无民承领,即就近改交该站驿书兼管,每岁由地方官筹给银数两,饬令雇工加泥一次,如再有坍塌,定惟该驿书是问,并饬地方官于每岁开印后查明所属官店有无倾毁,通报备查,毋得颟顸干咎。[162]

虽然光绪九年刘锦棠令官店改为民店,但经营多年后,发现人烟稀少之区并无商民愿意承领看守,致使原有官店房屋渗漏坍塌,为此他一方面令地方官先行修整,另一方面继续招徕户民承领,并考虑无人承领者就近由驿站兼管,每岁由地方官拨给经费进行加固。这样官店便存在公(官)私(民)两种经营模式。如阿哈布拉克官店[163]、苏巴什官店[164]、小草湖官店[165]、布干台官店[166]等处均为各站驿书经管,库木什[167]与桑树园似乎也为半官方经管。因为这两处官店实为托克逊四苏目派人经管,并且官府似乎还给予一定的费用,如看守桑树园官店可以"每月赏给京斗高粱一石,以作食用",但四苏目反映"桑树园乃系腰站,其店并无来往人等住宿,每月只领口食京斗高粱一石,实在不敷费用",苏目不得不"另与伊给银八两,又与伊买驴一头,价银二两五钱,以作驮水之用"。[168]换言之,以上由驿站或地方头目负责派人看管的官店大多处于人烟稀少偏僻之地,因此无人愿意承领也在情理之中。

另一方面,在官办店房之外,仍有商民不时承领官店及新设民店,以便取利。如光绪二十四年（1898）吐鲁番乡民"一不拉引历年以在硁硁务农开车店，今新修盖下官店一座，一不拉引意欲看守"，并请乡约担保，但官府批示"该处官店系营中经理，早经择定有人，兹该乡约所请前来，则勿论矣"[169]。早已内定有人，可见争领之激烈。但五天之后，又有二苏目沙的尔及户民托乎他士等禀恳看守硁硁官店，据其解释自己曾"随同武营经修硁硁官店，现已工竣，非派人看守不可，目意欲接管，所需锅碗杓瓢水桶等件，目自行买备，勤慎看守，倘有贻误并破烂不补情事，惟目是问"，官府批示"是否准领，仰候杨军门批示，但其准领，应令认真经理，毋稍损废为要"，[170]可见官府的立场有所保留。结果十几天后，吐鲁番官府便批准了二苏目等人的请求。[171]又如三角泉，档案显示："三角泉店房被风吹倒，工程浩大，难于修复，兼值天冻，修整非易，本厅前派人将该民店房修好，所有来往差使及行人住宿，仰该民妥为照料，至水渠现派人整修，候修竣后，着该民每日妥为照拂，以免行人乏水"[172]，可见三角泉为民店。

官店或民店除人为毁坏外，亦有自然因素，如光绪九年阿哈布拉官道被水冲毁，该处官店也随之倾圮，官店内原有木料被水冲洗一空。[173]但光绪十六年库木什同样发生大水，官店却安然无恙，[174]乃是万幸。不论何种因素致使官店坍圮毁坏，官府均需予以修整，这在档案中随处可见，如光绪九年吐鲁番厅报告："七克腾木、土墩子两处官店墙壁多因碱地坍圮，门窗亦多毁坏，如再日久，费工更巨，现饬左署巡检就近鸠工整理，两处费用大约不过数十金，俟工完由该署巡检开报前来，再为转报。"[175]再如光绪十六年，署理新疆巡抚魏光焘札文："照得南路各属官店及桥梁道路叠经爵抚部院及本护院通饬各地方官防营于每岁开印后查明坍塌处所，即行修理在案，现查各属官店桥梁道路或破漏不堪，或被水冲坏，或险□难行，尚属不少，亟应开单通饬各地方官防营会同修理"[176]。凡此等等，不一而足。

至于官店的规模，据布干台驿书报告，该站官店系由旧驮房改修而来，有上房三间，西边房三间，门二套，双合门一套，两边无门，头门破烂。[177]于此可见，官店相对较简陋。加之驿站的公私两种经营模式，以至于光绪末年在新疆游历的日野强也对新疆的官店留下了深刻的印象,他对土墩子驿站有如下描述:"土墩子的官店(只此一家),进屋小憩。张望室内,无意中发现墙上涂写着如下文字:'设房时用公费,其后掌柜的自修理之,储钱不储皆在自己,官一切不管,然有大官来,见其房之破败,或冷遇,即罚之。'"[178]可见即使已经改为民办的官店,其地位仍显尴尬。

注 释:

[1]刘锦棠:《刘锦棠奏稿》,杨云辉校点,光绪十年五月二十八日《新疆南路军台一律安设驿站酌拟经费章程折》,长沙:岳麓书社,2013年,第230页。

[2]《新疆省财政说明书》,见《清光绪年二十二省财政说明书·陕西新疆卷》第2册,北京:全国图书馆文献缩微复制中心,2008年,第393页。

[3]刘锦棠:《刘锦棠奏稿》,光绪十年五月二十八日《新疆南路军台一律安设驿站酌拟经费章程折》,第230页。

[4]刘锦棠:《刘锦棠奏稿》,光绪九年七月初一日《关外各军行粮坐粮章程善后台局一切应发款目缮请立案折》,第170页。

[5]关于柴草局的讨论,详见本书第十五章第二节"柴草供应"的讨论。

[6]《清代新疆档案选辑》第37册,光绪四年三月二十二日"哈喇沙尔驲书王韶音",桂林:广西师范大学出版社,2012年,第65页。

[7]《清代新疆档案选辑》第37册,光绪四年九月二十四日"一件札委姚委员帮同接办辟展驲站事务由",第140页。

[8]《清代新疆档案选辑》第39册,光绪十年正月二十七日"连木沁驲站司事蒋曙光",第215页。

[9]《清代新疆档案选辑》第36册,光绪三年十月,第446页。

[10]《清代新疆档案选辑》第39册,光绪十年七月二十三日,第364页。

[11]《清代新疆档案选辑》第39册,光绪十年七月二十三日,第364—365页:"为札饬事,照得托克逊粮局前因吐局经费宽裕,故在该处设立分仓,以便各户民就近送缴,兹奉爵帅札饬,将吐局经费裁减过半,而该处分仓未便遽行撤回,查该处驲站现系两员承办,经费平分,兹拟裁减一员,每月提出经费银一十二两,拨归粮局,以资津贴"。

第十章 驿站内部组织

[12]参见《清代新疆档案选辑》第39册,光绪十年七月二十九日,第367页;同册,光绪十年七月,第367页;同册,光绪十年八月初一日,第370页;同册,光绪十年八月初三日,第372页。

[13]《清代新疆档案选辑》第39册,光绪十年十一月初七日,第429—430页。

[14]刘锦棠:《刘锦棠奏稿》,光绪十一年二月二十六日"新疆驿站经费请参酌部议量为变通折",第272—273页。

[15]《清代新疆档案选辑》第40册,光绪十年十二月二十日,第3页。

[16]《清代新疆档案选辑》第40册,光绪十一年正月初四日,第7页。

[17]《清代新疆档案选辑》第40册,光绪十一年四月二十三日,第46页。

[18]《清代新疆档案选辑》第40册,光绪十一年四月二十一日,第45页。

[19]《清代新疆档案选辑》第55册,光绪十一年十二月,第155—156页。

[20]《清代新疆档案选辑》第40册,光绪十三年正月二十五日,第291页。

[21]《清代新疆档案选辑》第40册,光绪十三年二月十一日,第297—298页。

[22]《清代新疆档案选辑》第40册,光绪十三年二月十三日,第298页。

[23]《清代新疆档案选辑》第40册,光绪十三年三月初一日,第301—302页。

[24]《清代新疆档案选辑》第40册,时间不详,第292页。

[25]《清代新疆档案选辑》第40册,光绪十三年闰四月初一日,第312页。

[26]《清代新疆档案选辑》第40册,光绪十三年闰四月,第332—333页。

[27]《清代新疆档案选辑》第40册,光绪十三年又四月,第332页。

[28]《清代新疆档案选辑》第40册,光绪十三年闰四月初一日,第311页。

[29]《清代新疆档案选辑》第41册,光绪十四年三月初三日,第7页。

[30]《清代新疆档案选辑》第41册,光绪十六年二月二十六日到,第270页。

[31]《清代新疆档案选辑》第42册,光绪十七年十一月,第98页。

[32]《清代新疆档案选辑》第42册,光绪十八年二月二十一日,第125页。

[33]《清代新疆档案选辑》第43册,光绪二十年八月初四日,第154页。

[34]《清代新疆档案选辑》第4册,光绪二十四年九月,第411页。

[35]《清代新疆档案选辑》第45册,光绪二十七年正月初三日到,第292页。

[36]《清代新疆档案选辑》第45册,光绪二十七年五月,第347页。

[37]《清代新疆档案选辑》第47册,光绪三十二年二月初四日,第227页。

[38]《清代新疆档案选辑》第47册,光绪三十二年二月,第234页。

[39]《清代新疆档案选辑》第48册,光绪三十三年四月初三日到,第89页。

[40]如《清代新疆档案选辑》第47册,光绪三十一年十二月十六日,第184—186页;《清代新疆档案选辑》第49册,宣统三年四月二十三日,第197—199页。

[41]《清代新疆档案选辑》第44册,光绪二十二年十一月,第98—99页。

[42]《新疆通志》第85卷《人物志》,乌鲁木齐:新疆人民出版社,2006年,第544页。

[43]《清代新疆档案选辑》第39册,光绪十年十月,第409—410页。

[44]《清代新疆档案选辑》第39册,光绪十年十月十一日,第413页。

[45]《清代新疆档案选辑》第37册,光绪四年十二月初四日,第188页。

[46]《清代新疆档案选辑》第37册,光绪四年十二月初四日,第189页。

[47]《清代新疆档案选辑》第38册,光绪六年七月十七日,第109页。

[48]《清代新疆档案选辑》第38册,光绪六年十二月二十八日,第194页。

[49]《清代新疆档案选辑》第38册,光绪六年六月十八日,第71页。

[50]《清代新疆档案选辑》第40册,光绪十一年四月二十一日,第45页。

[51]《清代新疆档案选辑》第42册,光绪十八年二月初十日,第121页。

[52]《清代新疆档案选辑》第37册,光绪五年七月十三日,第314页。

[53]《清代新疆档案选辑》第42册,光绪十九年四月初七日,第353页。

[54]相同年份多次出现,取出现最早与最晚之记载。表14中依据"【39:368】光绪十年七月"系指该信息来自《清代新疆档案选辑》第39册第368页光绪十年七月之档案,下同。

[55]王廷襄:《叶桥纪程》,见吴丰培主编《丝绸之路资料汇钞(清代部分)》,北京:全国图书馆文献缩微复制中心,1996年,第851页。

[56]《清代新疆档案选辑》第45册,光绪二十八年二月二十六日,第424—425页。

[57]《清代新疆档案选辑》第45册,光绪二十五年五月,第110页。

[58]《清代新疆档案选辑》第45册,光绪二十七年十二月十七日,第395页。

[59]参见王启明:《晚清新疆吐鲁番社会史研究——以地方首领和官办教育为中心》,2014年南京大学博士论文,第68—69页。

[60]《清代新疆档案选辑》第38册,光绪六年六月十八日,第73页。

[61]参见《清代新疆档案选辑》第38册,光绪六年六月十八日,第73—77页。

[62]《清代新疆档案选辑》第39册,光绪十年二月十一日,第231页。

第十章 驿站内部组织

[63]《清代新疆档案选辑》第1册,光绪九年,第308—309页。

[64] 关于吐鲁番同知的任职时间,参见曹尚亭、查向军《吐鲁番直隶厅运作史钩略》(《新疆大学学报》2005年第5期,第48页),但该文所列吐鲁番同知任职时间有诸多错误,笔者将在另文中专门讨论。

[65]《清代新疆档案选辑》第37册,光绪五年闰三月十五日,第261页。

[66]《清代新疆档案选辑》第37册,光绪五年七月初二日,第309页。

[67]《清代新疆档案选辑》第39册,光绪十年正月二十七日,第215页。

[68]《清代新疆档案选辑》第38册,光绪六年十二月二十八日,第194页。

[69]《清代新疆档案选辑》第38册,光绪七年十月十六日,第320页。

[70]《清代新疆档案选辑》第39册,光绪十年三月十二日,第264页。

[71]《清代新疆档案选辑》第42册,光绪十八年正月十七日,第112—113页。

[72]《清代新疆档案选辑》第42册,光绪十八年二月初七日,第119页。

[73]《清代新疆档案选辑》第48册,光绪三十三年正月初一日,第10—11页。

[74]《清代新疆档案选辑》第48册,光绪三十三年二月初四日,第43—44页。

[75]《清代新疆档案选辑》第42册,光绪十八年正月,第113页。

[76]《清代新疆档案选辑》第39册,光绪九年五月初二日,第67页。

[77]《清代新疆档案选辑》第39册,光绪二十四年三月初二日,第254—255页。

[78]《清代新疆档案选辑》第39册,光绪十年二月初二日,第221页。

[79]《清会典》,北京:中华书局,1991年,第462页。

[80]《乌鲁木齐政略》,见王希隆《新疆文献四种辑注考述》,兰州:甘肃文化出版社,1995年,第46页。

[81]《清代新疆档案选辑》第36册,光绪三年十月三十日,第446页。

[82]详见下文讨论。

[83]《清代新疆档案选辑》第38册,光绪六年九月,第154页。

[84]《清代新疆档案选辑》第36册,光绪三年十月,第447页。

[85]《清代新疆档案选辑》第50册,时间不详,第26页。

[86]《清代新疆档案选辑》第38册,光绪八年九月二十四日,第403—404页。

[87]《清代新疆档案选辑》第38册,光绪七年五月二十日,第275—276页。

[88]《清代新疆档案选辑》第40册,光绪十二年九月初三日,第239—243页。

[89]《清代新疆档案选辑》第49册,宣统三年四月,第205页。

[90]《清代新疆档案选辑》第38册,光绪六年九月十二日,第147页。

[91]《清代新疆档案选辑》第38册,光绪七年正月初十日,第219—220页。

[92]《清代新疆档案选辑》第42册,光绪十八年三月初五日,第131页。

[93]《清代新疆档案选辑》第42册,光绪十八年正月十七日,第112—113页。

[94]《清代新疆档案选辑》第47册,光绪三十二年闰四月,第281页。

[95]《清代新疆档案选辑》第39册,光绪十一年六月二十一日,第246页。

[96]《清代新疆档案选辑》第47册,光绪三十二年闰四月二十八日到,第296页。

[97]《清代新疆档案选辑》第49册,时间不详,第317—318页。

[98]《清代新疆档案选辑》第45册,光绪二十八年三月,第427页。

[99]《清代新疆档案选辑》第36册,光绪三年十月,第446—447页。

[100]《清代新疆档案选辑》第38册,光绪八年九月二十四日,第403页。

[101]《清代新疆档案选辑》第42册,光绪十八年闰六月初一日,第175页。

[102]《清高宗实录》卷七一二,乾隆二十九年六月壬辰,北京:中华书局,1985年,第951页。

[103]《清会典》,第463页。

[104]刘锦棠:《刘锦棠奏稿》,光绪十一年二月十六日《新疆驿站经费请参酌部议量为变通折》,第271页。

[105]《新疆省财政说明书》,《清光绪年二十二省财政说明书·陕西新疆卷》第二册,第393页。

[106]《清代新疆档案选辑》第40册,光绪十一年正月二十一日,第13页。

[107]《清代新疆档案选辑》第39册,光绪十年四月,第304页。

[108]《清代新疆档案选辑》第40册,光绪十一年十月二十九日,第131—132页。

[109]《清代新疆档案选辑》第40册,光绪十一年十二月二十四日,第157—159页。

[110]《清代新疆档案选辑》第38册,光绪七年五月二十日,第275—276页。

[111]《清代新疆档案选辑》第43册,光绪十九年十二月初一日,第35页。

[112]《清代新疆档案选辑》第40册,光绪十二年九月初三日,第239—243页。

[113]《清代新疆档案选辑》第41册,光绪十五年八月初六日,第151—153页。

[114]《清代新疆档案选辑》第45册,光绪二十七年五月十九日,第337—343页。

[115]《清代新疆档案选辑》第47册,光绪三十一年十二月十六日,第184—186页。

[116]《清代新疆档案选辑》第47册,光绪三十二年三月十六日,第260页。

第十章　驿站内部组织

[117]《清代新疆档案选辑》第48册,光绪三十三年三月十六日,第83—84页。

[118]《清代新疆档案选辑》第48册,光绪三十三年六月十八日,第125页。

[119]《清代新疆档案选辑》第42册,光绪十九年六月三十日到,第384页。

[120]《清代新疆档案选辑》第43册,光绪十九年十二月初一日,第35页。

[121]《清代新疆档案选辑》第43册,光绪十九年十二月初四日,第37页。

[122]《清代新疆档案选辑》第43册,光绪二十年十二月十五日,第220页。

[123]《清代新疆档案选辑》第43册,光绪二十年十二月十五日,第220页。

[124]《清代新疆档案选辑》第45册,光绪二十七年五月十九日,第337—343页;第49册,宣统元年十月十一日,第7—9页;第49册,宣统三年四月二十三日,第197—199页。

[125]《清代新疆档案选辑》第38册,光绪八年十一月初十日,第421页。

[126]《清代新疆档案选辑》第39册,光绪十年七月二十九日,第367页。

[127]《清会典》,第463页。

[128]《乌鲁木齐政略》,见王希隆《新疆文献四种辑注考述》,第47页。

[129]《清代新疆档案选辑》第39册,光绪十年正月二十四日,第213页。

[130]《清代新疆档案选辑》第40册,光绪十一年十二月十二日,第152页。

[131]刘锦棠:《刘锦棠奏稿》,光绪十一年二月二十六日《新疆驿站经费请参酌部议量为变通折》,第271页。

[132]《清代新疆档案选辑》第38册,光绪八年十一月初十日,第421页。

[133]《清代新疆档案选辑》第39册,光绪十年十二月初九日,第445页。

[134]《清代新疆档案选辑》第39册,光绪十年六月三十日,第342页。

[135]《清代新疆档案选辑》第45册,光绪二十五年八月初六日到,第151—152页。

[136]《清代新疆档案选辑》第39册,光绪十年七月十八日,第359页。

[137]《清代新疆档案选辑》第39册,光绪十年八月二十五日,第376页。

[138]《清代新疆档案选辑》第50册,时间不详,第26页。谨案,此件档案虽然时间不详,但含有驿卒名目,因此可以判定在刘锦棠奏准改设驿站之前。

[139]《清代新疆档案选辑》第40册,光绪十一年,第173—174页。

[140]刘锦棠:《刘锦棠奏稿》,光绪十年五月二十八日《新疆南路军台一律安设驿站酌拟经费章程折》,第230页。

[141]《清代新疆档案选辑》第40册,光绪十二年九月初三日,第239页。

[142]《清代新疆档案选辑》第39册,光绪十年八月二十五日,第376页。

[143]《清代新疆档案选辑》第38册,光绪六年十二月二十八日,第194页。

[144]《清代新疆档案选辑》第41册,光绪十六年五月初六日,第308页;第41册,光绪十六年五月二十日,第314页;第48册,光绪三十三年二月初四日,第44页;第41册,光绪十五年正月,第88—89页;第43册,光绪二十一年十二月初十日,第383—385页。

[145]《清代新疆档案选辑》第49册,宣统三年四月二十三日,第197—199页。

[146]左宗棠:《左宗棠全集》第7册,光绪六年四月十七日《防营承修各工程请敕部备案折》,长沙:岳麓书社,1996年,第524页。

[147]《清代新疆档案选辑》第36册,光绪三年六月十八日,第424页。

[148]《清代新疆档案选辑》第1册,时间不详,第1—2页。谨按,该件档案目录显示为光绪元年,当有误,依其内容应在光绪三年。

[149]《清代新疆档案选辑》第37册,光绪四年十月,第152页。

[150]《清代新疆档案选辑》第38册,光绪六年十二月,第188页。

[151]《清代新疆档案选辑》第49册,时间不详,第406页。

[152]《清代新疆档案选辑》第39册,光绪九年四月,第55—56页。

[153]《清代新疆档案选辑》第39册,光绪九年四月,第56页。

[154]《清代新疆档案选辑》第78册,光绪九年九月,第196页。

[155]《清代新疆档案选辑》第78册,光绪十年九月,第374页。

[156]《清代新疆档案选辑》第78册,光绪十年(目录),第431页。

[157]《清代新疆档案选辑》第39册,光绪九年九月初八日到,第108—109页。

[158]《清代新疆档案选辑》第79册,光绪十一年四月,第53页。

[159]《清代新疆档案选辑》第79册,光绪十二年四月十四日,第223页。

[160]《清代新疆档案选辑》第79册,光绪十一年十一月十七日,第165页。

[161]《清代新疆档案选辑》第79册,光绪十二年三月,第234页。

[162]《清代新疆档案选辑》第80册,光绪十四年九月,第114—115页。

[163]《清代新疆档案选辑》第43册,光绪十九年十一月二十日,第16—17页。

[164]《清代新疆档案选辑》第43册,光绪十九年十一月二十日,第25页。

[165]《清代新疆档案选辑》第48册,光绪三十三年二月初四日,第44—45页。

[166]《清代新疆档案选辑》第48册,光绪三十三年三月,第86页。

第十章 驿站内部组织

[167]《清代新疆档案选辑》第81册,光绪十六年六月初八日,第71页。

[168]《清代新疆档案选辑》第43册,时间不详,第391页。

[169]《清代新疆档案选辑》第84册,光绪二十四年闰三月初五日,第379页。

[170]《清代新疆档案选辑》第84册,光绪二十四年闰三月初十日,第380页。

[171]同上。

[172]《清代新疆档案选辑》第5册,宣统二年十一月十九日,第342—343页。

[173]《清代新疆档案选辑》第78册,光绪九年八月初四日到,第185—186页。

[174]《清代新疆档案选辑》第81册,光绪十六年六月初八日,第71页。

[175]《清代新疆档案选辑》第39册,光绪九年七月二十八日,第99页。

[176]《清代新疆档案选辑》第81册,光绪十六年九月,第104页。

[177]《清代新疆档案选辑》第48册,光绪三十三年三月,第86页。

[178]日野强:《伊犁纪行》,华立译,哈尔滨:黑龙江教育出版社,2005年,第107页。

第十一章 驿站经费

因各省驿站原额各不相同,因此驿站经费亦有差异。据光绪朝《清会典》统计,当时直隶驿站经费为四十一万二千四百六十四两有奇,新疆只有"十万六千二百六十两有奇,面四十八万六千五百四十斤,折麦四千五百五石"[1]。另外,清末《新疆省财政说明书》"统计全省驿书马夫工食驿马草料站价倒马油烛纸张岁共支库平银十二万六千余两,白面六万六千九百六十斤(由各该地方官仓储项下发给)"[2],而《新疆图志》则统计当时除地方官捐廉设立八驿与外销项下支款四驿外,统计一年"共支薪粮、工食、料草、油烛、纸张等项银十一万三千四百七十二两,岁支站价、倒马价等项银九千九百四十一两六钱五分,两宗每年合支经费银十二万三千四百十三两六钱五分"[3]。以上各书经费总额虽有不同年代的差异,但也与驿站开支标准有关,因此以下将详细探讨晚清新疆驿站开支标准的演变过程及其经费来源与报销等情况。

一、开支标准

晚清新疆驿站经费的具体开支项目及其标准经历了比较复杂的变化过程。刘锦棠光绪九年(1883)奏:"光绪二年大军进剿,挨次设立军塘驰递文报",其中"号书、兽医、铁匠,每名日支工食银一钱四分;马夫每名日支工食银一钱;每马一匹,日支料六斤;草十五斤;倒毙马匹均照楚军马队倒毙章程按支。兹自光绪七年起,仍照章分别支给,据实开报"[4]。如第九章所述:"其时军事方殷,文报最为繁重,未可刻延。地方

第十一章 驿站经费

初复,薪桂米珠,夫马薪粮之类,不能不从宽优给,以免贻误事机",后经历次核减,然北路"驿书每名仍月给工资银八两;每马一匹用驿卒一名,月给工资银六两,草干银三两六分;两马一夫,月给工资银四两,火夫每名月给银四两;每驿月支纸张油烛银四两,所需鞍屉绳索灌药钉掌一切杂费在外。南路每站驿书一名,月给薪水纸张油烛并津贴银十两至十五两不等,麦面各六十斤。其夫马工料,由公家支给经费者,驿夫、毛拉、通事每名月给工食银三四两不等,各给麦面六十斤。每马一匹日支料六斤,草十斤至十五斤不等。巴里坤、哈密镇协所管军台银粮料草与驿站经费约略相等"。可见各地驿站开支名目及标准差别甚大,即使同一地区,开支标准也不尽相同,如吐鲁番同知造报光绪三年(1877)十月驿站粮料数据显示东部"发胜金台口粮四百五十斤(内字识一名、驼卒六名、马夫二名、驼夫一名,每名日支粮一斤八两),料一千二百斤(计马十匹,每匹日支料四斤)",西部"发托克逊驿口粮四百八十斤(内字识一名、通事一名、马夫六名,每名日支粮二斤),料八百四十斤(计马七匹,每匹日支料四斤)"。[5]可见差别主要表现在夫役的日支口粮上,西部要优于东部。另据一件时间不详,但依其驿站内部组织名目可以断定为光绪初年的档案记载,胜金驿书与驿卒每名每月支银三两,每名日支粮二斤,马夫、驼夫每名每月支银二两四钱,支粮与驿书、驿卒相同,马与驮马每匹日支料四斤、草十斤。[6]这些实例足以说明即使在同一地区,也会在不同时间按照不同的标准开支。正因如此,从光绪九年起,甘肃、新疆开始对驿站经费进行改革。

光绪九年,陕甘总督谭钟麟在《变通驿站章程折》中指出军兴以来,甘肃驲站安设夫马不及平时三分之一,不仅不敷供差,而且"所需工料银有由军需项下发者,有由善后局厘局领者,有留支折者,有从司库领者,大约所领现银有限,而未领之项,各属仍照旧额作为垫支列入交代,以抵解款,纷纷纠葛,不但款目混淆,抑且苦乐不均",因此曾饬令各地从光绪八年由甘肃藩库请领经费,但哈密、巴里坤各路军塘仍由军需项下支发，考虑到旧有驿站数额一时难以恢复，因而重新制定了新的支领数额，并从光绪九年正月起实施，以便司库造报。[7] 同年底吐鲁番同知"造报光绪八年一岁驿站书卒支领口食银粮等项数目册底"中已经明确说明吐鲁番厅"原额驿站自同治三年吐城失陷，驿站废弛，案卷无存，迨至光绪三年大兵会剿克复城池，所有历年安设八驿各日期并奉准支领书卒马夫月需银两等项，前经报明在案，现奉新章，驿站夫马工食倒马价银四千四百九十五两八钱二分、粮面四万一千九百四十九斤、料九万六千二百四十八斤，遇闰加银三百三十两二钱八分、粮面三千四百三十六斤八两、料七千八百八十八斤"，但同时声明"以上各项书卒夫马工食等项银粮遵照新章请领给发，所有扣建减平银两，尚未奉有定章，均未扣存"[8]。可见谭钟麟的这一改革也影响到新疆驿站经费的支领，并且带来一些困惑。光绪十年（1884）据昌吉县令反映，接到甘肃臬司移文"自光绪九年正月起，例准二分倒马照例价八两，除皮脏变价银五钱，以实银七两五钱例扣六分减平，出具文领呈赍本司衙门，以便核明，详请督宪验挂藩司给发造报"，但"昌吉县驿站经费现在按月在宪辕请领，则此项倒马价银似可一并就近请领，以归简便"。后经讨论，认为"此项倒马价费银系指关内各处而言，其关外驿站经费在何处支领倒马价银即应归并办理"，所以"镇迪道属各厅州县县丞每岁需用倒马价银承平之时亦未由藩司支销，自应循旧办理"。[9] 换言之，甘肃关外新疆驿站经费仍由钦差大臣刘锦棠行营请领。但这并没有从根本上解决新疆驿站经费的开支请领问题。

新疆驿站经费的大规模改革始于刘锦棠光绪十年五月二十八日《新疆南路军台一律安设驿站酌拟经费章程折》，如第九章所论，由于新疆各地驿站经费开支标准各异，"实因边事孔棘，时地攸殊，是以章程未能画一"。但随着新疆南路州县制度的确立与推行，驿站经费章程也到了必须统一的时刻，因而刘锦棠光绪十年提出驿站开支标准如下：

> 拟每站设驿书一名，月支工食银四两八钱，白面四十五斤；两马

第十一章 驿站经费

一夫,每名月支工食银三两,白面四十五斤;每驿月支油烛纸张银三两,每马一匹日支京斗料四升,草十四斤。外备站价一项,拟马一匹月支银四钱五分。从前所用各台员、驿卒、火夫、毛拉、通事诸名目,概行裁汰。除公费外,均扣建给领,遇闰照加。至每岁倒马之数,拟照塘马十分倒三之例,准其据实开报,照例给价买补,以资整顿。[10]

虽然以上奏请并未立刻获批,但同年十月刘锦棠在"英吉沙尔拟议整顿驲站裁减马匹厘剔弊窦"案中指出以上所拟驿站经费章程"奏奉谕旨饬部核议在案,目下虽未接准部复,惟值饷项奇绌,自应通行南北三道转饬所属一体照办,以归画一,而节靡费,统将旧章截至十一月底止,从十二月初一起,均照此次通饬新章办理"。[11] 同年十一月刘锦棠再次令镇迪道转饬所属地方执行以上新的驿站经费开支标准[12]。吐鲁番奉文后,随即札委所属各驿站执行,其中就包含"照塘马十分倒三之例准其据实开报"[13]的倒马标准。

光绪十一年(1885)初,朝廷认为刘锦棠所奏新疆安设驿站与马匹数目核与例额数目有减无浮,但"驿书一名,照例月支工食银一两五钱,两马一夫,每名照例支半年本色粮六石,半年折色银六两。每马一匹,照例日给草料银八分,岁支站价银三两四钱二分五厘。倒马照例二分报倒买补,马价应照甘肃定例,每匹准销银八两。其余浮多银两、面斤、油烛、纸张、料草概应删除",即朝廷认为刘锦棠所拟夫役马匹工食料草、站价、倒马等标准过高。面对朝廷所拟驿站支发标准,刘锦棠认为新疆情况特殊,难以执行,因而提出新的标准:"所有马料草价岁支站价买马价银倒马分数及扣建减平截旷等项,均应如部臣所议。其每驿月支油烛纸张银三两;每驿书一名,月支工食银四两八钱;每夫一名,月支工食银三两。仰恳天恩,俯念边荒寒苦,人役艰辛,准照臣前议支给,并准月支白面四十五斤。各于应得工食银两项下酌扣价银六钱,按月报缴,以示限制。"并声明"一俟招徕渐广,随时察酌情形,奏请核减",最后被允准。可见,以上标准是刘锦棠与朝廷经过讨价还价而来的折中方案。此后新

241

疆驿站开支即按以上奏定章程发放,亦即《新疆省财政说明书》所载开支标准。

二、经费来源

据光绪朝《清会典》记载:"驿站夫役工食银、马牛草干银及外备棚厂槽䦆等项银,雇募车船脚价银,俱按各处价值,定制于驿站款内动支"[14]。换言之,驿站经费开支主要包含夫役的工食银、马牛的草干银等项,但草料折价并不一定。驿站经费来源,左宗棠光绪四年(1878)奏:"沿途安设台站、马拨、驿书人等口粮工料,亦须急为筹发,饬均在于所获逆财项下动支,核实开报"[15]。可见清军克复新疆初期,采取查抄逆产的方式来筹集驿传经费,但这种临时筹款显然只是一种权宜之计,并非长久之策。不久,驿站经费及粮料主要靠善后局供应,如署吐鲁番同知奎绂报告从光绪三年十月初一日安设驵站起,至光绪六年(1880)六月十七日交卸止,共"领吐鲁番善后局湘平银九千九百五十一两九钱四分"[16]。其粮料等供应也是如此,如光绪三年十月该厅"领吐鲁番采运局、宪局粮六千四百三十五斤、料一万二千三百六十斤,总共收粮料一万八千七百九十五斤"[17]。至光绪八年(1882),吐鲁番当地驿站经费及粮料来源更趋多元化,该厅当年共"收征获地丁留支本倒毙马匹银二百一十二两八钱,扣除皮脏银;收在于善后局请领银四千二百六十七两;收在于粮运局请领粮面四万一千九百四十九斤;收在于粮运局请领料九万九千二百□十八斤"[18]。地丁留支指各州县在当地征收地税银两内用于驿站开销的银两[19],虽然在清代有所变化,但基本上属于驿站经费的正款来源。吐鲁番地丁留支银两虽为数不多,似乎指引着当地驿站经费来源趋向经制化。但好景不长,光绪十年驿站经费来源又发生变化,改为军需项下支领,这年刘锦棠奏请驿站"银归军需项下报销,面料草束即归地方拨给"[20],如吐鲁番当年秋季便由"军需经费项下拨支各驿湘平银一千八两八钱"[21]。此后新疆驿站经费便在军需项下动支,面料草束则归地方拨给。[22]但军需经费只不过是晚清新疆协饷的一个开支项目,一件确切时间不详,但大致在光绪十七年(1891)后不久的档案显示:"新省南北两路除塔城及小草湖不计外,共例设一百六十驿,每岁共支销书夫工食马匹草料等项银十万八千七百九十五两有奇,此皆由部拨暨各省关协济而来"[23]。

此外还需说明的是驿站的粮料来源问题,在清朝统治新疆前期,新疆北路一些地区抽调部分军台兵丁在军台附近垦种大麦、青稞,所获作为马匹料石之需,吐鲁番西部根特克台地区因土地贫瘠,"冬春由吐鲁番回子日支马料二升"。[24]天山南路似乎也由当地民众在台站附近种地当差[25],主要为马匹提供料草。而且这一传统似乎延续到收复新疆后,如光绪七年(1881)时任钦差大臣刘锦棠在给新疆南路善后局的批复中说:"野人沟至布古尔四驿站仅由局派驿书一名,月给薪粮银十两,其余驿卒马匹料草义粮概系回民按户轮流当差,喀库以西皆系如此,该守以回民缓急难恃,所拟亦非无见,查各城驿站向有官地,由承充驿卒之回民耕种,在台当差,此外不给工食,向例如此,因地制宜,办理尚无贻误,该处各台能否均照向章办理,应饬各局员妥议具详,以凭核夺"[26]。可见在克复初期,至少天山南路马匹的料草是由当差维吾尔民众在附近种地提供,其所种之地即为官地,在当时也是一种因地制宜的办法。至光绪十年,如前所述刘锦棠奏请面斤料草等归地方拨给,似乎之前在南疆种地当差提供料草的旧例被取消。但实际情况并非如此,光绪十年十月刘锦棠给英吉沙尔的批复显示:

> 南疆驿站向系种地当差,应并饬知,以便遵守,从前所拨驿地历时既久,弊窦丛生,或□田肥瘠不匀,或渠水衰旺不一,收获之多寡既异,民情之苦乐遂殊,加以回目驿书层层刻扣,英吉沙尔已不免此,恐各城亦如不然。应准如刘署丞详提作官收官发租粮,并为一起,按各站书夫马匹支销银两,照折征京斗定章变价,似此办法,庶几从前积弊可一扫而空。驿站定例本系作正开报,南疆驿地不妨权

照旧章,应令各厅州县将所属驸租通按新章算计,多者存余若干,少者亏欠若干,明白声复,听候核示。一俟饷源稍裕,拨作民地升科,目前总宜严戒丁役,杜绝弊端,至要切要。[27]

据上,南疆驿站种地当差仍然存在,而且弊窦丛生,但考虑到当时经费有限,并不能全由公家提供粮草折价购买,因此只能权照旧章,将以前的驿站官地向外租种,然后按需折价,实为一种变通方案。至光绪十一年,刘锦棠奏定驿站章程被朝廷批复后,各地纷纷按照新章改设驿站。同年温宿州指出所属"北路东西南三路向章有别,东西南三路均拨有驸地,故夫役即系种地之民充当驸卒,马匹即由驸卒自备供差。惟北路从前无地可拨,夫役马匹虽就地雇用,而每夫一名月给银三两,马匹均按月支给料草。今蒙奏定章程改台为驸,自应更照新章办理,以归一律而便永远,惟各驸站驸地即提缴归官招民承佃,除通事、毛拉、大夫各名目一并裁汰外,以后各站夫役自应由官招雇,马匹由官买给应差"[28]。刘锦棠对此批复:"夫马工料银两一切自与当日拨地给种由民自备供差以及就地雇用只给夫银料草情形不同,所请各驸书夫由官招雇、马匹由官买,统应准照办,以符例制",并指示"所有向来民间供支夫马一律停止,永远再不摊派,以示体恤"。[29],据此容易使人以为南疆驿站种地当差似乎就此退出历史,但实际情况并非如此。至光绪十七年,和田州在向护理巡抚魏光焘报告当地大道官树被砍伐时,魏光焘指出"新疆并无差瑶,何得又有差马名目",令其明白回复,后经查明:"光绪十年经前署州刘牧式南因和阗地系偏隅,既无骡店,又乏车行,往来差务到境,需用车马,一时仓卒难办,恐误要公,且临时派役下乡催雇,非迫以勉强,势有不行,稍假事权,而胥吏需索又难禁绝,详请前爵抚宪刘将裁撤从前各伯克廉地仿照从前驸站章程,每马一夫给上等地四十亩,公家除筹备马匹交给外,以后料草马匹倒毙均为种地之户是问。其地有上中下三等第,亦或以八十亩、一百亩仍作为四十亩而分给者,按亩缴纳额粮,以符定例,惟不承租赋。蒙批准照办,是即差马由来。"[30]至光绪十八年

(1892),新任和田州牧"拟即乘此将地变卖缴价归公,而领地之户各有家室,安居已久,齐来号恳照依旧章办理,俾沾恩惠,以乐耕耘,是以未便更章易辙"。省府最后批示:"查该州地非孔道,并无过境要差,即使署中需用车马,应自行价雇,此项差马应即裁革,原设差马若干,拨给地亩若干,应否变价,或收租另作公款,从前承种各户是否专靠领地耕种营生,仰新任江署牧体察情形,妥为办理,通详立案,惟该州既已如此,又据叶城县具报,禁革私派差马料草等弊可知积习相沿,各属当亦不免,候行两转饬各属一体查革"。[31]即原则上严禁差马,但仍考虑到原种驿站官地户民的生计情况,指令新任州牧查办,虽然后来结果不知,但省府禁革私派差马料草的立场则是非常明确的。

光绪十一年新疆驿站开支标准设定后,驿站的总经费就相对稳定下来。但此后仍发生了一些变化,首先如第九章所论,光绪十九年(1893)塔城军台改设驿站时,兵部趁机令新疆巡抚裁减驿站经费,但后来似乎不了了之。至清朝末年,由于中国在对外战争中战败,尤其是庚子赔款新疆也须分赔四十万两,至光绪三十年(1904)正月,新疆省府议定赔款章程中有"裁减驲站夫马节出经费改归外销一条,均经饬由该司分行照办在案,除驲站一款照额请领,自可由司库分别减扣"[32]。由于新疆建省后,驿站经费统由藩库请领,因此裁减驿站经费也就很容易由司库划扣,至于其裁减金额,据称"前次酌裁驲站通省可节省银万数千两,稍资弥补,自是正办"[33],可见庚子赔款与新疆驿站之关系。此外,从"宣统元年开办邮政文报局详定章程,提扣全省驿站经费之半以作该局常年经费"[34],并从宣统二年正月初一日起正式提扣。[35]

另外,需要补充的是北路承办大差驿站的津贴银两问题,由于新疆南北两路驿传差事繁忙程度不同,往往导致各地承办差事苦乐不均。如新疆藩臬二司会详道:"窃维新疆地处极边,创设行省,北路分设二道,管辖二府六厅七县,南路分设二道,管辖四直隶州五厅四县,北路地瘠差繁,缺分素称清苦,南路民殷户庶,缺分多属中优,各路缺分肥瘠既不相佯,差事繁简又复判异,若非酌盈剂虚,无以均苦乐而轻差累,本司等拟请仿照内地省份办法,由南路各州厅县筹派款项津贴北路各属,俾资接济"[36]。其津贴办法如下:

首先,认定差务繁忙路段,由于哈密、镇西、阜康、迪化、昌吉、绥来、库尔喀喇乌苏、精河八厅县"均系值驿大道,差务络绎"[37],因而这些地方被认定为差事繁忙之区。

其次,确定津贴额数,以上八厅州县"嗣后承办将军抚宪大差,定以每正站津贴银五十两,每腰站津贴银二十五两,现任都统领队司道等差俱各减半,余差不在其内,通计自哈密至伊犁绥定止,除吐鲁番奇台两属不计外,正站不过四十站,加以沿途停歇亦不过五六十日,每次承办大差约共需银二千数百两之谱"[38]。

最后,津贴银"由南路各属摊派",并按照缺分大小划分等第,"拟将莎车、和阗二州,于阗、叶城二县作为上等,定以每年各摊银五百两;温宿州、疏附县缺分虽优,均系附郭首区,应略为差减,定以温宿州每年摊银四百两,疏附县每年摊银三百两;疏勒州、英吉沙尔、库车、乌什等厅,拜城县五属拟作为二等,定以每年各摊银二百两;喀喇沙尔、玛喇巴什两厅地当孔道,缺分尤次,拟作为三等,定以喀喇沙尔厅每年摊银一百六十两,玛喇巴什厅每年摊银一百四十两;共计南路各州厅县每年摊派银四千两,均令按季解存司库,俟北路各属遇有大差,随时申报,照章具领"。[39]

三、请领报销

(一)驿站经费请领

前文已经论及甘肃关外新疆驿站经费由军需项下开报,在建省之前归钦差大臣行营发放,至新疆建省后,尤其是光绪十年刘锦棠奏请驿站章程始,新疆驿站经费的请领与报销便逐步走向正规化。如光绪十年九月镇迪道在给吐鲁番的札文说:"所有驿站经费将来亦应照例由甘臬司汇办,应请宪台饬令将前项驿站经费截发至本年夏季止,以后按季另册造报,以符定例,而便报销,并请通饬南路各厅州县一体遵照办理,以归划一"[40]。因当时新疆尚未建省,镇迪道在行政上归属甘肃省,所以驿站经费最终造报要汇总甘肃臬司。光绪十一年新疆布政使魏光焘抵任后,随即札文各地:"照得甘肃新疆魏藩司业已抵任,所有乌提巴里坤镇各标营官兵应支廉俸饷干并南北两路所属各官应支廉俸公费工食等银应自光绪十一年正月初一日起,一律概归新疆司库按季拨发,以符定例,该藩司未到任以前,本年该各文武已在行营粮台支领,前项银两应即作为垫款,由该台咨明藩司衙门备案造报。"[41]藩司到任标志着新疆行省在上层的运转,体现在财政方面,就是新疆各属官员的养廉俸公等经费要从司库按季请领,对于本年已经请领的款项则作为垫款处理。养廉俸工经费支发如此,驿站经费支发也不应例外,如同年温宿州接到所管阿克苏道札文:"所有南北各属支发驲站经费,自应通饬遵照此次复奉章程,从本年八月初一日起支,按季具报,以前支发各款即截至七月底止,另案报销,以清起讫。"[42]这就清晰地说明从光绪十一年起,新疆驿站经费要按季造报,向行省藩库请领。与此同时,刘锦棠之前奏请将镇迪道兼按察使衔并兼管全疆刑名驿传事务,至此时亦奉旨允准,所以"嗣后驲站支领一切经费应由该厅州县造具印领,依次呈由该管道移送兼臬司镇迪道核明转移藩司,按季汇详挂发分别给领,其镇迪道本属各驲即呈该管道核明,迳送藩司核办"[43],可知镇迪道所属州县驿站经费要按季造报,呈本管镇迪道核明,再由藩司核办。但"阿克苏、喀什噶尔两道属因距省较远,往返维艰,定章由各属造具册领,详由兼臬司移明,详请宪台验挂发司,由司移请该各道就近于在道库经收各属解款项下支发,咨司汇报"[44]。换言之,阿克苏与喀什噶尔两道因距离遥远,不便由各州县前往省城请领,因而规定造册核准后,在所属道库就近支发。至于请领驿站经费的具体程序,兹以档案中吐鲁番请领实例说明。

第一步:地方按季造报所属驿站经费,报所管道审核,如下:

造报光绪十三年秋季分支发各站□□□□数目报销底册

为造报事,谨将阜厅所属各驿自光绪十三年七月初一日起至九月底止支发银两数目,理合造具清册,呈请鉴核,须至册者,计开:

旧管:无项。

新收:

一、收各驿书夫面价银一百五十三两,内书夫共八十五名,每名月支净面四十五斤,各缴面价银六钱,合符前数。查各驿书夫应领面斤在于征存地丁粮石项下动支,合并声明。

开除:

一、发吐城阳和驿库平银一百八十三两二钱四分,内驿书一名,月支银四两八钱,驿辛七名每名月支银三两,驿马一十四匹,每匹月支草料银二两四钱,以上均各扣七九两月分小建二天不支外,又月支油烛纸张银三两,不扣建,合符前数。

....

以上总共开除库平银一千九百四十七两二钱,内扣六分减平外,又扣缴七八九等三个月分书夫面斤银一百五十三两支发。

实在:应领库平银一千六百七十七两三钱六分八厘。

查前项应领银两随册备文印领呈请核发,合并登明。

为申请核发事,窃阜厅所属各驿自光绪十三年七月初一日起至九月底止,各站驿书夫共应支银一千九百四十七两二钱,内扣六分减平银一百一十六两八钱三分二厘,又扣缴书夫面价银一百五十三两外,实领库平银一千六百七十七两三钱六分八厘,缮具细数清册,并正领薄册赍呈,并另有副领钤盖合缝印花,派役赴辕请领外,理合先行备文申请宪台俯赐核转饬发,为此具申,伏乞照验施行,须至申者,计申赍清册三本,印领三纸。申兼臬宪镇迪道恩。

署吐鲁番同知今于　　　　　与印副领事,依奉宪台发给阜厅所属各驿自光绪十三年七月初一日起至九月底止,共计三个月秋季分书夫马匹经费,内扣除六分减平并书夫面价银外,实应领库平银一千六百七十七两三钱六分八厘,所具印副领是实。[45]

据上,吐鲁番同知按照旧管、新收、开除及实存四项造报光绪十三年秋季分所属驿站经费,并附正、副印领二张。因造报时间为同年九月,可见实行的是地方官先行垫支驿站经费,然后造报请领,因此以上请领公文又为"报销底册",这种情况在吐鲁番档案中颇为多见,至于提前预领经费然后报销者则颇为少见。

第二步:主管驿传事务的镇迪道兼按察使进行审核,如下:

> 札吐鲁番厅
>
> 钦加布政使衔镇迪道兼按察使兼管全省驿传事务恩为札饬事,案奉爵抚部院刘批,本兼司详转该厅请领本年秋季分驿站经费银两册领一案缘由,蒙批据详赍吐鲁番厅造具应领光绪十三年秋季分驿站经费等项银两册领到辕,候挂发藩司核明发给缴等因奉此,合行札饬,为此札,仰该厅即便知照此札。[46]

据上,因管辖吐鲁番的镇迪道同时又兼管全省驿传事务,便少了一道向兼臬司移文的手续,可直接将收到的吐鲁番请领底册报给新疆巡抚审核,但南疆阿克苏、喀什噶尔所属州县则避免不了此项环节,总之经巡抚审核后,才能挂发新疆布政使核发。

第三步:布政使审核无误后,札文吐鲁番厅派人来省领解经费,因档案中十三年事例并不完整,兹以光绪十四年(1888)为例:

> 札吐鲁番厅
>
> 钦命头品顶戴甘肃新疆等处承宣布政使司布政使魏为饬知事,案奉抚宪挂厅请领所管十二驲应支十四春季分驲费银两册领到司,奉此核计共应支银一千九百六十六两九钱,内应扣六分减平银一百一十八两一分四厘,又扣各驲书夫面价银一百五十三两外,实应支库平银一千六百九十五两八钱八分六厘,本司已于六月二十九日当堂给发该厅来差承领讫,所有扣发过银两数目日期,合行饬知,为此

札,仰该厅即便遵照造报,毋违此札。[47]

据上,布政使审核无误后,吐鲁番被告知派人领解,领完经费后,布政使还须札文吐鲁番已领经费数目和日期,以便备查。从中也可看出,从造报请领到最终领回经费,往往需要好几个月才能完成。

(二)驿站经费报销

光绪朝《清会典》记载:"岁终则题销,各省驿站奏销册,每省造一省总,每府造一府总,以节年存剩为旧管,以额设实征为新收,以夫马车船各项工料及廪给杂支雇募价值为开除,以本年支用存剩及建旷皮脏变价并节年存剩为实在,统限次年五月由督抚核明具题,造册分报部科察核。"[48]此项规定,建省后的新疆也不例外。如光绪十五年(1889)十二月新疆开始造报全省十四年驿站经费,新疆布政使札文道:"案查司库每年造办支发通年驿站钱粮奏销,应饬各属将所管驿站每年应领已领银两各数目造具细数清册送司核办,历经通饬办理在案,兹值办理十四年支发通省驿站钱粮奏销之际,查各属尚有未曾造册送司者,殊属迟延,拟合将未曾造册各厅州县开具清单移请贵道,请烦查照,希即转饬各属限文到三日内,刻将支过十四年一岁驿站钱粮造具总册飞文送司核办,毋任延缓"[49]。按照前引《清会典》于次年五月造报的规定,新疆早已超过例限,虽然"定例甘肃省塘马奏销有口外各塘距省城较远,限次年十月内题报,如有迟逾,查取职名咨送吏部议处"[50],但后来迟延奏销者并不鲜见。

各省每年送给兵部的题销册也成为该部饭食银的来源依据,如光绪二十七年(1901)兵部饮食处"查新疆省驲站核销自光绪十一年起至二十年止,计十年共题销正项银一百零一万八千余两,核计每年题销银十万零一千余两,按照每两四分,每年应解部饭银四千零四十余两,经此次本部奏奉谕旨起,即将光绪二十六年分应解部饭银四千零四十余两赶紧先行解部,以济急需,以后该省驲站饭银遵照谕旨各按每年照数提解"[51]。但新疆往往拖欠饭食银,经此次兵部催解后,新疆省府最后决定"新疆每年解部核销驲站饭食银两,拟由各属于应领驲费项下每两按四分随案解存司道各库,以便汇总"[52]。虽然饭食银两为数不多,但对新疆各地驿站经费总额而言,则意味着再次减少,这些都不见于驿站经费造报数据当中。

最后还需要说明的是,《清会典》明确规定各省年终为具题报销,但新疆似乎一直采取"改题为奏"的报销方式。新疆巡抚饶应祺反映:"新疆自光绪十一年起,至十五年止,司库支发驿站经费,历随廉费俸工等项分年请销,嗣准部咨,新疆现设行省,所有驿站用款,应照成例题报核销等因,旋经升任抚臣陶模将十六年分支发驿站经费提归另案,仍请变通成例奏销在案"[53]。可见新疆驿站经费在光绪十六年(1890)分因提归另案,转而变通"题销"为"奏销",此后新疆驿站经费即采取此种报销方式。[54]

注 释:

[1]《清会典》,北京:中华书局,1991年,第463页。

[2]《新疆省财政说明书》,见《清光绪年二十二省财政说明书·陕西新疆卷》第2册,北京:全国图书馆文献缩微复制中心,2008年,第394页。

[3]王树枏等纂修:《新疆图志》下册,朱玉麒等整理,卷八十六《道路八》,上海:上海古籍出版社,2015年,第1621页。

[4]刘锦棠:《刘锦棠奏稿》,杨云辉校点,光绪九年七月初一日《关外各军行粮坐粮章程善后台局一切应发款目缮请立案折》,长沙:岳麓书社,2013年,第170页。

[5]《清代新疆档案选辑》第37册,光绪三年十一月初一日,第4—5页。

[6]《清代新疆档案选辑》第50册,时间不详,第26页。

[7]《清代新疆档案选辑》第50册,时间不详,第51—52页;谭泽闿、谭宝箴、谭延闿编:《谭文勤公(钟麟)奏稿》卷九《变通驿站章程折》,台北:文海出版社,1969年,第541页;第一历史档案馆藏录副奏折,谭钟麟光绪九年五月二十六日"奏为甘肃驿站夫

马需费过巨拟就现在情形酌留夫马以节供支等事",档案号03—7137—086。

[8]俱见《清代新疆档案选辑》第39册,光绪九年十二月初十日,第181—182页。

[9]俱见《清代新疆档案选辑》第39册,光绪十年又五月二十四日到,第324—325页。

[10]刘锦棠:《刘锦棠奏稿》,光绪十年五月二十八日《新疆南路军台一律安设译站酌拟经费章程折》,第230页。

[11]《清代新疆档案选辑》第39册,光绪十年十月初九日到,第408页。

[12]《清代新疆档案选辑》第39册,光绪十年十一月,第427—428页。

[13]《清代新疆档案选辑》第39册,光绪十年十一月初七日,第429页。

[14]《清会典》,第463页。

[15]左宗棠:《左宗棠全集》第7册,光绪四年八月二十四日"查获逆财以充公用片",长沙:岳麓书社,1996年,第172页。

[16]《清代新疆档案选辑》第38册,光绪六年七月初七日,第104页。

[17]《清代新疆档案选辑》第37册,光绪三年十一月初一日,第4页。

[18]《清代新疆档案选辑》第39册,光绪九年十二月初十日,第182页。

[19]刘广生主编:《中国古代邮驿史》,北京:人民邮电出版社,1986年,第334页。

[20]刘锦棠:《刘锦棠奏稿》,光绪十年五月二十八日《新疆南路军台一律安设驿站酌拟经费章程折》,第231页。

[21]《清代新疆档案选辑》第39册,光绪十年十月十七日,第416页。

[22]《新疆省财政说明书》,见《清光绪年二十二省财政说明书·陕西新疆卷》第2册,第394页:"由各该地方官仓储项下发给"。

[23]《清代新疆档案选辑》第49册,时间不详,第301—302页。

[24]《乌鲁木齐政略》,见王希隆《新疆文献四种辑注考述》,兰州:甘肃文化出版社,1995年,第43页。

[25]《清高宗实录》卷六五五,乾隆二十七年二月癸巳,北京:中华书局,1985年,第335页。

[26]《清代新疆档案选辑》第38册,光绪七年闰七月,第298页。

[27]《清代新疆档案选辑》第39册,光绪十年十一月,第427—428页。

[28]《清代新疆档案选辑》第40册,光绪十一年十月十六日,第123页。

第十一章　驿站经费

[29]《清代新疆档案选辑》第40册,光绪十一年十月十六日,第123页。

[30]《清代新疆档案选辑》第42册,光绪十八年六月十六日,第185—186页。

[31]同上。

[32]《清代新疆档案选辑》第32册,光绪三十年正月二十一日,第351—353页。

[33]《清代新疆档案选辑》第32册,光绪三十年正月二十一日,第352页。

[34]《新疆省财政说明书》,见《清光绪年二十二省财政说明书·陕西新疆卷》第2册,第394页。

[35]《清代新疆档案选辑》第49册,宣统三年四月二十三日,第197—199页。

[36]《清代新疆档案选辑》第42册,光绪十九年八月初二日,第406页。

[37]《清代新疆档案选辑》第42册,光绪十九年八月初二日,第407页。

[38]同上。

[39]同上。

[40]《清代新疆档案选辑》第39册,光绪十年九月,第400页。

[41]《清代新疆档案选辑》第40册,光绪十一年六月,第61页。

[42]《清代新疆档案选辑》第40册,光绪十一年十月十六日,第122—123页。

[43]《清代新疆档案选辑》第40册,光绪十一年十月,第128—129页。

[44]《清代新疆档案选辑》第41册,光绪十四年二月十七日,第2页。

[45]《清代新疆档案选辑》第40册,光绪十三年九月,第390—393页。

[46]《清代新疆档案选辑》第40册,光绪十三年十月三十日,第410—411页。

[47]《清代新疆档案选辑》第41册,光绪十四年七月十四日,第33页。

[48]《清会典》,第464页。

[49]《清代新疆档案选辑》第41册,光绪十五年十二月十五日,第193页。

[50]《清代新疆档案选辑》第45册,光绪二十五年八月初六日到,第152页。

[51]《清代新疆档案选辑》第45册,光绪二十七年二月二十九日,第307页。

[52]《清代新疆档案选辑》第45册,光绪二十七年二月二十九日,第307—308页。

[53]饶应祺:《饶应祺奏稿》,见马大正、阿拉腾奥其尔主编《清代新疆稀见奏牍汇编·补遗卷》第6册,乌鲁木齐:新疆人民出版社,2013年,第2888页。

[54]饶应祺:《饶应祺奏稿》,见马大正、阿拉腾奥其尔主编《清代新疆稀见奏牍汇编·补遗卷》第6册,第2931—2932页;同前书第7册,第3121—3122页。

第十二章　驿传功能

关于驿传的功能,刘广生先生所编《中国古代邮驿史》认为:"清代的驿站不仅是官方的交通组织,也是政府的通信组织。交通与通信融于一体,合而为一。"[1]刘广生与仇润喜合编的《中国邮驿史料》一书中发凡道:"邮驿具有几种功能?有的说三种:通信、交通、馆舍。有的概括为'四差':大差、小差、紧差、散差。'差'是'差使'。邮驿功能虽多,说到底只有两项:一是'传命'(传递公文),二是'传食'(提供食、宿、交通)。"并进而指出这两项差使的三个特点:广泛性、流动性与依附性,尤其是邮驿依附于差使,取决于差使,差使一经完成,邮驿的功能也就立即消失。[2]如前所论,邮驿实为驿传的不同称谓,刘广生先生的总结可谓见解独到。光绪朝《清会典》指出"置邮"的目的就是"以供差,以驰报"[3],清末主管新疆全省驿传事务的镇迪道兼按察使也不时强调"各属设立驲站原以通文报而供要差"[4],足见传递文报与供应差使为驿传的两大主要功能。另据前面章节所引《乌鲁木齐政略》记载,乾隆年间在新疆设置的军台"专为各处奏折、文报以及运送官物,应付差员而设",其中运送官物与应付差员即前引《清会典》所述"供差"功能的具体分类。此外如上编第三章"冰岭道"所述,驿传又有押解人犯、堵截缉拿犯匪以及商队贸易等其他功能。但就清代驿传的官方性质而言,其为公家服务的核心功能仍以传递文报、接待官员及运输官物三项为主,这也是目下一些研究驿传的论著对其基本功能的分类[5],下文也将按此三类功能分别论述。

一、传递文报

传递文报可谓清代驿传的初始核心功能,其在军事行动中表现尤为突出,如康熙二十九年(1690)上谕:"大学士伊桑阿等曰,驿站奏报军机,关系重大"[6],又如乾隆三十五年(1770)上谕指出边疆台站"原为驰送具奏事件往来文移而设"[7]。可见战事消弭,传递文报功能得以保留和扩大,并成为中央与地方政令往来的传递渠道。这一点即使在普通官员中也有深刻的认识,如辟展巡检便有"设立驿站原为递送公文起见"[8],均见驿传传递文报的首要功能。

驿传传递文报,就其公文的实质内容而言,从理论上讲,应该包括各种上行、下行与平行文书,如奏折、题本、寄信、札文、禀文、移文等种类。但这些具体文种往往并不出现于驿递中,相反档案中常有所谓的"奏折夹板""火票排文"等名目,实际上是将公文本身的类型与外在(包装)形式相混淆。其中奏折系传递公文的内在形式,夹板、火票等系公文的外在形式,但驿递公文时,却往往以外在形式指代内在文本,如"案准钦命署理帮办军务总统嵩武马步全军张缄开,收到本署大臣爵司堂六年十一月初五日由哈密行营发递六百里排单公文一角"[9],再如前面章节所述刘锦棠光绪十年(1884)五月二十八日向朝廷上奏《新疆南路军台一律安设驿站酌拟经费章程折》,其朱批据刘锦棠反映,"嗣于光绪十年六月十七日准兵部火票递回原折,后开军机大臣奉旨,该部议奏,钦此"[10]。可见排单、火票这种外在形式在驿传中的使用。

按光绪朝《清会典》规定,"凡驿递,验以火票",并解释:"马递公文,皆加本部火票,令沿途各驿接递,其由外达京及在外彼此互达者,则各粘连排单,令按程于单内登注时刻"[11]。可见火票、排文实系驰递公文的附带凭证和查考文件,但在驿递过程中常用来指代公文。[12]除以上火票、排文用于指代具体公文外,尚有报匣、夹板及印封三项名目,《清会

典》解释:

> 若报匣:凡督抚等官皆赏给报匣,遇奏事用以封进,升调别省即行带往,其接任之员有未经赏给报匣者,令自行奏请赏给。至奉旨密交事件,亦用匣颁发,复奏时恭缴。各督抚皆先颁发匙钥一副,存留交代。其将军都统提镇藩臬并钦差各员,如有密寄事件,临时将匙钥一并封固发往,存留交代。
>
> 若夹板:未经赏给报匣之督抚等官,遇奏事,将奏折盛以夹板,外用棉纸封固,接缝钤盖本职印信,包以黄绫乃递。军机处交发紧要事件,由本部捷报处加具夹板封固,黏贴印花发驿,其各部院紧要文书交部者,由司用夹板封固发驿。
>
> 若印封:外省衙门彼此往来及达在京衙门各紧要文书,装用棉纸厚被封套,钤以印信,发驿马递。[13]

可知报匣、夹板及印封三项实为公文封发制度,但在传递公文时,同样多被用作驿递文书的代名词,其中报匣与夹板多用于中央和地方督抚之间的上下行文书。[14]

驿传驰递公文,例有缓急迟速之分,这对新疆尤其重要,《三州辑略》早已阐述:"事有缓急,故行有迟速。其事缓,则日行无里数;其事急,则限行几百里。事急而不限行,则事多贻误;事缓而有限行,则迹涉张皇。缓急之间,于新疆尤不可不慎也。"[15]所以《清会典》规定:"公文限马上飞递者,日行三百里,其紧急公文则标明四百里、五百里、六百里,按限驰递。"[16]此即限行公文。甚至道光年间清军平定张格尔之乱,将军长龄曾用八百里红旗报捷。[17]总之,这类文书通常以日计算,如"日行三百里者,无分昼夜,每一时行二十五里,每一刻行三里四十五步,四百里、五百里、六百里按此递加"[18]。

欲使公文准确无误送达,还得计量驿传的程途里数,作为计算迟速的配套措施,与速度共同构成清代驰递文报的"程限"。如光绪朝《清会典》规定自京师皇华驿至新疆省城,由南路8739里,由北路8639里,由小南路8689里。[19]但此程途过于笼统,光绪十年十月负责管辖驿传事务的甘肃按察使造报的甘肃至新疆程限册则比较详细,更为实用,兹据档案移录部分内容如下:

甘肃按察使呈赍遵批照抄新疆各衙门驻扎地方相距程途里数清册

甘肃按察使为呈赍事,案奉宪台批本司详赍新疆各衙门驻扎地方相距程途里数,饬令照抄三分呈赍,以备转发查更等因奉此。遵将新疆各衙门相距地方程途里数照依前案抄录清册,呈赍电核,须至清册者,计开:

一、甘肃至新疆程限:

自兰泉驿起四十里至　　沙井驿七十里至
苦水驿五十里至　　　　红城驿七十里至
平番在城驿三十里至　　武胜驿三十里至
岔口驿五十里至　　　　镇羌驿六十里至
黑松驿三十里至　　　　古浪县六十里至
靖边驿四十里至　　　　大河驿三十里至
凉州属武威县五十里至　怀安驿四十里至
柔远驿七十里至　　　　永昌县七十里至
水泉驿五十里至　　　　硖口驿四十里至
新河驿四十里至　　　　山丹县五十里至
东乐驿三十里至　　　　仁寿驿四十里至
甘州属张掖县五十里至　沙井驿六十里至
抚彝驿四十里至　　　　高台县五十里至
黑泉驿五十里至　　　　深沟驿三十里至
盐池驿四十里至　　　　双井驿六十里至
临水驿四十里至　　　　酒泉驿七十里至
嘉峪关九十里至　　　　惠回堡七十里至

赤金湖驿四十里至　　　　　赤金硖驿九十里至

靖逆驿七十里至　　　　　　柳沟驿七十里至

布隆吉驿九十里至　　　　　小湾驿七十里至

安西驿九十里至　　　　　　白墩子八十里至

红柳园七十里至　　　　　　大泉六十里至

马莲井子七十里至　　　　　哈密所管星星硖九十里至

沙泉子八十里至　　　　　　苦水一百四十里至

格子烟墩（中有天生墩腰站六十里至）　长流水七十里至

黄芦岗七十里至

钦差衙门驻扎哈密城，共计程三千里，三百里公文应限十日，四百里公文应限七日六时，五百里公文应限六日，六百里公文应限五日。

又自哈密起六十里至　　　　头堡六十里至

三堡七十里至　　　　　　　鸭子泉八十里至

瞭墩九十里至　　　　　　　梧桐窝七十里至

三间房一百二十里至　　　　吐鲁番所管十三间房一百三十里至

七克腾木五十里至　　　　　苏鲁图六十里至

辟展六十里至　　　　　　　连木沁台六十里至

胜金台九十里至

钦差衙门驻扎吐鲁番城阳和驿，计程一千里，连前自甘肃兰泉驿起，历哈密接算，共计程四千里，三百里公文应限十三日四时，四百里公文应限十日，五百里公文应限八日，六百里公文应限六日八时。

又自阳和驿起四十里至　　　迪化州所管芦沟驿九十里至

通津驿八十里至　　　　　　山阳驿六十里至

达坂腰站七十里至　　　　　望墩驿九十里至

盐池驿六十里至

第十二章 驿传功能

乌鲁木齐都统、提督驻扎迪化州巩宁驿,计程四百九十里,连前自甘肃兰泉驿起,历哈密吐鲁番接算,共计程四千四百九十里,三百里公文应限十四日十一时四刻零,四百里公文应限十一日二时五刻零,五百里公文应限八日十一时六刻零,六百里公文应限七日五时六刻零。[20]

据以上程限所列十三间房、通津驿、山阳驿等站点,可知这份底册仍是依据同治年间新疆动乱之前的数据造报而成。以上程限多针对诸如夹板、火票、排文等限行文书,对于一般公文,传递时限则相对较缓。光绪朝《清会典》记载:"各省行文各府州县及各府州县公文到省,并各省各府州县互相往来,均发铺司传递,各标营及驻防如之,俱按程立限""各省督抚等寻常咨商文移,皆由塘铺各兵递送,不得擅用马递"。[21]新疆建省后,府厅州县与省府的日常公文来往,照例也应该由铺司传递,但包括档案在内的各种资料中并未见有实例,反倒有证据表明晚清新疆的日常公文也是通过驿站递送,如光绪九年(1883)镇迪粮务兵备道札文:"查吐鲁番厅至乌垣计程仅四百九十里,何以正月二十一日申详牛疫一文迟至初六日始行递到,计日迟半月之久,驿递如此玩误,实出情理之外,合行专札严查,为此札,仰该丞迅即遵照来札,挨站查明前项公文系何驿站压搁,刻日申复,以凭究办。"[22]引文中所提申述牛疫的详文通过驿递竟然迟滞半月之久,这清晰地表明新疆"各府州县公文到省"是通过驿递,而非铺递。如再结合下文将要引述论证的资料来看,新疆即使建省之后仍无内地铺的设置,光绪朝《清会典事例》中多达二十五卷"设铺"资料亦无新疆设铺记载。[23]而陕甘驻京提塘官发递新疆官报及印信也因无专铺,改由驿站行走。[24]

为保障驿递公文的准时到达,除上述制定程限外,选择合适的传递路线同样必不可少。光绪十七年(1891),管辖新疆全省驿传事务的镇迪道兼按察使周崇傅札文吐鲁番道:

> 照得天山以北各驲每届冬节,积雪阻滞难行,向来紧要文件自

十月初一日起至三月初一日止,禀由橙槽沟转递。兹据该厅县禀橙槽沟等处积雪甚厚,人马或至陷毙等情,本署司等查系属实,面奉抚宪谕示,嗣后夹板火牌排递紧要文件自十月初一日起至二月底止,改由南路行走,免致稽滞。所经十九驼,每驼酌添夫一名,月支工食银三两,马二匹,每匹月给草料银二两四钱,扣建。该厅县按月造报请领,由藩司饬于新饷所善后项下核发,不列交代,其常行公文仍由天山转递,不准推诿,除详报抚宪外,合行由四百里札饬,为此札,仰该厅即便遵照,遇有奏折夹板及火牌排□递紧要公件,务须随到随发,倘有迟误,定即挨站查究,再工料银两由奉文日起支。[25]

如上编第五、六章所述,新疆驿传自乾隆中期便有走橙槽沟一路的传统,但此路冬季积雪甚厚,递送文报人马往往有陷入积雪的危险,为避免驰递文报有延迟之虞,镇迪道建议每年十月初一至次年三月初一止,诸如夹板、火牌、排单等紧要限行公文改走天山南路一线,但平常文书则仍其旧,并为此添设夫马。因吐鲁番正当南路孔道,当年吐鲁番所属托克逊驼、布干台驼、胜金驼、连木沁驼、辟展驼、七克腾驼、土墩子驼分别添马二匹,马夫一名。[26] 另外,引文中"合行由四百里札饬"显然是指镇迪道给吐鲁番的此件札文,也透漏出"各省行文各府州县"并非通过铺司,而是通过驿站系统传递的。

二、接待官员

在驿传接待的人员当中,官员虽非全部,但作为官方服务组织的驿传却主要为具有官方性质的各类人员服务。基于此,我们将驿传的此项功能概括为接待官员。既属官员,其驰驿必有凭信,而凭信又可分为中央颁发凭信与地方颁发凭信。关于前者,光绪朝《清会典》规定"凡差给驿者,皆验以邮符,曰勘合,曰火牌"[27],可见中央颁发凭信主要有两种凭证,即勘合与火牌。《清会典》解释:"官驰驿者给以勘合""兵役驰驿者给以火牌,其云南、贵州及新疆举子亦给以火牌"[28]。可见勘合主要

第十二章 驿传功能

是给予文职官员驰驿的凭证,火牌主要是给予武职官员及偏远地区举子的驰驿凭证,但也并非泾渭分明。在清朝早期,勘合与火牌也被用于传递文报。[29]对于其颁发、数额、使用对象及缴销等都有一整套规章制度,据称:

> 凡各省督抚提镇将军都统每年所用,由部预给火牌,或并给堪合,遇应驰驿之差,临时填用。……陕西、甘肃、新疆巡抚俱给火牌十八张。……各省提督给火牌四张,各省总兵给火牌三张。……各省学政给火牌四张……至管理驿务之按察使所用勘合火牌不定额,于将次用完之时,约计一年应用之数,请部颁发。……各处将军给勘合四张、火牌四张,专城副都统给勘合三张、火牌三张。其勘合、火牌尾后,由部将骚扰驿站多索夫马车船处分之例,兼录清汉文一纸,黏贴交接处所,用印铃盖。凡总督巡抚将军都统学政盐政,将每年颁发及用过数目,于岁底造册咨报本部汇总题销,提督总兵送总督咨报,无总督省分,送巡抚咨报。[30]

据上,以清末新疆为例,新疆巡抚应有十八张火牌(见图12)[31]、喀什噶尔提督有四张火牌,伊犁、巴里坤及阿克苏三镇总兵各自有三张火牌,新疆学政有四张火牌,至于新疆镇迪道兼按察使因管理全省驿传事务,所以并不限定额数。伊犁将军分别有四张火牌和勘合,清末伊犁副都统往往出任塔尔巴哈台参赞大臣,根据档案,也持有勘合。[32]此即清末新疆官员拥有火牌及勘合之大概情况。此外勘合、火牌后贴有骚扰驿站的处分条例,意在提醒使用者勿得骚扰驿站。岁终,新疆巡抚要将使用过的凭信造册报兵部汇总题销,提督总兵则送陕甘总督咨报。

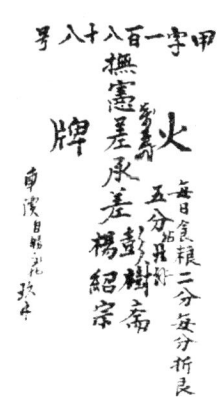

图12 火牌

虽然驿传具有接待官员的功能,但并非任何官员都可使用,光绪朝《清会典》规定:

奉差出京者,陆给座马、从马、引马、包马,水给船夫,水陆不兼支;不用马者,照应得马数,每马折给夫三名,惟学政减马给夫。顺天学政不给驿。凡官奉差予廪给,兵役予口粮,惟侍卫予饭食,出征官与奉差同。其带兵领队者,于例得给驿外,加给车马。驻防及移扎官兵俱给车,其沿途家口马匹给口粮草束,如升调别省及升任回京者不给,若因事故归旗,仍按应得之数折给车价。西北两路将军大臣等准带眷口者,给车马口粮,不予廪给,调驻别处亦如之。若升调来京及回内地,并由内地驻防调驻西北两路者,止给车马。新满洲告假接眷者,准给驿马,其家口初次来京者,准给车价。衍圣公正一真人来京回往,俱照品给驿。外任官奉旨驰驿者,准给夫马,水路皆给船,不予廪给口粮。休致、回籍及赴任例不给驿人员,如奉旨驰驿者,亦照品给驿,不予廪给口粮。喀尔喀、青海、蒙古、杜尔伯特、土尔扈特、和硕特、乌梁海、札哈沁回往时,奉旨驰驿者,每人给一马一车,跟役均给马与饭食,不予廪给。盛京各衙门赍进章奏物料皆给马,各处运送什物分别给车,或折给车价,或给船解送,官给马,不予廪给口粮。打牲乌拉运送东珠,官兵给马骑驮,仍给口粮。外国贡使回往,俱给驿护送。官回日照品给驿,如引见者照新疆引见官例,止给马,扣除廪给口粮。哈密、吐鲁番回官来京,给马与廪给,惟不给引马。回子及土尔扈特、和硕特、哈萨克部落汗王台吉来京者,从役行李均照定额给车。云贵举人会试,新疆士子乡试,并举人会试、优拔贡生赴京朝考,均给马。官员阵亡及在任在差病故者,均给夫马。新疆效力赎罪在巴里坤外者,准给马不给口粮。[33]

据上,驰驿人员大致有奉差出京者、带兵领队者、西北两路将军大臣等准带眷口者、升调来京及回内地者、新满洲告假接眷者、衍圣公正一真人、外任官奉旨驰驿者、外国贡使、被引见官员、边疆部落奉旨驰驿者、云贵会试新疆乡会试等员、官员阵亡及在任在差病故者、巴里坤以外效力赎罪者等十三类人员。[34]除衍圣公正一真人与新疆无关外,其他

第十二章 驿传功能

人员均与新疆有关。他们驰驿时,享有马匹、廪给、口粮、草束与车辆等全部或部分待遇。至于其享受内容与标准,总的原则为"凡给驿者,各以其等"[35],即主要按驰驿人员的品级定其待遇。如光绪朝《清会典》明确规定:

> 凡引马包马按品给予:文三品、武二品以上,引马二匹、包马四匹;文四品五品六品、武三品四品五品,引马一匹、包马二匹;文七品、武六品以下,引马包马各一匹。廪给多寡文武同:一品每日银二钱、二品一钱八分、三品一钱六分、四五品一钱四分、六七品一钱二分、八品以下一钱。兵役口粮每分每日银五分。官员坐马外,其例带跟役各给马一匹,口粮一分。[36]

以上仅是驰驿人员享受待遇的一部分,并非全部。为避免累赘以及干列条款,以下谨举几个与晚清新疆有关的接待官员案例,以见其概况。光绪十二年(1886),长庚被补授为伊犁副都统,由驿驰往任所,有关其造报家口、领取照票、移行前途接待等驰驿经过,吐鲁番厅光绪十三年(1887)五月十二日接收镇迪道兼按察使的札文记载:

> 为札饬事,案准新疆布政司魏 移开,案准甘肃布政司谭、按察司饶 咨开,案蒙兵部尚书陕甘总督部堂谭 札开,案准兵部咨,车驾司案呈光绪十三年二月十五日准正黄旗满洲都统咨称,头甲喇印务参领丰安等案呈,据佐领崇年等呈称,据本佐领下伊犁副都统长庚结称,窃职长庚于光绪十二年十月二十日奉旨伊犁新设副都统员缺,着长庚补授驰驿前往,钦此。现拟携眷赴任,所有遵旨驰驿应领勘合路票暨粮单车价马匹廪给等项呈请核办等因。应将伊眷属仆役数目造册咨行兵部,其应需驿给勘合路票及粮单车价马匹廪给等项,祈由大部照例办理等因前来。查例载新疆办事大臣携眷赴任,副都统衔给车六辆,折给车价,令其自行雇觅前往,二十名家口应给口粮,三十四马应给草束,家口数目多者照例给与,少者照实在数目给与,移咨户部给发粮单等语。今伊犁新设副都统长庚携眷赴任,

除家口口粮马匹草束照依该旗册册抄单移咨户部照例核给。其应得车六辆查自京城首站起,至山西甘桃驿,按站止计程七百九十里,照依直隶车价每车每百里给银一两,按照户部新定变通章程,应折给十成实银四十七两四钱,移咨户部给发,本部仍出具印领,交与该家属前赴户部支领,并办给照验一张,以便沿途各省首站汇行给发车价,事竣将照验缴部查销。其口外应得之项行文陕甘总督照例办理可也等因,到本督部堂准此,除分行外,合行札饬,为此札,仰该司即便遵照办理毋违等因到司,蒙此除将口内应供口粮车辆倒马草束等项饬行东西两路各州县供支具报外,拟合咨明,为此合咨,请烦查照来咨,奉部文内事理,希即饬属供支等因到司(后残缺)。[37]

据上,光绪十二年十月二十日长庚补受新设伊犁副都统一职,令其驰驿前往。依定例,"新疆官俱准携眷赴任"[38],但须先由其所属正黄旗造赍眷属仆役数目册给兵部,作为领取勘合、路票、粮单、车价、马匹、廪给等项的依据。经查,长庚此番赴任,应给"车六辆,折给车价令其自行雇觅前往,二十名家口应给口粮,三十匹马应给草束,家口数目多者照例给与,少者照实在数目给与,移咨户部给发粮单"。其驰驿经过之地主要分为两段,第一段从京城至山西甘桃驿,照直隶车价每车每百里给银一两,共折给实银四十七两四钱,由兵部出具印领,令长庚家属由户部支领。第二段主要归陕甘总督管辖,由兵部行文陕甘总督具体应付。随后新疆布政使收到预备长庚过境信息,遂令镇迪道札文吐鲁番同知预备应付长庚过境口粮、车辆与草束等项接待事宜。

至光绪十六年(1890),长庚由驻藏大臣调授伊犁将军,并于十八年(1892)正月抵达任所,遂向新疆巡抚咨文:"现派家丁赴京接取眷属,查西北两路驻扎新疆大臣接眷赴任或迎取或带往,例准给驿,兹本将军接取眷属,除饬家属将家口数目呈明正黄旗满洲都统核明造册咨办并分咨外,相应咨请,为此合咨,请烦查照饬属照例应付。"[39]至光绪二十年(1894)六月,新疆巡抚接到兵部公文,言及"培元之父现任伊犁将军长

第十二章 驿传功能

庚于光绪十六年驻藏大臣调授今缺,十八年正月到任,现派家丁接取眷属,命培元随侍前往,造具家口清册呈请转咨等因"[40]。接下来的整个办事程序又如前述长庚前赴伊犁副都统故事,此即新疆上层官吏奉旨驰驿前往新疆的上任及接眷的一般程序和流程。

又新疆回子伯克例有年班,一般也驰驿进京,如光绪二十九年(1903)库车直隶州向新疆巡抚报告:"库车回子郡王玛木特申报今年进京补行年班,现定于七月十二日由籍起程赴省请领勘合晋京,恳请申报并转移前途应付车马廪给等情,据此敝州查例载新疆各城回子王公伯克等入觐,回子王应带行李六千斤,跟役十五名,又《回疆则例》未载者向照蒙古定例办理"[41]。库车直隶州表示:"该回王折开贡物并行李共需大车十二辆,贡马十六匹,应需牵马夫八名,骑马二十四匹,车骡六头,护卫跟丁二十八名,内郡王玛木特廪给一分、头等台吉廪给一分,三品护卫廪给二分,四品护卫廪给四分,五品护卫廪给四分,五品通事廪给二分,六品护卫廪给四分,护送差官口粮二分,跟丁口粮七分,核与旧章相符,除由敝州按站照数应付前进并通报外,相应移知,为此合移,请烦查照,俟该回王到境,照章按站供支具报,并请转移前途一体应付具报施行。"[42]可知新疆回子王公赴京,首先要前往省府,在按察使处领取勘合[43],并依照开报人员情况进行填写。及其年班结束,他们须向理藩院报告,请求批准由驿驰递,如"理藩院谨奏,为奏闻事,据年班来京库车回子郡王玛木特等来院呈称,窃郡王玛木特等现已差竣,呈请照例驰驲回旗等因呈报前来,查本院则例内开,每年来京之回子王公等回游牧时,由院奏闻,准令驰驲前往"[44]。然后再由兵部发给勘合等驰驿凭信,及至回籍后,需将所领勘合缴回,如光绪十九年(1893)鲁克沁郡王玛木特呈称:"世爵于十八年派令梅楞章京夏木思等呈进贡物差竣,由兵部请领勘合兵票车票共计三张,由京回吐,兹于本年七月初一日抵吐,呈缴勘合兵票车票前来,理合具文申缴宪台电鉴核转,为此具申,伏乞照验施行,须至申者,合计申缴勘合车票兵票三张。"[45]此即新疆王公等驰驿之一般过程。此外,尚有其他类型的接待官员案例,其驰驿过程与上述案例基本一致,只是待遇有所不同而已。

前文所举案例多系将军都统及边疆各部王公等大员,对于其他一般驰驿人员,其驰驿凭信及标准亦有不同,如光绪朝《清会典》规定"外任官给驿之数:总督马十四、夫十四名;巡抚提督马八匹、夫十一名;藩臬运司总兵马七匹、副将马五匹,夫皆十名;道府马六匹,参游马四匹,夫皆八名;运同运判同知知州通判州同知县都司守备马三匹,夫六名;首领佐杂六七品者马二匹、八品以下马一匹,千总马二匹,把总外委马一匹,乡会试举子给马者,人一匹"[46]等等。而对于那些并不能领取勘合与火牌的府厅州县层次的各类官员,其因公驰驿凭证多系地方所发,如传牌、马票、溜单等,在新疆动乱以后更是如此。光绪十年刘锦棠札文:"照得驰驿以及因公出差,例用勘合牌票,又饷鞘等项,凡需拨兵护送,例用兵牌皆由部颁发存储随时填用,各驿验明应付粘帖印花按起具报,于原领勘合兵牌事竣,即行缴销,定例綦严。新疆地方兵燹以来,并未照例请领勘合兵牌,遇有紧要差事,填发传牌,原为权益之计,迨后纷纷填用,殊属不成事体"[47]。可见新疆动乱后,地方驰驿人员凭信多由地方大员发给传牌等,并有滥发滥用之势。

传牌者,如光绪十七年署辟展巡检上任,请发给车辆,镇迪道称:"本署司详请饬发调署辟展巡检杨光詠赴任车辆一案缘由,奉复署辟巡检杨光詠赴任需车一辆,应如来牍饬缮传牌,随批附发,希即转给祗领,应从十七年正月初一日起,除委署人员照旧办理外,其余无论正佐调署及实缺到任车辆,应即一律停止,以节縻费"[48]。可见至少在此之前一段时间,新疆的委署人员是由新疆巡抚发给传牌,令沿途发给车一辆赴任,为节省费用,以后对于正佐调署及实缺到任者不再发给车辆。其式

第十二章 驿传功能

样见图13。[49]

溜单者,如"为溜知事,照得案准○迪化县溜开前任阿克苏道宪陈赴京,沿途需用大公馆一座,酒席、点心、油烛、柴草、足用骑马二匹,除由敝厅应付外,相应溜知,为此溜,请贵厅请烦查照应付,并转溜前途一体照办施行,须至溜单者。右溜自吐鲁番厅起至哈密厅城止"[50]。其式样见图14。[51]

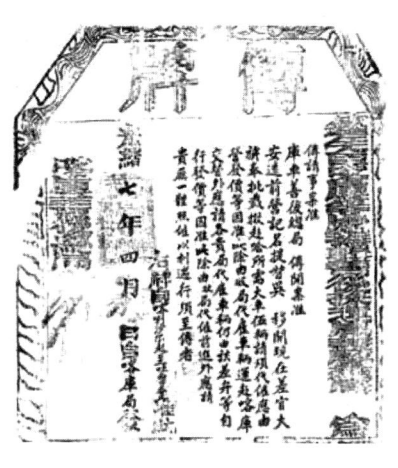

图13 传牌

马票者,如"为换给马票事,兹有驻哈电报局姜前赴新省公干,沿途需用连鞍骑马二匹,除由底驿应付前进外,合行给票,为此票,仰经过各驲书夫人等一体遵照应付,以利遄行,须至马票者。右票自吐鲁番厅城起至迪化县各驲遵照"[52]等等。其式样见图15。[53]

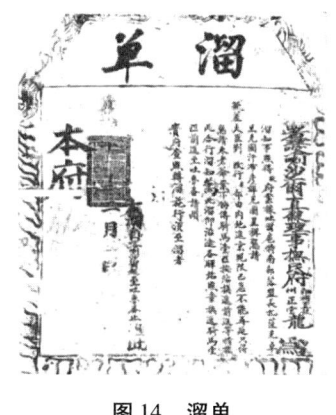

图14 溜单

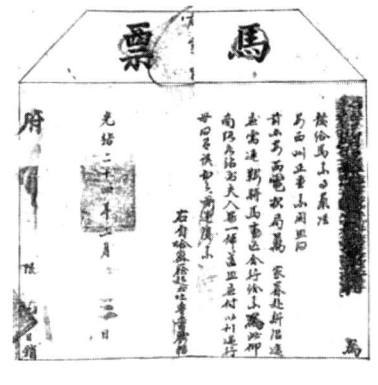

图15 马票

三、运输官物

清以前的驿传,其通信与交通运输两项功能实由两个不同的组织来承担。[54]如在明代,运输官物由递运所专门负责,并延续到清朝初期,直

267

至康熙以后,递运所才逐渐被裁撤,运输物资的职能始归驿站承担。[55] 但对于清代新疆而言,驿传运输物资从一开始便与通信相统一。运输官物的类型,有学者总结为"皇室所用物品""军用物资、粮食""官员出行行李"三大类[56]。但就新疆驿传实际承担的运输物资来看,远远不止于此,尚有外国游士及朝贡之货物、协饷、御赐物品等类型,由于这些物资多属官方物品,正如乾隆年间所成《乌鲁木齐政略》总结的"运送官物"[57],可谓恰如其分。

朝廷对于运输官物亦有颇为严格的规定,如"解送物件给驿之数,凡物件六百斤、饷鞘六千两,各给车一辆,不及六百斤、六千两者,按物件一百斤、饷鞘一千两各给驮马一匹。不用车处,每一饷鞘给杠夫二名。江浙解饷给水路勘合……"[58],可见运输官物的陆路工具主要有车、马、杠夫,水路则为船。此外对于一些重要的物资,沿途官府还得派兵护送,按规定,"凡差过境护以兵者,则验以兵牌。凡领有诏旨及关防敕印者,拨背负兵三名;解送银两、缎匹等项,每车一辆,拨兵二名,每马一匹,拨兵一名;铜斤至二十七万斤,拨兵十二名,其有增减,另行酌拨"[59]。以下试以新疆协饷运输为例,以见驿传运输官物之梗概。

清朝从光绪十一年(1885)起,每年由各省协济甘肃、新疆防军善后饷银四百八十万两,统名之曰"甘肃新饷",其中新疆应分二百二十万两,由甘肃藩库统收并扣除四分减平。[60] 由于协饷事关整个新疆军政、行政的有效运转,以及经济开发与社会善后稳定大局,因此如何将二百余万两的饷银通过驿传安全准时运至新疆就显得尤为重要。一般来说,新疆协饷是按批分运,由陕甘总督事先行文新疆巡抚,预备接应和沿途照料护送,如光绪十四年(1888)吐鲁番申报道:

> 为申报事,窃于本年正月十三日接奉陕甘部堂谭、宪台牌开,照得现派副将黄德遇、都司刘堃管解新疆本年第一批新饷二十七万两,共需大车一十八辆,定于十一月十八日由省起程前进外,合行牌传,为此牌,仰沿途各厅州县及标营一体遵照,仍将入境出境日期具

第十二章　驿传功能

报查考,毋违等因奉此。阜厅遵即更换车辆移会安远营派弁,已于正月十六日护送前进讫,谨将饷银入境出境日期理合具文申报宪鉴查考,除通报外,为此具申,伏乞照验施行,须至申者,申陕甘督部堂谭,新疆抚部院刘、藩宪魏、枲宪恩。[61]

据上陕甘总督派人管解光绪十四年第一批二十七万两协饷,共大车十八辆,于十三年十一月十八日由兰州起程,并行文新疆巡抚,希望前途经过驿站州县能够更换车辆,派兵护送。待这批协饷到吐鲁番境内后,吐鲁番同知移会当地驻军安远营派弁护送,并将护送日期报告巡抚备查。但有时押解护送协饷也会出现意外,如光绪二十七年运输第三批饷银时,吐鲁番同知报告:"前项饷银于正月初三日抵吐,旋于初六日前进,除照章会营护送外,所有饷银入境出境日期理合具文申报宪台电鉴查考,再该解饷委员等于初六夜三更后行抵迪化县属砭砭子,据报被窃失去银六百两,当经派役四处查拿,现尚未获赃贼"[62]。随后新疆巡抚饶应祺一面令吐鲁番加派兵役严拿盗窃之人,一面令承领车夫委员等人分赔。[63]

另外,由兰州运饷到乌鲁木齐,其运输方式据称"均由皋兰县雇定长车迭送肃州后,均由新疆设立肃州站车局拨派车辆择日押解起程,前赴新疆巡抚部院衙门交纳,饬司统收分拨"[64],即运输协饷的路段上,以肃州为中心,大致可分为河西与关外两段,新疆境内多从南路吐鲁番前往省城。新疆协饷运输对押解人员亦有程限要求,如"据甘肃布政使司详议,由兰到新程限,以六十日为度,因恐沿途遇雨及到甘凉商号兑银或有耽延,再加限期五日,计六十五日解到,如有逾限,每日各扣差费银四两,在于关外找发川资内划除,如沿途遇有风雨阻隔,应于所到地方州县堂汛报明,由该地方查验是否实,何风雨阻隔通报,以凭查核"[65]。这种意外在河西关外是存在的,如光绪十三年夏季解饷委员便在"肃州等处地方风雨阻隔八日"[66]。

按照前引《清会典》的规定,沿途州县只向解饷人员提供车马以及饷鞘护送,对于解饷委员自身似乎并未有明确的津贴。但档案记载管解新疆协饷委员是有川资银的,一般"每次委员二人管解,每员各给川资银五十两,共给大车三辆到新,交饷之后回甘销差",但在解饷最初几年,"每次委员管解饷项,仍不免有携带货物之事。一批解到,必欠尾数,经旬始能清结,沿途车辆既有定数,携带之货加载饷车,骡马负重,多致疲乏倒毙,车夫敢怒而不敢言,甚有藉故多索车辆省事之官,只期饷差不误,亦遂隐忍曲从,此外包载客货既得车价,又揽税厘,种种弊端,官民受累,公款多亏"。[67]解饷委员趁机携带私货,不仅影响沿途税厘的征收,而且扰累驿站,多致马匹倒毙等问题。推原其故,"特以长途戈壁,百物皆昂,委员解饷必须多带人役,俾使照料,往返五六月之久,用费甚巨,所得川资每虑不足"[68],因此新疆镇迪道兼按察使提出如下建议:

> 查各省解饷到甘,每千两给川资银五六两、六七两不等,纵每次解饷四五万两,而川资所得均在二三百两以外,所以到甘之饷从未开有尾欠后补之事,本司道等再三筹酌,拟请甘肃每次起解新饷,除原定每员川资银五十两,由甘库给发报销外,另准每员加给银一百五十两,内新疆粮台摊银八十两,伊犁摊银四十两,塔城摊银三十两。此项加发银两由甘起解时,先发银七十五两,在新饷内划扣,归新疆粮台及伊塔饷内摊算,其余一半银七十五两,俟饷到由本台找发摊分。其伊犁饷项如遇专批委解者,仍由伊犁饷内全给,计每次每员可得川资银二百两,往返食用有赢无绌,并准每次饷项果系随到随交,毫无他弊,即由本台咨会本藩司转咨甘肃藩司查照,文员则详请督宪给予尽先拨委实奖一次,武员则转咨督标中协转详督宪,或给优差,或予委署一次,以示鼓励。倘仍有携带货物,致饷项不能即时清交,或有包揽客货,偷漏税厘,经沿途局卡查出者,除咨明甘藩司详请参究外,仍将所带之货物一律充公,不少宽贷。如此明定章程,丰其川资,给以奖励,而又劝惩并用,庶委员等知所观感,一切

第十二章 驿传功能

弊端可以永绝。[69]

可见运输协饷伊始,是按解饷额度每千两给五、六、七两不等的津贴,但由于每次解饷总额有限,所得甚少,因此拟定解饷委员每次给川资银五十两外再给津贴银一百五十两,由新疆粮台、伊犁、塔城分摊,其往返食用便可有赢无绌。如果每次解饷能够顺利送到,还可以受推荐给予实奖,以示奖励。如此,即保证了协饷的运输,又可避免夹带私货、偷漏税厘与扰累驿站等弊端,最后被新疆巡抚批准。

协饷从兰州运至乌鲁木齐后,还存在一个向南北两路继续分发的问题,亦即省内协饷的拨运押解。理论上,除伊犁、塔城外,南北各地均应由新疆藩库请领经费,对于东疆巴里坤、哈密等地则稍有不同,档案显示:"北路防军关饷按季由各军派员赴省请领,惟巴里坤以东至哈密则俟饷银过境,随时详请截留拨给,以省周折"[70]。省府向南路解饷过程如同兰州向新疆解饷故事,如光绪十八年(1892)吐鲁番申报道:

> 为申报事,光绪十八年闰六月十七日奉藩司宪台藩宪牌传开,照得本署司现饬新饷所拨解南路各营旗本年秋季关饷等项湘平银六万六千二百一十九两四钱六分六厘,又搭解喻统领领用号衣五百件,重六百斤,详委补用副将苏阳福、补用参将黄桂芳等管解,定于闰六月初七日由省起程前赴喀喇沙尔、阿克苏、喀什噶尔等处,分别交收前项饷装。自省至喀喇沙尔止,需用大车七辆半,并委员各需坐车一辆,共需大车九辆半,又由喀喇沙尔运至喀什噶尔止,照章递减车辆,应饬沿途各地方官遵照应付,该委员等日需食粮及回省车辆,一体照章支给具报,除申报咨行外,合就牌传,为此牌,仰沿途各地方官遵照,一体应付具报,会营拨护,仍将饷银入境出境日期分报查考,毋违,须牌等因奉此。阜厅遵查前项饷装已于十七日到吐,照章换给车辆,会营拨派兵役,即于十八日护送前进讫,所有饷装入境出境日期,理合具文申报宪台电鉴,俯赐查考,为此具申,伏乞照验施行,须至申者,申抚宪陶、藩宪饶、臬宪周。[71]

不难看出新疆境内解饷程序与兰州向新疆解饷情况相似,先由省府委派专人押解饷装等物,采取沿途递减车辆运输,令前途地方官派兵护送,沿途驿站提供食粮等项,并将过境日期随时汇报。以上即为新疆协饷的运输程序,其他重要官物与此类似,只不过一些并非重要的物资并不需要派兵护送而已。

综上,我们可以看出驿传的三项功能并非各自孤立,驿传应付的诸多差事,人员与物资往往相伴随,即使传递文报,如"专差奏折"也是人员与文报相随,正因如此,才有光绪朝《清会典》对驿传功能"以供差,以驰报"的总结。虽然《清会典》规定"凡各衙门差当给驿者,具奏请旨,移咨到部准给,不得私以印文移取,其例应给者不在此限"[72],但在具体操作层面,并非事事均按例请旨办理,尤其在地方驿传的实际运转中,是否给驿及接待,完全掌握在地方大员诸如总督巡抚等手中。如光绪十一年吐鲁番同知黄丙焜禀报湖南善化县附生陈思诚"于十年正月派充三堡义学塾师,旋于十年五月在塾病故",由于身后萧条,黄丙焜介绍"该附生以一介穷儒,糊口无计,远游边土,艰苦备尝,既名利之无成,复弃捐于异域,其惨已极",加之"伊子年幼,力难出关搬榇",虽然自己代为筹集部分路费,"惟由吐回善化县原籍,相距一万余里,一路舟车之费,至少亦须在二百金",因此请求刘锦棠"恩赐予饬拨大车一辆,由吐运至兰州"[73]。刘锦棠得知后,批示"该厅三堡塾塾师附生陈思诚在塾病故,旅榇难归,准如禀给发大车一辆,自吐鲁番起至肃州止,以资搬柩回籍,仰即录批溜知前途各厅州县一体应付具报,免其缴价,以示体恤"[74]。按规定,寒微之士陈思诚是不应给予大车行走驿站的,但确实情属可悯,所以刘锦棠只特批送至肃州,而非兰州。而事实上,驿传在实际运作中,由于官府及驰驿人员并不遵守驰驿规定,往往给驿传带来诸多弊端和问题,致使驿传负担加重,详见下面章节讨论。

第十二章 驿传功能

注　释：

[1]刘广生编：《中国古代邮驿史》，北京：人民邮电出版社，1986年，第319页。

[2]仇润喜、刘广生主编：《中国邮驿史料》，北京：北京航空航天大学出版社，1999年，前言第2页。

[3]《清会典》，北京：中华书局，1991年，第464页。

[4]《清代新疆档案选辑》第43册，光绪二十一年九月，桂林：广西师范大学出版社，2012年，第334页。

[5]参见刘文鹏：《清代驿传及其与疆域形成关系之研究》，北京：中国人民大学出版社，2004年，第四章。

[6]《清圣祖实录》卷一四七，康熙二十九年七月己酉，北京：中华书局，1985年，第628页。

[7]《清高宗实录》卷八七二，乾隆三十五年十一月乙巳，北京：中华书局，1985年，第696页。

[8]《清代新疆档案选辑》第36册，光绪三年十月二十一日，第444页。

[9]《清代新疆档案选辑》第38册，光绪七年正月初三日，第218页。

[10]《清代新疆档案选辑》第40册，光绪十一年七月，第73—74页。

[11]《清会典》，第466页。

[12]参见中国第一历史档案馆编：《清代文书档案图鉴》（图623、624），长沙：岳麓书社，2004年，第295、296页。

[13]《清会典》，第467页。

[14]相关图录参见中国第一历史档案馆编《清代文书档案图鉴》第299页。

[15]和瑛：《三州辑略》卷五《台站门》，见苗普生主编《中国西北文献丛书·二编》第5册，北京：线装书局，2003年，第362页。

[16]《清会典》，第466页。

[17]《清宣宗实录》卷一三二，道光八年正月癸亥，第8页。

[18]《清会典》，第467页。

[19]同上。

[20]《清代新疆档案选辑》第78册，光绪十年五月，第303—304页。全文参见本书附录。

[21]《清会典》，第468页。

[22]《清代新疆档案选辑》第39册,光绪九年二月,第32页。

[23]《清会典事例》第8册,北京:中华书局,1991年,第659—679页。

[24]《清代新疆档案选辑》第41册,光绪十五年,第228—229页;《申报》第三千九百号,第九版。

[25]《清代新疆档案选辑》第42册,光绪十七年十二月二十六日,第105页。

[26]《清代新疆档案选辑》第41册,光绪十八年正月二十一日,第401页。

[27]《清会典》,第464页。

[28]同上。

[29]《清会典事例》第8册,第535页:"又题准公将军俱给火牌十张、勘合四张。如紧急军务,方许用勘合,其寻常赍奏,止许用火牌。"

[30]《清会典》,第464页。

[31]《清代新疆档案选辑》第48册,第199页。

[32]《清代新疆档案选辑》第40册,光绪十三年十二月初八日,第427页:"八月二十一日奉新任伊犁副都统长遣丁执持兵部勘合前赴伊犁任所"。

[33]《清会典》,第464—465页。

[34]刘文鹏总结的十一类驰驿人员与笔者的总结不尽相同,参见氏著《清代驿传及其与疆域形成关系之研究》第207—208页。

[35]《清会典》,第464页。

[36]《清会典》,第465页。

[37]《清代新疆档案选辑》第40册,光绪十三年五月十三日到,第336—337页。

[38]《清代新疆档案选辑》第43册,光绪二十年三月二十六日,第92页。

[39]《清代新疆档案选辑》第43册,光绪十九年十一月十一日,第11页。

[40]《清代新疆档案选辑》第43册,光绪二十年六月二十五日,第139页。

[41]《清代新疆档案选辑》第46册,光绪二十九年七月二十五日,第172页。

[42]同上。

[43]《清代新疆档案选辑》第48册,光绪三十四年九月十三日,第288页:"本兼司兹已经填给部颁子字一百六十二号勘合一道,内填阿克苏回部郡王衔贝勒哈的尔一员,廪给一分,日给银二钱……"

[44]《清代新疆档案选辑》第50册,时间不详,第25页。

[45]《清代新疆档案选辑》第42册,光绪十九年十月二十二日,第450页。

[46]《清会典》,第466页。

第十二章　驿传功能

[47]《清代新疆档案选辑》第 39 册,光绪十年三月,第 267 页。

[48]《清代新疆档案选辑》第 41 册,光绪十七年正月二十九日,第 403 页。

[49]《清代新疆档案选辑》第 38 册,第 262 页。

[50]《清代新疆档案选辑》第 43 册,光绪二十年三月十四日,第 87 页。

[51]《清代新疆档案选辑》第 39 册,第 241 页。

[52]《清代新疆档案选辑》第 43 册,光绪二十年四月十五日,第 99 页。

[53]《清代新疆档案选辑》第 44 册,第 290 页。

[54]刘广生主编:《中国古代邮驿史》,第 319 页。

[55]参见刘文鹏:《清代驿传及其与疆域形成关系之研究》,第 219、223 页。

[56]参见刘文鹏:《清代驿传及其与疆域形成关系之研究》,第 224 页。

[57]《乌鲁木齐政略》,见王希隆《新疆文献四种辑注考述》,兰州:甘肃文化出版社,1995 年,第 39 页。

[58]《清会典》,第 466 页。

[59]同上。

[60]刘锦棠:《刘锦棠奏稿》,光绪十四年《光绪十一年分防军善后收支恳饬核销折》,第 516 页。

[61]《清代新疆档案选辑》第 40 册,光绪十四年正月,第 447 页。

[62]《清代新疆档案选辑》第 45 册,光绪二十八年正月十二日,第 407 页。

[63]《清代新疆档案选辑》第 45 册,光绪二十八年二月初八日,第 419—420 页。

[64]《清代新疆档案选辑》第 47 册,光绪二十年,第 15 页。

[65]《清代新疆档案选辑》第 40 册,光绪十三年八月二十二日,第 378 页。

[66]同上。

[67]见《清代新疆档案选辑》第 40 册,光绪十三年三月十一日,第 304 页。

[68]同上。

[69]《清代新疆档案选辑》第 40 册,光绪十三年三月十一日,第 304—305 页。

[70]《清代新疆档案选辑》第 40 册,光绪十三年十二月二十九日,第 434 页。

[71]《清代新疆档案选辑》第 42 册,光绪十八年闰六月十七日,第 187 页。

[72]《清会典》,第 466 页。

[73]俱见《清代新疆档案选辑》第 40 册,光绪十一年十二月初九日,第 149—150 页。

[74]《清代新疆档案选辑》第 40 册,光绪十一年十二月三十日,第 160 页。

第十三章　驿传弊端与整顿

任何事物都有两面性,清代驿传也不例外,在其发挥功能的同时,也伴随着诸多弊端和问题。《清史稿》在总结有清一代驿传的弊端时指出:"越数诛求,横索滋扰,蠹国病民,势所必至。"[1]刘广生先生认为以上弊端主要表现在"违反驿规,肆意搜刮,横征暴敛,象蠹虫一样,侵蚀国家,残害人民"[2]。驿传的规章制度是清朝驿传运作的主要依据,从制定伊始便有一套针对驿传弊端的条目和内容,尤以所谓的"禁令"为代表,据光绪朝《清会典》"禁令"条载:

> 奉差员役执有勘牌,藉称紧急,不与司驿官验看,多索夫马车船者,司驿官揭报部院参奏;内外官非例给者,不得私用驿递夫马,及差遣家人衙役私发牌票支取夫马,其家人衙役并无牌票,倚势索取者治罪;督抚提镇及学政等巡查出考途次,所需夫马等项,均自行备用,不得令经过地方官代办。文武互相纠察,如有需索扰累等情,各据实参奏,凡驰驿各按正道行走,不得枉道扰驿。除紧要事件准连站星驰外,平常事件均按限按站,令地方官查明应付,不得越站跑伤马匹。赍奏本章用小匣装盛,不得过十斤,若送册籍用马驮载,不得过六十斤,包马背马均不得过六十斤,违者详驿官将斤数详揭。如奉差员役并无需索等事,司驿官役藉端迟延,许该员役据实申报议处。[3]

除以上"禁令"外,《清会典》中尚有"泄漏沉匿者、稽迟者皆察焉"及"凡发递各办以缓急"等规定及违反后的惩罚条文。[4]但清代驿传从运转伊始,弊端便与之伴随。随着时间的推移,各种驿传弊端越来越严重,因而出现了诸如汪价《驿递议》之类论述驿传弊端的文章。[5]但这些论述多针对内地情况,极少关注边疆地带驿传的弊端情况。

一、驿传弊端

清代新疆驿传在实际运作中也存在一系列弊端与问题,如迟延文报、私拆公文、损坏公文、遗失公文、多索马匹等诸多问题。这些弊端就其行为主体而言,大体可以分为两类,即驿传平台(驿站、军台与驿书等)本身存在的弊端与问题、过境与驰驿人员对驿传平台的各种骚扰等弊端,以下分别论述之。

1. 迟延文报

如乾隆二十四年(1759),"近见数次军营奏报常有二三处所发一时齐到者,设如兆惠之奏报经过阿克苏,而阿克苏大臣等将所奏事件附之驰递,尚属可行,乃富德等由别路驰递,而亦与兆惠之奏齐至,是必台站人等积习,接受事件不即飞递,留待后到者一同赍送之所致耳。今当进剿之时,军机事件刻不容缓,岂可任意偷安,以致迟误!"[6]大兵进剿,文报迟延尚且如此,承平时期更可想而知,如道光二十八年(1848),"哈密苦水军台署外委刘天秩接递叶尔羌等处批回奏折,并不亲身赍递,仅差兵丁转送,以致因风迷失,虽经寻获转递,业已迟延七日,实属玩误。刘天秩着即斥革,并着在军台枷号以昭炯戒"[7]。光绪初年,清军收复新疆后,左宗棠专门制定了《整顿驲递章程》,以期驿传能避免迟延文报。[8]此后刘锦棠等人一再指示:"限行公文均应按限驰递,不准稽延,如遇夹板公文及有兵部火票限行者,尤应上紧飞递,以免违误,查近来关外各站并不知夹板公文事关紧要,往往将火票擦损遗失,随便递送,以致逾限日久,始行递到,邮政废弛至此已极,亟应严行通传,力图整顿"。[9]但迟延之事仍层见叠出,并不见好转。如光绪九年(1883)镇迪道指出:"吐鲁番厅至乌垣计程仅四百九十里,何以正月二十一日申详牛疫一文迟至初六日始行递到,计日□迟半月之久,驿递如此玩误,实出情理之外。"[10]即便如此延误,仍未见对迟延驿站及官员进行实质的处罚。至光绪十八年(1892),护理新疆巡抚魏光焘因传递陕甘总督五百里限行公文迟延,终于着手进行实质性整顿,指示臬司"将哈密、镇西、奇台、阜康、迪化、济木萨各厅县县丞予记大过,用示薄惩,并饬各该厅县县丞等将迟误之驲站书夫严行查究,分别换革,以儆效尤。嗣后倘再稽延,应由贵司照例办理,决不宽贷"[11]。此外,为提高驿传速度,臬司专门印发了"三联驿票",据称"驿站按递排单夹板部文火票,填用臬宪印发三联驿票存查,存站备照,随递下站赍核,按月申缴臬宪衙门,所以备稽查而防迟误,关系最重,非徒虚文"[12]。此后虽然省府仍不时强调"递送扣关公文,定限日行五百里,迟延三刻以上者,管驿官降一级留任"[13],但"各属遇有排递及紧要公文,并不按限驰递,甚至压前等后,托人便带,沉匿擦损,延搁日久,迭次严札,分饬各属在案,不啻三令五申,乃各属漫不经心,任听驿书玩忽,视同儿戏,邮政似此废弛,实堪痛恨"[14]。凡此种种贻误公文之事,举不胜举,终清亡仍未改善。

2.妄用排文

是与迟延文报相对应的一种弊端。《清会典》规定"凡发递各办以缓急",不得随意提快速度,但档案中仍不时有此弊端,如光绪七年(1881),"案准乌鲁木齐都统恭咨开,查公文粘用排单,限日驰递,原因事关紧要,以期迅速,岂容率行妄用,本都统屡饬承办文移各员,于驿递公文非有紧要事件,不准粘用排单,历经照办在案,兹准贵爵大臣咨称各营局员弁滥用排单,骚扰台站,现在妥定章程,严饬遵照,实于邮政大有裨益"[15]。足见排单多用于紧要事件,如寻常事件一概使用,实为骚扰台站之举。新疆建省后,此类情况仍屡见不鲜,新疆巡抚陶模对驿传颇有体恤,据称,"照得驲站传递公文本属辛苦,本部院每当签发无不曲加体恤,凡地方事件虽关紧要,限行不过三百里,至紧急军务未便稍行稽缓,方以五百里限行,亦未轻用六百里排递,各该地方官应即传谕所属驲站,视公文之缓急为转递之迟速,以免贻误事机,致干议处"[16]。足见陶模对驿传之关心与治理,但也不能从根本上杜绝这一弊端。

3. 私拆公文

私拆公文例有严禁,如《清会典》规定:"军台递送报匣夹板,及本部加封事件关系军务者,如有擅拆,该管大臣立即究明,毋论官役,均按军法从事。若文移札禀事关军需粮饷调遣兵马,及官员升调参革者,拟以流罪,管台员弁分别议处,查出之员免议"[17]。于此可见立法之严。而且在早期具体实施过程中,实际惩罚有时比以上规定还要严厉,如乾隆二十三年(1758),"据兆惠奏称,查出私开文报之委署台站笔帖式五十七,请即正法等语,军台文报关系紧要,五十七以委署笔帖式竟敢私行窃看,情甚可恶,着将五十七拿解,将前项情节沿途通行晓示各台站人等,至巴里坤即行正法"[18]。此案颇有杀一儆百之意。就公开资料来看,清前期新疆驿传私阅公文的弊端相对于后期要少许多。但随着时间的推移,越至后期,这种情况越来越多,如光绪四年(1878)"一件传东路各驲站不许拆阅公文由"显示:"照得东路各驲站递送公义,往往私拆偷阅,实属不法已极,殊堪痛恨,合亟传知,为此仰东路各驲卒书夫人等遵照,嗣后如再私挑封口,任意拆阅,定行挨站查究,提案责革不贷,切切毋违,此传,传东路各驲卒书夫人等准此"[19]。于此可见私拆公文之频繁。即便新疆建省后,此弊仍不少见,如光绪十四年(1888)"据署布政司经理兼官报局邓以潢详称,窃卑职昨接南路营局来函,谓卑局所寄京报迭经驿站拆阅,并不将原报转递,辄将破烂书本或多年旧报装入封内搪抵,深以不阅全报为恨,嘱令查明补寄"[20]。对此情况,按察使只得令各地"严禁各驿嗣后遇有京报到站,务须查验包匣,有无拆阅形迹,当在包匣面上注明接递前进,倘再仍前抽取,一经查出,定行从严惩办"[21],

但问题并未就此解决。更有甚者,如档案显示"于拆阅之后竟敢擅夹单禀,实属胆大已极"[22],此弊遂成为驿站弊端之常事。

3. 损坏公文

《清会典》规定:"通政司收到本章,查有淋湿破损者,如在内面,将题奏官议处,如在外面,别其专差驿递,将官役分别罚俸责处。"[23]损毁公文亦为新疆驿传的弊端之一,如光绪三年(1877),"据迪化驿驲书蒋本瀛禀称,本日申刻由下站递到火票二件,均破烂粒碎,下站用纸条包捲,字迹模糊,无从转递"[24]。再如光绪十一年(1885)镇迪道在"通饬严禁各驲站拆阅公文并迟延擦损各情一件"中强调:"照得各驲站往来文报关系匪轻,自应小心接递,以昭慎重,如有磨擦破坏拆动等弊,官参吏处定例綦严,原以肃邮政而儆玩泄,乃查近来递到文件辄多磨损,并有拆阅形迹,殊属不成事体,甚至前月递到巴里坤镇赍送交代册结污湿成块,字迹莫辨,尤属胆玩已极。亟应严行通饬南北各属嗣后各驲递送文报,上站有无擦损拆阅水湿等弊,下站接收时,务于封面据实注明,以凭查核,倘经此次整顿后,仍敢视为故常,毫无儆惧,定即照例从严惩办,决不姑宽。"[25]凡此种种,不一而足,虽然省府一再严令驿站小心递送,但此弊同样未见好转。

5. 遗失公文

遗失公文之弊亦复不少,如道光七年(1827)上谕"接递扬威将军等限行五百里军报传牌内注有附报黄布公文口袋一个,缴部火票木匣一个,部中仅收公文口袋,短少火票木匣",考虑到"军营文报全以部中火票为往来查核凭据,若任其沿途遗失,则文报迟误舛错,无从查考"。朝廷遂令长龄转饬库车办事大臣详查究于何站遗失,并传谕各城大臣"通饬台站员弁,凡军营往来文报,务须随到随查,于牌票内逐站登注,倘有遗漏物件,随时查办,以重军务"。后经查实,"缴部火票木匣系马夫焦自铭背负,行至新地庄军台,马匹滑倒受伤,致将木匣落后,尚非有意稽留,请免其治罪,惟外委吴连贵未经禀报,当即责惩"。[26]至光绪年间,此类弊端日渐增多,如光绪七年委办辟展驿站守备杨文庆与从九刘兆葱申复道:"案奉宪台传开,照得本府于本月二十二日子刻接到督办陕甘后路粮台二品顶戴布政使衔湖南即补道王于九月初一日由驿发递吐鲁番厅马封一个,内一件文袋破烂,内无公件,不知何站遗失,亟应挨站查明"[27]。至新疆建省后,此弊也未见好转,如光绪十三年(1887)管理新疆驿传的镇迪道札文道:"案查各属驿递文件,每至封袋破烂,公文遗失,往返饬查,互相推诿,实属不成事体,良由各属驿站不以公事为重,往日叠有遗失,饬查碍于驿书情面,代为弥缝,上下站一推了事而已"[28]。换言之,以往驿站遗失公文等件,地方官往往出于情面,并未认真整顿处罚,因而致使此弊不见好转。

6. 扰累驿站

扰累驿站之弊清人早有论述,从仇润喜、刘广生主编的《中国邮驿史料》所列"严禁骚扰驿站"专章可见一斑,其中主要收录了清人对此弊端的各种看法和应对措施。[29]新疆全省改设驿站虽已至清末,但扰累驿站情况与内地并无二致,甚至更为严重,如光绪十年(1884)三月刘锦棠札文各地:"照得驰驿以及因公出差,例用勘合牌票,又饷鞘等项凡需拨兵护送,例用兵牌皆由部颁发存储随时填用",但"新疆地方兵燹以来,并未照例请领勘合兵牌,遇有紧要差事,填发传牌,原为权益之计,迨后纷纷填用,殊属不成事体,兹特明定章程,嗣后南北两路各厅州县一概不准擅发传牌,以重体制而杜骚扰"。[30]可见新疆动乱收复后,当时并未照例请领勘合兵牌,只是临时填发传牌,但后来各地纷纷填用,致使骚扰驿站之事加多。至新疆建省后,新疆巡抚刘锦棠再次札文:"照得新疆北路及哈密以东往返赍折差弁,额外向需索马匹,叠经本大臣爵部院出示禁止,并明定章程,分饬遵照办理在案,乃近来折差竟将奏折与传牌先后分走,希图多索马匹,扰累驲站,实堪痛恨,亟应再行出示严禁,以儆效尤。"[31]并札发各地按站张贴驿门,俾令一体周知,[32]但此弊依然存在。

最后需要指出的是,以上只是驿传诸多弊端的一部分,并非孤立存在,往往互相交织在一起,呈现为综合性弊端,如光绪二十年(1894)镇迪道在给吐鲁番的札文中有"照得各属设立驲站原以通文报而供要差,本兼司查新疆近日各路赍到公文禀牍往往破烂不堪,篇页不全,甚至压前等后,私行拆阅,京报一项竟多抽弃,种种弊端实堪痛恨"[33]等等。

二、驿传整顿

清代驿传自运行伊始就伴随着诸多弊端,因此官府的各种整顿措施也与之随行,并在各类文献及档案中,常以"用肃邮传""以肃邮政""整顿驿传"等字眼出现。光绪三年清军收复新疆后,官府对驿传的整顿甚为频繁,兹仅据《清代新疆档案选辑》整理如表16[34]:

表16 晚清新疆驿传历次整顿简表

时间	主事或首议者	主要内容	档案出处
光绪四年	钦差大臣陕甘总督左宗棠、镇迪道周崇傅	《整顿驲递章程》	【37:73—74】光绪四年四月
光绪五年	钦差大臣陕甘总督左宗棠	任意稽延,且有私自拆损漏泄机宜者,实属胆玩已极,亟应严行整顿,以肃邮政	【37:304】光绪五年六月初五日
光绪六年	钦差帮办新疆军务政使司刘锦棠	火票擦损遗失,随便递送,以致逾限日久,始行递到,邮政废弛至此已极,亟应严行通传力图整顿	【38:25—26】光绪六年三月
光绪七年	钦命帮办甘肃新疆善后事宜杨昌濬	筹办保甲整顿驿传的拟章程	【38:242】光绪七年二月

续表

时间	主事或首议者	主要内容	档案出处
光绪十年	上谕	遇有紧要文件,照章速递,不准稍迟,以肃邮政	【39:314】光绪十年闰五月
光绪十一年	新疆巡抚刘锦棠	查近来递到文件辄多磨损,并有拆阅形迹,殊属不成事体。……倘经此次整顿后,仍敢视为故常,毫无儆惧,定即照例从严惩办,决不姑宽	【40:153—154】光绪十一年十二月二十日
光绪十三年	陕甘总督谭钟麟	近来陕甘新疆三省各塘站马匹多不足额,且以疲瘦充数,遇有紧要公文,不能随时驰递,以致日久迟误,……种种弊端不一而足,若不严行整顿,何以肃邮传而祛积弊	【40:423—424】光绪十三年十二月初三日
光绪十四年	新疆巡抚刘锦棠	新疆改设驿站,迭经本爵部院酌定章程,……用肃邮传,乃近查各驿接递公文仍多稽缓,揆厥由来,非短少马匹,……种种弊端,实堪痛恨。亟应饬兼臬司通饬南北两路各地方官,如有短少剋减情事,立即俊改,照额补足	【41:68】光绪十四年十二月十三日
光绪十五年	护理新疆巡抚	查新省戈壁长途,……甚至不肖驿书胆敢沉匿要件,拆阅公文,擦损并不注明,稽迟逾时刻,迨经上司札查,驿书既不承认,地方官多方回护,徒滋繁牍,无益邮传,似此积习相沿,亟应严加整顿	【41:103】光绪十五年四月初五日
光绪十五年	北路管驿官联名具禀	官员驰驿应禁首站擅发溜单也;折差需用马匹宜令遵定章支给也;折差背包斤重应饬由各首站按例称准也;专差宜禁止携带现银入京也;军装军饷暨各军需流差杂差不在例应给驿者,拟请分咨一律禁革;新疆应用京报,拟改由本省设局开办,以肃邮政也	【41:228—229】光绪十五年

续表

时间	主事或首议者	主要内容	档案出处
光绪十六年	署喀什噶尔道向邦倬	查南北两路各属所管驿站往往驰递公文,并不按限递送,压前等后,甚至倩人便带,以致任意延误,地方官全不查察,任听书夫迟误,实属不成事体,屡经本兼司严行通饬整顿,仍视为具文,若不明定章程,其何以肃邮政而迅驿递	【41:249】光绪十六年正月二十五日
光绪十六年	护理新疆巡抚魏光焘	案奉护理新疆巡抚魏照会内开,为照地方官擅发溜单,折差骚扰驿站,均干例禁。据北路各厅州县公恳定章示禁等情前来,应即会同伊犁将军色、署塔尔巴哈台参赞大臣额出示严禁,以肃邮政	【41:264】光绪十六年二月十二日
光绪十六年	河南卫辉府知府严作霖（回应光绪十五年北路管驿官联名具禀）	卑府因思前项差使滥支滥应,各省皆然,欲清其弊,须绝其源,差使出境,皆由出境首站州县传溜下站转递,一体遵办,往往出境首站州县于例应之外另加溜单,格外供应酒席,支应车马,下站州县换给溜单,无不勉力供支	【41:384】光绪十六年十一月二十六日
光绪十七年	署理镇迪道陈名钰	近日访闻南北两路各属驲书多不安本分,每遇紧要□□公事信札,往往擅自拆阅抄存底案,……上下相朦,殊堪痛恨,若不□□清查,严加整顿,殊无以儆效尤而肃邮政	【42:20】光绪十七年五月二十四日
光绪十八年	新疆巡抚陶模	近查本部院所发各处排递及各处赍辇排单,按里计算,辄迟至数十时之久,甚至有一站竟延缓五六时者,似此胆玩,实属可恨,……倘有迟误及捏报雨水阻滞情弊,一经查出,定即照例从严惩办,以肃邮政,决不姑宽	【42:183】光绪十八年闰六月十六日

续表

时间	主事或首议者	主要内容	档案出处
光绪十九年	新疆巡抚陶模	乃近闻各属照章发给者固多,其发不足数者亦复不少,地方官既任意剋减,驿书虽有责成,无款赔贴,势必驿夫短少,马匹疲瘦,甚至有勒买料草短给价银各弊。如此而欲整顿邮政,以速传递,岂复可得,亟应严行札饬	【42:433】光绪十九年十月
光绪二十一年	镇迪道丁振铎	本兼司查新疆近日各路赍到公文禀牍往往破烂不堪,篇页不全,甚至压前等后,私行拆阅,京报一项竟多抽弃,种种弊端实堪痛恨。现值防务吃紧,尤恐延误事机,若不认真整顿,殊无以挽积习而儆玩泄	【43:334】光绪二十一年九月
光绪二十六年	兵部车驾司	藩臬二司会衔札饬各驿认真整顿递送公文	【45:237】光绪二十六年七月
光绪二十七年	焉耆知府刘嘉德	通饬各属非遇紧要公事,不得溜用驲马,并严禁行人恶索各弊一案	【45:386—387】光绪二十七年十一月
光绪二十八年	新疆巡抚饶应祺	接递公文务须随到随递不得片刻压搁	【46:45—46】光绪二十八年十二月初七日
光绪二十九年	镇迪道庆秀	每遇紧要公文均未依限驰递,寻常文件更敢压前等后,托人便带,迟延擦损层见迭出。推原其故,盖由各属短设驲马,克扣草料,不肖驲书又从而侵蚀之,以致驲马疲瘦,不堪驰递,有以致之也。亟应委员清查,以肃邮政	【46:157—158】光绪二十九年六月二十九日
光绪二十九年	署甘肃新疆布政使兼按察司	《酌定新疆整顿驿站章程》	【46:247—250】光绪二十九年十一月

续表

时间	主事或首议者	主要内容	档案出处
光绪三十二年	署迪化县令谢维兴	再查新省驲站其弊百出,每遇紧要公文,恒有迟误拆动,磨擦破损等事,甚至遗失沉匿,视若泛常。推原其故,皆由各该地方官任用私人滥司邮传,……并不闻有实力稽察,自行检举者。似此玩视公文,实属不诚事体,亟应严加整顿,以杜弊端	[47:292—293]光绪三十二年闰四月二十三日

据上表,不难看出晚清新疆驿传的整顿几乎一直都在进行,这还不包括一些年代不详的档案。从其主事或首议者来看,从中央到地方各个层次都有,上下互动,省内省外互动,颇为注重新疆驿传之改善,但正如档案所示新疆"驿传屡经整顿,仍复如此疲玩"[35],这也从侧面说明新疆驿传弊端顽疾难改。为了解新疆驿传的具体整顿措施及其过程,以下仅举光绪十五年(1889)北路管驿官联名具禀整顿驿站事及光绪二十九年(1903)《酌定新疆整顿驿站章程》两例,以示说明。

光绪十五年,迪化知县陈希洛因"北路驰驿各差勒索马匹积弊多端,大为驿站之累",先行拟就整顿驿站方案六条,然后联合北路宁远县、镇西厅、吐鲁番、库尔喀喇乌苏、塔尔巴哈台、哈密、绥定县、阜康县、绥来县、奇台县、昌吉县、济木萨、精河等十三厅州县向新疆巡抚会禀"新疆北路驰驿各差勒索驿马积弊,请申明定例分咨立案遵守勿替由"。据陈希洛分析,当时新疆虽然建省,不仅"额设马匹较承平减去三分之一",而且伊犁将军、塔城参赞大臣与新疆巡抚等主要官员均位于北路,致使北路差事较之前期更加频繁,而过境官差"往往于勘合传牌数载之外勒索多端",主要因"各首站滥应夫马,擅发溜单"所致,其他则如"军需流差杂差与夫兰州所递京报箱件格外多支,难以枚举",因而使得北路"地方官坐受赔垫",[36]只得联名会禀条陈整顿驿站章程,希望新疆巡抚批准,并分咨立案,永远遵守办理。其六条章程如下:

一、官员驰驿应禁首站擅发溜单也。查近日官员驰驿,各省首站

第十三章 驿传弊端与整顿

除勘合外，擅发溜单，内开供亿十倍正支。长随跟役人等尤为豪强，时而勒索草料，时而勒索柴粮，时而勒索酒席，又时而勒索门包，无非执上站溜单为护符。虽车脚一项蒙宪台准销设法报部，而供亿之费每次为数甚巨，厅县实无力赔垫。北路各缺异常瘠苦，久在洞鉴，且勘合传牌每次需用夫马多则四五十，少则二三十，每站额设马十数匹，尽数应付，不及三分之一，势不得不雇自民间，戈壁长途，无人之站往返非旬日半月不可，一遇农忙，违误田功，诚非浅鲜。新疆自遭兵燹，孑遗仅存，现值开设行省，招徕开垦，加意拊循，尚恐其怀去志，何况明明驱之，使遗害邮政而坏招安，莫斯为甚。其日行夹板火票排文无夫马驰递又无论矣。现拟恳请宪台申明定例，分咨各省遇有奉差员役，令各首站先遵勘合传牌定数供应，毋许擅发溜单，如首站滥应，准下站查出揭报上司，分别立予赏罚，并由各省督抚宪出示张贴当驿州县，俾令永远遵守，一面先由宪台分咨直隶、山西、陕西、甘肃及伊塔各处，徧行出示晓谕，庶邮政日有起色，而官民均受惠无穷矣。

一、折差需用马匹宜令遵定章支给也。案奉宪台定章每折每站给骑马二匹、包马一匹、引马一匹，实足敷用。查近日每折专差两人必带跟丁三四名，并包引需马在八九匹，一遇贺谢各折、伊、塔、新疆三处前后并发，益以夹板火票排文并折回专差同时丛集一处，需马又在数十匹之多，各不相下，不肯停待片刻，自备差费，视钱过重，并不便用川资，沿站需索酒食荤菜，书夫供应偶尔失检，折差殴骂交加，或孕恨故意跑伤驿马，数月喂不复元，大为邮政之累。拟请宪台分咨伊犁将军、塔尔巴哈台参赞大臣，每折专差按照定章以两人为率供，驿马以四匹为率，并饬各首站遵照牌票应付，毋许稍涉浮滥。

一、折差背包斤重应饬由各首站按例称准也。查例载奉差员役背包不过六十斤，近日折差往返希图携带货物，多系一折两牌，包件有重至七八百十斤不等，按每包例重六十斤需马一匹扣算，共应需马十余匹，关外站口远倍内地，工食昂倍内地，自哈密西至伊犁，北至塔城，长途戈壁,颇多草木不生,远至数站挽运料草,喂养维艰,何堪受此扰累。拟请宪台分咨禁止一折两牌,每次折差背包斤重前,饬由首站按例称准,于印单填写某站验明,并无重包字样,如前站拘隐,后站察出,详报照例治罪,并请分咨各省一体遵办。

一、专差宜禁止携带现银入京也。查近日折差携带现银有多至一二千两者,不特装载违例,而长途戈壁亦难保无怀璧之虞。即如光绪十二年塔城折差高德行至绥来乌兰乌苏驿,因歇息留住,引马在后,喝令包马前行,马惊包遗,被窃现银六百余两,虽经绥来禀报追给原主,几乎遗误要差,此其明验。现甘肃新疆两省汇号,以新平汇京平,每百两能得余平三两零,可作汇水,是折差银两无难自行汇兑,拟请宪台分咨禁止专差携带现银,以昭慎重。

一、军装军饷暨各军需流差杂差不在例应给驿者,拟请分咨一律禁革。

一、新疆应用京报拟改由本省设局开办,以肃邮政也。查皋兰兰泉驿至迪化巩宁驿,计程六十站,驿递京报箱件一月数次,不但搁压遗误堪虞,而且箱件□□笨重,夫马背送维艰,更伤邮政。新疆一提三镇四道,文武各属应用京报,拟请改由本省设局开办,派委藩经历总理,分委候补正佐一二员专司其事,先由内地采购字模二万,按月令陕甘驻京提塘以五日为期,递寄京报一分,雇工匠字识数人检字镌板印刷分送较为妥速。所有辛红纸张笔墨局费等项月需银两,以搭办兰州京报之局抵算,余存尚多,可作候补人员津贴,如斯办理,不徒藉息马力,似觉事甚便而费亦省矣。[37]

据上,迪化县知县陈希洛系此次会禀的主稿人与主事者。据陶模光绪二十五年(1899)奏稿,陈希洛为湖南善化人,监生出身,时任迪化县知县。[38]而其联合具禀的其他十三厅州县官不仅覆盖了天山北路所有设置驿站的地方,并兼及天山南路之哈密与吐鲁番,这些地方在行政上分别归属镇迪道与伊塔道。质言之,陈希洛联合了新疆一半的地方官向新疆巡抚禀

第十三章 驿传弊端与整顿

请整顿驿站,并酌拟以上六条办法,希望新疆巡抚批准,并分咨各省立案,一律照办。档案中虽未见当时护理新疆巡抚魏光焘的具体批示,但根据后来的档案显示,新疆省府至少批准了陈希洛"禁止首站擅发溜单"的提议,因为次年镇迪道在给吐鲁番的札文中有"案奉护理新疆巡抚魏照会内开,为照地方官擅发溜单,折差骚扰驿站,均干例禁,据北路各厅州县公恳定章示禁等情前来,应即会同伊犁将军色、署塔尔巴哈台参赞大臣额出示严禁,以肃邮政"[39]。而且魏光焘确曾将陈希洛所议条文作为定章,分咨各省立案,如光绪十六年(1890)十一月,河南卫辉府知府严作霖接到以上咨文后,深有同感地禀报道:

> 遵查卑属为十省通衢,差使繁重,向来各项差使到境,例外需索情形,诚与新疆陕甘各省大略相同,以致有驲地方官民受累无穷。兹奉宪檄,于慎重邮政之中仍寓曲加体恤之意,感激同深,卑府因思前项差使滥支滥应,各省皆然,欲清其弊,须绝其源。差使出境,皆由出境首站州县俾溜下站转递,一体遵办,往往出境首站州县于例应之外另加溜单,格外供应酒席,支应车马,下站州县换给溜单,无不勉力供支,若下站州县不恳遵办,势必滋闹不行,延误差使,递相涵容隐忍,滥支滥应,积弊已非一日。卑府再三筹思,拟请无论何省差使,总以出境之第一站为首站,嗣后出境首站州县不得再□照例应付之外另加溜单,滥支滥应,传递下站州县照单办理换溜转送。如有前项情弊,许下站州县照例驳回,据实禀揭,如此明定章程,庶差使不致格外滋扰,而官民俱苏积困矣。愚昧之见,是否有当,理合详晰禀呈查核,可否详请咨明各直省督抚宪转饬有驲各县一体遵照办理,以肃邮政而免滋扰,实为恩公两便。[40]

河南卫辉府知府严作霖表示卫辉为十省通衢,差使繁重与新疆陕甘各省大略相同,但他认为导致驿站滥支滥应的根源在于出境首站所在州县滥发滥应,因此禀请禁止。虽然在滥支滥应根源上,严作霖与陈希洛认识有所不同,但两者均请各自巡抚咨文各省作为遵循章程,一入一出,各首站均得以控制滥发溜单,如此一来,额外骚扰、需索驿站的情况便在理论上应该大为减少。但如前表16所列,新疆此后仍在整顿驿站弊端,足见此次涉及省外驿传治理的行动并未发挥多少作用,而且乱发溜单实际上也并未得到有效遏制。[41]

至光绪二十九年(1903),署甘肃新疆布政使兼按察使因新疆驿传弊端积重难返,而之前历次整顿又不见成效,特撰《酌定新疆整顿驿站章程》,共十四条,明确驿传规章制度,对以往规定不合理的地方重新予以调整,重在对违反者加以记过处罚,以期新疆驿传能够得到较大的改善。其内容如下:

> 一、定例接递四五百里公文,迟延三刻以上者,将管驿官降一级留任;沉匿事干军情机密公文者,不拘角数革职;沉匿寻常公文一角者罚俸一年,递加至四角者,降一级留任,五角以上者降二级留任。吏议本极森严,兹拟外办章程,应请从宽议处,以示区别。如各属接递将军督抚都统参赞提镇及城守尉司道领队等处往来暨与各属来□四五百里排文,无论辖驿多寡,内有一驿迟延一时者记常过五次,二时者记常过十次,三时者记大过四次,四时者记大过六次,倘每驲均有迟及上定各等时分者,从一科断;其二三百里及寻常随行文件在所多有,应令随到随送,不准压前等后,即内有一驿积压二三时者,将管驲官记常过一次,四五六时者记常过三次,积压一天者计大过三次。遗失四五百里排文一角者记大过四次,□而迟误紧要事件者撤任,遗失二三百里及常文一角者记常过一次,每加一角□加记常过一次,其擦损拆坏不堪辨认者,无论限文常文均如遗失议处,并令立时报明原发衙门补发,以免误公。其计算时日应按日夜十二时为一天,六时为半天,八刻为一时,以归划一。每常过三次折合大过一次,至大过记满六次,常过记满十八次者,均予撤参。如一处所记大过常过均未足数,可以常过折合大过六次,或以大过凑合常过十八次者,亦均予撤参,非必大过常过一同记足方为满数也。抑各驿迟延上项四五百里排文至二三时以上及

第十三章 驿传弊端与整顿

积压二三百里并常文至四时以上暨拆阅遗失者,均令管驿官查明是书是夫分别撤革,照例严办,以儆玩泄。倘各该书夫挟嫌故意迟延损失,累官误公者并令分别远近解省及本管道府州县审实,从重治罪,以儆不法。

一、首条内载递送四五百里排文无论辖驿多寡,内有一驲迟延一时者记常过五次,二时者记常过十次,三时者记大过四次,四时者记大过六次,倘每驲均有迟及上定各等时分者,从一科断等语。细加披阅,其文虽曰简严,用意犹存宽大,各属倘不细加思索,不免多所误会,用特再举一□发明词意,俾晰疑义而资遵守可也。兹将上定迟延时刻记过处分逐一论之,譬如所辖五驿内有一驿迟延一时,余只数刻及未迟者,即从重以一时记常过五次,倘各驲均只数刻无一及时者免议;又如内有一驲迟延二时者□,只一时刻及未迟者,即以二时记常过十次,倘五驲均只一时数刻,无一迟及二时者,仍照上迟一时记常过五次;又如内有一驿迟延三时□,只二时数刻及未迟者,即以三时计大过四次,倘五驲均只二时数刻,无一迟及三时者,仍照上迟二时记常过十次;又如内有一驿迟延四时,余只三时数刻及未迟者,即以四时记大过六次,倘五驿均只三时数刻,无一迟及四时者,仍照上迟三时记大过四次。其从一科断之法系指迟延相等同一议处者而言,若内有数驲及五驲均迟一时者,仍从一驿一时记常过五次,二时者从一驿二时记常过十次,三时者从一驿三时记大过四次,四时者从一驿四时记大过六次者是也。盖既有从重之严,即不能无从一之宽也,定例仅载迟延三刻以上之降留处分,并无一驿数驿多迟时日加倍议处明文,即此意也。其五驲内外迟延时刻者,照此层递加减计算,自可包括无遗,倘驲官令各驿摊填时刻,希图减免处分者,查出照实迟时刻加倍记过,系驿书通同摊填希图免咎者,立将驲书撤革,照例加等治罪,驿官只照实迟时刻议处,以示区别而杜弊端。惟大过记满六次,常过记满十八次,有一如此即予撤参,其严如此,但愿有驿各属从此认真整顿,毋以迟延获咎,毋以迟延撤任,俾肃邮传而重公事,是则上司之所窃喜者耳,勉之望之。

一、各属接递首条内载各项文报除损失应计角数外,迟延者不拘角数,应记次数,如上午同时接递一角数角,下午又有一角数角,查核均有迟延者,应分两次照章议处,不得以同日迟延从一记过也,三次以上亦如之。如因遭风阻水等项□□□□迟延损失者,无论一次两次,均令驲书分别注明后,立时报明驿官,禀由本管道府州县逐层出具印结详咨□结了案,如有捏饰,查出撤参,本管之府州县扶同欺诈者记大过三次,失察者记大过一次。

一、奏折、夹板及在京各部院发递排文,例有定限,应令各属依限驰递,毋稍刻延,倘有迟延擦损情弊,一经发觉,非外间所可从宽者,仍当照例严办也,勉之慎之。

一、四百里排文,一时应行三十三里三分有零,如上驲送至,下驿计程,七十里只两时一刻零者,系属依限驰递,应毋庸议,如有迟逾照章议处,其七十里内外照此类推。

一、将军、都统、参赞、领队、督抚、提镇及城守尉司道等处,无论何衙门接到何衙门排单公文,务须互相查核。除并无迟误者不计外,如有迟延时日者,即将排单递送臬司衙门汇办,务各属徇情□,以资整顿。

一、各属接递各项文报,如有迟延损□拆坏等弊,务饬驿书于贵核排单之上填载明确,以便查照议处。倘上站有少填时刻,下站压填时刻,以及□匿损失拆坏等情者,并令驿书立时究明,各于收发条内暨文袋面上分别载明,以免代人受过,是为至要。

一、各属驿书谨慎□□者固不乏人,而胆大妄为者亦复不少,无论何项文报,往往私自拆阅,最为可恨。嗣后应令各属密察严防,以除此弊,□□为具文,一经上司衙门查出,除拆坏不堪辨认者,暨遗失议处外,倘因拆阅漏泄机密重情,致生变□者,即无坏不堪认情事,仍当从严参办。总之驿书之优劣,难逃驿官之耳目,各属不时务宜留心察看,

第十三章　驿传弊端与整顿

分别去留，以杜后患。

一、去岁刷发驲票赍核，如遇限行紧要文报太多不敷填写者，原准接纸挨填，由管驿官盖印，按月分赍，业经通饬在案。盖因一日一票，易于稽查耳，乃各属近日填写赍核，一遇文报过少，有将上日已填之票留填次日文报者，实属不便稽查。一经此次整顿之后，应令一体遵照定章，一日填写一票，不准一票分作两日之用，亦不准一日填写两票，致滋淆混者记常过二次。

一、各属接递文报多有擦损遗失者，系因向用单布包袱裹束不□，遇雨又复不裹油布所致，嗣后应令各属每驿制办黄布夹包袱五件，油布五张，柔软毛绳十条，以备应用，如果遇雨即用毛绳将油布置裹包袱之上，以免雨湿。违不制办者，查出记大过二次。

一、新疆各属驿费均较内地加多者，原以边地瘠苦，百物昂贵，欲使有驿各属将书夫马匹如额设足，鞍辔等项整顿完固，以资驰递，而免迟误也。近因各属短发站费，驲书又复从中克扣，以致鞍辔不足，夫马不足，喂养太薄，人疲马困，驰递未遑，是以接递文报往往迟逾不堪。嗣后应令驿官将书夫马匹如额设足，驿费如数发给，令驲书将鞍辔等项应用之物置备完固，马匹喂养肥壮，以资驰递。违者无论有无迟误，查出记大过三次。

一、各属所记功过均由兼枭司随时详报饬知，一面移咨藩司注册，均不扣银。倘各属有将大过记满六次或常过记满十八次者，即由兼枭司会同藩司详请撤参。如撤任之外尚余大过至三次以上，常过至九次以上者，均请停其差委二年，不得曲为开脱，以昭炯戒。

一、各属分赍上月赍核，管辖五驲以内者限下月五天发行，十驿以内者限十天发行，十驿以外者限十五天发行，如均于限外迟至四天以上者，各记大过一次，以示限制。

一、此次所议章程应请用活字板刷印多本，分发各属驿官、驲书时常翻阅，俾知警戒，遇有交卸，并令列作移交，以垂久远。如有官为毁失者,记大过二次,驮书毁失者,依损失四五百里公文照例重办,倘因水火他故,致有毁失,立时呈请补发者,均准免议。[42]

据上,此次整顿驿站章程十四条完全是针对新疆驿传运行过程中的迟延公文、擦损公文、遗失公文、私拆公文、剋扣驿站经费等弊端提出的操作章程,并明确了违规所应受到的记过与处罚。为使各地有驿官府长期有章可循,此次章程特用活字版本印刷(见图16),并分发各驿,如次年省府给吐鲁番的札文显示当时至少印刷了三百本,发吐鲁番章程九本[43]。如前面章节所述,鄯善县成立后,吐鲁番共有九处驿站,即每驿均有章程可循,无有遗漏,而且这些章程要作为官员交代之项,不准遗失,否则也要记大过二次。

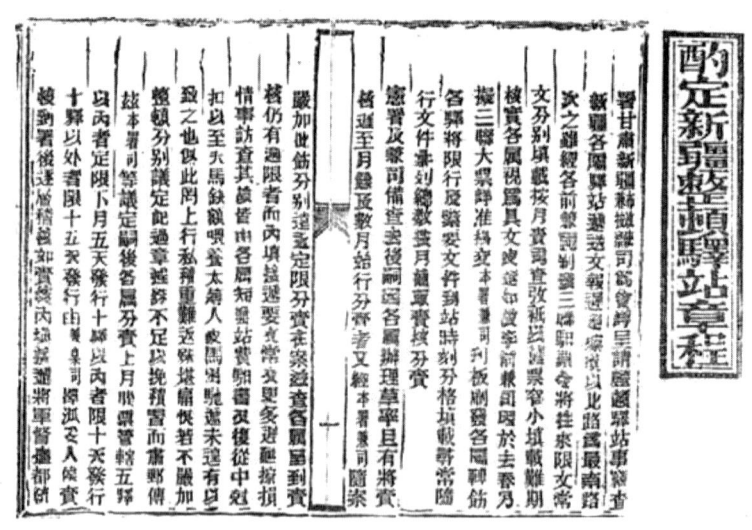

图16 酌定新疆整顿驿站章程

三、弊端原因

晚清新疆驿传虽经历次整顿,但仍百弊丛生,其原因复杂多样。从晚清整个西北局势来看,尤其是同治年间新疆社会的大动乱致使"书夫逃亡,驿马抢劫"[44]。至光绪九年陕甘总督谭钟麟奏报军兴以来,甘肃驮站安设夫马不及平时三分之一。[45]亦即《清史稿》中"所留马视前减三分二"[46]之记载。甘肃如此,新疆也不例外。至光绪十五年天山北路"额设马匹较承平减去三分之一"。而新疆在收复之初,军务繁忙,驰骋驿传往来较之承平时更为繁忙,如前引文"新疆地方兵燹以来,并未照例请领勘合兵牌,遇有紧要差事,填发传牌,原为权益之计,迨后纷纷填用,殊属不成事体"。至新疆建省,新疆南北两路改设府厅州县,加之伊犁将军、塔城参赞依然存在,相比动乱之前间接管理的军府制度,州县制度在体制运转上更加依赖公文与人员的传递与往来,这在客观上也使得新疆驿传较之从前更加繁忙,此乃晚清新疆驿传之大背景。

从驿站经费方面来看,刘锦棠虽然一再声明"新疆长途戈壁,水草缺乏,官道设站处所传舍之外,绝少人烟。入冬冰雪严寒,常有裂肤堕指之惨。虽募外路夷夫,非厚其廪饩,无人应役"[47],而且如第九章所述,"新疆久经兵燹,长途戈壁,或十余站,或六七站,全无耕种。中间各驿,食粮料草,均由远道搬运而来,需用一切,劳费倍蓰。且民间佣作,每日率值二三钱,较关内辄昂数倍",但朝廷仍认为其所奏驿站经费章程过厚,最后不得不酌量裁减,致使新疆驿传经费一直欠缺,加之后期又以各种名目多所裁减,严重影响了驿站的正常运转。

从晚清新疆驿传的监督与管理来看,清末新疆吏治越发腐败。虽然新疆巡抚迭次"严加申饬地方官有侵疑肥私,废弛驿务者,亦经先后奏请参革,原期惩一儆百,用肃邮传,乃近查各驿接递公文仍多稽缓,揆厥由来,非短少马匹,值文报沓来,不敷递送,即剋减草料,致马只疲瘦不能趱行,种种弊端,实堪痛恨"[48],可见管驿官剋扣驿站经费的事情仍屡见不鲜,遂使地方官对驿站的监督之责形同虚设。如光绪十七年(1891)镇迪道指出新疆南北两路各属驲书多不安本分,往往有擅自拆阅抄存底案等弊,"迨逐行查,驲书概不承认,地方官复多方回护,原其故,盖因各驲马匹多不足额,其倒毙者卖补之价银尽入私囊,即现有之马亦多疲瘦不堪驰骤,该地方官作法自弊,已难认真稽查,该驲书即有辞可假,任意妥为,上下相朦,殊堪痛恨"[49]。地方官员尚且如此,"驿书虽有责成,无款赔贴,势必驿夫短少,马匹疲瘦,甚至有勒买料草短给价银各弊"[53],于此可见新疆驿传弊端之具体根源所在。

注 释:

[1]《清史稿》第14册,北京:中华书局,1977年,第4177页。

[2] 刘广生:《中国古代邮驿史》,北京:人民邮电出版社,1986年,第352页。

[3]《清会典》,北京:中华书局,1991年,第466页。

[4]《清会典》,第468页。

[5] 汪价《驿递议》的核心观点是驿传有"三病、二困与一弊",参见仇润喜、刘广生主编《中国邮驿史料》(北京:北京航空航天大学出版社,1999年)第271—272页。

[6]《清高宗实录》卷五九一,乾隆二十四年闰六月甲辰,北京:中华书局,1985年,第576页。

[7]《清宣宗实录》卷四五四,道光二十八年四月乙卯,北京:中华书局,1986年,第729页。

[8]《清代新疆档案选辑》第37册,光绪四年四月初七日,桂林:广西师范大学出版社,2012年,第73页。

[9]《清代新疆档案选辑》第38册,光绪六年三月二十八日,第25页。

[10]《清代新疆档案选辑》第39册,光绪九年二月,第32页。

[11]《清代新疆档案选辑》第41册,光绪十五年八月十三日,第159页。

[12]《清代新疆档案选辑》第42册,光绪十八年三月初五日,第131页。

[13]《清代新疆档案选辑》第42册,光绪十八年十一月十七日,第263页。谨按,此条目载于《钦定吏部处分则例》卷三五《驿递》。

[14]《清代新疆档案选辑》第42册,光绪十八年十一月十七日,第263—264页。

[15]《清代新疆档案选辑》第38册,光绪七年三月二十三日,第251—252页。

第十三章 驿传弊端与整顿

[16]《清代新疆档案选辑》第42册,光绪十八年闰六月二十一日,第191—192页。

[17]《清会典》,第468页。

[18]《清高宗实录》卷五五四,乾隆二十三年正月庚子,第12页。

[19]《清代新疆档案选辑》第37册,光绪四年十二月初二日,第170—171页。

[20]《清代新疆档案选辑》第41册,光绪十四年九月十九日,第38页。

[21]《清代新疆档案选辑》第41册,光绪十四年九月十九日,第39页。

[22]《清代新疆档案选辑》第42册,光绪十八年十一月十九日,第114页。

[23]《清会典》,第468页。

[24]《清代新疆档案选辑》第37册,光绪三年,第38页。

[25]《清代新疆档案选辑》第40册,光绪十一年十二月二十日,第154页。

[26]《清宣宗实录》卷一三一,道光七年十二月丁丑,第1172页。

[27]《清代新疆档案选辑》第38册,光绪七年十一月初一日,第323页。

[28]《清代新疆档案选辑》第40册,光绪十三年七月十六日,第363页。

[29]参见该书目录可知。

[30]《清代新疆档案选辑》第39册,光绪十年三月,第267页。

[31]《清代新疆档案选辑》第40册,光绪十一年七月,第76页。

[32]同上。

[33]《清代新疆档案选辑》第43册,光绪二十一年九月,第334页。

[34]表中档案出处为节省篇幅采用简注,如"【37:73—74】光绪四年四月"系"《清代新疆档案选辑》第37册,光绪四年,第73—74页"档案之简注,下同。

[35]《清代新疆档案选辑》第39册,光绪九年四月,第54页。

[36]俱见《清代新疆档案选辑》第41册,光绪十五年,第228页。

[37]《清代新疆档案选辑》第41册,光绪十五年,第228—229页。

[38]"实任温宿直隶州知州陈希洛,年五十五岁,湖南善化县人,由监生投效军营,历保花翎补缺,后升用直隶州知州分省补用知县留甘候补,暑署玉门、平番等县,光绪十二年咨调出关,委署迪化县,十三年奏补斯缺,十五年升补温宿直隶州知州。新疆城署各工案内保以知府在任候补,十六年到温宿州任,十八年交卸,嗣复调署英吉沙尔、库车各同知,兹于二十五年九月初一日在省寓病故。"(见《申报》第九千六百零五号,第十二

297

版,光绪二十五年十一月十九日京报全录)

[39]《清代新疆档案选辑》第41册,光绪十六年二月十二日,第264页。

[40]《清代新疆档案选辑》第41册,光绪十六年十一月二十六日,第383—384页。

[41] 参见《清代新疆档案选辑》第45册,光绪二十七年十一月,第386—387页。

[42]《清代新疆档案选辑》第46册,光绪二十九年十一月,第247—250页。

[43]《清代新疆档案选辑》第46册,光绪三十年四月初八日,第338页。

[44]《清代新疆档案选辑》第38册,光绪八年七月,第392—393页。

[45]《清代新疆档案选辑》第50册,时间不详,第51—52页;谭泽闿、谭宝箴、谭延闿编《谭文勤公(钟麟)奏稿》卷九,光绪九年五月二十六日《变通驿站章程折》,台北:文海出版社,1969年,第540—543页。

[46]《清史稿》第14册,第4177页。

[47]刘锦棠:《刘锦棠奏稿》,杨云辉校点,光绪十年五月二十八日《新疆南路军台一律安设驿站酌拟经费章程折》,长沙:岳麓书社,2013年,第230页。

[48]《清代新疆档案选辑》第41册,光绪十四年十二月十三日,第68页。

[49]《清代新疆档案选辑》第42册,光绪十七年五月二十四日,第20页。

第十四章 驿传管理

欲使驿传能够较好地运转,离不开从中央到地方的有效管理,这就必然涉及驿传的管理机构,而驿传在实际运作过程中,驿站的归属有时也会发生变化。这同样涉及驿站的行政管辖问题,以下分别论述。

一、中央管理机构

兵部车驾清吏司是清朝中央专门管理驿传事务的机构,光绪朝《清会典》记载该司有"郎中,宗室一人、满洲一人、汉一人;院外郎,宗室一人、满洲二人、蒙古一人;主事,满洲一人、汉一人。掌颁天下之马政,以裕戎备,凡邮驿皆掌之"[1]。另外,《清史稿》记载:"车驾掌牧马政令,以裕戎备。凡置邮曰驿、曰站、曰塘、曰台、曰所、曰铺,驰驿者验邮符,泄匿稽留者论如法。"[2]于此可见车驾司职责所在。仅就新疆而言,同治年间动乱之前曾设有诸多马厂,车驾清吏司又有管理马政之责,负责制定马厂均齐、孳生、倒毙等规则。[3]马厂为当地驿传提供部分马匹,即便光绪年间重新收复新疆后,天山南北两路大部分军台塘站改设驿站,但哈密、镇西、奇台三处驿站倒马仍在巴里坤孳生厂内拨补,不必从民间购买。[4]另外,兵部车驾清吏司在传递文报方面,主要负责邮符(勘合、火牌)的发放与回收,驿传规则(给驿、程限、禁令等)的制定与违反处罚,以及驿站夫马工料等事务。如光绪十一年(1885)新疆收到兵部咨文:"光绪十一年四月初九日准户部咨称,准陕甘总督咨,新疆巡抚将署阜康县左宗翰接收前任李时熙移交所管康乐、柏杨两驲书卒夫马鞍辔等项接收清楚,造册送部,查该县驲站夫马工料等项事隶兵部,应咨兵部核办"[5]。因以上大多内容已在前面章节讨论,此处不再赘述,唯一需要提及的是,清末朝廷派遣载泽等五大臣出洋考察宪政,待光绪三十二年(1906)七月回国后,他们认为各国所以富强,实因施行宪政,因此清朝随后宣布中外预备立宪,着手厘定官制。在此背景下,兵部于光绪三十二年九月改为陆军部,同年又增设了邮传部,后者开始向兵部索要驿站的管辖权。但兵部认为"各省驿站边防台站向由兵部掌管,上年厘定官制,原订清单内,以兵部车驾司所掌之驿站划归邮传部管理,意在裁改归并,俾成画一之规。惟驿站之设,平时转递文件,而以军报为重,现在轮船铁轨未尽交通,且军事密秘,遇有紧要文报,仍须由驿递送,方昭慎重,拟请仍照旧例,由陆军部经理,以一事权,俟将来航路铁路一律通达,操纵自如,其各处驿站应裁应并,再当会同邮传部详察情形奏明办理"[6],后被允准。换言之,兵部及其改制后的陆军部至清朝灭亡一直都是新疆驿传的专职中央管理机构。

工部虞衡司,《清史稿》有记载:"虞衡掌山泽采补,陶冶器用。凡军装军火,各按营额例价,计会核销,京营则给部制。颁权量程式,办东株等差。"[7]就表面来看,虞衡司似与新疆驿传无关,实则并非如此,因为"驿传一向被视为军务"[8],驿站等驿传平台的建设与内部营造自然要与虞衡司发生关系,除第十章所述驿站内部驿书、马夫、马匹等有生命配置外,尚有许多必不可少的无生命配置。如光绪六年(1880)署吐鲁番监督府奎绂在"一件移交各驲站马匹什物等项数目由"中开列吐鲁番胜金驿有"差马鞍八盘全副、驮马鞍二盘,缰绳十根、笼头十副,共黄布包皮二十八块(每站四块)"[9],同年托克逊驿站造报该驿有"新皮袄二件、新皮裤二条、破皮袄二件、破皮裤一条"[10]等物。但驿站补充这些物件最终需要经过工部虞衡司的核销,如"光绪十一年七月十九日准工部咨,虞衡司案呈,准陕甘总督谭咨称,前准部咨,署吐鲁番同知刘嘉德接收前任杨大年移交光绪六、七两年添办鞍马皮笼头等项与例价均有浮

第十四章 驿传管理

多,口袋每条并皮袄等件未将长短尺寸做法开明,应令另行造册送部核办"。虞衡司驳回报销册,实因吐鲁番"册开添制马鞍每副价银五两二钱,比照甘省则例,多银一两九钱二分,至口袋皮袄皮裤并未开明用工用料做法细数"。[11]所以工部未便核办,只得转饬吐鲁番另造妥册送部核销。

理藩院,因新疆自乾隆年间以来便存在蒙古、回部等王公,依例每年轮流年班,朝觐清朝皇帝,而"向来回子伯克年班来京,行李跟役照例给以夫马"[12],换言之,新疆王公一般都驰驿往来。建省之前,王公进京"系由甘提衙门填发勘合,选派差目通事照料北上"[13],建省之后则改由新疆臬司颁发勘合。但其回籍时,需先通过理藩院奏请驰驿回籍,一件年代不详的理藩院奏文记载:"为奏闻事,据年班来京库车回子郡王玛木特等来院呈称,窃郡王玛木特等现已差竣,呈请照例驰驿回旗等因各呈报前来,查本院则例内开,每年来京之回子王公等回游牧时,由院奏闻,准令驰驿前往等语。查此次年班来京之库车回子郡王玛木特随带护卫十八人,伴当跟役十七名,阿克苏回子郡王贝勒哈迪尔随带护卫十一人,伴当跟役十九名,拜城回子辅国公迪克随带护卫六人,伴当跟役十四名,哈密札萨克回子亲王差来使梅楞札兰牛录饭催共六人,随带通事跟役共五名,现在均已差竣,照例应令驰驿回旗。臣等谨恭折具陈,伏乞皇太后、皇上圣鉴,谨此奏闻。"[14]此类奏请一般均会照例批准,然后再由兵部发给驰驿勘合。但理藩院并不仅限于此类办事员角色,其重要性还在于制定新疆王公伯克等驰驿人员的等级参照标准,如"新疆各城回子王公伯克等入觐,贝勒准带行李四千斤,跟役六名,又《回疆则例》未载者,向照《蒙古则例》办理"[15]等等,足见理藩院在新疆驿传体系中的角色。

除以上三个主要中央部门外,涉及新疆驿传管理的还有诸如审核驿站经费的户部,收发奏折的奏事处与兵部的捷报处等部门,但兵部车驾清吏司仍然是最为核心和专门的中央驿传管理机构。

二、地方管理机构

清代新疆驿传的地方管理机构前后有很大的变化,钟广生对这一变化有着比较精辟的概括:

> 乾隆二十四年,全疆荡平,而天山南北两路遍置台塘,凡岩疆扼塞毗接藩封之处,复为之卡伦、鄂博,绵亘延衍,以资重固。军台则领以营员及笔帖式,卡伦则领以骁骑校、前锋校,而统以侍卫,四通八辟,棋布星罗。同光军兴,还定安集,始开府置郡,而旧设之军台营驿悉从省制,改为驿站,隶于守令,不归营弁管辖。[16]

可见,在新疆建省之前,军台、营塘归兵丁具体管理,并由当地驻扎大臣管辖,这也是当时新疆军府体系的配套制度。建省后,为适配行省制度,在刘锦棠的多次奏请下,几乎所有的新疆军台与驿站均统一为驿站,由当地官府管辖,具体则由驿书管理。总之,新疆驿传经历了一个由军管到文管的巨大转变过程,这与当时新疆的治理制度完全一致。唯一需要提及的是,建省之前天山北路州县设有二十余处驿站,虽然《乌鲁木齐政略》记载其由当地州县管理[17],但更高层次的管辖权归谁,属于陕甘总督,还是乌鲁木齐都统,并未见有明文记载。根据近来诸多档案披露,天山北路驿站应该归陕甘总督管辖。[18]待新疆建省后,新疆驿传的管辖权自然归新疆巡抚所属。由于涉及清前期新疆驿传管理方面的资料非常有限,以下主要对晚清新疆驿传的地方管理机构进行论述,而地方管理机构又可分为上层省级管理机构与下层州县管理机构,兹分别论述之。

(一)省级管理机构

新疆巡抚,光绪十年(1884)十月初二日"内阁奉上谕,刘锦棠着补授甘肃新疆巡抚,仍以钦差大臣督办新疆事宜,钦此"[19]。新疆巡抚就此设立,但刘锦棠一直到光绪十二年(1886)九月二十四日才将"咸字八十一号钦差大臣关防一颗,敬谨封固,派弁赍送军机处验收"[20],因此在

第十四章 驿传管理

被任命为新疆巡抚至缴销钦差大臣关防期间,刘锦棠的实际署衔为"钦差大臣督办新疆事宜兵部尚书兼都察院右副都御史巡抚甘肃新疆等处地方二等男"[21]。但刘锦棠对新疆驿传的管辖却要稍早于此,这从光绪十年刘锦棠奏请改设新疆军台、营塘为驿站的奏折中便可看出,但真正实施则已经是刘锦棠担任巡抚时期。此后作为经制职官的新疆巡抚不时关注新疆驿传的建设与发展,如前面章节引述光绪十一年(1885)七月在一件"抚宪颁发禁止折差骚扰驲站告示"中,时任新疆巡抚刘锦棠札文道:"照得新疆北路及哈密以东往返赍折差弁,额外向需索马匹,叠经本大臣爵部院出示禁止,并明定章程,分饬遵照办理在案,乃近来折差竟将奏折与传牌先后分走,希图多索马匹,扰累驲站,实堪痛恨,亟应再行出示严禁,以儆效尤。"又如光绪十六年(1890)护理新疆巡抚魏光焘札文:"为照地方官擅发溜单,折差骚扰驿站,均干例禁,据北路各厅州县公恳定章示禁等情前来,应即会同伊犁将军色、署塔尔巴哈台参赞大臣额出示严禁,以肃邮政。"此类案例说明新疆巡抚对本省驿站的建设与运转负有管辖之责。除此之外,巡抚还有审核批示下层州县驿站经费等权限,如光绪十二年吐鲁番厅申领应支倒毙添补驿马价银两,巡抚刘锦棠批复:"该厅所管八驿站驿马六十八匹自光绪九年十一月二十四到任起,至十年十二月底止,照章核算,共应准倒毙添补马十五匹五分六厘四毫四丝四忽,实领价银一百一十六两七钱三分三厘三毫造具细数清册,呈赍鉴核等情已悉,候饬行营粮台核复饬遵。"[22]

新疆布政使,在光绪十年十月初二日上谕补授刘锦棠为甘肃新疆巡抚的同日,又有"内阁奉上谕,魏光焘着调补甘肃新疆布政使,甘肃布政使着谭继洵补授,钦此"[23]。但直到光绪十一年四月二十六日,藩司魏光焘才抵达省垣乌鲁木齐,[24] 稍后不久巡抚刘锦棠即札文各地:"照得甘肃新疆魏藩司业已抵任,所有乌提巴里坤镇各标营官兵应支廉俸饷干并南北两路所属各官应支廉俸公费工食等银应自光绪十一年正月初一日起,一律概归新疆司库按季拨发,以符定例,该藩司未到任以前,本年该各文武已在行营粮台支领前项银两应即作为垫款,由该台咨明藩司衙门备案造报"[25]。养廉俸工经费如此,驿站经费也不例外。布政使有对各地驿站经费的发放权,如光绪二十八年(1902)布政使饶应祺在给吐鲁番的札文中说:"案奉抚宪挂发,该厅请领所管各驿应支十七年冬季分驿费并自三月初二日起至十二月底止,站价倒马等项银两册领到司,奉此核计,共应支银二千五百六十四两一钱一分一厘,内扣六分减平银一百五十三两八钱四分六厘,又扣各驿书夫面价银一百五十三两外,实支库平银二千二百五十七两二钱六分五厘,本署司已于光绪十七年十二月二十九日当堂发给该厅来差领回讫。"[26]此外,新疆布政使有时也会与按察使共同商议驿站建设事宜,如光绪二十六年(1900)八月"一件藩宪文、臬宪潘会衔札饬各驿认真整顿递送公文卷"[27]便是明显的证据,并共同在公文上盖印。

以上新疆巡抚与布政使虽然对新疆驿传有一定的管理权,但专职管辖权应属新疆镇迪道兼按察使。光绪十一年四月二十六日藩司魏光焘抵达省垣乌鲁木齐后不久,刘锦棠于五月十二日奏请镇迪道仿照福建台湾成例,准加按察使衔,兼管全疆刑名驿传事务,最后奉旨允准。[28]为早日发挥镇迪道兼按察使的职能,刘锦棠又于同年八月十一日奏:"甘肃新疆镇迪巡道,前经臣奏请加按察使衔,兼管全疆刑名驿传事务,并恳饬部颁换关防,业奉谕旨允准在案。惟由部颁换关防,尚需时日,亟应先行刊给关防,以昭信守,兹刊就木质关防一颗,文曰'甘肃新疆镇迪道兼按察使衔管理全省刑名驿传事务关防'。"[29]至十月,新疆巡抚刘锦棠札文:

> 照得驿站事务例归臬司兼管,现在新疆创设行省,驲传关系甚重,前经本大臣爵部院奏请将镇迪道兼按察使衔兼管全疆刑名驲传事务,业经奉旨允准在案。嗣后驲站支领一切经费,应由该厅州县造具印领,依次呈由该管道移送兼臬司镇迪道核明转移藩司,按季汇详挂发分别给领,其镇迪道本属各驲即呈该管道核明,迳送藩司

第十四章 驿传管理

核办。倘有迟误文报,剋扣银粮短少夫马违例滥应,并奉差员弁任意勒索,以及不肖官吏苛派累民等弊,该兼臬司访查得实,务即从重惩办,毋稍徇纵,以肃邮传,而专责成。除将安设驼站一切章程补行兼臬司备查,并通行外,合行札饬,为此札,仰该司即便遵照。[30]

可见作为专管驿传事务的臬司正式接手驿传事务,他主要负责核实各地驼站经费的请领以及访查驿站弊端,随时予以究办和整顿,并制定驿站相关章程等职责,如光绪二十九年(1903)"镇迪道就严加整顿毋稍玩忽事札吐鲁番厅文"[31]即是一例。有关这方面的内容,因前面章节已有较多讨论,此处不再赘述。镇迪道兼按察使还有刷印发放用于管理和监督驿站运转的三联驿票之责,如光绪九年(1883)镇迪道札文吐鲁番:"案据该厅申赉所管各驿填用过四月下旬连票六十八张,扯存赉核查考一案到司,据此查通省台驿填用连票,前经行饬各属如领去连票,将次用竣,迅即预为请领,以便由司照依所管驿站之多寡,刷印连票随文饬发查收,分发各驿填用在案。"[32]当然臬司有时也会奉巡抚之命,与藩司共同处理一些涉及驿站的事务。但作为全省驿传的专职衙门,镇迪道有时也会单独制定驿站的某些章程,如第十三章所述光绪二十九年《酌定新疆整顿驿站章程》即是代表。

(二)州县管理机构

如第九章所述,刘锦棠在光绪十年奏请改设驿站经费章程时提出:"所有南北两路塘驿军台,亟应从新厘剔,酌定画一章程,均归印官经管,文报通归驿站接递,以肃邮政而专责成。"所谓"印官"即天山南北两路府厅州县的正印官,驿站由他们管理。但这些印官具体如何管理各自所属驿站,或者有哪些职责,传统史料语焉不详,但根据档案记载,府厅州县官员主要有以下几种职责:

任免驿书,如光绪十六年吐鲁番同知谕饬:"照得土墩子驼书杨瑞福请假,查有何文彬堪以接办,合行谕饬,为此谕,仰该驼书即便遵照前往接办土墩子驼事务,所有该驼马匹鞍屉房屋槽栅及连三照票各数目,逐一点验清楚,倘有马匹疲乏短少鞍屉破烂,即令前驿书补足易换。驿务关系甚重,毋得含混干咎,仍将接管日期具报,以凭查考,毋违,特谕。"[33]再如光绪三十三年(1907)吐鲁番同知谕饬:"照得驿站责任重大,本分府接篆后,业经分饬各驿书照旧认真办理在案,查该站与布干台、胜金、桑树园、库木什驿相距尚近,应将该驿书就便对调。"[34]可见驿书的任免权牢牢掌握在各地正印官手中。

造报请领经费,如前文所引光绪十一年镇迪道兼按察使到任后,刘锦棠札文各地:"嗣后驿站支领一切经费,应由该厅州县造具印领,依次呈由该管道移送兼臬司镇迪道核明转移藩司,按季汇详挂发分别给领"。再如光绪十一年十二月吐鲁番同知黄丙焜为请领冬季分驿站经费造报道:"谨将○厅所属各驿自光绪十一年十月初一日起,截至十二月底止,支发银两数目,理合造具清册,呈请鉴核"[35]。再如第十一章所述,晚清新疆各地驿站经费一般先由当地官员先行垫支,然后再按"旧管""新收""开除"与"实在"四项分别开列数据,向镇迪道兼按察使据实造册请领,此案十二月请领当年冬季驿站经费即是明证,同时也表明请领经费为正印官的职责所在。

更改建设驿站,如光绪九年署吐鲁番同知刘嘉德禀报:"胜金台官店驿站两所,东至连木沁六十里,西至吐城一百二十里,地不适中,所有东西过客则以一百二十里为苦,往往住西三十里之胜金口以为便,其有持传牌打柴草者,不得不为一宿,然亦间有携柴草而去者,则虽有官店无济实用,至驿递则不得不在其地。然每以西面一站过大,马匹动至疲毙,且附城驿递过远,亦非所宜,似官店驿站两所均以改至胜金口为是",并动工修建,同时禀请"七克腾木、土墩子两处官店墙壁多因碱地坍圮,门窗亦多毁坏,如再日久,费工更巨,现饬左署巡检就近鸠工整理,两处费用大约不过数十金,俟工完,由该署巡检开报前来,再为转报"。[36]刘锦棠批阅后,基本同意。[37]

请领分发三联驿票,如光绪十四年(1888)吐鲁番厅向镇迪道申请颁发吐属西路三联驿票,最后核准发给五千八百张,[38]然后再将申领到的驿票分发给各驿站。请领分发三联驿票的用意,主要是为省府与地方官府监管驿站运转提供一种制度检测依据,如光绪十八年(1892)吐鲁番同知在给所属驿书的传谕中指出:"照得驿站按递排单夹板部文火票,填用臬宪印发三联驿票,存查存站备照,随递下站赍核,按月申缴臬宪衙门,所以备稽查而防迟误,关系最重,非徒虚文。自应将经过排单夹板部文火票件数收发时刻马夫姓名以及随行公文件数逐一填注清楚,与上下站一接一送,均须相符,其中有分递件数,应将分递注明,不得错误。"[39]但很多时候,各驿书并不如期上缴,印官只得札文催促,如光绪十九年(1893)吐鲁番同知札文道:"为传饬事,照得驲站关系最重,所有每月驲递清单,应随连票于下月上旬具报,以凭查考。兹查有阳和、胜金、连木沁、辟展、七克台、土墩子、托克逊、阿哈布拉等驲自去年冬腊起两月,清单迄今竟有未具报者,实属不成事体,合行粘单传饬,为此传,仰该各驲等即便遵照单开月分清单填写速报,以便稽核,该驲书毋再延缓,致干未便,切速毋违,须传。"[40]

指陈驿站弊端,提供整顿方案,如光绪十年"英吉沙尔刘署丞拟议整顿驲站裁减马匹厘剔弊窦"[41],但最典型的案例仍以第十三章所述光绪十五年迪化县知县陈希洛联名北路管驿官条陈六条章程为代表。

三、驿站行政管辖

理论上讲,驿站的管辖应与所属地方的行政管辖相一致,但有时实际情况并非如此。吐鲁番所属驿站行政管辖变化主要在三个方向,即北部与迪化之间的行政管辖变化、东部与巴里坤之间的行政管辖变化以及南部与喀喇沙尔(焉耆)之间的行政变化。因北部与东部驿站的行政管辖情况已在上编章节中有所涉及,不再赘述,此处仅以南部驿站的行政变化为例。

光绪三年(1877)九月,湘军总统刘锦棠札文吐鲁番:"自吐鲁番起,至哈喇沙尔河东止,原设十站,其各站书识马匹,每月应领粮料薪银等项,自十月初一日起,该署丞接管,照章按月支发"[42]。吐鲁番同知随即派人接管。但稍后的档案显示,吐鲁番实际上接管的只是"布干台至哈喇沙尔河东十塘驲站",其中"布干台"即"六十里墩"。[43]

至光绪四年(1878),根据左宗棠的批示,吐鲁番向喀库善后局移交部分台站,"案查布干台至喀喇沙尔,刘总统原设十站,驰递文报,敝厅现将布干台、托克逊两站自行安设,以符七台旧制,自苏巴什河至喀喇沙尔八站,饬造驲书马夫通事人等口马匹数目花名清册随文赍送,从光绪四年正月初一日起,所有苏巴什河八站粮料经费均由贵局接管核发,三年十二月三十日以前,敝厅仍派员核发"[44]。换言之,从光绪四年起,苏巴什及以南台站不再归吐鲁番管辖,改归喀库善后局管辖。另外需要提及的是,一件光绪五年(1879)的档案显示,当时左宗棠以"南疆底定,西路草局仅供支过往差使,需草无多",因而下令"拟将各草局截至冬月底止,将所存柴草交各该处驲书接管兼理供支,即将西路草局一律裁撤,以节糜费","仰自十二月初一日起,将阿哈布拉、库木什、乌沙塔拉三处拨归喀库局管辖,吐城、托克逊两处拨归吐鲁番同知管辖,所有各站每月供支柴草数目由各驲书造折分赍该局、厅核明禀报",[45]可见以上拨归对象为柴草局,而非驿站,否则便与光绪四年移交驿站重复。

至光绪九年,刘锦棠批示。"喀喇沙尔东路苏巴什、阿哈布拉、桑树园三站,每月应用粮料若干,候饬吐鲁番刘署丞在托克逊征粮项下按月如数发给,以省运脚而免繁费",喀喇沙尔向吐鲁番行文道:"敝府业经传饬该驿书自十二月起,按月照章领取,请转饬托克逊粮局如数发给,是为公便"。[46]吐鲁番同知接文后,随即札文托克逊粮局照办[47],但该公文只涉及以上三处驿站的粮草供应,并未述及三站的管辖权。至光绪十年,吐鲁番派人与喀喇沙尔"确实勘明喀吐两处分界地段,公同斟酌立碑"[48],其划界缘起主要在于光绪十一年刘锦棠奏改驿站经费章程批准后,省府下令"所有南北各属支发驲站经费,自应通饬遵照此次复奉

第十四章　驿传管理

章程。从本年八月初一日起支,按季具报,以前支发各款即截至七月底止,另案报销,以清起讫,至原奏驲站均照各属界址安设,应照单开驲数,即将书夫马匹鞍辔房屋棚槽公置各项器具一概分别移交接管具报,以符奏案"[49]。其中"原奏驲站均照各属界址安设"表明各地对驿站的管理将按行政区划进行管辖。但同年底吐鲁番在造报倒毙马匹数目清册时,明确记载:"又接管喀喇沙尔厅移交苏巴什、阿哈尔布拉克、桑树园子、库木什阿哈玛等四站驿马三十二匹"[50],具体接收时间为光绪十一年六月十二日[51]。其后光绪二十二年(1896)吐鲁番与迪化划分驿站管辖时,吐鲁番西部四位苏目提道:"当于光绪三年大军克复后,各站办差,所有目等头二三苏目自吐鲁番起,办至三个泉止,托克逊四苏目办至小草湖止,嗣因光绪十二年将苏巴什、阿哈不拉、桑树园、库木什阿哈玛四驿改归吐鲁番,故将办差章程逐一改清界限"[52]。可见苏目所言驿站划分时间记忆错误。问题是吐鲁番对驿站的管辖权并未与驿站所属地域行政权相统一,而呈现出一种特殊的行政与管辖权相分离的状态。因为光绪十三年库木什乡约宜牙思向喀喇沙尔抚民同知反映,当地驿站及驻军随意向他征索柴草,难以供应。喀喇沙尔厅得知后,遂向吐鲁番厅移文道:"据此查库木什驿站禀定改隶吐鲁番,而土地人民仍归喀喇沙尔,纵令毋分畛域,一驿之书曷敢干与民事,矧将安业之户,以需索未遂,即以言语恐吓,此情实难壅于上闻。因念事尚未行,相应钞录原词移明,为此合移贵府,请烦查照来文事理,即赐行查核办见复施行。"[53]虽然库木什驿书后来表示并无勒索之事[54],但以上公文明白无误地告诉我们,库木什驿站虽属吐鲁番管辖,但附近土地人民仍属喀喇沙尔,此即驿站管辖权与所在地域行政相分离的实际情况。

以上特殊情况一直持续到光绪三十一年,当年吐鲁番同知向省府禀请将库木什划给已经由喀喇沙尔厅升格的焉耆府管理,时任巡抚潘效苏批示:"该厅原管库木什驿既称距厅较远,诸多不便,与焉耆府毗连,应拨归焉耆府接管,仰藩臬两司分饬遵办,并令照章造册赍司详院,以便核咨立案"[55]。同年五月再次重申以上处理方案[56]，但焉耆知府危兆麟六月申称：

> 卑府窃查库木什驿由善后局分定，归吐鲁番管理，历年已久，曾无异言。今方丞鋈立议拨归焉耆府管理，盖以库木什至托克逊隔有桑树园、阿哈不拉、苏巴什三站，遇有大差供支难办，不若焉耆之乌什克他庄至库木什仅隔新井子、榆树沟两站供应一切较为便宜之故，殊不知托克逊系吐鲁番所属大庄地亩，有河水灌注，是以人烟稠密，额粮亦多。至焉耆所属之乌什克他系属小庄地亩，无河水通流，只赖有限之山泉荫注，所安止六十三户，额粮止二百二十余石，较之托克逊大相悬殊，是以遇有小差，尚能雇用该庄驴马，一遇大差则几百供应，系由城办备运送而来。查由城至库木什隔有清水河、乌什克他、新井子、榆树沟四驿，较之托克逊至库木什止有三站，尚多一站，长途戈壁，彼此皆同，均属不便。在方丞止计及托克逊之至库木什诸多不便，而不知焉城之至库木什尤为不便，平情而论，应请将库木什驿仍归吐鲁番厅管理，方昭公允，且可免造册达部之烦。查库木什百姓止有贫民十二户，内四家种地共二百一十四亩，额粮四石三斗，每年不能还清，系由历任赔缴，如谓驿站属吐，地方仍属焉耆，遇事呼应不灵，请即将该处土地人民概归吐鲁番厅管辖，亦无不可，所有卑府议拟此案缘由，理合具文申复，祈请鉴核俯赐批示祗遵。[57]

从上不难看出，就两地供应难易程度而言，确如焉耆府分析，驿站仍归吐鲁番要较归焉耆为便，但巡抚潘效苏仍持此前批示划归焉耆意见，而不顾实际情况。[58]只是到了同年七月，潘效苏向朝廷电奏巡阅南疆的意见被批准后，[59]库木什驿站的归属问题才出现了转机。当年九月焉耆知府危兆麟向吐鲁番移文，称此前省府指示由焉耆府接管库木什驿，当其正在遵照办间，"适逢抚宪巡阅莅焉，面谕库木什驿应仍归吐鲁番管辖，并饬将花户丁口额征地亩粮草数目造册申报等因，敝府恐贵厅未奉明文,不允接受,随复具文申请。兹于八月初四日奉抚宪批开,据申已悉,此案经本部院亲历查勘,库木什驿距吐鲁番厅三百八十里,距焉耆府城四百五十里,自应照旧仍归吐鲁番厅管理,惟该处有户民(残缺)户民归焉耆诸多不便,自应拨归吐鲁番管理,应(残缺)清册移交吐鲁番厅接收"[60]。可见在焉耆知府的努力下,潘效苏结合自己巡阅南疆时的亲身调查,最终决定库木什驿站与人民一同划归吐鲁番管理,吐鲁番颇有一番"偷鸡不成蚀把米"的意味。巡抚潘效苏此前的决定也颇为武断,但无论如何,吐鲁番与焉耆之间驿站的管辖权终于和驿站人民土地的行政管辖权相统一,这种情况一直延续到清朝灭亡。而清末所修《吐鲁番直隶厅乡土志》所附《吐鲁番厅图》中的直隶厅界线及驿站区位即是光绪三十一年这次划分驿站结果的真实反映。[61]

除以上吐鲁番驿站变化外,尚有"昌吉县拨归呼图壁县丞管辖之景化驲、温宿府拨归柯坪县丞管辖之齐兰台驲"[62]等,足见驿站管辖变化并不鲜见。但纵观以上驿站管辖权的变化过程,实际上折射的是驿传与当地社会的供差关系问题,各地官府均从各自的立场出发,希望减少自身驿传供差负担,关于此点详见下面章节讨论。

注　释:

[1]《清会典》,北京:中华书局,1991年,第453页。

[2]《清史稿》第12册,北京:中华书局,1977年,第3286页。

[3] 参见《清会典》,第457—461页。

[4]《清代新疆档案选辑》第45册,光绪二十五年,桂林:广西师范大学出版社,2012年,第151—152页。

[5]《清代新疆档案选辑》第40册,光绪十一年十月,第153页。

[6]《清代新疆档案选辑》第48册,光绪三十三年七月,第131—132页。

[7]《清史稿》第12册,第3292页。

[8] 刘文鹏:《清代驿传及其与疆域形成关系之研究》,北京:中国人民大学出版社,

2004年,第129页。

[9]《清代新疆档案选辑》第38册,光绪六年六月,第79页。

[10]《清代新疆档案选辑》第38册,光绪六年五月,第61页。

[11] 俱见《清代新疆档案选辑》第40册,光绪十一年十月,第133—134页。

[12]《清宣宗实录》卷一三,道光元年二月癸卯,北京:中华书局,1986年,第261页。

[13]《清代新疆档案选辑》第42册,时间不详,第284页。

[14]《清代新疆档案选辑》第50册,时间不详,第25页。

[15]《清代新疆档案选辑》第48册,光绪三十四年九月十三日,第287—288页。

[16] 钟广生:《新疆志稿》,湖滨补胾庐文之一,民国十九年(1930)铅印本,第146—147页。

[17]《乌鲁木齐政略》,见王希隆《新疆文献四种辑注考述》,兰州:甘肃文化出版社,1995年,第46—48页。

[18]《清代新疆档案选辑》第37册,光绪四年六月,第66—67页;谭泽闿、谭宝箴、谭延闿编:《谭文勤公(钟麟)奏稿》卷九,光绪九年五月二十六日《变通驿站章程折》,台北:文海出版社,1969年,第540—543页。

[19] 中国第一历史档案馆编:《光绪朝上谕档》第10册,桂林:广西师范大学出版社,1996年,第305页。

[20] 刘锦棠:《刘锦棠奏稿》,杨云辉校点,光绪十二年九月二十四日《恭缴钦差大臣关防折》,长沙:岳麓书社,2013年,第379页。

[21]《清代新疆档案选辑》第2册,光绪十二年九月初四日,第49页。

[22]《清代新疆档案选辑》第40册,光绪十一年二月十三日到,第145页。

[23] 中国第一历史档案馆编:《光绪朝上谕档》第10册,第306页。

[24] 刘锦棠:《刘锦棠奏稿》,光绪十一年五月十三日《请加镇迪道按察使衔折》,第289页:"臣与藩司魏光焘业于本年四月初二、二十六等日先后晋驻乌鲁木齐省垣,筹商部署。"

[25]《清代新疆档案选辑》第40册,光绪十一年六月,第61页。

[26]《清代新疆档案选辑》第42册,光绪十八年二月二十八日,第128—129页。

[27]《清代新疆档案选辑》第45册,光绪二十六年七月,第237—238页。

[28] 刘锦棠:《刘锦棠奏稿》,光绪十一年五月十三日《请加镇迪道按察使衔折》,第

第十四章 驿传管理

289页。

[29]刘锦棠:《刘锦棠奏稿》,光绪十一年八月十一日"刊按察使关防启用片",第309页。

[30]《清代新疆档案选辑》第40册,光绪十一年十月,第128—129页。

[31]《清代新疆档案选辑》第46册,光绪二十九年十月十九日,第228—229页。

[32]《清代新疆档案选辑》第39册,光绪九年六月二十一日,第198页。

[33]《清代新疆档案选辑》第41册,光绪十六年九月十五日,第343页。

[34]《清代新疆档案选辑》第48册,光绪三十三年正月十三日,第17页。

[35]《清代新疆档案选辑》第40册,光绪十一年十二月二十四日,第157—159页。

[36]《清代新疆档案选辑》第39册,光绪九年七月二十八日,第99页。

[37]《清代新疆档案选辑》第39册,光绪九年九月初八日到,第108—109页。

[38]《清代新疆档案选辑》第41册,光绪十四年三月初九日,第9页。

[39]《清代新疆档案选辑》第42册,光绪十八年三月初五日,第131页。

[40]《清代新疆档案选辑》第42册,光绪十九年八月二十日,第414页。

[41]《清代新疆档案选辑》第39册,光绪十年十月初九日到,第408页。

[42]《清代新疆档案选辑》第36册,光绪三年九月十五日,第435页。

[43]《清代新疆档案选辑》第36册,光绪三年十月初一日,第439页;第37册,光绪三年十一月初一日,第2页。

[44]《清代新疆档案选辑》第37册,光绪四年三月初八日,第59—60页。

[45]《清代新疆档案选辑》第37册,光绪五年,第416页。

[46]《清代新疆档案选辑》第39册,光绪九年十一月二十一日,第142页。

[47]《清代新疆档案选辑》第39册,光绪九年十二月初二日,第172页。

[48]《清代新疆档案选辑》第39册,光绪十年二月十六日,第236页。

[49]《清代新疆档案选辑》第40册,光绪十一年十月十六日,第122—123页。

[50]《清代新疆档案选辑》第40册,光绪十一年十二月十二日,第150页。

[51]《清代新疆档案选辑》第40册,光绪十二年九月初三日,第243页:"于去年六月十二日卑前任黄丞又接管喀厅移交苏巴什、哈尔布拉克、桑树园子、库木什阿哈玛四站书夫马匹,月支银两均照去年新章,于八月初一日起,造册具领"。

[52]《清代新疆档案选辑》第43册,光绪二十二年正月三十日,第411页。

[53]《清代新疆档案选辑》第40册,光绪十二年三月初三日到,第302页。

[54]《清代新疆档案选辑》第40辑,光绪十二年三月初三日到,第302页。

[55]《清代新疆档案选辑》第43册,光绪三十一年二月二十四日,第248页。

[56]《清代新疆档案选辑》第47册,光绪三十一年五月二十日,第109页。

[57]《清代新疆档案选辑》第47册,光绪三十一年六月,第115页。

[58]《清代新疆档案选辑》第47册,光绪三十一年七月,第125—126页。

[59]《清代新疆档案选辑》第47册,光绪三十一年七月初一日,第121页;同册,光绪三十一年七月十八日,第122页。

[60]《清代新疆档案选辑》第47册,光绪三十一年九月二十一日到,第146页。

[61]《吐鲁番直隶厅乡土志》,见马大正、黄国政、苏凤兰整理《新疆乡土志稿》,乌鲁木齐:新疆人民出版社,2010年,第468页。

[62]《清代新疆档案选辑》第50册,时间不详,第78页。

第十五章　驿传与社会关系

驿传虽属官方交通运输系统，主要由官府来操作，但其正常运转同样离不开当地社会的支持，如各种物资(车辆、马匹、骡、驼、柴、草等)的提供，这就必然与当地社会产生诸多关系。鉴于这种关系的复杂性，以下仅以晚清新疆驿传运输及柴草供应为例，对新疆驿传与当地社会的关系做一探讨。

一、驿传运输

运输作为驿传功能之一，其对象可以是物资，也可以是人员，而且运输工具也颇为多样，有车、马、船等，但就晚清新疆来看，绝大多数物资与人员的运输主要通过车辆来完成。据光绪朝《清会典》记载，凡置邮"备其夫、马、车、船与其经费，以供差，以驰报"[1]，并进而解释"直隶黑龙江驿站设车，其不设车及驿车不敷者，准雇民车，以百里为一站，每车每站给银一两，多十里者增银一钱，少十里减银一钱"[2]。如第九章所论清前期天山南北两路部分军台有车辆配置，基本上为每站三辆。但晚清新疆改设驿站后，几乎所有驿站均无车辆配置，这从光绪朝《清会典事例》卷六五七"新疆置驿"配置中便可知大概。[3]在此情况下，按前引《清会典》规定，晚清新疆驿传运输须通过雇佣民车来完成相应差事，但实际情况并非完全如此，如光绪十二年(1886)哈密厅以其"地当孔道，时有大差过境，马力单薄，深以负重为难，现经卑职每站添设大车一辆，既可济马力之穷，且可便各驿料草之运，似较两得，明知驺政最关紧要，曾奉奏有定章,卑职乃欲从中稍事变通"[4],后被刘锦棠批准。可见在实际运作过程中,有些驿站是有车辆配置的,一般会将驿马缺额用车辆来补充,实属一种变通方案,并不造报于报销册内。纵观晚清新疆驿传运输,大致经历了如下三大发展阶段:

(一)台车及台车局运输

新疆台车实为早期军台安设的运输车辆,早在乾隆年间平定新疆的过程中即已出现。如乾隆二十四年(1759)陕甘总督吴达善奏:"自肃州至哈密原有台车三千八百辆运粮,因哈密转运辟展各粮紧要,暂行撤赴,现在哈密节经分运后,存仓无几,拟俟辟展军粮运足四万石,即将台车全数赶回,仍在自肃抵哈一路安设粮台,源源挽运,得旨,正宜如此。"[5]至乾隆四十二年(1777),舒赫德"奏报查核乌鲁木齐迪化州等处乾隆四十一年分收过房地租银并马匹牲畜税银动存各数,并库尔喀喇乌苏等处修补台车等项用银应令分晰报部"[6],说明天山北路台车的存在与实际运营。另有一件嘉庆十六年(1811)的户科题本中明确记载:"迪化州支给提标中营、库尔喀喇乌苏、精河、玛纳斯等处修理台车用过价银二百四十三两六钱七分一厘"[7]。结合第九章天山北路军台配置(表8),可知提标中营、库尔喀喇乌苏、精河、玛纳斯等处正是北路军台设有车辆的军台路段,因此"台车"之名显然与军台有着密切的关系。至乾隆四十九年(1784),"军机大臣议奏,据陕甘总督李侍尧等奏称,哈密南路应否照北路亦设台车等语,查哈密至辟展、吐鲁番各回城,每年回部伯克往还,屯田换班官兵及调取经费满饷等项应照北路安设台车运送,其应送南路官物,照所议车价先行雇运,得旨,依议速行"[8]。综上不难看出,乾隆年间清朝统一新疆后,天山北路军台设有台车,此后在李侍尧的奏请下,东路哈密与吐鲁番两地及塔里木周边的"南八城"每军台也相继配有台车一辆至四辆不等,多数为二三辆,主要用于回部伯克与屯田换防官兵乘坐及运输军饷。这在嘉庆年间成书的《三州辑略》与《回疆通志》中得到了集中的体现[9]。但从吐鲁番苏鲁图再往东前往哈密的军台并无车辆配置的记载,抑或此段当时并未设置台车。[10]

光绪初年清军收复新疆后的关外运输情况,刘锦棠光绪九年(1883)回顾:"查关外需用军饷军粮军装,由内地运至肃州,再由肃州递运出关,先尽旧设官车驼骡载运,余系由各台局就近觅雇民车驼骡轮番运送。由肃州运至哈密,又由哈密接运前进,程途远近不一,南路多涉戈壁,北路间有山岭,每百斤百里,车运给脚价银四钱,驼骡给脚价银三钱。现存官车驼骡无几,多系觅雇民车驼骡节次递运。兹自光绪七年起照依旧章支给,据实开报。"[11]可见在光绪初年,新疆运输主要依靠车运,由于旧设官车驼骡无几,因此多系雇佣民车驼骡承运。但即便如此,在光绪三年(1877)收复吐鲁番后,南八城战事正紧,后路解运军装饷银车辆络绎不绝,雇佣民车并非易事,同年署吐鲁番同知禀报:"窃卑职到任后,恪遵宪札经理,自前应办各事,饬传该台吉、苏木等认真开导,赶办车辆,据禀缠回叠经骚扰,实形穷蹙,能养马者十之二三,养牛骡者十之四五,而家用自造木辆车恐难负重致远,铁轮车除张军门已经办理外,理[实]在可用者不过仅数十辆,竭力拼凑,马车现办二三十辆,牛车亦止五六十辆,尚未催齐,"可见当时因战乱民生凋零,民车难雇,而且用于雇佣车辆的经费也难于筹措。[12]

在民车之外,主要为台车,如光绪三年底吐鲁番善后局给吐鲁番厅的移文显示:"惟照敝道前禀拟加台车脚价等情,奉爵阁督宪批开,查台车系本地供支过境差徭,一切资本喂养本应概由民间摊派,本大臣爵阁部堂因念地方初复,民气未苏,百里百斤发给脚价银三钱,系属格外体恤;民车则由招募成帮,一切资本喂养均须取盈于脚价,故百里百斤发给脚价五钱,以偿工本,两者本有分别,不能牵混比例。"[13]可见台车是与民车截然不同的一种运营方式。按左宗棠的批示,"台车系本地供支过境差徭,一切资本喂养本应概由民间摊派",即台车从供应方式上属于当地民众的一种差徭,不仅资本喂养不同,而且各自运输章程及脚价亦有区别,《台车向章》百里百斤发给脚价银三钱,《民车章程》百里百斤发给脚价银五钱。[14]可见,台车相对于民车,在性质上实为官车,如光绪四年(1878)吐鲁番同知在给当地善后局的移文中提到本拟添设官车,但左宗棠批示"喀库局已经拨有官车,常川驻运,此后吐境车辆尤可运至喀喇沙尔交替,仰将现存台车酌量裁减,以纾民力,所请添拨官车应毋庸议"[15]。不难看出台车实际上就是官车,但此台车与乾隆年间新疆所设台车在运营方式上仍有巨大的差异。

据上,台车与民车运输的传统由来已久,但在光绪初年克复新疆后,它们仍不能满足过往军需物资的运输,如光绪三年十二月吐鲁番同知反映:"查秋冬湘军嵩武军拨队西规,由善后总局拨给车驼装载前进,弊厅向无官民骆驼,台车亦不敷转运,无从拨用,即自行发价亦无从雇觅如此之多,应如何办理之处相应备文移复,以免延误"[16]。可见当地运输能力有限,尤其对于台车而言更是如此,如光绪六年(1880)吐鲁番同知报告:"遵查五年十二月分支发湘军驻托军装局解运军装赴喀,共军装六万八百二十九斤,因需用在急,台车不敷,恐有迟误,觅用民驼一百五十二支,装重三万八千四百二十九斤,民车一十四辆,装重一万四千斤,俱百斤百里发脚价银二钱三分,共发银八百四十四两六厘九毫。又台车一十四辆,每辆装重六百斤,共装重八千四百斤,百斤百里发脚价银一钱八分"[17]。不难看出台车始终供应不足,而且运量有限,脚价又少,不得不雇佣民驼、民车完成运输任务。

至光绪六年三月,档案中有吐鲁番同知令人"执票即将台车局回目铁木尔禀请提追抗违不交车费银两之复顺公、茂盛魁等迅速提案讯追"[18]的记载,这提示我们存在台车局这一组织,在此之前似未出现。关于它的由来,档案中"一件会禀筹备经费购办骡马车辆各情候示祗遵由"中有如下记载:

> 禀中堂爵前,敬禀者,窃维吐鲁番于光绪三年夏间收复后,大军进规南□,需□□□□饷银及各项差使在在需车运送,维时民间车骡均被逆回掠去,曾经嵩武军张军门垫发银两交由回目购办大车二

百八十辆,并咨请宪台饬购马匹配驾承运,历用数年,陆续捐毙殆尽。后遇饷装到境,派令民间备车供运,既有临时掣肘之虞,尤多苦乐不均之弊,盖因民间车辆无多,由回目派令各户供应,其中难免不无偏向,以致富者得沾便宜,而贫者反形困累,现在军务未竣,地方规复已久,军装饷银及各项差使仍络绎而来,所需车辆自应由民间出资妥为筹备,以济要需而纾民累。其购办车辆骡马经费,业经职道等再四筹商,无论贫富,拟定每亩出费银五分,分作两年交纳,统共约能收费银一万余两。计须购办三套骡马大车八十辆,方能济用,除购办车辆骡马外,稍有余资,连运护脚价银两晋[尽]充车夫□□马料草及修补车辆□物□项之,□宜放城中设立车局,□□正回目责成经理,由地方官随时稽察,以杜侵剋之弊,将来收银若干,动用若干,届时分晰造具细数清册呈核。惟按亩派费,于例原有妨碍,然欲求贫富均平,又莫若如此筹办,始足以昭公允,且吐属自收复之后,民间止供应车辆,此外并无别项差徭,迭经咨询各回目户民,均属欣然允诺,咸知礼□□浅也,所有会同筹备经费购办骡马车辆各缘由,是否有当,理合禀请核示祇遵,肃此具禀,恭请爵安,伏维垂鉴,职道○○、卑职○○谨会禀。[19]

据上可知,光绪三年克复吐鲁番后,张曜曾垫银交予当地回目(维吾尔首领)购办大车二百八十辆,并配备马匹承运,此即当地台车之由来。其后使用过程中"陆续捐毙殆尽",然运输物资差使仍然频繁,只得派令民间备车供运,不仅难以保证,而且派发不公。鉴于这种情况,吐鲁番厅与当地善后局会详筹议由民间出资,"无论贫富,拟定每亩出费银五分,分作两年交纳,统共约能收费银一万余两",用于购备车辆骡马等,并在城中设立车局,责成公正回目经理。按亩派费意味着在正税之外添加税收,有如耗羡银两,一般认为晚清新疆加增耗羡,只是光绪二十八年(1902)分摊庚子赔款,巡抚饶应祺不得不"每石征耗银一钱五分"[20],不承想早在光绪六年即有新疆地方官请按亩加税,这显然"于例原有妨碍",但为求公平,又别无他法。虽然档案中未见左宗棠的明确批复,但根据稍后档案,左宗棠显然是同意或者至少默许以上按亩摊费筹办台车局承运过往运输差使的方案。

据档案记载,吐鲁番共有东西两处台车局,分别为吐鲁番台吉台车局与吐鲁番苏目台车局,单从名称便可看出两处台车局的领导体系与经费来源地域各不相同。而且两处台车局的设立稍有先后,台吉台车局设于光绪六年八月十五日[21],其具体经理者由当地维吾尔地方头目担任,如光绪六年"一件谕饬回目办理车局事务由"记载:

> 谕大尔瓜毛拉毛沙、乡约自牙不都知悉,照得吐鲁番于光绪三年夏间收复后,大军进规南疆,所有军装、饷银及各项差使在在需车运送,曾经张总统垫发银两,交由回目购办大车马匹配驾承运,迄今历阅数年,车马损毙殆尽。现在军务未竣,饷装差使络绎而来,自应饬令户民出资购办车马,以济要需,业经本道府再四等商,欲得贫富均平,莫若按亩派费,无论贫富,酌定每亩出费银五分,分作两年交纳,在于城中设立车局,选举殷实公正回目办理车局一切事务,及收各户车费银两,按月造册呈报备查,并开单张贴,咸使周知。查有大尔瓜毛拉毛沙、乡约自牙不都人尚诚朴,堪以办理车局事务,合行谕知,谕到该回目等即便遵照办理,特谕。[22]

据上,吐鲁番同知与善后局除重申设立车局缘由外,通过谕文任命当地基层社会组织头目大尔瓜毛拉毛沙和乡约自牙不都办理车局事务,并征收各户车费银两,按月造报等事。[23]至光绪八年(1882),台吉台车局头目为买铁里思与伯克里二人,由于他们接受郡王及台吉的部分领导,经费也由郡王及台吉此前所辖地域筹集,[24]因此该台车局也会被称为"吐鲁番郡王台吉台车局"[25]。

吐鲁番苏目台车局的设立情况,据光绪六年十二月头苏们哎思拉禀报:"敬禀者,窃苏们前奉谕设立台车,于九月初六日设局办理,共收各苏们并五工银二千三百二十三两二钱零六厘,共办成台车二十六辆,计骡马七十七匹,共费用银二千三百一十四两三钱八分,除用过实存银八两八钱二分六厘,另造具清册呈验,理合禀明,伏乞大人电鉴施行。"[26]可见苏目台车局设于光绪六年九月初六日,稍晚于台吉台车局。其具体经理者为苏目下属小头目,一般由苏目推荐,如光绪九年"台车局回目札易提谨禀大老爷案下,敬禀者,窃回目于光绪三年克复吐城,已蒙充当四苏目帮办坤都之责,历年以来,屡逢各项差事,竭力办公,又于光绪七年春间,蒙前宪派委管办台车局事务,已经三年之久,矢勤矢慎,不敢稍误。惟回目于今春因公赴乡,路途失马,将腿损伤,……回目昼夜筹思不安,于前月回目当同头苏目哎思拉等商议,另择令坤都一名派管局务,回目调养腿疾,仍帮同托台四苏目办理公务,以效犬马之劳"[27],可见苏目台车局受吐鲁番西部苏目的部分领导,其经费亦由苏目所辖地方筹集,[28]此即苏目台车局称谓之由来。

除以上吐鲁番两处台车局外,尚有吐鲁番驻外台车办事机构,其设立缘起,实因吐鲁番台车在实际运作中存在境外被扣与打越过站等问题,致使台车难以回吐供差。如光绪六年十一月台吉、苏目等人反映:"本年九月分陆续赴哈密送差台车一十二辆,至今不见回吐。台、苏等昨接车户带来书信,始知将车辆阻挡哈密,有在哈运炭者十辆,有口差使赴巴里坤者两辆,由巴押回哈密又叫运炭,现今两月余不令回吐。近来哈密料草甚贵,又无妥人照料,车户业已拖欠外债二十余两。伏思台车新蒙收费制办,一去不回,即回恐不堪用,似此随制随坏,公差到来,无车支应,台、苏等又向何处去办,实深忧惧,只得禀明大老爷电情作主,移文哈密将车要回,嗣后应如何办理之处,恳祈批示祗遵。"[29]在此背景下,吐鲁番同知不久谕文道:

> 谕回目特木你牙思、加五提知悉,照得吐属台车甫经新设,若经理不善,势必车坏骡疲,亟应选派公正可靠之人驻哈、喀照料,除移明哈密厅、喀库局外,合行谕饬,为此谕,仰该回目遵照前往哈密、喀喇沙尔驻站,遇有吐属台车到哈、喀,务须督饬车夫妥为照料,速即

饬令回土供差。倘该处揽头差役、亲兵人等打越过站,该回目立即喊禀哈密厅、喀库局恳请放回,是为至要,切切毋违,此谕。谕回目特木耳你牙思、加五提准此。[30]

据上可知吐鲁番台车局设立后,在实际运作过程中存在诸多问题,为保证台车运输后迅速回吐供差,吐鲁番厅决定选派人员分赴与吐鲁番运输往来密切的哈密、喀喇沙尔两处驻扎,照料来自吐属台车与车夫,旨在催令台车回吐,不许打越过站。但驻外台车人员在具体操作中仍面临许多困难,如特木耳牙思到达哈密后,向驻扎在此处的钦差大臣刘锦棠禀报:"前奉署理吐城监督府杨札饬来哈驻站,遇有吐属台车到哈,务即督饬车夫回吐供差等因。现查吐属台车二十一辆来哈日久,倒毙骡马数匹,并亏草料银两,禀恳赏载军装以便领取脚价银了清各款回吐供差"。刘锦棠批复:"候饬哈密厅查有赴吐军装等项给该回目装运回吐,以示体恤可也"。[31]虽然此后吐鲁番同知一再谕文强调"设立台车原为供支差徭及拽运军装军饷,非为揽脚而设,近日该头目并不认真经理,任由该车夫等贪图脚价,久出不回,以致本处遇有差务,无车供应,时形掣肘,实属胆玩,合行谕饬,为此谕,该回目遵照,嗣后车辆运送差使到哈交卸后,应即放空转回口吐,以顾差务,毋得仍前玩延,任意不回,倘敢故违,定行严办,决不姑宽"[32],但车夫贪图脚价致使台车不能速归以及打越过站等情况在档案中仍层见叠出,迫使吐鲁番同知不得不谕令台车局回目"选派妥靠什长数名,往返拽车东抵哈密路,计十三站,限一月之内,西抵喀喇沙尔路,计八站,限二十日之内回城,听候差遣,倘有延误,定将该什长严刑责惩"[33],即选派人员监督台车回吐供差。

台车局虽然问题不少,但最大的问题恐怕还是经费征收困难与供应不足以及运行负债等问题。台车局设立伊始,虽然有情愿交收者,如"头、二、三、四苏木户民百姓情愿今年每亩地邦[帮]银三分,明年每亩地邦[帮]银二分,每亩地运草二斤"[34],但抗不交纳及延交之事更为常见,尤其"汉民回民地亩粮草之事归于乡约",作为台车局的维吾尔首领无法直接催令征收。如"一件谕饬汉回乡约催收经费银两由"中,吐鲁番同知谕饬:"刻即催令回汉各户民将前次示定按亩应摊经费银两迅速赴局交纳,以便办买车马供支要需,该乡约等务须会同妥为催收,勿得迟延干咎,速速特谕,谕伊拉里、榆林工、宁夏工乡约李成道、何元、田百有,洋海、鲁克沁、辟展、汉墩乡约等准此。"[35]再如光绪七年(1881),经理台吉台车局回目铁木尔禀称:"前蒙恩谕饬各处汉回乡约协同催收所有汉回乡约该管本处民等承种地亩,按例催收付交车局,现今各处花户等是以努力交纳,维[惟]有鲁克沁回民乡约、洋海回民乡约,小的屡催不理,竟敢藐法谕饬。似此违例,若不从惩严办,小的实难催收,只得恳祈大老爷案下作主赏差饬提,以禁违抗,实为公便。"后批"提案比追"[36]等等。总之,拖欠经费的问题并未能得到很好的解决。

正因征收经费不能如期完额,致使台车局经费也出现供应问题,并在实际运转过程中负债累累。如光绪七年经理台车局坤都札易提禀告:"窃回目接办车局事务至今数月之久,共收经费银一百余两,回目垫办外债银三百余两,无银交还,而且车辆器械均皆破烂,无项置办,所有苏目等催收经费屡催不交。现今局中设立铁、木各匠,置造车辆,办买材料,分厘无存经费,该债主日每讨要紧逼,回目只得具禀呈明大老爷作主差催,以顾局中公务,实沾恩便,伏乞电鉴施行。"[37]至光绪七年底造报的数据显示,苏目台车局"自光绪六年八月分设起局,截至光绪七年十一月底止,节次尚迭不敷外项银六百四两二钱九分二厘二毫。"[38]吐鲁番台吉台车局也不例外,其"自光绪六年八月分设局起,至七年八月底止,共节次尚不敷外项银三百八十两零八钱二分六厘"[39],官府只得继续催收,但效果并不理想。对于驻外台车办事机构而言,经费更为困难,如办理驻哈密台车事务的乡约铁木牙思禀报:

  窃约是汉城人,于光绪六年十二月间接奉前任杨大老爷谕饬,着约住扎哈密办理两局官车支差到哈,即给料草速使回吐,以便公用,临起程走哈,给约经费银一十两,后到哈分文未给,则哈密料草昂贵,因累欠外债甚多。约查吐局屡给来信,着人将银送哈,一则开销外债,二则采买料草,以便车用。昨年八月间两局使乡约艾立八亥、腮拜八亥等送哈银三百两,约未敢要银,即着原人采买料草,交约收存,从此以后再未往哈送给分文银两。今正月间债主将约催逼打骂,无奈转借银四十两,每月利银四两,付给债主,利息约自赔垫,等候送银开销,因日候一日,月候一月,屡次带信不见送银,约被债主打骂,耻辱受过,艰难困苦,实不堪言。[40]

据上不难看出驻哈台车办事人员面临严重的经费不足,需要自己垫支拉债,最后被债主追逼无奈,只得向刘锦棠禀请过问此事,铁木牙思才得以回吐与台吉算账,其后还被达尔瓜坑欠不还,可谓艰辛之极。[41]

虽然经费不足,台车局及办理人员负债累累,但往来运输差使仍需承接。面临此等窘困情形,负责管理与经营台车局的台吉、苏目、乡约等人不得不向官府寻求解决之道,据其禀:

敬禀者,窃吐鲁番为南北冲衢,往来差事络绎不绝,前因摊雇民车,运送军装饷项时多竭蹶,仰蒙宪恩体恤民艰,变通办理,按亩抽收捐费银两购买车辆马匹,设立车局,以重公事而恤民瘼。台吉等遵即照章办理,自车局一立,而往来应支差使随需随便,迄今两载,尚无贻误,其设局抽收银两并购办各项,以及月需口食工价数目已经按月造报在案,但吐城地当要道,差使浩繁,前岁抽收并陆续领过车价银两入难敷出,况户民项下尚短捐费,未经收到,以致车局日相拮据,若遇差使到境,应付盘费草料并添补器械修整车辆车夫工价等项一时掣肘,必须在外挪借,挪借心赘息银,刻下外欠将及千余金。台吉等再四筹思,局中之供支不济,往来之差使依然,再加外欠日垒,期年之内势必瓦解矣。趁此未备之时,再为设法辑补,台吉等未敢擅专,只得禀请宪台悯念时事艰难,以地方差事为重,除前每亩抽收银五分之外,按照前数再加收银二分,马料半升,以作修整车辆添买马匹补修器具供给口食工价之费。台吉等原为应供差使起见,

第十五章 驿传与社会关系

可否允准之处,仰祈宪鉴核夺,恭候训示祗遵施行,并请金安,台吉迈引、苏目哎思拉、回目毛沙、札易提等谨禀。[42]

据上,吐鲁番台车局自设立两年以来,虽然差使并无贻误,但由于局内本身开销及吐鲁番地处南北冲衢,差使繁多,所领车价入不敷出,加之原定按亩摊收车费亦未收齐,车局日行拮据,外欠日垒,"期年之内势必瓦解",可见情况之严重。为此台吉等人禀请在前定每亩抽收银五分之外"再加收银二分,马料半升",吐鲁番同知认为"所请加收捐款之处,应从缓议。"[43]同年八月台吉等再次向官府禀请加捐,报告"自本年三月起,派令回目催收,至今两局陆续费用无存。台吉等再四思维,现今秋收之时,仍照前请每亩再加收银二分,以顾局中供支各项差遣"。吐鲁番同知批复:"据禀台车局经费告竭,办公无资各情亦系实在,所请按亩征收银二分,事属可行,惟吐属户民地亩出息以膏粱棉花为大宗,应俟棉花收获后,民力稍纾,再行办理,并候禀请上宪核准饬遵可也"[44]。即官府倾向台吉等人所禀加捐方案,但仍需禀请刘锦棠核准。及至光绪八年七月底,"吐局截至八月初一日共欠外债银一千二百零二两二钱,各台车局截至八月初一日共欠外债银一千六百九十两六钱二分"[45]。在此情况下,据经理台车局回目反映,时署理吐鲁番同知杨大年批准"自八月初一日起照前收地亩数目,每亩加收经费银三分,马料高粱半升,回目等遵即公举妥靠回目,已经催收讫"[46]。但至九月新任署理同知刘嘉德上任,重新过问此事,台车局回目只得重新报告,是否准收,听候批示。[47]从中可以看出前任杨大年批准了加捐车费,并且台车局已经从八月初一日加捐征收,且加捐标准并非先前筹议的每亩二分,而是三分。稍后光绪八年十一月造报的截至本年九月底的数据显示,吐鲁番仍按照五分标准征收车费。[48]换言之,新任吐鲁番同知刘嘉德叫停了加捐车费的征收方案。稍后,台车局经费的解决方案也随即出台,刘嘉德向刘锦棠申文道:

查未设台车以前,往来差车派自民间,百姓不堪骚扰,自杨前署丞安设台车,所需经费贫富均摊,百姓较为安谧。现在车局亏累甚巨,若不设法贴补,则车废而民不安,殊属可虑,伏祈宪台俯准,照杨前署丞所请,仍行按亩摊派经费,以资接济,庶于公私两便。惟一律摊派,不分差等,实欠允协。卑厅拟仿照宪札内开喀库局章程,分为三等,上等每亩四分、中等三分、下等二分,约共可收银八九千两,除还前亏(残缺)可得实银六千余两,以之添制车马并贴补以后不敷之用,实有裨益。但此事究非缠民所宜,若另行派员认真经理,又苦于不得其人,卑职查有哈密粮局民车委员韦廷苞久于此事,稳慎可靠,拟请宪台饬令来吐商酌改办,方可永远有济。[49]

刘嘉德上任后同样面临车局亏累问题,虽一度重拾前任按亩摊派之策,但考虑到"一律摊派,不分差等,实欠允协",因此在刘锦棠的提示下,仿照喀库善后局章程,将地分为三等,上等每亩征收四分、中等三分、下等二分,统计可收八九千两,除弥补前亏外,可得实银六千余两,足资以后添制车马等用。对于经理此事的合适人选,刘嘉德改变由当地基层头目对台车局的经理,禀请刘锦棠饬派哈密粮局民车委员来吐办理。虽然我们尚不清楚粮局委员韦廷苞是否最后到来,但按三等地亩征收车费的方案显然是被批准并落实了,因为次年正月吐鲁番厅即晓谕道:

为出示晓谕事,照得吐鲁番设立台车局,原为供支过往差徭,承办以来,历用年余,修整添补愈增愈巨,局中时形拮据,经前署府禀请仍行按亩再摊经费银三分,以资接济等情,奉爵宪批所请再摊经费之处,候饬刘署丞确切查实,以凭核夺。本署府已将光绪七年七月分起至八年九月底止收过各款查明造册,并拟请分为三等,上等每亩四分,中等三分,下等二分,以资添办,均各在案。除奉爵宪批准照办外,合行出示晓谕,为此示,仰各汉回缠民人等知悉,赶紧将按亩经费银两照章缴送车局,倘回目人等如有侵蚀浮收情弊,许尔户民指名禀究,定行从严惩办,决不姑宽。其各懔遵,切切毋违,特示。[50]

可见,按等征收方案最终被落实,此后即按此方案实施。结合前文,可以看出当时在吐鲁番之外,如喀库善后局所管之喀喇沙尔与库车等处也按地亩等级分别筹集台车局经费,这就清晰地说明晚清台车运输与当地社会的密切联系。但从光绪十一年(1885)起,档案中逐渐不再见有台车局运行的身影。究其原因,当时吐鲁番办理牛痘局,经费不足,布政使批复:"查该厅原申前项不敷银两系卑厅垫付,现在奉檄交卸,可否于变价租粮地价内划扣,抑或于台车变价内划扣清款等情,此项变价粗[租]粮系何年之款,并台车变价均系善后军需款项"[51],可见台车局应在新疆建省后被裁撤变价。至于为何变价,当与新疆建省后军台、营塘改设驿站,台车这种官府专门用于运输物资的交通工具显然与驿传节省经费相矛盾,其裁撤变价也在情理之中。

(二)官车与雇佣民车相结合

台车变价之后,军装军饷仍需运输,必然需要一种新的替代运输模式。光绪十一年新疆布政使魏光焘首先针对当时新疆驿传运输体系的现状指出:

> 窃查关外近年转运饷项军装一切要差,由各厅州县承办车辆,并无定章,或派自民间,或强拉商贾,只顾应急目前,遇需车较多,无从备办,则将前站来车打越过站,虽均照章发价,不思乡民恃以种作,商旅藉以流通,站复一站,愈送愈远,动辄数十日,车辆仍不能返,民商受累无穷。现在新疆设省,驻扎迪化,一切项军装悉赖后路接济,且伊犁塔尔巴哈台等处转运各差前由北路军台运送,现已奉兵部议准,仍改由嘉峪关行走,此后差役更行络绎,需用车辆若仍派拉供支,不惟虑有迟误,扰累其何以堪,亟应酌拟定章,以资源源转运,而便民商。[52]

引文中所称"派自民间之车"当系此前左宗棠所言之差徭"台车"。此外又有雇佣民车,但运输能力仍然有限,在实际运转中也常出现打越过站,愈送愈远,数十日不能返回供差的弊端,新疆建省后,运输差使更加繁忙,因此不得不急筹解决方案。此后,所属各地提出多种方案,"大致皆以地方兵燹之后,闾阎彫敝,设立里车则民力不逮,雇佣民车则商贾稀少,除官运所得脚价之外,停空喂养不敷,无人承运,若由哈密雇佣长车迳行转运,由经过地方出给帮价,似尚可行,而路途较远,往交卸处所无回头货物可以载运,仍属难于招雇,该各属或请设车柜,或请增脚价,均属窒碍难行"[53]。即在魏光焘看来,以上诸多方案均不可行,"惟哈密、镇西两厅请酌派官车,迪化州请招车分段驻运,回空由阖属在民间酌派经费帮其喂养,停空任由驻车地方拉运短脚,仍先借成本,由所属各县遴派绅商领本制车,在于迪化、古城、绥来三处常川驻运,盖仿民车办法,而由官给成本,易于招集,且回空又有帮给喂养一层,领车之人自无亏累,则较向之民车略有不同"[54]。据上,只有将官车与招车分段驻运结合的混合运输方案颇为可行,魏光焘就此详请道:

> 本司再三酌核,窃谓哈密当南北冲途,地方瘠苦,镇西厅素称硗瘠,连年歉收,两处户民均属稀少,既不可按里出车,又不能雇用民车,则所请酌派官车之处自系迫不得已之举。本司非不知现在饷项支绌,公家少用一分,即可樽节一分,但因时制宜,不能不暂为变通,以纾民商之力。拟请由哈密现存官车内酌留六十辆,以四十辆驻哈密分运南北饷装,南路运至吐鲁番,北路运至镇西厅,以二十辆驻镇西厅,接运哈密来差,运至古城为止,所有草料喂养及带车委弁薪工等项概照旧章办理。古城以上则准照迪化州所详招雇民车七十辆,以二十辆驻古城,三十辆驻迪化,二十辆驻绥来,遇有饷装,节节接替,脚价无论,饷装概按八百斤具报,每百斤百里给银二钱,回空之日每站每车津贴市斗料五升、草三束,由迪化并所属各县县丞巡检户民摊收支发,停空之日拉运短脚得价资其喂养,官不过问。但由绅商派人经管,分起短运,酌留在厂,候差车辆以免贻误,经管之人酌给薪工,由津贴草料项下开支,回空如遇便带饷装,仍照章给价,

第十五章　驿传与社会关系

不再支给津贴,并由公中每车一辆,先行借发成本银一百两,在于脚价内每次按三成划扣,统由承领州县收缴归款。至迪化州原请每户摊收津贴草料银二两,系属从宽打算,如有赢余,留补来年不足,倘积有成数,可以生息备用,立请停止,自属可行。惟本司复加细核,以每年分六个月回空,共得一百八十日,照依迪化州驻车三十辆,每站津贴料草,加之经管车辆薪工,合计约岁需银一千五百数十两之谱,州属户民一千五百余户,则每户派银一两,亦勉可敷用。惟该州承运东西南三路,每年转运次数不定,且每属站数长短不等,户民多寡不一,亦属无从悬揣,拟请暂照所请,每户二两摊收,俟试办一年后,查看情形,通盘核计,再核减以恤民艰。其各县所收津贴并如该州所拟年终结算通报晓示,古城东运镇西为站甚长,奇台一属收费不敷,则令阜、济帮贴,以均苦乐。驻车既定,各按段落由古城接运迪化,迪化接运绥来并吐鲁番之托克逊,绥来运至库尔喀喇乌苏为止,交金将军及塔城转运局自行接运,其哈密以止绥来接运伊塔饷装,仍照章自行给价,此外一切杂差非奉宪台传牌一概不得滥支。如此分别定章,庶免派拉越站各弊,民商两便,而转运亦不致有迟误之处,是否有当,相应将迪化州酌拟章程开报详请宪台鉴核饬遵,为此具详,伏乞照详施行。[55]

据上,由于哈密镇西两地贫瘠,不便雇佣民车,只能分设官车运输,其中哈密六十辆,镇西二十辆,北路运至古城,南路运至吐鲁番,草料薪工照旧章支给,此即东段官车运输。古城以西则招雇民车七十辆,其中古城二十辆,迪化三十辆,绥来二十辆,节节运输饷装,脚价为百斤百里二钱,回空之日每站每车津贴市斗料五升、草三束,由所属州县摊派,并派绅商经管,只进行短距离运输,以期随时听候承运差使。经管人员津贴及料草按户征收,其中迪化州每户摊收银二两,先行试办一年,再行核减。古城至镇西路段站途甚长,其收费不敷时则由阜康、济木萨进行帮帖。从古城接运迪化,再向西至绥来、库尔喀喇乌苏止,转交伊犁、塔城转运局自行接运。

总之,以上车辆只准承运官方饷银与军装,其他杂差除非巡抚传牌,否则一概不准支应。对此方案,刘锦棠认为"由现存官车内酌留车辆分驻哈密镇西两属供运,古城以上准照迪化州所详招雇民车,分驻古城、迪化、绥来接运伊、塔饷装,仍照自行发价,自是正办",只是物资运至库尔喀喇乌苏后,由伊犁、塔城转运局自行接运之事还得咨商伊犁将军、塔城参赞,此外"迪化州车辆南路运至吐鲁番所属之托克逊交替,查该处向未驻有车辆,此后应如何筹备供支,以免贻误,应由该司檄令黄丞妥速议复,余如所拟办理"[56]。稍后伊犁将军回复:"敝军除银军装由陕西西入甘境均照章自行发价,及至肃州出关以至伊犁向系自雇专车经运到营,以期便捷,现在伊犁新饷业经本大臣将军咨商陕甘总督部堂仍交本军委员自行领解,则此项饷装应仍自雇专车经运来营,即毋须绥来接运库尔喀喇乌苏,以免两歧"[57]。即伊犁将军金顺并不赞同节节递运的方案,而是自雇专车,由兰州长途运至伊犁。但根据档案记载,后来伊犁、塔城两地军饷有时还是依照魏光焘所拟方案进行,如光绪十二年新疆布政使因押解新疆协饷委员川资银不足,致使协饷不能迅速到达,因此"拟请甘肃每次起解新饷,除原定每员川资银五十两由甘库给发报销外,另准每员加给银一百五十两,内新疆粮台摊银八十两,伊犁摊银四十两,塔城摊银三十两……其伊犁饷项如遇专批委解者,仍由伊犁饷内全给"[58]。不难看出伊塔军装饷银有节节运输与专车运输两种方式。

综上,官车与民车相结合的节节递运方式便成为此后天山一线的主要运输模式。但在此后的实际运作过程中,仍然存在不少问题,光绪二十年(1894)迪化县知县刘澄清禀称:"窃卑县地方附郭首邑,差务殷繁,举凡南北两路运解军装饷项以及各项差使,动需车数十辆不等,本地土著无多,车马稀少,遇有此等供应,办理恒多棘手,荷蒙宪台体察情形,设立车局委员招雇民车,由公家借给成本,仍准将成本银两陆续缴还,其所以体恤者至也,无如历年既久,不免有车骡损坏,亦或有车敝而人并亡者,遂令此项成本悬未缴清。"[59]引文中购车成本系指前引光绪十一年魏光焘所议"由公中每车一辆,先行借发成本银一百两,在于脚价内每次按三成划扣,统由承领州县收缴归款",但在实际操作中,此项成本并未缴清。因此,前任"黄令袁酌拟在于各项差车应领脚价项下,每发由南路至吐鲁番官车一辆,扣成本银一两,发由东路至哈密官车一辆,扣成本银四两,移交卑前县刘令兆松照数扣收,无论已否领过成本,一律划扣",但这种划扣方法"在欠有成本者固应舍服无辞,而并未领过成本者,各户以一己之工资垫他人之欠款,其心实有所不甘,且车局经理人等每雇车一辆,犹须抽收帮费银一两,以故该车夫等承揽差使,应得脚价不过十数两,而扣收乃至四五两之多,获利甚微,遇有差事,闻风逃避,几至省城之地无车可雇,违误要差",不得已新疆巡抚后将管理车局委员陈春樵撤退,改委韦游击廷苞[60]接办。但成本银两仍未归款,刘澄清建议"陈春樵前领成本尚欠银九百余两",应"责成陈春樵清缴",并且"如实有领过成本未清之车户,即由卑县会同韦委员传讯该车户,究明实在欠数,仍准在于应领脚价内扣收。惟原定发东路官车一辆扣银四两,未免过多,民力恐有不逮,拟恳自后赴哈密吐鲁番两处,每发脚价银一两,扣成本银一钱五分,其未领过成本及已经清款之户,承揽差使概按程途斤重照章发给实银,不准扣取分文"。[61]如此一来,成本银两便可逐渐收回,为使车辆运输有资,迪化县刘澄清与新任车局韦委员拟议如下三条章程:

一、运饷银每车一辆装重八百斤,每百里百斤给脚价银一钱八分,原定脚价本属不少,惟查民车揽运商货,每车重一千二三百斤不等,按斤计算,所获脚价与官定数目几增一倍,以致遇有差事雇车维艰。拟请自后每车准装重一千斤,仍照章百里百斤给脚价银一钱八分,庶车夫所得脚价与拉民间买卖不相上下,自必欣然乐从,而公家计斤发价亦不吃亏。

一、运军装及往来例差有装重八百斤者,有不及八百斤者,每车统仍照八百斤发给脚价,不加斤重。

一、大帮车辆装运饷装赴阿克苏交卸后,应请饬知该地方官随时饬令回省,不准打越过站,庶车辆不致缺乏,应付毋虞掣肘。[62]

以上三条可谓针对官车在实际运输过程中遇到的实际问题而提出的解决方案,实为激发车夫承运省城迪化运输差使,保证行政运转而做出的调整方案。从该议案被札发吐鲁番来看,刘澄清所议方案应该也被札发至全省推行实施,并非仅限于吐鲁番一地。

(三)站车的短暂出现

清末新疆驿传运输工具方面,值得一提的便是潘效苏试办站车。《新疆志稿》记载:"光绪二十九年,巡抚潘效苏仿俄国台车之制(俄人沿西伯利亚边境刱设四轮马车,昼夜驰行,谓之台车),自省城以达嘉峪关,先行试办,法由公家多备车马,传驿驰行,更番代换,按站定值(迪化至肃州共设二十一站,每站置车十辆,限二十日而达,公差往来,官为发价,商民则按站输值)。"[63]正因仿照俄国四轮台车而设,因此有时也被称为"台车",但与此前新疆境内的台车仍有不同,此台车商民可以乘坐,之前新疆台车商民很难乘坐,多侧重于军饷、军装等重物运输。而且此次台车为"四套铁轮大车",而之前新疆台车则为"三套铁轮马车",[64]可见潘效苏所办站车在动力上要强于之前台车,但也意味着草料需求的增大。因为光绪二十九年(1903)鄯善县令"据奇台县罗令正湘详称该县安设站车四十辆,请由吐、鄯两处提运市斗青粱一千石,以资喂养"[65]。这也说明站车至晚在光绪二十九年下半年即已运行,而且所需喂养青粱需求颇大,为避免混淆,以下采纳"站车"称谓。

迪化至肃州站车设立后,其脚价支发也随之发生变化,"查向章由兰至迪及由迪至兰,凡传牌饬拨车辆价银,系由沿途地方官发给,今自肃至迪既设站车,所有甘肃所属之玉门县、安西州,新疆所属之哈密、镇西两厅,奇台、孚远、阜康、迪化四县均无须垫发车价,惟由迪至兰车辆,自肃州以东未设车站,仍应照旧发给"[66],即站车的费用不再由地方官分别拨给,而是由省府统一发给车价。但甘肃藩臬两司接文后,会详道:

第十五章 驿传与社会关系

查甘省差车向系民间供应,自兵燹后,小民流离失所,何堪受此重累,蒙前宪台谭奏明,在于泾州、兰州、肃州委员设局,官雇民车运送一切饷杂各差,所有由东赴西差由泾局雇运至兰,由兰局换车至肃,由肃局换车径送入新首站哈密厅交替,归新省接供。其由西赴东差车应由哈密送至入甘首站安西州交替,由甘接供,当时以安西地方无车可雇,议定将入关杂差由哈密厅定雇长车径送肃州,仍由肃运兰,由兰送泾,换雇车辆运送出境,其由安西至肃,应需脚价概由哈密厅按季造报,在甘司库请领归款。此项杂差车价随折奏明,在于承平时支发所车牛夫口食银两内每年提银一万二千两,不敷之数在于百货厘金项下提银一万三千两,按年专案造册报部请销。至新饷脚价,在于每年奉部指拨专运新饷脚价银四万两内,由甘通收支发,归新饷造报。开办以来,并无贻误,近年粮料顿贵,养车者无利可图,多弃此业,而自兰运肃车辆往往打越出关,车辆日少,雇觅为难。[67]

据上,甘肃境内实行一种类似"官督商办"的委员设局、官雇民车的运输体系,实与光绪十一年新疆迪化一带运输体系类似,在站车设立之前,两地之间有一套既定的车价支付与报销章程,但现在新疆站车设立后,致使车费章程发生变化。因此甘肃省府认为:"现在肃州以西既设站车,自无打越之虞,所有饷差自肃州起至迪化止,应照新疆抚院所议统归站车运送,惟杂差车辆将安西、玉门二处并由新给发脚价,则与甘省奏定之案不符,应请仍照旧章。自肃州以西至哈密止,遇有一切杂差归甘供应,如站车有暇运送杂差,照站车章程由甘发给车价,此项车价由肃州领获,交站车局归款,仍由肃州造册请销,以符奏案而免更章"[68]。此方案得到陕甘总督与新疆巡抚的批准。次年,甘肃派人押解光绪二十九年第五批新饷时,便明确指示:"计装八十八箱四十四鞘,共装一百三十二箱鞘,合需三套大车一十一辆,又解饷委员需用三套坐车三辆,共车一十四辆。均由皋兰县雇定长车迳送肃州后,均由新疆设立肃州站车局拨派车辆,择日押解起程,前赴新疆巡抚部院衙门交纳,饬司统收分拨"[69]。换言之,以后运输饷银,从兰州到肃州采用雇佣长车运输,而从肃州至迪化,则按站车章程运输给价。而运输杂差仍照旧章雇车运输,但新疆站车利用闲暇承运杂差,则按站车章程由甘肃发价。如此一来,因新疆设立站车而造成的运输体系不同而导致的车价请领与报销不一问题便得以解决。

但以上站车运行三年,便弊端丛丛。《新疆志稿》记载:"然车辆数少,不敷周转,横致衍期(每遇大帮先发,则后至者羁迟于戈壁之中,累日经旬,薪尽粮绝者时有所闻),而驿丁仆夫倚势作奸,行旅怨咨谤讟之声腾于道路(每于交界换车之时,虽风雪暮夜,即推乘客于辕下,挥鞭倘徉,去而不顾,行李抛弃荒碛中,往往遗失,无从追问),行之三年,公私亏损,官民交困,效苏亦悟为弊政,寻即罢止。盖有治法无治人,经理不善,虽有良法,不利于行,台车往辙其一端也。"[70]可见新疆站车只推行了三年便成为弊政而作罢。究其原因,正如纪大椿先生所指,表面上是由于经营管理不善,深层次方面则在于兴办站车的巡抚潘效苏以及站车沿途所经之地不少官员中饱私囊,不能说他们的贪污与站车毫无关系。[71]站车停止后,东天山一线又改归旧章官车运输,至光绪末,由于"近来草料昂贵,车脚市价倍于官价,官车若不加价发给,遇有差使,车夫口不愿装运,殊多掣肘"[72],因此镇迪道兼按察使不得不筹议加给车价,以便承运官差。

图17 站车

第十五章 驿传与社会关系

二、柴草供应

古代驿传有人员的往来,其大帮物资运输则多依靠畜力进行,而人员往来驿站必须依靠柴薪生火做饭,畜力运输同样需要喂食草料,因此柴草供应便成为古代驿传交通必不可缺的一项重要内容,并与当地社会密切相关。新疆驿传更是如此,刘锦棠光绪九年奏:

> 臣查新疆军务,自光绪元年前陕甘督臣左宗棠奉命督办,檄调诸军料量出塞。其时道路梗阻,往往数百里内寂无人烟,员弁军士,以及各色人等,无不视为畏途,动色相戒。地处极边,物产雕敝,凡百多仰给于关内,而长途转输必得食息之所,于是分设粮料柴草各局站,以资供应。[73]

以上文字说明了当时新疆设置柴草局的背景,即兵燹之后,道路梗阻,人烟荒芜,物产凋零,物资多从关内运输,因此沿途必须设置柴草局以资供应。正是在此背景下,随着行军步履,清军在交通沿线设置诸多柴草局或柴草站,如光绪三年春吐鲁番克复后,当年七月委办七克台柴草局委员罗承光申报道:"窃卑职七月初六日奉宪札办理七克腾木台柴草局务等因,遵即束装起程,于七月十六日已抵七克腾木台,崔营官敬遂将翼帅饬办割就草束已有数十万斤,犹在四乡,尚未收积面交卑职经理,暂照成数俟收储后,另行申报,比借帐棚暂驻马拨棚内架设草局,候官房修毕,始能搬迁"[74],七克台柴草局就此设立。但由于战乱,"此地达尔瓜、弥拉布、乡约俱无,百姓皆迁移连木沁、辟展等处,欲使一民无处找寻",因此不得不请"宪台饬辟展陈巡检速放达尔瓜、弥拉布、乡约及车六七十辆来局,赶速将草运齐,并派辟展缠民数十人陆续割取,以备需用"。[75]同年八月,吐鲁番同知又"谕托克逊四苏木五受尔知悉,案查本府前经饬令该苏木采办柴草,以供军需,叠经传谕在案,今奉善后局宪委派雷委员前赴该处设局经收,该员到日,该苏木务须严饬各头目散户即将柴草赶紧运交该处局内存储,以备供支,事关军务,万勿迟延,

335

致干咎责"[76]。据此可知托克逊柴草局也将设立。总之,就档案来看,至光绪三年底,吐鲁番东西交通沿线原有军台站点几乎都设置了柴草局,刘锦棠也记述当时"吐鲁番属境设立柴草站七处"[77]。但根据前举实际案例来看,吐鲁番所设为柴草局而非柴草站,如辟展柴草局的印信即为"委办辟展柴草局之戳记"[78](见图18)即是证明。

图18 委办辟展柴草局之戳记

由于柴草局事务较简,一般"每局只设字识二三名不等,月给纸张笔墨油烛银六两;各柴草站每站设字识一名,月给纸张笔墨油烛银四两"[79]。此外,"各柴草局每局招募护勇四名、夫八名;各柴草站每站募护勇二名、夫六名,以资差防。应需口粮,均系按照楚军营制行粮章程,什长日支口粮银一钱六分,勇丁日支口粮银一钱四分,长夫日支口粮银一钱。又因回疆文字言语迥不相同,凡遇获匪谳案讯取供招、察探地势情形及军民交易,必须有缠回字识通事翻译传告,统领营官募用一二名不等,粮台及各局站按事之繁简,或募用三四名、二三名、一二名不等,每名日支口粮银一钱"[80]。于此可见柴草局站内部人员的大致构成情况。

柴草局主要负责收集、发放、造报柴草事务。如辟展柴草局造报"光绪三年六月二十四开局之日起,至七月二十九日止,所有收储柴草数目"显示该局在此期间分别"收辟展六十户达尔瓜哈喇敦草三万五百四斤、柴八千五百斤,收树柏沟二十户达尔瓜托乎牙斯草一万八千六百一十二斤、柴一千九百五十斤,收二工二十户乡约满满牙斯草八千三百八十二斤,收三工二十户乡约安提八亥草二千四百三十斤、柴一百五十斤",总共新收"草五万九千九百二十八斤,柴一万六百斤"。[81]至于柴草发放,光绪三年八月该站共发放"草七千零一十斤",柴草局委员一般要逐项开报发草数目,如该局委员所造当月四柱清册显示"十六日发中堂传牌委员提督汤彦和赴托克逊行营领去草四百二十斤"。[82]关于柴草造报,柴草局委员一般要每月按照旧管、新收、开除与实存造报四柱清册,以便查核。但柴草局委员有时也会迟延,如光绪五年(1879)正月吐鲁番厅在"一件传各草局不许报销逾限由"中传知所有柴草局:"照得该各局柴草报销往往稽延时日,致递转报期限实属疏玩,合亟传知,为此仰各驿局知悉,查向例无论何项报销,旬报不得过三日,月报不得过五日,尤须先期赍到,嗣后该各局报销,务须先期赶紧缮造,飞递到案,以凭汇转,毋得任意玩延,致干查究。"[83]

虽然多数柴草局一般就近收取柴草,但像"十三间房寸草不生,拨运齐克腾木草束须由辟展派车转运费力",不得不"酌发车脚,以示体恤"。[84]更为重要的是,柴草局的柴草一般要由当地百姓收割运交,如光绪四年吐鲁番同知谕饬连木沁大尔瓜:"照得前办草局委员业已交卸清楚,案据李委员禀呈局内现无存草,合行谕饬,为此谕,仰该大尔挂遵照,谕到之日,刻即拉运草束交卸局内,以顾支发,实为公便,万勿迟延,致干查究不贷。"[85]按规定,"军需粮料柴草,例准查明地方情形,确访时值采买。关外军营需用粮料甚巨,或由关内附近州县采买运送,或就关外地方察看情形派员分途设局采买,以济军食"[86]。但光绪五年之前,似乎并未见有给予当地民众柴草价银,如光绪五年胜金柴草局造报新收柴草清册内，吐鲁番同知明确批复："此款系收何处达尔瓜，并未载计，以后发价难以查考"[87]，并在二月重申："照得该局申报本年正月分新收柴草，未据分别何处达尔瓜交收若干，以致核发价银何处应领多寡，无从稽考，合亟传知，为此仰该局遵照，嗣后报销务须注明何处达尔瓜交草若干，以便核发价银，免滋牵混"[88]。以上情况提示我们，在此之前户民供应柴草并不发价，或以前发价，系属先采办再补发，只是这种可能并未见有档案印证。再据光绪七年吐鲁番厅给胜金与连木沁草局的札文要求以后"该委员即自行采办，其价银仍照前章具领，该委员不得格外多采，亦不准摊派民间，致干未便"[89]。其中摊派当系不给价银，由民间供应柴草。总之，明确的柴草发价始于光绪五年，究其原因，还得从光绪四年末柴草局归并驿站兼办谈起。

光绪四年下半年，吐鲁番善后局向左宗棠禀报裁撤"西路各草局，交各驿□□□添用长夫二名，每名月支口粮银四两五钱等情，奉批据禀截至十一月底止，将吐城以西各草局一并裁撤，改归各站驿书接收兼管等情，应即照办"[90]。吐鲁番厅同知随即"遵将托克逊、吐鲁番、胜金、连木沁、辟展、齐克腾木各柴草局从十二月初十日起，统交各该站驿书兼办"[91]。虽然善后局提出裁撤，但实为驿站兼办柴草局事务，因而此后类似"委办辟展驿站兼理草局姚体藏"[92]这样的称谓逐渐增多。正是在此背景下，各地户民供应柴草才有了明确的发价记载，如光绪六年吐鲁番同知谕饬胜金、连木沁、辟展大尔瓜："照得本府兹查后路差务络绎不绝，所有胜金、连木沁、辟展草局存储柴草无多，不符[敷]供支，自应由该大尔瓜乡约等赶紧采办柴草各三、二、二万斤运送该处柴草局称收，以便供支。除分行外，合行札谕饬，为此谕，仰该大尔瓜等遵照办理，其价银仍照前章由局出给，收交该大尔瓜等自行来府具领"[93]。再如"谕胜金、连木沁大尔瓜买铁里斯、麻木提等知悉，照得本府据胜金、连木沁局册报，现存柴、柴草无多，不符[敷]供支，急应由该大尔瓜乡约等赶紧采办柴、木柴麦草各一万斤，运送该处草局称收，以备支发。合行谕饬,为此谕,仰该大尔瓜等遵照,限十日扫数办齐,其价银仍照前章由局出给收条,交该大尔瓜等自行来府具领"[94]等等。据此我们可看出柴草局的柴草供应过程一般先由驿站报告柴草不足,再由当地官府札文驿站附近地方头目照数运至驿站,由驿站称重后发给收条,再由头目凭收条赴吐鲁番厅领取银两。

此后新疆柴草供应又有几次变化。首先,时任钦差大臣刘锦棠在光绪八年将新疆南北两路各厅州县所设柴草局"通饬一律裁撤,将采存柴草拨归各站驲书承领备支"[95]。如果说光绪四年柴草局改归驿站兼办,还留有局名,至此柴草局则不复存在。但在实际运转中,柴草局的名字仍然出现了一段时间,如光绪九年档案中有"委办西盐池柴草局周鼎、傅泽鸣谨禀宪台大人钧座"[96],光绪十年(1884)又有"兹查本城草局支发柴草不敷供支"[97]等记载,这均说明柴草局的名目还有所保留,当系历史的惯性使然。其次,从光绪七年起,吐鲁番柴草发价方式也有新的变化,如吐鲁番厅在给胜金等柴草局札文中有"照得本府据该局册报现在存储柴、柴草无多,不符供支,急应采办柴一万斤、柴草各一万斤以备支发。合行札饬,为此札,仰该委员即自行采办,其价银仍照前章具领"[98]。又如同年十一月官府札文:"照得胜金、连木沁、辟展局需支柴草,现系该局委员自行采买,本府已照章发给价银,并不由民间摊采。合行谕饬,为此谕,仰大尔瓜买铁里思、麻木提、哈里顶知悉,嗣后该处局员采运柴草只许民雇民买,照章给价,该大尔瓜不得擅派民间车马当差,倘敢故违,定行重究不贷。"[99]就字面意思来看,自行采办柴草意味着驿站兼柴草局自行发价采买,但在供应方面,仍需官府责令地方基层首领采办,只不过不必再费周折前往官府换取柴草价银而已。如光绪九年八月吐鲁番厅因西盐池柴草局"存柴三万有零,草五千余斤,据禀不敷接济,当系实在情形,仰即筹采麦草二万斤存局,以资备发。其所需采价由本厅暂借资本,随时发给现银,仍由该员经费项下陆续划扣可也"[100]。以上即为建省之前柴草供应的两次重要变化。

至光绪十一年刘锦棠奏请新疆改设驿站经费章程被批准后,柴草供应也被中止。吐鲁番厅根据刘锦棠的晓谕,从光绪十一年"八月初一日奉文起,即将柴草停止采买供支,现在实存柴草数目截至七月底止,分别造册呈核,以凭变价报缴,是为至要,再所存柴草,该员如自愿承领,亦即随案声明,以凭核办",似乎以后不再采办柴草,旧存柴草可以变价由驿站人员经理,变为私物,而且"嗣后过往奉差员弁以及一切行人所需柴草,均应自行照依民价购买"。[101]果真如此则可大大减轻当地百姓的柴草供应问题,但实际情况并非如此。如当年十月吐鲁番厅"谕四苏目吾受尔知悉,照得本府兹查苏巴什驿站需用柴草,应饬该苏目派令户民运送到站,由该驿公平给价,不得短欠。合行给谕,为此谕,仰该苏目即便遵照办理,速速毋违"[102]。又次年正月"谕郡王玛木特知悉,照得本府案据胜金口驿局委员呈称,在于二三堡胜金木头沟等处采交麦草八千斤,柴二千斤,遵照定章给价等情前来,据此合行给谕,为此仰该郡王遵照,迅即转饬各该处大尔瓜赶紧照数采交胜局称收,随时给价,不得短少,毋许延误"[103],同年二月吐鲁番同知"查本城草局现存柴草不敷供应,饬该头二三苏目采缴到局,以备供支。合行签催,为此签,仰该头二三苏目即便遵照,迅速派令回目采办柴草各一千五百斤,拽运到局称收,其价照章发给,决不短少"[104],并限三日内交齐。凡此种种,举不胜举。可见刘锦棠停止采办柴草的谕令并没有被贯彻执行究其原因,一则旧存柴草毕竟有限,从前面谕令各地采办即可看出;二则"过往奉差员弁以及一切行人所需柴草均应自行照依民价购买"的实现,也必须依靠当地百姓采办柴草拽运驿站,才能保证过往人员有柴草可买,否则到处寻觅柴草必然导致差使延误;三则一些大差及官员过境,地方官不敢怠慢,势必预先采办以备使用,如光绪二十二年官府曾"传谕各苏目知照,自后如有差事到后,需用柴草,即来案领价采备,以便供支"[105]等等,因此地方供应柴草仍不可避免。

但供应柴草,对百姓而言是比较沉重的负担。如光绪十三年

(1887)四月辟展六十户、树柏沟二三工米拉布、大尔瓜、乡约等人集体禀报:"窃回目等所管地方屡次供支辟展衙门营汛马拨子、七克台营汛马拨子、土墩子马拨子柴草煤炭等项,并过往差事甚多,回目等所管之户民均系穷苦,前回目等因差过多,禀求前宪刘大老爷查明七克台辟展东湖回民富豪家户耕种地四五千亩之多,自大兵到境,抗不当差情事,蒙前宪盼咐回目等所管之户民与该两处回民四六均分供支,以免拖累情事。"官府批复:"地方供支柴草各项各有银两发给,并非平白当差,亦何害夫穷苦,倘各处支差不给价值,自当随时禀告,以凭究办。"[106]虽说供应柴草给予价银,但价银是否足付草价及运费本身便成问题。此外,这种负担也是造成地方社会互相推脱驿传供差的根源。据档案反映,在刘锦棠光绪十一年奏定驿站经费章程之后,吐鲁番城阳和驿柴草"每百斤采价银四钱",至"光绪十四年五月十八日奉批酌减,每百斤连采运各价共银二钱",更为遥远之库木什驿站,光绪十四年五月十八日以后则为"每百斤连采运各价共银二钱五分",[107]但比库木什更为近便的阿哈布拉站,光绪十九年(1893)供给过境喀什道草"每百斤价银三钱四分"、柴"每百斤价银二钱五分"[108]。显然,驿站赚有柴草差价,所给户民价银低于来往差使所收价银。甚至有的驿书"因缘为奸,百弊丛生,夫则派自缠民,月给工食银或六钱或八钱不等,而所需草料夏秋□牧放草湖,春冬则摊派户民,由玉子巴什驮运至站,每草百斤仅给银一钱归运夫"[109],可见驿书严重剋扣户民柴草价银,使得户民供应柴草成为驿书中饱私囊的渠道,户民则深受其害。

而对于供应柴草的户民一方而言,驿站所发价银又往往不敷运费。如光绪十三年托克逊四苏目禀报:

> 托克逊四苏目吾受尔谨禀大老爷案下,敬禀者,窃查苏目先年采办托台一处柴草,于去年加采苏巴什、阿哈布拉二处柴草,苏目一人实系难周顾。伏查屡年采交柴草,所发价银每三套大车一辆到托站,秤收草七八百斤之谱,照章给价各户民,以顾草料盘费之用。自

今苏巴什、阿哈布拉两站,该户民三套大车一辆,拉运柴草到站,只可收草二百斤,发价银三钱之谱,每驴一头驮草两口袋到站,只可收草三十斤,给价不过数分之多,不够户民往返盘费口食并马掌之用,众户民实系寒苦无力,苏目亦难以派采,现奉宪令饬令各营勇丁过身,需用柴草在际,苏目只得具禀,叩乞恩宪大老爷格外施恩,姑念托台户民寒苦,将苏巴什、阿哈布拉二站应用柴草遵照去年定章,谕令吐城头二三苏目赶紧采运,以顾军需,如蒙恩允准,则户民妇女均感仁慈于无既矣。◎各路军营过境,柴草系属要需,不可稍有违误,据称该苏目三处供支疲于奔命,自系实在情形。兹由本府酌定托城柴草不向托城取办,已谕饬吐城头苏目转饬雅尔巴什户民驮运赴托以备供支,苏巴什、阿哈布拉两站所需柴草,即由该苏目转饬户民运送,如此办理,庶几民力可舒,而差需亦不至误。至苏巴什、阿哈布拉两站驿书接收柴草大秤剋价,罔念民艰,实属胆妄,本府另行查明究办。[110]

据上,不难看出四苏目承办之托克逊、苏巴什、阿哈布拉三处柴草,一人难以周顾,而且随着驿站距离渐行渐远,运输柴草数量也逐渐递减,难以供应驿站需求,而且运费也逐渐递增,但官府所给价银尚不够来往盘费口食。因此,苏目表示实在难以承办,请求将苏巴什及阿哈布拉两站柴草归其他三个苏目负责,但后两站尚在托克逊之南,离其他三个苏目更加遥远,官府自难照准,最后批准托克逊柴草由头苏目供应,苏巴什及阿哈布拉两站仍由四苏目供支。总之,不难看出驿站柴草供应与当地社会有着非常密切的关系。

注　释:

[1]《清会典》,北京:中华书局,1991年,第464页。

[2]《清会典》,第463页。

第十五章　驿传与社会关系

[3]《清会典事例》第8册,北京:中华书局,1991年,第228—231页。谨按,《清会典事例》同卷甘肃境内部分驿站则有车辆配置。

[4]《清代新疆档案选辑》第40册,光绪十二年十二月十八日,桂林:广西师范大学出版社,2012年,第273页。

[5]《清高宗实录》卷五八三,乾隆二十四年三月己酉,北京:中华书局,1985年,第466页。

[6]台湾"中央研究院"历史语言研究所藏"内阁大库档案",登录号058862—001。

[7]中国第一历史档案馆"户科题本",档案号02—01—04—19187—027,"题为遵察新疆嘉庆十四年份迪化州支给提标中营库尔喀喇乌苏等处修理台车用过价银事"。

[8]《清高宗实录》卷一二○五,乾隆四十九年四月庚戌,第125—126页。

[9]和瑛:《三州辑略》,见苗普生主编《中国西北文献丛书·二编》第5册,北京:线装书局,2003年,第364页。

[10]和瑛:《三州辑略》,见苗普生主编《中国西北文献丛书·二编》第5册,第364—365页。亦可参见本书表6。

[11]刘锦棠:《刘锦棠奏稿》,杨云辉校点,光绪九年七月初一日《关外各军行粮坐粮章程善后台局一切应发款目缮请立案折》,长沙:岳麓书社,2013年,第168—169页。

[12]俱见《清代新疆档案选辑》第36册,时间不详(当为光绪三年六月初八日),第422—423页。

[13]《清代新疆档案选辑》第37册,光绪三年十二月十五日,第25页。

[14]同上。

[15]《清代新疆档案选辑》第37册,光绪四年七月十七日,第111—112页。

[16]《清代新疆档案选辑》第37册,光绪三年十二月二十二日,第27页。

[17]《清代新疆档案选辑》第37册,光绪六年二月二十九日,第442页。

[18]《清代新疆档案选辑》第38册,光绪六年三月初八日,第9页。

[19]《清代新疆档案选辑》第38册,光绪六年九月,第151—152页。

[20]《新疆省财政说明书》,见《清光绪年二十二省财政说明书·陕西新疆卷》第2册,北京:全国图书馆文献缩微复制中心,2008年,第308页。

[21]《清代新疆档案选辑》第38册,光绪八年十一月,第433页。

[22]《清代新疆档案选辑》第38册,光绪六年十一月十八日,第171—172页。

[23] 关于吐鲁番基层社会组织,详参拙著《晚清新疆吐鲁番社会史研究——以地方首领和官办教育为中心》,南京大学博士论文,2014年。

[24]《清代新疆档案选辑》第38册,光绪八年八月,第397—398页。

[25]《清代新疆档案选辑》第9册,光绪九年十一月二十四日,第246页。

[26]《清代新疆档案选辑》第8册,光绪六年十二月,第225—226页。

[27]《清代新疆档案选辑》第1册,光绪九年四月二十七日,第265页。谨按,"苏木"(summun)与坤都(kündü)均为札萨克制度下的职官名称,同治年间新疆动乱前隶属吐鲁番领队大臣,光绪初年新疆收复后,改归吐鲁番同知管辖,详参拙著《晚清新疆吐鲁番社会史研究——以地方首领和官办教育为中心》第一章第三节。

[28]《清代新疆档案选辑》第38册,光绪七年十二月,第346—348页。

[29]《清代新疆档案选辑》第38册,光绪六年十一月,第175页。

[30]《清代新疆档案选辑》第38册,光绪六年十一月二十七日,第174页。

[31]《清代新疆档案选辑》第38册,光绪六年十二月,第192页。

[32]《清代新疆档案选辑》第38册,光绪七年正月十五日,第223页。

[33]《清代新疆档案选辑》第39册,光绪八年十月初七日,第136页。

[34]《清代新疆档案选辑》第38册,光绪六年八月二十四日,第130—131页。

[35]《清代新疆档案选辑》第38册,光绪六年十二月十四日,第187页。

[36]《清代新疆档案选辑》第8册,光绪七年八月初四日,第340页。

[37]《清代新疆档案选辑》第38册,光绪七年五月二十三日,第276页。

[38]《清代新疆档案选辑》第38册,光绪七年十二月,第346页。

[39]《清代新疆档案选辑》第39册,光绪七年八月,第381页。

[40]《清代新疆档案选辑》第38册,光绪八年九月二十八日,第406页。

[41] 同上。

[42]《清代新疆档案选辑》第8册,光绪八年三月二十日,第426—427页。

[43]《清代新疆档案选辑》第1册,光绪八年七月,第231页。

[44] 同上。

[45]《清代新疆档案选辑》第9册,光绪八年九月十九日,第48页。

[46] 同上。

[47] 同上。

第十五章 驿传与社会关系

[48]《清代新疆档案选辑》第38册,光绪八年十一月,第433页。

[49]《清代新疆档案选辑》第38册,光绪八年十二月初七日,第439页。

[50]《清代新疆档案选辑》第39册,光绪九年正月二十八日,第29页。谨按,原文"应从缓议"已删除,可见当初刘锦棠并未批复杨大年的加捐方案,后来征收实为杨大年私自决定。

[51]《清代新疆档案选辑》第2册,光绪十二年七月十三日,第36页。

[52]《清代新疆档案选辑》第40册,光绪十一年八月二十四日,第92页。

[53]《清代新疆档案选辑》第40册,光绪十一年八月二十四日,第93页。

[54] 同上。

[55]《清代新疆档案选辑》第40册,光绪十一年八月二十四日,第93—95页。

[56]《清代新疆档案选辑》第40册,光绪十一年八月二十四日,第95页。

[57]《清代新疆档案选辑》第40册,光绪十一年九月十七日,第112页。

[58]《清代新疆档案选辑》第40册,光绪十二年三月十一日,第304页。

[59]《清代新疆档案选辑》第43册,光绪二十年十月十七日奉,第185页。

[60] 谨按,此韦游记当即前文所述哈密民车委员韦廷苞。

[61] 俱见《清代新疆档案选辑》第43册,光绪二十年十月十七日奉,第185页。

[62]《清代新疆档案选辑》第43册,光绪二十年十月十七日奉,第184页。

[63] 钟广生:《新疆志稿》,湖滨补腴庐文之一,民国十九年(1930)铅印本,第152页。

[64]《清代新疆档案选辑》第40册,光绪十一年十月,第119页。

[65]《清代新疆档案选辑》第18册,光绪二十九年十一月二十九日,第374—375页。

[66]《清代新疆档案选辑》第46册,光绪二十九年十二月二十日,第261页。

[67]《清代新疆档案选辑》第46册,光绪二十九年十二月二十日,第261—262页。

[68]《清代新疆档案选辑》第46册,光绪二十九年十二月二十日,第262页。

[69]《清代新疆档案选辑》第47册,光绪三十年,第15页。

[70] 钟广生:《新疆志稿》,第152—153页。

[71] 参见纪大椿:《潘效苏与新疆河西间的"站车"——二十世纪初新疆交通史一瞥》(原载《新疆经济报》2005年3月12日),见氏著《新疆近世史论文选粹》,乌鲁木

齐:新疆人民出版社,2011年,第251—252页。

[72]《清代新疆档案选辑》第47册,光绪三十二年五月十九日到,第305页。

[73]刘锦棠:《刘锦棠奏稿》,光绪九年七月初一日《关外各军行粮坐粮章程善后台局一切应发款目缮请立案折》,第159页。

[74]《清代新疆档案选辑》第36册,光绪三年七月十七日,第426页。

[75]《清代新疆档案选辑》第36册,光绪三年七月十七日,第426页;另据《左宗棠全集》(第6册,长沙:岳麓书社,1996年,第660页),文中陈巡检即"陈寿樽"。

[76]《清代新疆档案选辑》第36册,光绪三年八月初三日,第428页。

[77]刘锦棠:《刘锦棠奏稿》,光绪九年七月初一日《关外各军行粮坐粮章程善后台局一切应发款目缮请立案折》,第166页。

[78]《清代新疆档案选辑》第37册,光绪四年五月初二日,第82页。

[79]刘锦棠:《刘锦棠奏稿》,光绪九年七月初一日《关外各军行粮坐粮章程善后台局一切应发款目缮请立案折》,第167页。

[80]刘锦棠:《刘锦棠奏稿》,光绪九年七月初一日《关外各军行粮坐粮章程善后台局一切应发款目缮请立案折》,第167页。

[81]《清代新疆档案选辑》第36册,光绪三年,第432—433页。

[82]《清代新疆档案选辑》第36册,光绪三年九月初二日,第433页。

[83]《清代新疆档案选辑》第37册,光绪五年正月十九日,第220页。

[84]《清代新疆档案选辑》第37册,光绪三年十一月二十一日,第11页。

[85]《清代新疆档案选辑》第37册,光绪四年四月十三日,第77页。

[86]刘锦棠:《刘锦棠奏稿》,光绪九年七月初一日《关外各军行粮坐粮章程善后台局一切应发款目缮请立案折》,第167—168页。

[87]《清代新疆档案选辑》第37册,光绪五年正月,第225页。

[88]《清代新疆档案选辑》第37册,光绪五年二月十一日,第242页。

[89]《清代新疆档案选辑》第38册,光绪七年十月初八日,第319页。

[90]《清代新疆档案选辑》第37册,光绪四年十二月初四日,第188页。

[91]《清代新疆档案选辑》第37册,光绪四年十二月初四日,第189页。

[92]《清代新疆档案选辑》第37册,光绪五年正月二十九日,第223页。

[93]《清代新疆档案选辑》第38册,光绪六年十一月初十日,第168页。

第十五章　驿传与社会关系

［94］《清代新疆档案选辑》第38册,光绪七年七月初十日,第290—291页。

［95］《清代新疆档案选辑》第40册,光绪十一年七月二十七日,第77页。

［96］《清代新疆档案选辑》第39册,光绪九年八月初三日,第103页。

［97］《清代新疆档案选辑》第39册,光绪十年九月十七日,第392页。

［98］《清代新疆档案选辑》第38册,光绪七年十月初八日,第319页。

［99］《清代新疆档案选辑》第38册,光绪七年十一月初六日,第326页。

［100］《清代新疆档案选辑》第39册,光绪九年八月初八日,第104页。

［101］《清代新疆档案选辑》第40册,光绪十一年八月初七日,第82页。

［102］《清代新疆档案选辑》第40册,光绪十一年十月十八日,第126页。

［103］《清代新疆档案选辑》第40册,光绪十二年正月二十七日,第168页。

［104］《清代新疆档案选辑》第40册,光绪十二年六月十五日,第206页。

［105］《清代新疆档案选辑》第44册,光绪二十二年七月二十八日,第56页。

［106］《清代新疆档案选辑》第40册,光绪十三年四月,第331页。谨按,文中所言"马拨子"即驿站之称谓,日野强在其《伊犁纪行》(华立译,哈尔滨:黑龙江教育出版社,2005年,第106页)中称驿站为"马脖子",系对"马拨子"的误读。

［107］《清代新疆档案选辑》第41册,光绪十五年五月,第129页。

［108］《清代新疆档案选辑》第43册,光绪二十年三月初二日申,第80页。

［109］《清代新疆档案选辑》第42册,光绪十八年五月二十五日,第172—173页。

［110］《清代新疆档案选辑》第40册,光绪十三年八月,第381页。

结　语

新疆地处内陆欧亚腹地,作为古代文明的交汇之地,历来受到各国学者的关注,尤以"丝绸之路"的研究为人所知。古代文明的交流有赖于道路交通的通达,但以往关注最多的是天山东西向的丝绸之路干道研究,对于连接丝路干道的南北通道则明显关注不足。而天山山脉横亘亚洲腹地,呈东西走向,将中亚及新疆分为北方的游牧经济区与南方的农耕经济区,游牧文明与农耕文明的交流是贯穿整个古代内陆欧亚社会的主要历史线索之一,这两种文明的沟通和交流正是通过穿越天山南北之间的山中捷径而得以实现。清代作为我国历史上有效管辖和治理新疆的一个重要时代,其南北沟通和交流的深度与广度比以往任何时期都更为紧密和频繁,所以明确这些南北通道在清代新疆的具体情况就显得尤为必要。

清朝于乾隆年间统一新疆后,由于实行"北重南轻"的布防策略[1],因此在天山北麓一线形成了两个主要的军事政治中心,即位于西部天山区的将军所在地伊犁和位于东部天山区的都统所在地乌鲁木齐。清前期尤以伊犁为重要,因为"伊犁当勘定之初,为新疆总汇,奉旨设立将军,一切管辖地方,调遣官兵",举"凡乌鲁木齐、巴里坤所有满洲、索伦、察哈尔、绿旗官兵应听将军总统调遣。至回部与伊犁相通,自叶尔羌、喀什噶尔至哈密等处驻扎官兵,亦归将军兼管,其地方事务仍令各处驻扎大臣照旧办理,如有应调伊犁官兵之处,亦准咨商将军就近调拨,开明职掌载入敕书"[2]。可见伊犁将军在当时具有统辖全疆的职权,为便于伊犁将军对天山南路的掌控和南路对伊犁统治中心的经济供应,清朝逐渐在当地建设了四条重要的天山南北通道,安设必要的军台驿传设施,并不时建设与维护。作为乌鲁木齐都统所在地的东天山南北通道,清军对其使用则要早于西天山南北通道,而且某些道路本身既是天山南北通道,同时也是丝绸之路干道上的重要一环,这种情况在新疆建省后表现得尤为突出,如小南路便从清前期的民间商道在建省后一跃成为并列于天山南北两条干道之外的"中大道"。总之,这些天山南北通道与天山南北两条丝路干道相互连接,共同构成了天山地区的道路交通网,所谓的"天山廊道的路网"就此清晰呈现。由于这些通道的便捷,这些道路在清前期得以有效利用,使得它们在清代新疆历史上发挥了不可忽视的重要作用。尤其当南疆发生动乱不靖时,北路清军正是借此山中捷径,才迅速南下平定动乱,抵御外来侵扰,保障回疆的稳定与安宁。除此之外,这些通道还承担着传递信息、人员过境、运送官物、贸易等方面的诸多功能,大大方便了天山南北间的交流与互动,尤其对于地广人稀的新疆更是难能可贵。只是后来随着浩罕与沙俄势力的扩张,以及清朝国力衰退所导致的自我巡边与换防的放弃,致使那林草地道与伊犁通乌什道沿线的大片疆土割让俄国,其教训是惨痛的。而道路交通又可谓边疆版图的血脉,一旦被斩断,作为"大脑中枢"的中央政府便彻底失去对边疆领土的控制,边疆必然沦为异域。与此同时,其他保留在我国版图之内的道路至今仍然发挥着不可替代的重要作用,如伊犁通喀喇沙尔及库车路线大致即为今天218国道伊宁至库尔勒段及217国道(独库公路)南半段,吐鲁番至乌鲁木齐间的后沟路即为今天的312国道乌吐段。虽然小南路与哈密通巴里坤路今天已经被各自偏东的238省道及203省道所代替,但哈密通巴里坤之间的库舍图岭路至今仍在使用,而且当地政府正在大加修整,拟利用沿线丰富的历史文化资源,开辟为旅游专线。即使尚未开发的冰岭道及他即沟路,至今在民间甚至在官方层面,仍不时有人商讨和论证打通这两条道路的可能性,足见其交通价值之所在。在今天"丝绸之路经济带"建设的背景下,如何利用和开发这些天山南北通道,不仅关系到当地社会经济的发展问题,同时也是重要的边疆安全问题,因此我们必须时刻给予必要的关注。

纵观清代新疆驿传的沿革与演变,不难发现其变化与清代新疆的治理息息相关。在清朝治理新疆前期(1759—1864),实际上实行的是以伊犁将军、乌鲁木齐都统和回疆参赞大臣为代表的军府统治体系,并在民政领域采取州县、伯克与札萨克等多元治理制度,因而在驿传领域也出现了军台、营塘与驿站诸多平台,正是对以上多元治理制度的配套驿传体系。按照《清会典》规定,"新疆西路、北路办事大臣、领队大臣以上皆得递奏折"[3],因而这一时期拥有"具折权"的官员遍布天山南北,各部王公等也拥有此项权利,从吴元丰先生对有清一代军机处满文月折包内新疆史料的统计便可清楚地认识这一点。[4]但同治年间新疆大乱后,原有的统治体系与制度几乎全部瓦解,至光绪三年(1877)新疆大部收复后,尤其随着此后新疆建省的实施,新疆大部区域开始转而推行州县制度,驿传体系也为之一变,由之前的军台、营塘与驿站多元平台几乎全部变革为驿站平台。《清会典》规定:"在外各省文职按察使以上、武职总兵以上,驻防总管城守尉以上,皆得递奏折。道员言事,亦得递奏折,其言事得递奏折者,遇除授谢恩老病请假等事,仍不准自递奏折。"[5]单从字面规定来看,建省后仍有不少官员拥有具折权,但在涉及新疆政治、经济等社会治理问题上,真正拥有具折权的行省官员恐怕仅有新疆巡抚一人而已,其他诸如布政使、按察使与总兵等名义上拥有具折权的官员也仅限于"谢恩折"之类的使用,各部王公也被剥夺了具折权,其奏事不得不由所属州县层层转报上达新疆巡抚代为递奏。[6]在行省巡抚之外,真正拥有"具折言事"的官员,也仅有军府残余制度下的伊犁将军与塔城办事大臣等人而已。[7]这一切均反映出建省后新疆行政权力的逐渐收紧与集中,这也正是行省制度力求达到对边疆社会垂直管理的权力保证,其实现和落实也有赖于以驿站为核心的驿传系统的运作。相比清前期新疆各城大臣所拥有的具折权使得整个新疆权力相对分散,其借助以军台为核心的驿传系统对权力的运转,甚少将整个当地社会动

结 语

员起来,如承平时节的南疆军台。按照规定,真正被卷入军台驿传系统的当地百姓仅限于附近当差民众,但建省后的府厅州县制度由于其以公文传递为核心的行政运作模式,使得驿站始终处于一种高强度的运转状态,因而需要投入更多的人力和财力,如正文所述光绪十九年(1893)北路承办大差津贴银两的筹集便将整个南疆社会全部纳入晚清新疆驿传的运作当中。换言之,以驿站为平台的驿传运作体系成为清朝治理边疆社会的权力投放渠道,使得行省制度的垂直管理成为可能。于此可见驿站实为行省制度的配套措施,这也再次说明行省制度实为一套体系化的社会治理模式。因此对于驿站系统的研究,也将促使我们对晚清新疆建省及行省制度的内涵有一更加深入的认识与理解。

总而言之,新疆之于清朝,犹如四肢之于大脑躯体;而交通之于新疆,则犹如血管之于四肢;驿传之于新疆,则犹如筋脉之于四肢;血脉畅通,大脑躯体才能连动四肢,进而构成一个完备的有机体。

注 释:

[1] 佘太山主编:《西域通史》,郑州:中州古籍出版社,2003年,第433页。

[2] 《清高宗实录》卷六七三,乾隆二十七年十月壬子,北京:中华书局,1985年,第525页。

[3] 《清会典》卷八十三《奏事处》,北京:中华书局,1991年,第742页。

[4] 吴元丰:《军机处满文月折包内新疆史料及其研究价值》,《西域研究》2000年第1期,第92—93页。

[5] 《清会典》卷八十三《奏事处》,第742页。

[6] 参见刘锦棠:《刘锦棠奏稿》,杨云辉校点,光绪十四年九月二十六日《代奏回子亲王恳请暂缓进京朝贺折》,长沙:岳麓书社,2013年,第503—504页。

[7] 参见吴元丰:《军机处满文月折包内新疆史料及其研究价值》,《西域研究》2000年第1期,第92—93页。

附　录

甘肃按察使呈赍遵批照抄新疆各衙门驻扎地方相距程途里数清册

甘肃按察使为呈赍事,案奉宪台批本司详赍新疆各衙门驻扎地方相距程途里数,饬令照抄三分呈赍,以备转发查更等因奉此。遵将新疆各衙门相距地方程途里数照依前案抄录清册,呈赍电核,须至清册者,计开:

一、甘肃至新疆程限:

自兰泉驿起四十里至　　沙井驿七十里至
苦水驿五十里至　　　　红城驿七十里至
平番在城驿三十里至　　武胜驿三十里至
岔口驿五十里至　　　　镇羌驿六十里至
黑松驿三十里至　　　　古浪县六十里至
靖边驿四十里至　　　　大河驿三十里至
凉州属武威县五十里至　怀安驿四十里至
柔远驿七十里至　　　　永昌县七十里至
水泉驿五十里至　　　　硖口驿四十里至
新河驿四十里至　　　　山丹县五十里至
东乐驿三十里至　　　　仁寿驿四十里至
甘州属张掖县五十里至　沙井驿六十里至
抚彝驿四十里至　　　　高台县五十里至
黑泉驿五十里至　　　　深沟驿三十里至
盐池驿四十里至　　　　双井驿六十里至

附 录

临水驿四十里至　　　　　酒泉驿七十里至
嘉峪关九十里至　　　　　惠回堡七十里至
赤金湖驿四十里至　　　　赤金硖驿九十里至
靖逆驿七十里至　　　　　柳沟驿七十里至
布隆吉驿九十里至　　　　小湾驿七十里至
安西驿九十里至　　　　　白墩子八十里至
红柳园七十里至　　　　　大泉六十里至
马莲井子七十里至　　　　哈密所管星星硖九十里至
沙泉子八十里至　　　　　苦水一百四十里至
格子烟墩（中有天生墩腰站六十里至）　长流水七十里至
黄芦岗七十里至

钦差衙门驻扎哈密城，共计程三千里，三百里公文应限十日，四百里公文应限七日六时，五百里公文应限六日，六百里公文应限五日。

又自哈密起六十里至　　　头堡六十里至
三堡七十里至　　　　　　鸭子泉八十里至
瞭墩九十里至　　　　　　梧桐窝七十里至
三间房一百二十里至　　　吐鲁番所管十三间房一百三十里至
七克腾木五十里至　　　　苏鲁图六十里至
辟展六十里至　　　　　　连木沁台六十里至
胜金台九十里至

钦差衙门驻扎吐鲁番城阳和驿，计程一千里，连前自甘肃兰泉驿起，历哈密接算，共计程四千里，三百里公文应限十三日四时，四百里公文应限十日，五百里公文应限八日，六百里公文应限六日八时。

又自阳和驿起四十里至　　迪化州所管芦沟驿九十里至
通津驿八十里至　　　　　山阳驿六十里至
达坂腰站七十里至　　　　望墩驿九十里至
盐池驿六十里至

乌鲁木齐都统、提督驻扎迪化州巩宁驿,计程四百九十里,连前自甘肃兰泉驿起,历哈密吐鲁番接算,共计程四千四百九十里,三百里公文应限十四日十一时四刻零,四百里公文应限十一日二时五刻零,五百里公文应限八日十一时六刻零,六百里公文应限七日五时六刻零。

又自吐鲁番六十里至　　　　　布干台五十里至
托克逊台七十里至　　　　　　喀喇沙尔所属苏巴什台一百三十里至
库木什阿哈玛台一百二十里至　额克尔齐台七十里至
乌沙克他尔台八十里至　　　　特伯尔古台七十里至

钦差衙门驻扎喀喇沙尔城,计程六百五十里,连前自甘肃兰泉驿起,历哈密、吐鲁番接算,共计程四千六百五十里。三百里公文应限十五日六时,四百里公文应限十一日七时四刻零,五百里公文应限九日三时四刻,六百里公文应限七日九时。

前件,查喀喇沙尔来册开造该处东至吐鲁番城,自开都河北台起,至特伯尔古台九十里,特伯古尔台至乌沙克他尔台八十里,乌沙克他尔台至新井子腰台八十里,新井子腰台至喀喇河色尔台七十里,喀喇河色尔台至库木什阿哈玛台九十里,库木什阿哈玛至桑树园子腰台七十里,桑树园子腰台至阿哈尔布拉克台六十里,阿哈尔布拉克台至苏巴什台八十里,苏巴什台至托克逊台八十里,托克逊台至布干台七十里。布干台至吐鲁番城九十里,共计程八百七十里,登称历年报销供支夫马车价俱以六百五十里核算等因,今册开造台名里数与该处册造较多路二百二十里,系照道光十四年咨部成案画一造报,再来册登称苏巴什军台于道光十一年六月内因山水陡发,冲坏军台房屋,当即呈请挪建台院一所,离旧台东北五里许,东至吐鲁番所属托克逊台减近五里,西至本处所属阿哈尔布拉克台远加五里,经前任署理办事大臣富奏明在案,又新井子、桑树园子二腰台系于道光二十九年经办事大臣舒奏请添设,理合一并登明。

又自喀喇沙尔台起一百里至　　哈尔哈阿满台六十里至
库尔勒台七十里至　　　　　　哈拉布拉克台一百里至

库尔楚台一百六十里至　　　　策达雅尔台六十里至

洋萨尔台一百里至　　　　　　布吉尔台一百里至

阿尔巴特台一百四十里至　　　托和奈台六十里至

钦差衙门驻扎库车，计程九百五十里，连前自甘肃兰泉驿起，历哈密、吐鲁番、喀喇沙尔接算，共程五千六百里，三百里公文应限十八日八时，四百里公文应限十四日，五百里公文应限十一日二时三刻零，六百里公文应限九日四时。

又自库车底台一百六十里至　　阿克苏所属河色尔台四十里至

塞里木台八十里至　　　　　　拜城台九十里至

鄂依斯唐可齐克台八十里至　　察尔齐克台一百二十里至

哈拉玉尔滚台八十里至　　　　札木台八十里至

钦差衙门驻扎阿克苏，计程七百三十里，连前自甘肃兰泉驿起，历哈密、吐鲁番、喀喇沙尔、库车接算，共程六千三百三十里，三百里公文应限二十一日一时一刻零，四百里公文应限十五日九时七刻零，五百里公文应限十二日七时七刻零，六百里公文应限十日六时四刻零。

又自阿克苏底台八十里至　　　乌什所属察尔拉克台八十里至

阿察他克台八十里至

钦差衙门驻扎乌什城，计程二百四十里，连前自甘肃兰泉驿起，历哈密、吐鲁番、喀喇沙尔、库车、阿克苏接算，共程六千五百七十里，三百里公文应限二十一日十时六刻零，四百里公文应限十六日五时零，五百里公文应限十三日一时五刻零，六百里公文应限十日十一时三刻零。

又自阿克苏底台起八十里至

浑巴什台六十里至　　　　　　洋阿里克台一百里至

都齐特台六十里至　　　　　　叶尔羌所属伊拉堵台五十五里至

乌土斯克满台六十里至　　　　衡阿拉克台七十里至

库库车尔台八十里至　　　　　巴尔楚克台一百里至

托克得里克托海台七十里至　　塞尔吉努斯台七十里至

355

毕萨克抵台六十里至	阿克萨克玛拉尔台八十里至
阿朗格尔台九十里至	迈那特台一百二十里至
赖里克台九十里至	爱吉特虎台七十里至

钦差衙门驻扎叶尔羌，计程一千三百十五里，连前自甘肃兰泉驿起，历哈密、吐鲁番、喀喇沙尔、库车、阿克苏接算，共程七千六百四十五里，三百里公文应限二十五日五时六刻零，四百里公文应限十九日一时二刻零，五百里公文应限十五日三时三刻零，六百里公文应限十二日八时七刻零。

前件，查叶尔羌阿克苏来册开造自叶尔羌起，东至爱吉特虎台八十里，爱吉特虎台至额里克台一百二十里，额里克台至迈那特台八十里，迈那特台至阿郎格尔台九十里，阿郎格尔台至阿克萨克玛喇勒台八十里，阿克萨克玛喇勒台至吉格达台九十里，吉格达台至海那木桥台七十里，海那木桥台至察巴克台八十里，察巴克台至图木舒克台八十里，图舒木克台至库底库勒台七十里，库底库勒台至雅哈库图克台六十里，雅哈库图克台至色瓦特台六十里，色瓦特台至阿克萨所属齐兰台九十里，齐兰台至沙井子腰台九十里，沙井子腰台至萨依里克亮噶尔台九十里，萨依里克亮噶尔台至浑巴什台五十里，浑巴什台至阿克苏底台八十里，以上共计一千三百六十里，今册开造自叶尔羌起，至阿克苏底台止，共程一千三百一十五里，较多四十五里，其台数不符之处，登称系道光九年七月内奉文新安改移，又东路色瓦特台于道光十二年闰九月初七日安设，又皮产里克台于道光十四年四月内离旧台东南十五里吉格达地方建修挪移，所有现在册造台名里数系照道光十四年咨部成案画一造报，理合登明。

又自阿克苏底台起八十里至	札木台八十里至
阿尔巴特台八十里至	良噶尔台八十里至
图巴拉克台八十里至	胡斯图托海台七十里至
他木哈他什台一百二十里至	噶克察哈尔海台八十里至
伊犁属之沙吐阿满台八十里至	特克斯台一百里至
和纳海台九十里至	博尔台七十里至

附　录

索古尔台九十里至　　　　海努克台五十里至
巴图孟可台六十里至

将军衙门驻扎伊犁，计程一千二百一十里，连前自甘肃兰泉驿起，历哈密、吐鲁番、喀喇沙尔、库车、阿克苏接算，共程七千五百四十里，三百里公文应限二十五日一时四刻零，四百里公文应限十八日十时一刻零，五百里公文应限十五日七刻零，六百里公文应限十二日六时六刻零。

前件，查伊犁来册开造南至阿克苏，由该处起至巴图蒙阿台十五里，巴图蒙阿台至海努克台九十里，海努克台至索果尔台七十里，索果尔台至博尔台八十里，博尔台至霍诺海台八十里，霍诺海台至特克斯台一百二十里，特克斯台至沙图阿满台六十里，沙图阿满台至阿东噶尔布呼图台七十里，以上共计程五百八十五里，今册开造共计程五百四十里，较册造多路四十五里。登称新设阿东噶尔布呼图台系道光十年因沙尔阿满台南距阿克苏所属穆苏尔达巴罕北噶克察哈尔海台站甚远，奏准适中添设此台，所有现在册造台名里数系照道光十四年咨部成案画一造报，是以不符，理合登明。

又自叶尔羌起七十里至　　　　喀喇布札克台一百四十里至
喀什噶尔属之河色尔察木笼台五十里至
托布拉克台七十里至　　　　英阿杂尔台八十里至（即英吉沙尔）
库森他斯浑台九十里至

钦差衙门驻扎喀什噶尔，计程五百里，连前自甘肃兰泉驿起，历哈密、吐鲁番、喀喇沙尔、库车、阿克苏、叶尔羌接算，共程八千一百四十五里，三百里公文应限二十七日一时六刻零，四百里公文应限二十日四时二刻零，五百里公文应限十六日三时三刻零，六百里公文应限十三日六时七刻零。

前件，查喀什噶尔来册开造自该处底台南至库森他斯浑台六十里，库森塔斯浑台至英吉沙尔九十里，英吉沙尔至托布拉台五十里，托布拉台至察木伦台六十里，察木伦台至哈拉玛札什台一百四十里，哈拉玛札什台至叶尔羌七十里，以上共计程四百七十里，今册开造自喀什噶尔叶尔羌共计程五百里，较该处册造多路三十里，系照道光十四年咨部成案画一造报，是以站道里数不符,理合登明。

又查嘉庆十七年喀什噶尔造到程途里数册内开造自底台起,捷径东至大河沿七十里,回庄大河沿至牌素巴特三十里,回庄牌素巴特至英阿瓦特四十里,回庄英阿瓦特至托克托尔干七十里,由此进树窝,托克托尔干至伊木什五十里,伊木什至阿克察哈尔五十里,阿克察哈尔至库鲁撒帕奇七十里,库鲁撒帕奇至吗拉尔巴什六十里,吗拉尔巴什至叶尔羌所属巴尔楚克台七十里,其自巴尔楚克台起,其中间撒台名目里数已在册造自阿克苏至叶尔羌一节开列矣。至阿克苏城计程五百三十二,共计程一千四十里,较至喀什噶尔,由叶尔羌大道行走至阿克苏,计程一千八百一十五里,不惟捷径七百七十里,且与夫马车价银两有减无浮,曾于乾隆五十四年造册咨报奉部复准,以后仍由牌素一路行走,至英吉沙尔病故官兵骨殖应需夫马车价银两统随喀什噶尔一律造报之处,业经造入上次程图册内咨报在案,此次来册并未造有此段,径应照旧案一并开造,理合登明。

又自叶尔羌起七十里至　　　　坡斯坎台一百一十里至
洛伏克亮噶尔台一百六十里至　嗯玛台一百二十里至
滚得里克台一百里至　　　　　扁尔满台一百五十里至
哈拉哈什台六十里至

钦差衙门驻扎和阗计程七百七十里,连前自甘肃兰泉驿起,历哈密、吐鲁番、喀喇沙尔、库车、阿克苏、叶尔羌接算,共程八千四百一十五里,三百里公文应限二十八日四刻零,四百里公文应限二十一日三刻零,五百里公文应限十六日九时七刻零,六百里公文应限十四日三刻零。

前件,查和阗来册开造自该处起,西至杂瓦台七十里,杂瓦台至帕尔慢台一百二十里,帕尔慢台至木吉台一百四十里,木吉台至嗯玛台八十里,嗯玛台至洛和台一百六十里,洛和台至坡斯坎木台一百二十里,坡斯坎木台至叶尔羌七十里,以上共计程七百六十里,今册开造自和阗至叶尔羌共计程七百七十里,较该处册造多程十里,其台名里数不符之处,来册并未声登,现在册造台站里数系照道光十四年咨部成案画一造报,理合登明。

附　录

又自哈密起一百二十里至　　　　南山口六十里至

宜禾县所属松树塘八十里至　　　奎素七十里至

巴里坤总镇衙门驻扎镇西府宜禾县会宁驿,计程三百三十里,连前自甘肃兰泉驿起,历哈密接算,共程三千三百三十里,三百里公文应限十一日一时一刻零,四百里公文应限八日三时七刻零,五百里公文应限六日七时七刻零,六百里公文应限五日六时四刻零。

又自宜禾县会宁驿起九十里至

望山驿九十里至　　　　　　　　肋泉驿六十里至

涌泉驿九十里至　　　　　　　　巨沟驿六十里至

奇台县所属磐安驿四十里至　　　磐安腰站三十里至

三泉腰站九十里至　　　　　　　三泉驿九十里至

白水驿七十里至　　　　　　　　屏营驿六十七里至

孚远驿九十里至　　　　　　　　济木萨所属保会驿七十里

三台驿八十里至　　　　　　　　阜康县所管柏杨驿九十里至

康乐驿七十里至　　　　　　　　迪化州所管黑沟驿九十里至

乌鲁木齐都统、提督驻扎迪化州巩宁驿,计程一千二百三十七里,连前自甘肃兰泉驿起,历哈密、宜禾接算,共程四千五百六十七里,二百里公文应限十五日二时五刻零,四百里公文应限十一日五时零,五百里公文应限九日一时四刻零,六百里公文应限七日七时二刻零。

又自巩宁驿起七十里至

景化驿六十里至　　　　　　　　昌吉县所属宁边驿七十里至

靖远县八十里至　　　　　　　　绥来县所属乐土驿七十里至

安集海台七十里至　　　　　　　乌兰乌苏七十里至

库尔喀喇乌苏所属奎屯台五十里至　库尔喀喇乌苏台六十五里至

布尔噶齐台六十里至　　　　　　墩木达台五十五里至

古尔图台五十里至　　　　　　　精河所管托多克台一百二十五里至

精河台六十里至　　　　　　　　托里台七十里至

托和木图台九十里至　　　　伊犁所管胡素图布拉克台七十五里至

鄂尔招土博木台六十里至　　塔尔巴哈大博尔奇尔台五十里至

塔尔奇阿满台六十里至

伊犁将军驻扎伊犁,计程一千三百六十五里,连前自甘肃兰泉驿起,历哈密、宜禾、迪化接算,共程五千九百三十二里,三百里公文应限十九日九时二刻零,四百里公文应限十四日九时七刻零,五百里公文应限十一日十时三刻零,六百里公文应限九日十时五刻零。

查伊犁来册开造惠远城东至沙拉布拉克头台六十里,沙拉布拉克头台至塔尔奇阿满台六十里,塔尔奇阿满台至鄂博尔奇尔四十里,鄂博尔奇尔至鄂尔哲图博木台六十里,鄂尔哲图博木台至胡素图布拉克台八十里,以上共计程该三百里。今册造自伊犁至胡素图布拉克台核算,共程二百四十五里,系照道光十四年办过成案开造,理合登明。

又自迪化州所属巩宁驿起七十里至

昌吉县所管宁边驿七十里至

景化驿六十里至　　　　　　绥来县所管乐土驿七十五里至

靖远驿八十里至　　　　　　乌兰乌苏台七十里至

安集海台七十里至　　　　　库尔喀喇乌苏所属奎屯台九十里至

库尔河台九十里至　　　　　沙拉乌苏台七十里至

鄂伦布拉克台八十里至　　　塔尔巴哈台所属乌尔图布拉克台七十里至

雅玛图台九十里至　　　　　沙拉活洛素台七十里至

色特尔莫多台七十里至

钦差衙门驻扎塔尔巴哈台,计程一千一百二十五里,连前自甘肃兰泉驿起,历哈密、宜禾、迪化接算,共程五千六百九十二里,三百里公文应限十八日十一时五刻零,四百里公文应限十四日二时六刻零,五百里公文应限十一日四时四刻零,六百里公文应限九日五时六刻零。

又自巴里坤起九十里至　　　苏吉九十里至

肋巴泉六十里至　　　　　　乌兔水九十里至

附 录

噶顺六十里至　　　　　奇台所管色必口四十里至

大石头三十里至　　　　戈壁沿九十里至

三个泉九十里至　　　　木垒,由木垒至东吉尔玛泰,由东吉尔玛泰至奇台县,由奇台县至古城,共计程二百三十里。

又自木垒至奇台县九十里至奇台县至古城九十里至钦差衙门驻古城,计程八百七十里,连前自甘肃兰泉驿起,历哈密、宜禾接算,共程四千二百里,三百里公文应限十四日,四百里公文应限十日六时,五百里公文应限八日四时六刻零,六百里公文应限七日。右具册。

光绪十年五月

参考文献

(一)

中国第一历史档案馆藏"汉文录副奏折"。

中国第一历史档案馆藏"满文录副奏折"。

中国第一历史档案馆藏"户科题本"。

台湾"中央研究院"历史语言研究所藏"内阁大库档案"。

中国第一历史档案馆编《光绪朝朱批奏折》,北京:中华书局,1996年。

中国第一历史档案馆编《光绪朝上谕档》,桂林:广西师范大学出版社,1996年。

中国第一历史档案馆编《清代文书档案图鉴》,长沙:岳麓书社,2004年。

冯明珠、林天人主编《笔画千里——院藏古舆图特展》,台北:"故宫博物院",2008年。

李天鸣主编《失落的疆域:清季西北边界变迁条约舆图特展》,台北:"故宫博物院",2010年。

孙靖国:《舆图指要:中国科学院图书馆藏中国古地图叙录》,北京:中国地图出版社,2010年。

中国边疆史地研究中心、新疆维吾尔自治区档案局合编《清代新疆档案选辑》,桂林:广西师范大学出版社,2012年。

马振犊、苗普生主编《民国时期新疆档案汇编(1912—1927)》,南京:凤凰出版社,2015年。

(二)

《新唐书》,北京:中华书局,1975年。

《清史稿》,北京:中华书局,1977年。

《清圣祖实录》,北京:中华书局,1985年。

《清世宗实录》,北京:中华书局,1985年。

《清高宗实录》,北京:中华书局,1985年。

《清仁宗实录》,北京:中华书局,1986年。

《清宣宗实录》,北京:中华书局,1986年。

《清文宗实录》,北京:中华书局,1986年。

《清穆宗实录》,北京:中华书局,1987年。

《清德宗实录》,北京:中华书局,1987年。

傅恒等纂《平定准噶尔方略》,《景印文渊阁四库全书》第358—359册,台北:台湾商务印书馆,1986年。

《清会典》,北京:中华书局,1991年。

《清会典事例》,北京:中华书局,1991年。

《蒙古回部王公表传》(第一辑),包文汉、奇·朝克图整理,呼和浩特:内蒙古大学出版社,1998年。

傅恒等修《钦定西域同文志》,《钦定四库全书荟要》影印本,长春:吉林出版集团有限公司,2005年。

曹振镛、赵盛奎等编纂《平定回疆剿擒逆裔方略》,苗普生主编《中国西北文献丛书·二编》第9册,北京:线装书局,2006年。

(三)

林乐知口译、蔡锡龄笔述《西国近事汇编》,光绪丁酉季春慎记书庄石印本。

谭泽闿、谭宝箴、谭延闿编《谭文勤公(钟麟)奏稿》,《近代中国史料丛刊》第33辑,台北:文海出版社,1969年。

杨国佐、杨国祯编《忠武公年谱》,道光二十年刻本,北京图书馆编《北京图书馆藏珍本年谱丛刊》第123册,北京:北京图书馆出版社,1994年。

长龄:《懋亭自定年谱》,清道光桂丛堂刻本,北京图书馆编《北京图书馆馆藏珍本年谱丛刊》第12册,北京:北京图书馆出版社,1994年。

左宗棠:《左宗棠全集》,长沙:岳麓书社,1996年。

陶模:《陶勤肃公奏议遗稿》,马大正主编《清代新疆稀见奏牍汇编》(中册),乌鲁木齐:新疆人民出版社,1996年。

佚名:《松文清公升官录》,清硃格抄本,北京图书馆编《北京图书馆藏珍本年谱丛刊》第119册,北京:北京图书馆出版社,1999年。

朱一新:《无邪堂答问》,北京:中华书局,2000年。

薛仰敬主编《兰州古今碑刻》,兰州:兰州大学出版社,2002年。

那彦成:《那文毅公奏议》,清道光十四年刻本,《续修四库全书》第497册,上海:上海古籍出版社,2002年。

长龄:《长文襄公自定年谱》,道光辛丑年桂丛堂刻本,《续修四库全书》557册,上海:上海古籍出版社,2002年。

《新疆省财政说明书》,《清光绪年二十二省财政说明书》"陕西新疆卷"第二册,北京:全国图书馆文献缩微复制中心,2008年。

魏源:《圣武记》,长沙:岳麓书社,2010年。

刘锦棠:《刘锦棠奏稿》,杨云辉校点,长沙:岳麓书社,2013年。

饶应祺:《饶应祺奏稿》,马大正、阿拉腾奥其尔主编《清代新疆稀见奏牍汇编》(补遗卷)第6册,乌鲁木齐:新疆人民出版社,2013年。

魏光焘:《勘定新疆记》,哈尔滨:黑龙江教育出版社,2014年。

(四)

钟广生:《新疆志稿》,湖滨补牍庐文之一,民国十九年铅印本。

苏尔德:《回疆志》,《中国方志丛书》西部地方第一号,台北:成文出版社,1968年。

黄文炜:《重修肃州新志》,酒泉:甘肃省酒泉县博物馆翻印,1984年。

伊犁师院学报编辑部编《伊犁府志注释》,伊宁:学报编辑部,1985年。

和宁:《回疆通志》,《中国西北文献丛书》第59册,兰州:兰州古籍书店,1990年。

阮明道主编《西域地理图说注》,延吉:延边大学出版社,1992年。

王希隆:《新疆文献四种辑注考述》,兰州:甘肃文化出版社,1995年。

祁韵士:《皇朝藩部要略稿本》,包文汉整理,哈尔滨:黑龙江教育出版社,1997年。

傅恒等纂《西域图志》,钟兴麒校注,乌鲁木齐:新疆人民出版社,2002年。

松筠纂修《新疆识略》,《续修四库全书》第732册,影印道光元年武英殿本,上海:上海古籍出版社,2002年。

和瑛:《三州辑略》,苗普生主编《中国西北文献丛书·二编》第5册,北京:线装书局,2003年。

穆彰阿、潘锡恩等纂修《大清一统志》,上海:上海古籍出版社,2008年。

祁韵士:《西陲总统事略》,北京:中国书店,2010年。

马大正、黄国政、苏凤兰整理《新疆乡土志稿》,乌鲁木齐:新疆人民出版社,2010年。

李德龙校注《<新疆四道志>校注》,北京:中央民族大学出版社,2014年。

王树枬等纂修《新疆图志》,朱玉麒等整理,上海:上海古籍出版社,2015年。

(五)

椿园:《西域闻见录》,味经堂梓,嘉庆十九年刻本。

佚名:《咸同以来中俄交涉记·天山山中通路》,江标译,味经刊书处刻本,国家图书馆藏缩微胶卷。

伊·费·巴布科夫:《1859—1875年我在西西伯利亚服务的回忆》,王之相译,陈汉章校,北京:商务印书馆,1973年。

A.H.库罗帕特金:《喀什噶尔》,中国社会科学院近代史研究所翻译室译,北京:商务印书馆,1982年。

王延德:《西州使程记》,杨建新编《古西行记选注》,银川:宁夏人民出版社,1987年。

洪亮吉:《伊犁日记》,《古西行记选注》本。

郑炳林:《敦煌地理文书汇辑校注》,兰州:甘肃教育出版社,1989年。

祁韵士:《万里行程记》,李广洁整理,太原:山西人民出版社,1992年。

王廷襄:《叶桤纪程》,吴丰培主编《丝绸之路资料汇钞》(清代部分),北京:全国图书馆文献缩微复制中心,1996年。

景廉:《冰岭纪程》,《丝绸之路资料汇钞》(清代部分)本。

《使准噶尔行程记》,《丝绸之路资料汇钞》(清代部分)本。

袁大化:《壬子回程记》,《丝绸之路资料汇钞》(清代部分)本。

洪亮吉:《洪亮吉集》,刘德权点校,北京:中华书局,2001年。

陶保廉:《辛卯侍行记》,刘满点校,兰州:甘肃人民出版社,2000年。

谢苗诺夫:《天山游记》,李步月译,乌鲁木齐:新疆人民出版社,2001年。

方希孟:《西征续录》,王志鹏点校,兰州:甘肃人民出版社,2002年。

倭仁:《莎车行记》,《西征续录》本。

方士淦:《东归日记》,《西征续录》本。

林则徐:《荷戈纪程》,《西征续录》本。

袁大化:《抚新纪程》,《西征续录》本。

裴景福:《河海昆仑录》,杨晓霭点校,兰州:甘肃人民出版社,2002年。

方浚师:《蕉轩续录》,影印清光绪刻本,《续修四库全书》第1141册,上海:上海古籍出版社,2002年。

马达汉:《马达汉西域考察日记1906—1908》,王家冀译,阿拉腾奥其尔校订,北京:中国民族摄影艺术出版社,2004年。

徐松:《西域水道记(外二种)》,朱玉麒整理,北京:中华书局,2005年。

日野强:《伊犁纪行》,华立译,哈尔滨:黑龙江教育出版社,2005年。

沙克都林札布:《南疆勘界日记图说》,李德龙、俞冰主编《历代日记丛钞》第108册,北京:学苑出版社,2006年。

莫理循:《一个澳大利亚人在中国》,窦坤编译,福州:福建教育出版社,2007年。

莫理循:《1910,莫理循中国西北行》,窦坤、海伦编译,福州:福建教育出版社,2008年。

马达汉:《百年前走进中国西部的芬兰探险家自述——马达汉新疆考

察纪行》,马大正、王家骥、许建英译,乌鲁木齐:新疆人民出版社,2008年。

新疆维吾尔自治区文物局编《新疆维吾尔自治区第三次全国文物普查成果集成:昌吉回族自治州卷》,北京:科学出版社,2011年。

邓缵先:《叶迪纪程》,黄海棠、邓醒群点校,上海:华东师范大学出版社,2012年。

亨宁·哈士纶:《蒙古的人和神》,徐孝祥译,乌鲁木齐:新疆人民出版社,2013年。

谢晓钟:《新疆游记》,北京:中国国际广播出版社,2016年。

刘雨沛:《西戍途中日记》,《新遊记汇刊续编》第6册,中华书局印行,年代不详。

(六)

楼祖诒编《中国邮驿史料》,北京:人民邮电出版社,1958年。

新疆社会科学院民族研究所编《新疆简史》(第一册),乌鲁木齐:新疆人民出版社,1980年。

伊·亚·兹拉特金:《准噶尔汗国史:1635—1758》,马曼丽译,北京:商务印书馆,1980年。

庄吉发:《故宫档案述要》,台北:"故宫博物院",1983年。

刘义棠:《钦定西域同文志校注——新疆回语部分》,台北:台湾商务印书馆,1984年。

刘广生主编《中国古代邮驿史》,北京:人民邮电出版社,1986年。

松田寿男:《古代天山历史地理学研究》,陈俊谋译,北京:中央民族学院出版社,1987年。

陈延琪、萨莎编《西域研究书目》,乌鲁木齐:新疆人民出版社,1990年。

新疆维吾尔自治区教育厅、新疆历史教材编写组编《新疆地方史》,乌鲁木齐:新疆大学出版社,1991年。

新疆维吾尔自治区交通史志编委会编《新疆古代道路交通史》,北京:人民交通出版社,1992年。

高文德主编《中国少数民族史大辞典》,长春:吉林教育出版社,

1995年。

华立：《清代新疆农业开发史》，哈尔滨：黑龙江教育出版社，1995年。

余太山、陈高华、谢方主编《新疆各族历史文化词典》，北京：中华书局，1996年。

郑成加主编《哈密地区志》，乌鲁木齐：新疆大学出版社，1997年。

刘正寅、魏良弢：《西域和卓家族研究》，北京：中国社会科学出版社，1998年。

吴丰培：《吴丰培边事题跋集》，乌鲁木齐：新疆人民出版社，1998年。

新疆通志编委会编《新疆通志》第51卷《邮电志》，乌鲁木齐：新疆人民出版社，1998年。

新疆通志编委会编《新疆通志》第48卷《公路交通志》，乌鲁木齐：新疆人民出版社，1998年。

Millward, James A. Beyond the pass : economy, ethnicity, and empire in Qing Central Asia, 1759 – 1864, Stanford , California, Stanford University Press, 1998.（贾建飞译《嘉峪关外：1759——1864年新疆的经济、民族和清帝国》，《清史译文新编》第9辑，国家清史编纂委员会编译组刊印，2006年）。

巫新华：《吐鲁番唐代交通路线的考察与研究》，青岛：青岛出版社，1999年。

仇润喜、刘广生主编《中国邮驿史料》，北京：北京航空航天大学出版社，1999年。

孟楠：《俄国统治中亚政策研究》，乌鲁木齐：新疆大学出版社，2000年。

中国历史大辞典编委会编《中国历史大辞典》，上海：上海辞书出版社，2000年。

保朝鲁编《穆卡迪玛特蒙古语词典》，呼和浩特：内蒙古大学出版社，2002年。

王东平：《清代回疆法律制度研究》，哈尔滨：黑龙江教育出版社，2002年。

侯赞福主编《古汉语字典》,海口:南方出版社,2002年。

余太山主编《西域通史》,郑州:中州古籍出版社,2003年。

樊伯钦:《新疆邮政简史(1909—1952年)》,乌鲁木齐:新疆人民出版社,2003年。

李侃等:《中国近代史》,北京:中华书局,2004年。

齐清顺:《中国历代中央王朝治理新疆政策研究》,乌鲁木齐:新疆人民出版社2004年。

刘文鹏:《清代驿传及其与疆域形成关系之研究》,北京:中国人民大学出版社,2004年。

新疆维吾尔自治区测绘局:《新疆维吾尔自治区地图集》,北京:中国地图出版社,2004年。

马大正、成崇德主编《卫拉特蒙古史纲》,乌鲁木齐:新疆人民出版社,2006年。

新疆通志编委会编《新疆通志》第85卷《人物志》,乌鲁木齐:新疆人民出版社,2006年。

准噶尔史略编写组编《准噶尔史略》,南宁:广西师范大学出版社,2007年。

苗普生、田卫疆主编《新疆史纲》,乌鲁木齐:新疆人民出版社,2008年。

新疆通史编撰委员会编《新疆历史研究论文选编:清代卷》,乌鲁木齐:新疆人民出版社,2008年。

钟兴麒编《西域地名考录》,北京:国家图书馆出版社,2008年。

江桥整理《清代满蒙汉文词语音义对照手册》,北京:中华书局,2009年。

星汉:《清代西域诗研究》,上海:上海古籍出版社,2009年。

贾建飞:《清代西北史地学研究》,乌鲁木齐:新疆人民出版社,2010年。

徐中煜:《交通态势与晚清经略新疆研究》,哈尔滨:黑龙江教育出版社,2013年。

（七）

金峰：《清代新疆西路台站》（一、二），《新疆大学学报》1980年第1、2期。

李之勤：《格登碑杂考》，《新疆大学学报》1981年第4期。

纽仲勋：《准噶尔西北疆域考》，《准噶尔史论文集》第二集，1981年。

马大正：《新疆地方志与新疆乡土志稿》，《中国边疆史地研究》1989年第6期。

贾玛利·乌木尔他义：《哈萨克族何时定居在额林哈毕尔噶一带的》，《昌吉文史资料选辑》第8辑，1989年。

陈戈：《新疆古代交通路线综述》，《新疆文物》1990年第3期。

殷晴：《古代新疆的南北交通及经济文化交流》，《新疆文物》1990年第4期。

戴良佐：《新疆近代交通要道——小南路》，《公路交通编史研究》1990年第5期。

潘志平：《清代新疆的交通和邮传》，《中国边疆史地研究》1996年第2期。

孟凡人：《简论唐代"热海道"上的凌山与勃达岭——别迭里达坂调查札记》，氏著《新疆考古与史地论集》，北京：科学出版社，2000年。

吴元丰：《军机处满文月折包内新疆史料及其研究价值》，《西域研究》2000年第1期。

杨尘：《夏塔古道史迹纵探》，《伊犁师范学院学报》2000年第4期。

刘雪屏：《清末电信业的历史考察》，山东师范大学硕士学位论文，2000年。

薛晖：《清初新疆的官主祭仪与多神崇拜》，《中国边疆史地研究》2002年第1期。

曹尚亭、查向军：《吐鲁番直隶厅运作史钩略》，《新疆大学学报》2005年第5期。

李大海：《清代新疆地区官主山川祭祀研究》，《西域研究》2007年第

1 期。

厉声:《清代新疆巡边制度研究》,新疆通史编撰委员会编《新疆历史研究论文选编:清代卷》上,乌鲁木齐:新疆人民出版社,2008 年。

蔡锦松:《沙俄是如何侵吞中国西北领土四十四万多平方公里的》,《新疆历史研究论文选编:清代卷》(下),鲁木齐:新疆人民出版社,2008 年。

吴华峰:《车师古道"他地道"探幽》,《新疆人文地理》2009 年第 4 期。

纪大椿:《潘效苏与新疆河西间的"站车"——二十世纪初新疆交通史一瞥》,氏著《新疆近世史论文选粹》,乌鲁木齐:新疆人民出版社,2011 年。

王鹏辉:《兰州碑刻所见清代新疆史事》,《西域研究》2012 年第 1 期。

王启明:《清乾隆年间西域之"玛哈沁"》,《西域研究》2012 年第 3 期。

王启明:《清代新疆冰岭道研究》,《中国历史地理论丛》2013 年第 1 期。

王启明:《清代新疆冰岭道研究二题》,《伊犁师范学院学报》2013 年第 1 期。

王启明:《晚清新疆吐鲁番社会史研究——以地方首领和官办教育为中心》,南京大学博士论文,2014 年。

陈同滨:《"丝绸之路:起始段和天山廊道的路网"遗产解读》,《中国文化遗产》2014 年第 3 期。

王启明:《清代新疆伊犁通乌什道——从达瓦齐逃遁路线谈起》,《西域研究》2015 年第 2 期。

孙靖国:《迟迟雄疆——清代＜新疆全图＞》,《地图》2015 年第 3 期。

后 记

此书的最终形成,大致经历了三个阶段。最早可以追溯到当年我在新疆师范大学攻读硕士学位的求学经历,现在还清楚地记得2010年五一前后选择了一个不成体系的题目作为学位论文的开题报告,自己也不甚满意。但稍后参加完在伊犁召开的"新疆通史·清代卷"学术会议及考察后,我无意中发现学术界对准噶尔汗国末代首领达瓦齐翻山南逃路线的认识模糊不清,后又在搜集相关史料的过程中,认为达瓦齐的逃遁路线正是清人笔下的"地界八城之中,为南北相通第一津要"的伊犁通乌什道,并进而牵扯出清代伊犁通往南疆的多条山中捷径。因此我便将这些天山南北山中捷径作为我的研究对象,进而写成了六万余字的论文,此即本书上编前四章的由来。但由于当时隶属世界史专业的缘故,只提交了部分内容,并题名"西天山南北通道研究:18世纪中叶—19世纪",作为学位论文通过答辩。2011年夏研究生毕业后,我在南京大学民族与边疆研究中心(元史研究室)攻读博士学位期间,又获批主持新疆师范大学西域文史研究中心青年项目"清代天山南北交通研究"课题。一方面我将研究对象扩大到东天山南北通道,此即本书上编后四章内容的最初来源;另一方面我利用在南京大学所学知识对西天山南北通道的多数章节进行修改和补充,并陆续在学术刊物上发表。2014年夏博士毕业后,我进入陕西师范大学中国西部边疆研究院民族学流动站从事师资博士后的科研与教学工作。其间国家"一带一路"战略的出台迅

后 记

速引起众多高校与学者们的研究兴致,陕西师范大学也开始组织专家商讨如何开展本校的"一带一路"研究计划,于2015年出台"一带一路"智库专项基金项目,并向校内教师征集选题。由于我博士论文撰写期间对清代新疆档案的相对熟悉以及对驿传资料的特别留意,因而开始搜集和整理有关新疆驿传方面的研究资料,先后汇集了三十余万字的第一手档案资料,并以此为基础,写成了本书的下编内容。考虑到此前关注的道路交通与驿传的紧密联系,后来遂以"天山廊道:清代天山道路交通与驿传研究"的题目获批学校"一带一路"智库专项基金项目立项,此即本书的研究历程和由来。

回想过去十余年来的求学与工作经历,我得到了诸多师友的帮助与指点。读研期间,硕士导师施新荣老师作为我的授业恩师,引领我进入学术之路,其所教基本学术方法与规范使我至今受益。离开新疆后,施老师仍不时关注我的学业与成长。此外,朱玉麒老师平易近人与奖掖后学的风范令人无比钦佩,能够参与他主持的《新疆图志》的整理工作,同样使我受益匪浅。南大读博期间,博士导师华涛老师针对我的学术背景,一直希望我能扩大学术视野,多学语言,在做好细部研究的基础上,也能关注宏观的理论问题,即便南大毕业后,华老师仍不时关心我的工作与学习。但我至今仍未能达到老师的期望,只能日后倍加努力。另外,元史研究室的刘迎胜老师、特木勒老师与杨晓春等老师与同学也给了我诸多帮助。在近两年的民族学博士后研究工作期间,合作导师王欣老师虽然忙于琐碎的日常行政事务,但仍时常关心我的工作与生活,并尽可能地给予各种帮助,尤其在大型档案资料的采购方面,得到了他的大力支持,使我能够比较安心和非常方便地从事自己喜欢的研究。周伟洲老师虽已七十余岁,但仍每日孜孜不倦地从事科研工作,令人敬佩不已,而且他平易近人,对于晚学的请教都能给予热心而又专业的指导,本书题名"天山廊道"正是周老师提示我应该注意和考虑的问题角度。李琪老师作为我的校友和前辈,在我博士后工作期间,同样给予了很多鼓励和支持,并帮我解决了一些实际困难问题。与此同时,研究院的许多老师和学生也给予了我不少帮助。此外,中国社会科学院的孙靖国先生慷慨地提供了两幅非常珍贵的舆图资料以供参考,赵毅师弟对书稿多有匡谬,特此一并致谢。

  本书的最终完成,还要特别感谢妻子多年来对我学习与工作的理解与支持,为了我和家庭,她舍弃了自己心爱惬意的专业教学工作,付出了很多很多。而岳父母和父母对我女儿的细心照顾,更使我少了许多后顾之忧,得以安心从事自己喜欢的科研工作,感谢你们。

王启明
2016 年 8 月 14 日